地方上級／国家総合職・一般職・専門職

公務員試験

新スーパー過去問ゼミ7

政治学

資格試験研究会編

実務教育出版

新スーパー過去問ゼミ7

刊行に当たって

公務員試験の過去問を使った定番問題集として，公務員受験生から圧倒的な信頼を寄せられている「スー過去」シリーズ。その「スー過去」が大改訂されて「**新スーパー過去問ゼミ７**」に生まれ変わりました。

「７」では，最新の出題傾向に沿うよう内容を見直すとともに，より使いやすくより効率的に学習を進められるよう，細部までブラッシュアップしています。

「新スーパー過去問ゼミ７」改訂のポイント

① 令和３年度～５年度の問題を増補

② 過去15年分の出題傾向を詳細に分析

③ １行解説・STEP解説，学習方法・掲載問題リストなど，
学習効率向上のための手法を改良

もちろん，「スー過去」シリーズの特長は，そのまま受け継いでいます。

・テーマ別編集で，主要試験ごとの出題頻度を明示

・「必修問題」「実戦問題」のすべてにわかりやすい解説

・「POINT」で頻出事項の知識・論点を整理

・本を開いたまま置いておける，柔軟で丈夫な製本方式

本シリーズは，**「地方上級」「国家一般職［大卒］」試験の攻略にスポットを当てた過去問ベスト・セレクション**ですが，**「国家総合職」「国家専門職［大卒］」「市役所上級」試験など，大学卒業程度の公務員採用試験に幅広く対応**できる内容になっています。

公務員試験は難関といわれていますが，良問の演習を繰り返すことで，合格への道筋はおのずと開けてくるはずです。本書を開いた今この時から，目標突破へ向けての着実な準備を始めてください。

あなたがこれからの公務を担う一員となれるよう，私たちも応援し続けます。

資格試験研究会

本書の構成と過去問について

本書の構成

❶学習方法・問題リスト：巻頭には，本書を使った効率的な科目の攻略のしかたをアドバイスする「**政治学の学習方法**」と，本書に収録した全過去問を一覧できる「**掲載問題リスト**」を掲載している。過去問を選別して自分なりの学習計画を練ったり，学習の進捗状況を確認する際などに活用してほしい。

❷試験別出題傾向と対策：各章冒頭にある出題箇所表では，平成21年度以降の国家総合職，国家一般職，国家専門職（国税専門官／財務専門官），地方上級（全国型・東京都・特別区），市役所（C日程）の出題状況が一目でわかるようになっている。具体的な出題傾向は，試験別に解説を付してある。

※市役所C日程については2年度の情報は反映されていない。

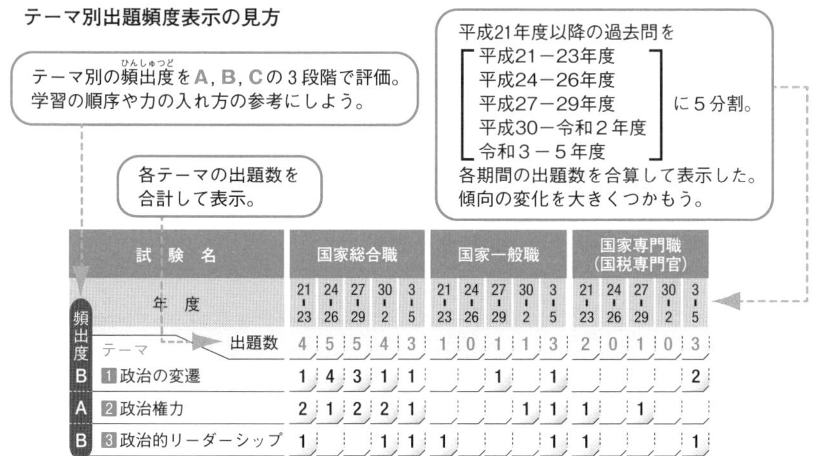

頻出度	試験名	国家総合職					国家一般職					国家専門職（国税専門官）				
	年度	21-23	24-26	27-29	30-2	3-5	21-23	24-26	27-29	30-2	3-5	21-23	24-26	27-29	30-2	3-5
	テーマ　出題数	4	5	5	4	3	1	0	1	1	3	2	0	1	0	3
B	1 政治の変遷	1	4	3	1	1			1		1					2
A	2 政治権力	2	1	2	2	1				1	1	1		1		
B	3 政治的リーダーシップ	1			1	1	1				1	1				1

❸必修問題：各テーマのトップを飾るにふさわしい，合格のためには必ずマスターしたい良問をピックアップ。解説は，各選択肢の正誤ポイントをズバリと示す「**1行解説**」，解答のプロセスを示す「**STEP解説**」など，効率的に学習が進むように配慮した。また，正答を導くための指針となるよう，問題文中に以下のポイントを示している。

（アンダーライン部分）：正誤判断の決め手となる記述

（色が敷いてある部分）：覚えておきたいキーワード

「**FOCUS**」には，そのテーマで問われるポイントや注意点，補足説明などを掲載している。

必修問題のページ上部に掲載した「**頻出度**」は，各テーマをA，B，Cの3段階で評価し，さらに試験別の出題頻度を「★」の数で示している（★★★：最頻出，★★：頻出，★：過去15年間に出題実績あり，―：過去15年間に出題なし）。

❹POINT：これだけは覚えておきたい最重要知識を，図表などを駆使してコンパクトにまとめた。問題を解く前の知識整理に，試験直前の確認に活用してほしい。

❺実戦問題：各テーマの内容をスムーズに理解できるよう，バランスよく問題を選び，詳しく解説している。問題ナンバー上部の「＊」は，その問題の「**難易度**」を表しており（＊＊＊が最難），また，学習効果の高い重要な問題には💎マークを付している。

💎 ＊＊ **No.2** 必修問題と💎マークのついた問題を解いていけば，スピーディーに本書をひととおりこなせるようになっている。

なお，収録問題数が多いテーマについては，「**実戦問題❶**」「**実戦問題❷**」のように問題をレベル別またはジャンル別に分割し，解説を参照しやすくしている。

❻索引：巻末には，POINT等に掲載している重要語句を集めた用語索引がついている。用語の意味や定義の確認，理解度のチェックなどに使ってほしい。

本書で取り扱う試験の名称表記について

本書に掲載した問題の末尾には，試験名の略称および出題年度を記載している。

①**国家総合職**：国家公務員採用総合職試験，
国家公務員採用Ⅰ種試験（平成23年度まで）

②**国家一般職**：国家公務員採用一般職試験［大卒程度試験］，
国家公務員採用Ⅱ種試験（平成23年度まで）

③**国税専門官／財務専門官**：国家公務員国税専門官採用試験，財務専門官採用試験

④**地方上級**：地方公務員採用上級試験（都道府県・政令指定都市）

（全国型）：地方上級試験の共通問題のうち，広く全国的に分布しているタイプ

（東京都）：東京都職員Ⅰ類Ｂ採用試験（平成20年度まで）

（特別区）：特別区（東京23区）職員Ⅰ類採用試験

※地方上級試験については，実務教育出版が独自に分析し，「全国型」「関東型」「中部・北陸型」「法律・経済専門タイプ」「その他の出題タイプ」「独自の出題タイプ（東京都，特別区など）」の６つに大別している。

⑤**市役所**：市役所職員採用上級試験（政令指定都市以外の市役所）

※市役所上級試験については，試験日程によって「Ａ日程」「Ｂ日程」「Ｃ日程」の３つに大別している。

本書に収録されている「過去問」について

①平成９年度以降の国家公務員試験の問題は，人事院により公表された問題を掲載している。地方上級の一部（東京都，特別区）も自治体により公表された問題を掲載している。それ以外の問題は，受験生から得た情報をもとに実務教育出版が独自に編集し，復元したものである。

②問題の論点を保ちつつ問い方を変えた，年度の経過により変化した実状に適合させた，などの理由で，問題を一部改題している場合がある。また，人事院などにより公表された問題も，用字用語の統一を行っている。

CONTENTS

公務員試験　新スーパー過去問ゼミ７

政治学

カバー・本文デザイン／小谷野まさを　　書名ロゴ／早瀬芳文

政治学の学習方法

1．公務員試験における政治学

政治学はもちろん「政治」についての学問であるが，新聞やテレビなどで報道されている政治の現状に関する知識が詰め込まれているのかというと，決してそうではない。政治学は，研究者が政治という現象を学問的な視点で観察した成果をまとめたものであって，その意味では政治の基本的な仕組みと理論についての知識を体系化した学問と言うことができよう。もちろん，政治の現状について知っているに越したことはないが，**政治学を学ぶうえで重要なのは，本書に載っているようなさまざまな知識を，一つ一つ理解しながら覚えていくことである**。

政治学の大きな特徴は，各分野の独立性が強いことである。たとえば，政治思想がまったく理解できなくても，政党や圧力団体について理解することは十分に可能である。また，政治史の知識がなくても，政治制度の学習にまったく影響はない。その意味では，好きな分野から手をつけて，好きな順序で学習してくという学習方法も「あり」である。大切なのは，最終的に全体を押さえ切ることである。法律系科目や経済系科目に比べて学者名が数多く，ときにくじけそうになるかもしれないが，あきらめずに頑張っていこう。

本書では，公務員試験で出題される政治学の内容を，７つに分類している。目次を見ていただけばわかるように，①政治学の基礎事項，②政治の制度，③政治の動態，④政治の意識と行動，⑤政治の思想，⑥政治の理論，⑦政治の歴史，である。これらは試験で均等に出題されているわけではなく，出題されやすいテーマ，出題されにくいテーマが混在している。**最も出題されやすいのは「③政治の動態」であり，とりわけ政党は要注意である。これに次ぐのが「②政治の制度」であり，特に各国の政治制度は教養試験の政治でも頻繁に出題されている重要テーマである**。逆に，国家総合職を除いてあまり出題されていないのが，「⑦政治の歴史」である。なかでも欧米政治史は，国家総合職以外ではごくまれにしか出題されていない。

2．効果的な学習方法・対策

本書の進め方としては，もちろんテーマ１から順にこなしていくやり方で問題ない。しかし，とりあえず頻出のテーマを効率的に押さえていくというのであれば，次のような順序で学習していってもよい。これでテーマ数は全体の半分弱となる。

〈お薦めの学習順〉

政治権力（テーマ２）→政党（同９・10・11）→マスコミ・世論（同13）→選挙・投票行動（同７・８・17）→政治制度（同４・５）→議会（同６）→政治的リーダーシップ（同３）→デモクラシーの理論（同24）→リベラリズム（同19の該当部分）

掲載されている問題については，できるかぎり幅広く解くようにしたいが，受験先に応じて取り組み方を変えても良い。

地方公務員（地方上級や市役所など）の志望者であれば，「まずは薄く広く」の学習が有効である。地方公務員試験では，問題の難易度はさほど高くないが，出題数が少ないため，偏った学習をしていると未履修のテーマから出題される恐れがでてくる。そこで，POINTで基本知識を押さえたうえで，まずは必修問題と難易度の低い問題（＊が１個付いている問題）を繰り返し解くようにするとよいだろう。基本知識をどれほど漏れなく身につけたかが，勝負の分かれ目になる。応用問題を解くのはその後で十分であり，国家総合職の問題のように難易度が高いものまで無理して解く必要はない。

これに対して，**国家公務員（国家一般職や国家総合職など）の志望者であれば，「最後は難問にもチャレンジ」という意気込みで学習に臨みたい**。国家公務員試験では，問題の難易度が高めであり，たとえば国家一般職の場合，国家総合職で出題された内容がリメイクのうえ出題されるというケースも数多く見られる。したがって，基本問題を解くだけの実力があるというのは受験の大前提であって，難問にどれだけ対応できるかが合否の分かれ目になりやすい。問題演習の際には，一巡目で必修問題と難易度の低い問題に取り組み，二巡目には難易度の高い問題にもチャレンジし，三巡目にはさらに全体を総復習するというように，徐々に難易度の高い問題まで押さえていくようにしよう。

最後になるが，本書の「POINT」と問題演習の関係について述べておきたい。各テーマに置かれたPOINTは，試験で頻出の重要ポイントをまとめたもので，いわば参考書に該当する部分である。したがって，まずはPOINTを読んで基本知識を頭に「仮置き」することになるが，それだけでは知識が徐々に頭から抜けていってしまうだろう。そこで，問題演習を通じて頭に知識を「定着」させる必要が出てくる。**大切なのは，問題文をしっかりと読み込み，文脈の中で知識を「理解」していく努力を続けることである**。「勉強しているのに試験で点数が取れない」と嘆く声をしばしば耳にするが，それは知識を丸暗記しているからである。使える形で知識を頭に浸透させるように，問題演習をうまくこなしていこう。また，問題演習を通じて，POINTでは述べられていなかった新しい知識に出くわすこともある。それは，「頻出ではないが，今後また出題される可能性のある知識」ということである。問題の解説を参考書代わりにして，そこで重要知識を頭に入れてしまうようにしよう。こうした知識の補足も，問題演習を行う意義の一つである。

本書を効果的に「使い倒す」ことで，合格は確実に近づいてくる。気になった箇所に線を引くも良し。余白に補足を書き込むも良し。各自で工夫しながら，最後まで頑張っていこう。

合格者に学ぶ「スー過去」活用術

公務員受験生の定番問題集となっている「スー過去」シリーズであるが，先輩たちは本シリーズをどのように使って，合格を勝ち得てきたのだろうか。弊社刊行の『公務員試験受験ジャーナル』に寄せられた「合格体験記」などから，傾向を探ってみた。

自分なりの「戦略」を持って学習に取り組もう！

テーマ１から順番に一つ一つじっくりと問題を解いて，わからないところを入念に調べ，納得してから次に進む……という一見まっとうな学習法は，すでに時代遅れになっている。

合格者は，初期段階でおおまかな学習計画を立てて，戦略を練っている。まずは各章冒頭にある「試験別出題傾向と対策」を見て，自分が受験する試験で各テーマがどの程度出題されているのかを把握し，「掲載問題リスト」を利用するなどして，**いつまでにどの程度まで学習を進めればよいか，学習全体の流れをイメージ**しておきたい。

完璧をめざさない！ザックリ進めながら復習を繰り返せ！

本番の試験では，６～７割の問題に正答できればボーダーラインを突破できる。裏を返せば**３～４割の問題は解けなくてもよい**わけで，完璧をめざす必要はまったくない。

受験生の間では，**「問題集を何周したか」**がしばしば話題に上る。問題集は，１回で理解しようとジックリ取り組むよりも，初めはザックリ理解できた程度で先に進んでいき，何回も繰り返し取り組むことで徐々に理解を深めていくやり方のほうが，学習効率は高いとされている。**合格者は「スー過去」を繰り返しやって，得点力を高めている。**

すぐに解説を読んでもOK！考え込むのは時間のムダ！

合格者の声を聞くと**「スー過去を参考書代わりに読み込んだ」**というものが多く見受けられる。科目の攻略スピードを上げようと思ったら「ウンウンと考え込む時間」は一番のムダだ。過去問演習は，解けた解けなかったと一喜一憂するのではなく，**問題文と解説を読みながら正誤のポイントとなる知識を把握して記憶することの繰り返し**なのである。

分量が多すぎる！という人は，自分なりに過去問をチョイス！

広い出題範囲の中から頻出のテーマ・過去問を選んで掲載している「スー過去」ではあるが，この分量をこなすのは無理だ！と敬遠している受験生もいる。しかし，**合格者もすべての問題に取り組んでいるわけではない。**必要な部分を自ら取捨選択することが，最短合格のカギといえる（次ページに問題の選択例を示したので参考にしてほしい）。

書き込んでバラして……「スー過去」を使い倒せ！

補足知識や注意点などは本書に直接書き込んでいこう。**書き込みを続けて情報を集約していくと本書が自分オリジナルの参考書になっていく**ので，インプットの効率が格段に上がる。それを繰り返し「何周も回して」いくうちに，反射的に解答できるようになるはずだ。

また，分厚い「スー過去」をカッターで切って，章ごとにバラして使っている合格者も多い。**自分が使いやすいようにカスタマイズ**して，「スー過去」をしゃぶり尽くそう！

学習する過去問の選び方

●具体的な「カスタマイズ」のやり方例

本書は全183問の過去問を収録している。分量が多すぎる！と思うかもしれないが，合格者の多くは，過去問を上手に取捨選択して，自分に合った分量と範囲を決めて学習を進めている。

以下，お勧めの例をご紹介しよう。

❶必修問題と💎のついた問題に優先的に取り組む！

当面取り組む過去問を，各テーマの「**必修問題**」と💎マークのついている「**実戦問題**」に絞ると，およそ全体の５割の分量となる。これにプラスして各テーマの「**POINT**」をチェックしていけば，この科目の典型問題と正誤判断の決め手となる知識の主だったところは押さえられる。

本試験まで時間がある人もそうでない人も，ここから取り組むのが定石である。まずはこれで１周（問題集をひととおり最後までやり切ること）してみてほしい。

❶を何周かしたら次のステップへ移ろう。

❷取り組む過去問の量を増やしていく

❶で基本は押さえられても，❶だけでは演習量が心もとないので，取り組む過去問の数を増やしていく必要がある。増やし方としてはいくつかあるが，このあたりが一般的であろう。

◎**基本レベルの過去問を追加**（難易度「＊」の問題を追加）
◎**受験する試験種の過去問を追加**
◎**頻出度Ａのテーマの過去問を追加**

これをひととおり終えたら，前回やったところを復習しつつ，まだ手をつけていない過去問をさらに追加していくことでレベルアップを図っていく。

もちろん，あまり手を広げずに，ある程度のところで折り合いをつけて，その分復習に時間を割く戦略もある。

●掲載問題リストを活用しよう！

「**掲載問題リスト**」では，本書に掲載された過去問を一覧表示している。

受験する試験や難易度・出題年度等を基準に，学習する過去問を選別する際の目安としたり，チェックボックスを使って学習の進捗状況を確認したりできるようになっている。

効率よくスピーディーに学習を進めるためにも，積極的に利用してほしい。

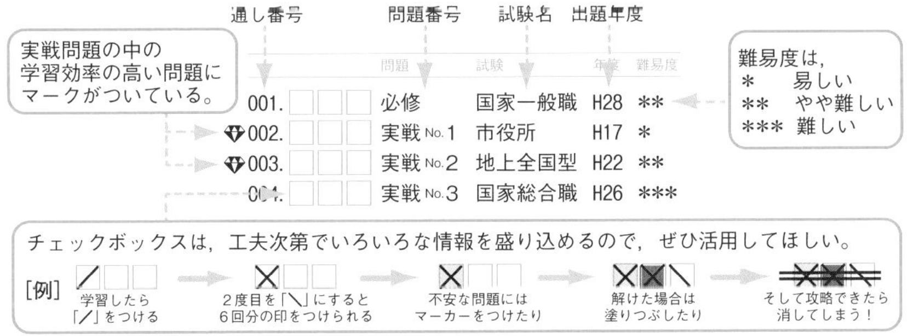

掲載問題リスト

本書に掲載した183問を一覧表にした。□に正答できたかどうかをチェックするなどして，本書を上手に活用してほしい。

第1章 政治学の基礎事項

テーマ1 政治の変遷

			問題	試験	年度	難易度
	001.	□□□	必修	国家一般職	R 5	**
◆	002.	□□□	実戦 No. 1	国税専門官	H10	*
	003.	□□□	実戦 No. 2	国家一般職	H10	*
◆	004.	□□□	実戦 No. 3	地上特別区	R元	*
◆	005.	□□□	実戦 No. 4	国税専門職	R 3	*
	006.	□□□	実戦 No. 5	国家一般職	H29	***
	007.	□□□	実戦 No. 6	国家一般職	H20	***

テーマ2 政治権力

			問題	試験	年度	難易度
	008.	□□□	必修	地上特別区	R 3	*
◆	009.	□□□	実戦 No. 1	市役所	H30	*
◆	010.	□□□	実戦 No. 2	地上特別区	H30	*
	011.	□□□	実戦 No. 3	地上全国型	H26	**
	012.	□□□	実戦 No. 4	国家一般職	H30	**
	013.	□□□	実戦 No. 5	国税専門官	H21	***
	014.	□□□	実戦 No. 6	国家総合職	R 5	**

テーマ3 政治的リーダーシップ

			問題	試験	年度	難易度
	015.	□□□	必修	地上特別区	R 2	*
◆	016.	□□□	実戦 No. 1	地上特別区	H24	*
◆	017.	□□□	実戦 No. 2	国家一般職	H 9	*
◆	018.	□□□	実戦 No. 3	国家一般職	H21	*
	019.	□□□	実戦 No. 4	国家総合職	R 3	**

第2章 政治の制度

テーマ4 権力分立制とアメリカの政治制度

			問題	試験	年度	難易度
	020.	□□□	必修	地上特別区	R 2	**
◆	021.	□□□	実戦 No. 1	地上東京都	H14	*
◆	022.	□□□	実戦 No. 2	地上全国型	H20	*
◆	023.	□□□	実戦 No. 3	地上全国型	H29	*
	024.	□□□	実戦 No. 4	市役所	H30	*
	025.	□□□	実戦 No. 5	国家一般職	H15	**
	026.	□□□	実戦 No. 6	国家一般職	H21	**

テーマ5 各国の政治制度

			問題	試験	年度	難易度
	027.	□□□	必修	国家一般職	R 5	*
◆	028.	□□□	実戦 No. 1	地上特別区	R 4	*
◆	029.	□□□	実戦 No. 2	地上特別区	H30	*
◆	030.	□□□	実戦 No. 3	地上全国型	H27	*
	031.	□□□	実戦 No. 4	国家一般職	H27	**
	032.	□□□	実戦 No. 5	国家専門職	R 4	**
	033.	□□□	実戦 No. 6	国家一般職	R 3	**

テーマ6 議会制度

			問題	試験	年度	難易度
	034.	□□□	必修	地方上級	R 4	**
◆	035.	□□□	実戦 No. 1	地上全国型	H20	*
	036.	□□□	実戦 No. 2	市役所	H26	*
◆	037.	□□□	実戦 No. 3	地上特別区	R 5	*
◆	038.	□□□	実戦 No. 4	国税専門官	H18	*
	039.	□□□	実戦 No. 5	国家一般職	H28	**
	040.	□□□	実戦 No. 6	国家一般職	H23	**
	041.	□□□	実戦 No. 7	国家一般職	R元	**
	042.	□□□	実戦 No. 8	国家一般職	R 3	**

テーマ7 選挙制度

			問題	試験	年度	難易度
	043.	□□□	必修	市役所	R 2	*
◆	044.	□□□	実戦 No. 1	市役所	H24	*
	045.	□□□	実戦 No. 2	地上特別区	H27	*
◆	046.	□□□	実戦 No. 3	地上特別区	R 3	*
◆	047.	□□□	実戦 No. 4	地上特別区	H22	*

テーマ8 各国の選挙制度

			問題	試験	年度	難易度
	048.	□□□	必修	国家一般職	R 5	*
◆	049.	□□□	実戦 No. 1	地方上級	H13	*
◆	050.	□□□	実戦 No. 2	地上特別区	H29	*
◆	051.	□□□	実戦 No. 3	地上全国型	H24	*
	052.	□□□	実戦 No. 4	国家一般職	H29	**
	053.	□□□	実戦 No. 5	国家一般職	H28	**
	054.	□□□	実戦 No. 6	国家総合職	R 4	***

第3章 政治の動態

テーマ 9 政党

	問題	試験	年度	難易度
055. □□□	必修	国家一般職	R2	*
◆056. □□□	実戦 No.1	地上東京都	H19	*
◆057. □□□	実戦 No.2	地上全国型	H28	*
◆058. □□□	実戦 No.3	地上全国型	H22	*
059. □□□	実戦 No.4	市役所	H29	*
060. □□□	実戦 No.5	国税専門官	H25	**

テーマ 10 各国の政党

	問題	試験	年度	難易度
061. □□□	必修	国家一般職	H26	**
◆062. □□□	実戦 No.1	地上東京都	H15	*
◆063. □□□	実戦 No.2	国税専門官	H15	*
◆064. □□□	実戦 No.3	地上全国型	H19	*
065. □□□	実戦 No.4	国家一般職	H13	*
066. □□□	実戦 No.5	国家総合職	H28	***
067. □□□	実戦 No.6	国家一般職	H15	**

テーマ 11 政党システム

	問題	試験	年度	難易度
068. □□□	必修	地方上級	R3	**
069. □□□	実戦 No.1	地上特別区	R5	*
070. □□□	実戦 No.2	地上特別区	R元	*
◆071. □□□	実戦 No.3	地上特別区	H26	*
◆072. □□□	実戦 No.4	国税専門官	H17	*
◆073. □□□	実戦 No.5	国家一般職	H30	**
074. □□□	実戦 No.6	国家総合職	R元	**

テーマ 12 圧力団体

	問題	試験	年度	難易度
075. □□□	必修	国家一般職	R4	**
◆076. □□□	実戦 No.1	地上東京都	H16	*
077. □□□	実戦 No.2	地上特別区	H17	*
◆078. □□□	実戦 No.3	地上特別区	H24	*
◆079. □□□	実戦 No.4	国家一般職	H28	**
080. □□□	実戦 No.5	国家専門職	R4	**
081. □□□	実戦 No.6	国税専門官	H26	**

テーマ 13 マスコミ・世論

	問題	試験	年度	難易度
082. □□□	必修	地上特別区	R4	**
◆083. □□□	実戦 No.1	地上特別区	H28	*
◆084. □□□	実戦 No.2	地上全国型	H28	*
085. □□□	実戦 No.3	国家一般職	R2	*
086. □□□	実戦 No.4	地上全国型	H30	**
087. □□□	実戦 No.5	国家総合職	R3	**

第4章 政治の意識と行動

テーマ 14 政治意識

	問題	試験	年度	難易度
088. □□□	必修	地上特別区	R5	*
089. □□□	実戦 No.1	地上全国型	H14	*
◆090. □□□	実戦 No.2	地上特別区	H29	*
◆091. □□□	実戦 No.3	国家一般職	R元	*
092. □□□	実戦 No.4	国税専門官	H29	***

テーマ 15 政治的無関心

	問題	試験	年度	難易度
093. □□□	必修	地上特別区	R4	*
◆094. □□□	実戦 No.1	財務専門官	H24	*
◆095. □□□	実戦 No.2	地上特別区	H20	*
◆096. □□□	実戦 No.3	地上特別区	H25	*
◆097. □□□	実戦 No.4	国税専門官	H17	*

テーマ 16 イデオロギー

	問題	試験	年度	難易度
098. □□□	必修	国家専門職	H30	**
◆099. □□□	実戦 No.1	地上特別区	H21	*
◆100. □□□	実戦 No.2	地上特別区	H18	*
101. □□□	実戦 No.3	地上東京都	H19	**
102. □□□	実戦 No.4	国家一般職	R元	***
103. □□□	実戦 No.5	国家総合職	R4	***

テーマ 17 投票行動

	問題	試験	年度	難易度
104. □□□	必修	地上特別区	R2	*
◆105. □□□	実戦 No.1	市役所	H29	*
◆106. □□□	実戦 No.2	地上特別区	H27	*
107. □□□	実戦 No.3	国家総合職	R4	**
◆108. □□□	実戦 No.4	国家総合職	H10	*
109. □□□	実戦 No.5	国家総合職	R5	**
110. □□□	実戦 No.6	国家総合職	H29	**
111. □□□	実戦 No.7	国家一般職	H25	***
112. □□□	実戦 No.8	国家一般職	H21	**

第5章 政治の思想

テーマ18 市民革命期までの政治思想

		問題	試験	年度	難易度
113.	□□□	必修	地上特別区	R 5	*
♦114.	□□□	実戦 No. 1	地上特別区	R 3	*
♦115.	□□□	実戦 No. 2	地上東京都	H16	*
♦116.	□□□	実戦 No. 3	地上特別区	H28	*
♦117.	□□□	実戦 No. 4	地上特別区	H26	*
118.	□□□	実戦 No. 5	国家一般職	H19	**
119.	□□□	実戦 No. 6	国家総合職	R元	***

テーマ19 市民革命期以降の政治思想

		問題	試験	年度	難易度
120.	□□□	必修	国家一般職	R 4	**
♦121.	□□□	実戦 No. 1	地上全国型	H27	*
♦122.	□□□	実戦 No. 2	地上特別区	R元	*
♦123.	□□□	実戦 No. 3	地上特別区	R 4	*
♦124.	□□□	実戦 No. 4	地上特別区	H29	*
125.	□□□	実戦 No. 5	国家一般職	H26	**
126.	□□□	実戦 No. 6	国家一般職	R元	**
127.	□□□	実戦 No. 7	国家専門職	H30	**

テーマ20 日本の政治思想

		問題	試験	年度	難易度
128.	□□□	必修	地上特別区	R 2	*
129.	□□□	実戦 No. 1	地上特別区	H30	**
♦130.	□□□	実戦 No. 2	地上特別区	H27	*
♦131.	□□□	実戦 No. 3	国家一般職	H27	*
132.	□□□	実戦 No. 4	国税専門官	H18	*

第6章 政治の理論

テーマ21 現代政治学の発達

		問題	試験	年度	難易度
133.	□□□	必修	地上特別区	R 2	*
134.	□□□	実戦 No. 1	地上特別区	H25	*
♦135.	□□□	実戦 No. 2	地上東京都	H19	*
136.	□□□	実戦 No. 3	地上東京都	H15	*
♦137.	□□□	実戦 No. 4	地上特別区	H23	*
138.	□□□	実戦 No. 5	国税専門官	H13	**
139.	□□□	実戦 No. 6	国家総合職	H17	**

テーマ22 政治過程の理論

		問題	試験	年度	難易度
140.	□□□	必修	国家専門職	R元	*
♦141.	□□□	実戦 No. 1	地上特別区	H19	*
♦142.	□□□	実戦 No. 2	地上特別区	H30	*
♦143.	□□□	実戦 No. 3	国家一般職	H20	**
144.	□□□	実戦 No. 4	国家専門職	R元	**
145.	□□□	実戦 No. 5	国家総合職	R 3	***
146.	□□□	実戦 No. 6	国家一般職	H25	***

テーマ23 デモクラシーの理論

		問題	試験	年度	難易度
147.	□□□	必修	国家一般職	R 4	*
♦148.	□□□	実戦 No. 1	地上特別区	H17	*
♦149.	□□□	実戦 No. 2	地上全国型	H29	*
♦150.	□□□	実戦 No. 3	地上特別区	R元	*
151.	□□□	実戦 No. 4	地上全国型	H23	**
152.	□□□	実戦 No. 5	国家専門職	R元	**
153.	□□□	実戦 No. 6	国家専門職	R 5	**
154.	□□□	実戦 No. 7	国家総合職	R元	***

テーマ24 比較政治の理論

		問題	試験	年度	難易度
155.	□□□	必修	国家総合職	R 4	**
♦156.	□□□	実戦 No. 1	地上特別区	H28	*
157.	□□□	実戦 No. 2	国家一般職	R 5	**
158.	□□□	実戦 No. 3	国家一般職	H30	**
159.	□□□	実戦 No. 4	国家総合職	H29	***

テーマ25 国家の理論

		問題	試験	年度	難易度
160.	□□□	必修	地上特別区	R 4	*
161.	□□□	実戦 No. 1	地上東京都	H13	**
♦162.	□□□	実戦 No. 2	国家一般職	H 6	*
♦163.	□□□	実戦 No. 3	地上特別区	H29	*
164.	□□□	実戦 No. 4	地上東京都	H17	*

第7章 政治の歴史

テーマ26 戦前の欧米政治史

		問題	試験	年度	難易度
165.	□□□	必修	国家総合職	H23	***
166.	□□□	実戦 No. 1	国家総合職	H15	**
167.	□□□	実戦 No. 2	国家総合職	H12	**

テーマ27 戦後の欧米政治史

	問題	試験	年度	難易度
168. □□□	必修	国家総合職	H21	***
169. □□□	実戦 No. 1	国家一般職	H16	**
170. □□□	実戦 No. 2	国家総合職	H10	**
171. □□□	実戦 No. 3	国家総合職	H21	***

テーマ28 戦前の日本政治史

	問題	試験	年度	難易度
172. □□□	必修	国税専門官	H26	***
173. □□□	実戦 No. 1	国家総合職	H 9	***
174. □□□	実戦 No. 2	国家総合職	H24	**
◆175. □□□	実戦 No. 3	地上全国型	H17	*
176. □□□	実戦 No. 4	国家一般職	H22	**

テーマ29 戦後の日本政治史

	問題	試験	年度	難易度
177. □□□	必修	国家一般職	R 4	**
◆178. □□□	実戦 No. 1	地方上級	H10	*
179. □□□	実戦 No. 2	地上特別区	R 3	*
180. □□□	実戦 No. 3	国家一般職	H27	**
181. □□□	実戦 No. 4	国家一般職	H29	**
182. □□□	実戦 No. 5	国家総合職	R 3	**
◆183. □□□	実戦 No. 6	国家一般職	R元	**

第 1 章

政治学の基礎事項

テーマ 1 政治の変遷
テーマ 2 政治権力
テーマ 3 政治的リーダーシップ

第1章 政治学の基礎事項

試験別出題傾向と対策

試験名		国家総合職					国家一般職					国家専門職（国税専門官）				
年度		21-23	24-26	27-29	30-2	3-5	21-23	24-26	27-29	30-2	3-5	21-23	24-26	27-29	30-2	3-5
頻出度	テーマ　出題数	4	5	5	4	3	1	0	1	1	3	2	0	1	0	3
B	1 政治の変遷	1	4	3	1	1			1		1					2
A	2 政治権力	2	1	2	2	1				1	1	1		1		
B	3 政治的リーダーシップ	1			1	1	1				1	1				1

「政治学の基礎事項」では，大きく２つの内容を学習する。第一に，政治の変化を歴史的に考察する「政治の変遷」である（テーマ１）。中世から近代，近代から現代へと時代が移り変わるにつれて，政治のあり方は大きく変化してきた。そうした歴史的変遷を押さえたうえで，現代政治および現代国家の特徴を理解することが，ここでの課題となる。第二に，政治学の基礎概念としての「権力論」（テーマ２・３）である。政治の目的を社会秩序の維持ととらえた場合，政治権力という強制力抜きにこの目的を達成することは不可能である。そこで，強制力としての政治権力や，それと類似の概念である政治的リーダーシップについて理解していくことが，ここでの課題となる。「政治の変遷」と「権力論」は，これから政治学を学んでいくうえで，いわば基礎を提供してくれるような重要テーマである。いずれもコンスタントに出題され続けているテーマなので，確実に押さえておくようにしよう。

● 国家総合職（政治・国際・人文）

令和２年度までは３年間に４～５問というハイペースで出題されていたが，３年度以降は出題数がやや減少している。一時期，福祉国家論に絡んだ出題が増えたこともあって，「政治の変遷」の比重が高まっていたが，現在では「政治の変遷」と「政治権力」がともに３年間に１問のペースで出題されている。出題内容をみると，他試験に先駆けて新しい理論が取り上げられるという特徴がみられる。「政治の変遷」ではウィレンスキーやエスピン=アンデルセン，キャッスルズの福祉国家論，「政治権力」ではバクラックとバラッツ，ルークス，フーコーの政治権力論がこれに当たる。国家総合職の受験者は，福祉国家と政治権力の諸理論を集中的に学習し，さまざまな理論の内容をしっかりと理解しておくとよいだろう。

● 国家一般職

３年間に１問というペースで細々と出題が続いていたが，令和３年度以降は出題数が大きく増加した。「政治の変遷」「政治権力」「政治的リーダーシップ」から偏

地方上級（全国型）					地方上級（特別区）					市役所（C日程）					
21-23	24-26	27-29	30-2	3-4	21-23	24-26	27-29	30-2	3-5	21-23	24-26	27-29	30-2	3-4	
1	1	0	1	0	2	3	2	4	2	1	2	0	2	0	
						1		1			2				テーマ1
1	1		1		1	1	1	1	2	1			2		テーマ2
					1	1	1	2							テーマ3

りなく出題されているので，ヤマを張った学習は避けたほうがよいだろう。国家一般職の出題内容は，国家総合職の影響を受けがちである。「政治の変遷」では福祉国家の理論や欧米と日本の社会保障史，「政治権力」ではフーコーやルークスの政治権力論が問われているが，これらはすべて国家総合職の後追いで出題に至ったものである。したがって，本書に掲載されている国家総合職の過去問にも目を通し，知らない項目はチェックしておきたい。ただし，問題の難易度が高いのは事実なので，「ある程度は知らないことも出題される」という割り切りも必要であろう。

● 国家専門職（国税専門官）

過去には３年間でまったく出題されないこともあったが，令和３年度以降は出題数が急増した。一昔前は基本問題ばかりが出題されていたが，国家一般職と同じく，近年では国家総合職の出題内容が波及してきており，問題の難易度はかなり上昇している。国家一般職と同様の問題が出題されているので，国家専門職の過去問はもちろんのこと，国家一般職の過去問も積極的に解いてみるとよいだろう。

● 地方上級

全国型の場合，３年間で１問程度しか出題されておらず，しかも出題テーマは政治権力に偏っている。特別区の場合，出題頻度はかなり高く，政治権力と政治的リーダーシップから同程度の出題が続いている。いずれの場合も，政治権力については一部の学説が繰り返し出題されているので，ダール，メリアム，ウェーバー，ミヘルスの学説には注意したい。問題の難易度は高くないことが多いので，基本問題を中心に問題演習を繰り返し，できるだけ穴をつくらないようにしておこう。

● 市役所

出題頻度は全般的に低めである。「政治権力」に関する学説問題が出題の中心となっているので，まずは学者名とキーワードを結びつけながら，基礎知識を習得するようにしたい。「政治の変遷」については，おもに大衆社会論と福祉国家論が出題されているが，やはり単純な暗記で乗り切れることが多い。

政治の変遷

必修問題

福祉国家に関する次の記述のうち，最も妥当なのはどれか。

【国家一般職・令和５年度】

1 **G.エスピン＝アンデルセン**は，「脱商品化の指標」と「階層化の指標」という２つの指標を用いて，福祉国家の類型化を行った。彼の議論によれば，スウェーデンは「社会民主主義レジーム」の，ドイツは「保守主義レジーム」の，米国は「自由主義レジーム」の典型である。

2 **H.ウィレンスキー**は，20世紀前半の欧米諸国の比較を行い，経済発展度の高い国ほど福祉政策への支出が少ない傾向があると主張した。彼の議論によれば，経済発展度が高い国では人口の高齢化が進んでいるため，福祉支出の総額を抑えようと，年金などの給付額を減らす政策が採られる傾向がある。

3 1980年代の英国では，**サッチャー政権**の下で，福祉政策の見直しが進められた。同政権は，基幹産業の国営化によって失業率を低く抑えつつ，福祉サービスへの支出を大胆に削減して，財政の健全化を図った。また同政権は「第３の道」のスローガンの下，教育による機会均等を重視する政策を採った。

4 19世紀後半のプロイセンでは，社会民主党政権の下で，世界で初めて工場法が制定されるとともに，疾病保険など社会保険制度が導入された。また同国の宰相**ビスマルク**は，共産主義運動に対抗するため，社会権を規定する新憲法を採択し，国民に最低限度の生活（ナショナル・ミニマム）を保障した。

5 わが国では，「**福祉元年**」と呼ばれた昭和48（1973）年に**国民皆保険・国民皆年金**が実現し，70歳以上の医療費が無料化されるなど，福祉サービスが大幅に拡充された。しかしその後，国家財政が悪化したため，平成元（1989）年に大平正芳内閣の下で，福祉目的税である消費税が導入されることとなった。

難易度　＊＊

必修問題の解説

本問は，福祉国家に関する総合問題である。福祉国家の理論（**1**・**2**）のみならず，欧米諸国とわが国の社会保障史（**3**・**4**・**5**）が出題されることもあるので，十分に注意したい。

1 ◎ エスピン＝アンデルセンは福祉国家の３類型を提示した。
スウェーデンは社会民主主義レジームに該当し，政府が中心となって福祉サービスを提供している。ドイツは保守主義レジームに該当し，家族等が中心となって福祉サービスを提供している。米国は自由主義レジームに該当し，市場（民間の保険会社等）が中心となって福祉サービスを提供している。

2 × ウィレンスキーは経済発展度の高い国ほど福祉国家化が進んでいるとした。
ウィレンスキーは，経済発展度が高い国ほど少子高齢化が進み，子育て支援や高齢者支援が政府に求められるため，福祉国家化が進展すると主張した。

3 × 英国のサッチャー政権は国営企業の民営化を推進した。
サッチャー政権（保守党）は，1980年代に福祉国家化の見直しを行い，国営企業の民営化を推進した。また，**「第３の道」というスローガンは，1990年代のブレア政権（労働党）の下で打ち出された**。

4 × ナショナル・ミニマムの保障を打ち出したのはベヴァリッジ報告である。
①世界初の工場法により長時間労働を規制したのは英国（1802年）である。②プロイセンのビスマルク宰相は，19世紀後半に**共産主義運動に対抗してビスマルク３法（疾病保険法など）を制定した**。③**世界で初めて社会権を規定した憲法は，ドイツのワイマール憲法（1919年）である**。④**ナショナル・ミニマムの保障を打ち出したのは，英国のベヴァリッジ報告（1942年）である**。

5 × 国民皆保険・国民皆年金は1960年代初頭に実現した。
高度経済成長期に国民皆保険・国民皆年金が実現し，すべての国民が医療保険や年金保険に加入できるようになった。また，**消費税は竹下昇内閣の下で導入され**，福祉や地方交付税の財源に充てられている。

正答 **1**

FOCUS

社会保障史では，ドイツのビスマルク３法と英国のベヴァリッジ報告，わが国の国民皆保険・皆年金と福祉元年がたびたび問われている。また，英国における福祉国家化の見直しとその後の軌道修正も確認しておきたい。

POINT

重要ポイント 1 大衆社会の成立

政治のあり方は，時代とともに変遷してきた。その概略は，ヨーロッパ社会の歴史を振り返り，これと関連づけることで理解できる。

(1) 中世から絶対王政へ 中世ヨーロッパでは，ローマ教皇が宗教的権威として君臨し，人々はキリスト教の教えに従って生活を送っていた。同時に，封建制の下で封建諸侯が各々の領地を支配し，分権的な統治を行っていた。

しかし，中世末期には，各地で軍事力を蓄えた実力者が台頭し，他の封建諸侯や教会勢力を打ち倒しながら，支配地を拡大していった。こうして絶対的な権力をもつ国王が誕生し，**絶対主義国家**が形成された。

〈中世〉
分権的なキリスト教的普遍共同体
⇒
〈近代〉
集権的な絶対主義国家

(2) 市民社会の成立 絶対王政の下で，国民は圧政に苦しむこととなった。やがて国民は団結して立ち上がり，市民革命を引き起こした。その結果，絶対王政は打倒され，市民社会が成立した。

市民社会では，財産と教養をもつ市民が権力を握り，**「国家からの自由」（自由主義）**を実現しようとした。そこで，憲法が制定され，自由権や平等権の遵守を国家に求めることとなった。また，三権分立制が導入され，立法府・行政府・司法府を互いにけん制させあうことで，専制政治の復活が阻まれた。

	説明	特徴
市民	財産と教養を持つ人々	理性的・合理的
大衆	平均的な人々	感情的・非合理的

(3) 大衆社会の成立 市民社会では，自由競争を通じて経済格差が広がり，労働者たちの生活は苦しくなった。やがてデモやストライキなどが多発するようになると，市民たちは選挙権を拡大するなどして，その懐柔を図らざるをえなくなった。その結果，労働者たちの地位は向上し，大衆社会が成立した。

大衆社会では，平均人としての大衆が大きな影響力を持ち，**「国家による保護」**を求めた。その結果，社会権の思想が各国の憲法に取り入れられ，社会保障の充実が図られた。また，経済の安定と失業者の減少を実現するため，自由放任主義に代えて，国家による経済介入が認められるようになった。

	中心の時代	基本原理	重視された人権	経済思想
市民社会	19 世紀	国家からの自由	自由権	自由放任主義
大衆社会	20 世紀	国家による保護	社会権	混合経済

重要ポイント 2 大衆社会の諸問題

(1) 大衆の概念 大衆は英語で「mass」と表現されるが，これは量ないし大量を意味する言葉である。つまり，大衆とは「大量に存在するが，個性を持たない存在」のことである。したがって，専門用語としてみた場合，大衆や大衆社会という言葉は，批判的な意味で用いられるのが一般的である。

(2) 大衆社会の理論

①**オルテガ**　オルテガは，現代社会における**大衆の台頭を批判**し，真の貴族（精神的な貴族）による支配を主張した（『大衆の反逆』）。

		非エリートの操縦可能性※2	
		低い	高い
エリートへの接近可能性※1	低い	共同体社会	全体主義社会
	高い	多元的社会	大衆社会

※1　エリートが排他的・隔絶的ではない程度
※2　非エリートがエリートによって操縦されやすい程度

②**コーンハウザー**　コーンハウザーは，２つの指標を組み合わせることで，社会を４つに類型化した。そして，**現代の大衆社会を批判**し，非エリートがエリートによって操縦されてしまうという欠点がみられると指摘した。

③**ハンティントン**　ハンティントンは，現代社会では平等化が進み，大衆の要求が過剰になっているため，ガバナビリティ（統治可能性）が低下しているとした。

重要ポイント 3　国家活動の積極化と福祉国家の成立

(1) 国家観の変遷　19世紀の市民社会では，「国家からの自由」が主張されたため，国家の活動は消極的で，主に治安と防衛の活動のみを行った**（夜警国家）**。また，立法府が国家の中心に位置づけられ，国家は立法府の制定した法律に基づいて活動するものとされた**（立法国家）**。

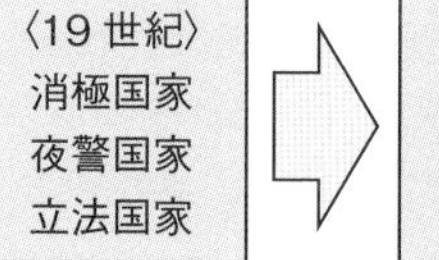

これに対して，20世紀の大衆社会では，「国家による保護」が主張されたため，国家の活動は積極化し，国民の福祉向上に幅広く貢献することとなった**（福祉国家）**。また，国家の活動を担う行政府の規模が拡大し，自由裁量の余地も広げられた**（行政国家）**。

(2) 福祉国家の理論

①福祉国家化の促進要因　**ウィーレンスキー**は，**いかなる国家も経済成長とともに福祉国家になる**と考え，経済的要因の重要性を指摘した（**「収斂(れん)理論」**）。その他，社会民主主義政党や労働組合の強さ，右派政党の弱さなどの政治的要因が，福祉国家化を促進してきたとする見解もある。

②福祉国家の類型化　一口に福祉国家といっても，北欧諸国のような「高福祉・高負担」を特徴とする福祉国家もあれば，アメリカのような自助努力を原則とする福祉国家もある。そこで，**エスピン=アンデルセン**は，**「脱商品化」および「階層化」**という２つの指標を用いて，**福祉国家の３類型**を示した。

名称	代表国	脱商品化※1	階層化※2	福祉提供者
社会民主主義モデル	スウェーデン	高い	低い	政府
自由主義モデル	アメリカ	低い	高い	市場
保守主義モデル	ドイツ	（ある程度）高い	（ある程度）高い	家族

※1　困窮した際に無理に働かなくても済む度合い
※2　職業ごとに生活保障（福祉サービス）の水準が異なっている度合い

実戦問題1 基本レベル

No.1 ＊ **国家に関する次の記述のうち，妥当なのはどれか。**

【国税専門官・平成10年度】

1 「夜警国家」とは，国家の機能を外敵の侵入の防止や治安の維持などといった最小限のものにとどめようとする国家観であり，近代市民社会の原理と対極をなすものである。

2 「夜警国家」においては，国家は市民社会の安全と秩序を守るための必要最小限の機能を果たすものとされ，立法権・司法権よりも行政権が統治構造の中心的役割を持つものと位置づけられていた。

3 「福祉国家」においては，国民の福祉の実現を図るために，国家が積極的に社会に介入することが求められているが，普通選挙制の実現がこのような国家観を生む要因の一つとなった。

4 「行政国家」とは，増大する行政需要に対処するために，統治構造上，行政権を立法権・司法権に対して優越した地位に置くべきであるとする行政重視の国家観であり，現代社会においては見られないものである。

5 「行政国家」は，国民の直接の統制が及ばない行政権に過度に権力が集中した非民主主義的な国家形態であり，積極的に国民の福祉の実現をめざす「福祉国家」とはまったく相いれないものである。

No.2 ＊ **国家の機能に関する次の記述のうち，妥当なのはどれか。**

【国家一般職・平成10年度】

1 18世紀から19世紀にかけて成立したいわゆる夜警国家は，市場における自由競争による秩序形成機能を重視し，経済の領域においては国家の介入を極力避けていた。それに対して，治安などの面では警察力による積極的な介入で秩序を維持しており，政治の領域においては国家による社会の管理が重視されていた。

2 18世紀から19世紀にかけて成立したいわゆる夜警国家においては，国家の役割は対外的な防衛と国内における治安の維持に集中していたため，新たな法律を制定する必要性はあまりなく，国家は既存の法律を前提とした法執行を中心として活動していた。そのため，この時期の国家を司法国家と呼ぶことがある。

3 福祉国家の形成とともに，社会におけるさまざまな問題に対処するための施策を国家が積極的に展開していくようになった。そこでは，多様で複雑な政策を法律として制定していく必要性が増し，議会における立法活動が量的に拡大し質的に向上することとなった。そのため，この時期の国家を立法国家と呼ぶことがある。

4 20世紀における福祉国家の形成は，社会を統合し秩序を維持するために，国家がさまざまな領域に介入せざるをえなくなったことを反映している。それに伴って，社会の諸勢力の期待や要求が国家や政府の行動に対して影響を与えることになり，国家と社会の区別は夜警国家の時代に比べて不明確になった。

5 福祉国家の時代に「大きな政府」が形成されたが，近年では民営化や規制緩和などの手法によって，再び「小さな政府」に向けての改革が行われるようになった。これは，政府活動が量的に拡大したことによる負担の増大への反発による，より安上がりな政府を求める改革であり，社会に対して政府が関与する領域を縮小しようとするものではない。

＊No.3 次の文は，大衆社会の政治に関する記述であるが，文中の空所A～Cに該当する語または人物名の組合せとして，妥当なのはどれか。

【地方上級（特別区）・令和元年度】

［A］は，その著書「大衆社会の政治」において，大衆社会を，大衆がエリートに入り込んだり，エリートに影響を及ぼしやすいという「エリートへの接近可能性」が高く，しかも大衆がエリートによって容易に操作されやすいという「非エリートの操縦可能性」も高い社会として特徴づけた。

彼は，大衆社会のほかに，「非エリートの操縦可能性」は高いが，「エリートへの接近可能性」が低い社会を［B］と，「エリートへの接近可能性」は高いが，「非エリートの操縦可能性」が低い社会を［C］とした。

	A	B	C
1	コーンハウザー	全体主義社会	多元的社会
2	コーンハウザー	多元的社会	共同体社会
3	コーンハウザー	共同体社会	多元的社会
4	マンハイム	多元的社会	共同体社会
5	マンハイム	全体主義社会	多元的社会

実戦問題❶　基本レベル

◆ **No.4**＊ **G.エスピン＝アンデルセンによる福祉国家の分類に関する次の記述のうち，妥当なのはどれか。** 【国家専門職・令和３年度】

1　彼は，国民が平等に福祉を受けることができるかどうかという「脱商品化」と，国民が市場の影響から独立して適切な生活水準を維持できるかどうかという「階層化」という２つの福祉指標を作成した。彼は，これらの指標をもとに，福祉国家を６つの類型に分類できることを示した。

2　彼は，脱商品化の程度が高く，階層化の程度が低い国の類型を保守主義モデルと名付け，代表的な国としてドイツとオランダ等を挙げた。これらの国では，一般に保守派と官僚や管理職労働者などのホワイトカラーとの連合が成立し，普遍主義的な社会保障が実現されている。

3　彼は，脱商品化の程度が低く，階層化の程度も低い国の類型を社会民主主義モデルと名付け，代表的な国としてスウェーデンとカナダ等を挙げた。これらの国では，一般に福祉サービスの担い手は国家とされ，社会保障関連の政府支出の規模が大きく，国による所得再分配の程度は高い。

4　彼は，脱商品化の程度が低く，階層化の程度が高い国の類型を自由主義モデルと名付け，代表的な国として米国やオーストラリア等を挙げた。これらの国では，一般に選別主義の傾向が強く，社会保障関連の政府支出の規模は小さく，国による所得再分配の程度は低い。

5　彼は，日本については，脱商品化指標からみると保守主義モデル，階層化指標からみると自由主義モデルであるため，保守主義モデルと自由主義モデルの混合形態であるとした。また，福祉サービスの担い手として国家の役割が大きいという側面は社会民主主義モデルと同一であると指摘した。

実戦問題1の解説

No.1の解説 国家

→問題はP.22 正答3

1× 夜警国家は近代市民社会の原理に沿って形成された。
夜警国家が最小限の機能しか果たさなかったのは，市民たちが国家による干渉を嫌ったためである。つまり，夜警国家は，自由を尊重する「近代市民社会の原理」に沿って発達した国家観であった。

2× 夜警国家では立法権が統治構造の中心に位置づけられていた。
夜警国家における国家活動は，治安や防衛といった単純なものに限定され，しかもそのすべてが法律で明確に規定されていた。したがって，夜警国家では行政権よりも立法権が優位に置かれていた。

3◎ 福祉国家を生んだ要因の一つは普通選挙制の実現である。
正しい。**普通選挙制の実現とともに，有権者である大衆の意向が，政治運営を大きく左右するようになった。**福祉国家化が進展したのも，生活水準の向上を求める大衆の圧力を受けてのことであった。

4× 行政国家は現代社会において見られる。
行政国家とは，事実上，行政権が優越している国家のことであって，必ずしも行政権の優越性が正当視されているわけではない。また，行政国家は，現代社会において広く見られる国家のあり方である。

5× 行政国家と福祉国家は対応しあっている。
行政権が強化されるようになったのは，行政活動を通じて国民の福祉を向上させるためであった。したがって，行政国家は福祉国家と密接につながっているし，これを非民主的だと断言することもできない。

No.2の解説 国家の機能

→問題はP.22 正答4

1× 夜警国家における警察の活動は，人々の生命や財産を守るという目的のために，必要最小限の範囲で認められた。したがって，国家の積極的な介入によって秩序が維持されていたわけではない。そもそも，当時は国家が社会に介入すること自体が厳しく戒められており，国家が社会を管理することはなかった。

2× 夜警国家の時代には，社会が比較的単純であったため，国家活動をすべて法律で規定することが可能であった。その結果，法律を制定する議会が大きな権力を持つこととなり，いわゆる立法国家が成立した。

3× 福祉国家の形成とともに，国家活動の領域が飛躍的に拡大し，その活動内容も専門化した。そのため，国家活動をすべて法律で規定することは困難となり，行政の委任立法や自由裁量が増加した。こうして生まれたのが行政国家である。

4◎ 正しい。夜警国家の時代には，国家は社会から遠ざけられ，その活動領域は治安と防衛という極めて狭い範囲に限定された。しかし，**福祉国家の時代に**

なると，大衆の要請によって国家の積極的な活動が促進され，その影響力が社会領域に広く浸透するようになった。

5 × 「小さな政府」論では，政治の関与する範囲を縮小することによって，国民の税負担を軽減することがめざされる。

No.3 の解説　大衆社会の政治

→ 問題はP.23 **正答 1**

A：**『大衆社会の政治』はコーンハウザーの著作である。**

コーンハウザーは，『大衆社会の政治』においてエリートと非エリートの関係に注目し，社会の 4 類型を示した。その際に指標とされたのは，**「エリートへの接近可能性」**と**「非エリートの操縦可能性」**であった。

B：**「非エリートの操縦可能性」のみが高い社会は全体主義社会である。**

「非エリートの操縦可能性」は高いが，「エリートへの接近可能性」が低い社会とは，非エリートがエリートによって一方的に操作される社会である。その典型例は，ヒトラーが宣伝を通じて国民を一方的に操作したような社会であり，全体主義社会に該当する。

C：**「エリートへの接近可能性」のみが高い社会は多元的社会である。**

「エリートへの接近可能性」は高いが，「非エリートの操縦可能性」が低い社会とは，非エリートがエリートに対して一方的に影響力を行使する社会である。その典型例は，非エリートが様々な独立的集団に所属しながら，エリートに対して圧力を行使しているような社会であり，多元的社会に該当する。

なお，選択肢にある共同体社会とは，「エリートへの接近可能性」と「非エリートの操縦可能性」がともに低い社会である。その典型例は，身分的に隔絶されたエリートと非エリートが共同体内で伝統的生活を送っていた前近代社会に求められる。

よって，正答は **1** である。

No.4 の解説　福祉国家の分類

→ 問題はP.24　**正答4**

1 ×　「脱商品化」は生活水準の維持，「階層化」は平等に関わる指標である。

「脱商品化」とは，生活が困窮しても政府や家族が面倒を見てくれるため，無理して働かなくても済む度合い（＝労働力の脱商品化）のことである。「階層化」とは，職業ごとに社会保障制度が分立しているため，国民の間で福祉サービスの水準に不平等が生じている度合いのことである。

2 ×　保守主義モデルでは脱商品化の程度がある程度高く，階層化の程度も高い。

保守主義モデルでは，家族等が中心となって福祉サービスを提供しているため，脱商品化の程度はある程度高い。しかし，職業ごとに社会保障制度が分立しているため，階層化の程度も高い。なお，保守主義モデルの場合，社会保険は国民をカバーするため普遍主義的であるが，生活保護は生活困窮者に限って提供されるため選別主義的である。

3 ×　社会民主主義モデルでは脱商品化の程度が高く，階層化の程度が低い。

保守主義モデルでは，国家（政府）が中心となって手厚い福祉サービスを提供しているため，脱商品化の程度は高い。また，全国民を対象とした一元的な社会保険制度が設けられており，階層化の程度は低い。なお，カナダは隣国のアメリカと同様，自由主義モデルに位置づけられる。

4 ◎　自由主義モデルでは脱商品化の程度が低く，階層化の程度が高い。

自由主義モデルでは，各人が市場（民間の保険会社等）を通じて福祉サービスを購入するものとされ，国家（政府）は生活困窮者に限定して福祉サービスを提供する。このように自助努力が原則とされているため，生活困窮者には労働が求められ，国民の生活水準は職業ごとに差が生じる。

5 ×　日本は自由主義モデルと保守主義モデルの中間形態とされている。

日本の場合，家族や企業が福祉サービスを提供する一方で，政府による福祉サービスの提供は抑制されてきた。そのため，脱商品化指標では自助努力が求められる自由主義モデルに近づき，階層化指標では家族や企業が重要な役割を果たす保守主義モデルに近づくとされている。

実戦問題❷　応用レベル

＊＊＊
No.5 **福祉国家と政治に関する次の記述のうち，妥当なのはどれか。**

【国家一般職・平成29年度】

1　F.ハイエクは，計画主義的思考は歴史の過程において自生的に形成されてきた秩序を強化し，人間の多様性や自由を抑圧から解放するものであると主張した。そして，J. M. ケインズの経済理論に基づく社会保障制度の充実や所得の再分配を支持した。

2　社会保障を支える仕組みは，その財源に注目すると，大きく公的扶助と社会保険の２つに分けられる。公的扶助は，通常は資力調査を行わずにすべての困窮者に等しく与えられる普遍主義の考え方による仕組みであり，わが国では生活保護，老人福祉，児童手当等の制度が該当する。この公的扶助制度を世界で初めて政策的に導入したのは，ドイツのビスマルクである。

3　G.エスピン＝アンゼルセンは，福祉国家を「脱商品化の指標」と「階層化の指標」を用いて，３つに分類した。すなわち，フランス，ドイツ，イタリア等に代表される自由主義型，米国，カナダ，オーストラリア等に代表される保守主義型，スウェーデン，ノルウェー，オランダ等に代表される社会民主主義型の三類型である。

4　第二次世界大戦後に取りまとめられたベヴァリッジ報告では，保険料の負担を伴う社会保険ではなく，国庫負担により所得保障を行う公的扶助と任意保険の２つを組み合わせることによって，国民の窮乏を克服することなどが提言された。同報告は，ナショナル・ミニマムを保障しようというものであり，福祉国家の先進的なモデルとして高い評価を得た。

5　わが国においては，戦後，生活保護法が制定され，さらにその後，国民健康保険法の全面改正や国民年金法の制定が行われて，国民皆保険・皆年金が実現した。1973年には老人医療費を無料とする制度が導入されるなど，同年は福祉元年とも呼ばれ，この時期に社会保障制度は大きく拡充された。

＊＊＊
No.6 福祉国家および福祉政策に関する次の記述のうち，妥当なのはどれか。

【国家一般職・平成20年度】

1 社会保障政策のうち，国民の遭遇する事故や災害などによる損害の補填および生活の保障を目的とする公的な強制保険は，社会保険と呼ばれる。この社会保険制度を世界で初めて政策的に導入したのは，ベヴァリッジ報告を受けた第二次世界大戦後の英国であった。

2 社会保障政策には，社会保険のほかに費用を政府が負担するものとして公的扶助と社会福祉（社会扶助）とがある。公的扶助とは，行政機関によって直接行われる社会保障であり，生活保護や老人医療費の無料化，児童手当の支給などがある。一方，社会福祉とは，行政機関が直接には行わない社会保障であり，慈善団体や民間福祉施設に対する補助金の支出などがある。

3 H.ウィーレンスキーは，経済水準や政治体制の類型などの要素と社会保障支出の対GNP比との関係を分析した。そして，長期的に見れば，その国の政治体制やエリート・イデオロギーの類型といった要素とはほとんど関係なく，その国の経済水準が社会福祉水準を決定する根本的原因となっていると主張した。

4 G.エスピン=アンデルセンは，GNPの多寡と歴史的に福祉政策の推進に前向きであったか否か（歴史的経路依存性の有無）という2つの指標を使い，国家を4つに類型化した。そして，GNPの水準が高く，歴史的に福祉政策に積極的であった（歴史的経路依存性がある）英国型の国家において，最も福祉国家化が進むとした。

5 ケインズ主義では，経済水準は需要によって決まるとするセイの法則により，政府による福祉支出は需要拡大効果を生み，経済規模を拡大させるものと評価される。一方の新古典派主義では，市場では自動安定化装置が働くため福祉支出による需要拡大は不可能であり，福祉政策は経済の安定に寄与しないとする。

実戦問題2の解説

No.5の解説　福祉国家と政治

→問題はP.28　正答5

1 × ハイエクは，歴史の過程において自生的に形成された秩序を重視し，自生的秩序こそが人間の多様性や自由を抑圧から解放するものであると主張した。そして，合理的思考に立脚して社会を計画的に動かそうとする計画主義的思考は，自生的秩序を破壊し，人間を抑圧するものであるとして，これを強く批判した。また，ケインズの経済理論に基づく社会保障制度の充実や所得の再配分も，計画主義的思考に連なるものであるとして，反対の意を表した。

2 × 公的扶助は，資力調査によって困窮者を選別したうえで，支援を与えようとするものである。したがって，**公的扶助は選別主義の考え方による仕組みとされる**。これに対して，社会保険は，国民を幅広く制度に組み入れ，病気や怪我などの支給事由が発生した場合に支援を与えようとするものである。したがって，**社会保険は普遍主義の考え方による仕組みとされる**。ドイツのビスマルクが「ビスマルク3法」によって導入したのは，後者の社会保険制度であった。

3 × エスピン＝アンデルセンが提示した福祉国家の三類型とは，①米国，カナダ，オーストラリア等に代表される「自由主義型」，②フランス，ドイツ，イタリア等に代表される「保守主義型」，③スウェーデン，ノルウェー，オランダ等に代表される「社会民主主義型」である。

4 × **ベヴァリッジ報告は，第二次世界大戦中の1942年に取りまとめられた**。同報告では，基本的ニーズには社会保険で対応し，特殊なニーズに対しては公的扶助で対応するべきであるとされ，これによってナショナル・ミニマム（最低限度の生活水準）を保障することが提言された。

5 ◎ 正しい。わが国では，1961年に国民皆保険・皆年金が実現し，すべての国民がなんらかの公的医療保険制度・公的年金制度の対象とされた。また，**1973年には老人医療費の無料化をはじめとする社会保障制度の拡充が実現し，福祉元年という名称が生まれた**。

No.6 の解説　福祉国家および福祉政策

→ 問題はP.29 正答 3

1 × 世界初の社会保険制度を導入したのはドイツのビスマルク３法である。

社会保険制度を初めて導入したのはドイツである。ドイツでは，社会主義運動を懐柔するため，1880年代に**ビスマルク３法**（疾病保険法，労働災害保険法，老齢・廃疾保険法）が制定された。英国で社会保険制度（＝国民保険法）が導入されたのは，1911年のことである。

2 × 公的扶助は無償の最低生活保障，社会福祉は社会的弱者の自立支援である。

公的扶助とは，生活困窮者に最低限度の生活を保障する活動であり，生活保護がこれにあたる。社会福祉とは，社会的弱者の自立を援助する活動であり，老人医療費の無料化や児童手当の支給などがこれにあたる。両者の違いは，行政機関が直接行うか否かとは無関係である。

3 ◎ ウィーレンスキーは経済発展が福祉国家化を推進するとした。

正しい。**ウィーレンスキーは，あらゆる国家は経済水準の向上とともに福祉国家化していくと主張した。**これを「収斂（れん）理論」と呼ぶ。

4 × エスピン=アンデルセンは福祉国家の３類型を提示した。

エスピン=アンデルセンは，「脱商品化」（＝困窮した際に無理に働かなくても済む度合い）および「階層化」（＝職業ごとに生活保障の水準が異なっている程度）という２つの指標を用いて，福祉国家を３つに類型化した。また，最も福祉国家化が進むとされたのはスウェーデンである。

5 × セイの法則では供給が需要を創出するとされる。

セイの法則とは，「供給はそれ自身の需要を創出する」とする経済学の法則である。セイの法則は古典派経済学の根幹をなすが，ケインズはこれを批判し，有効需要を創出することで供給が拡大され，経済水準が向上すると主張した。

政治権力

必修問題

政治権力に関する記述として，妥当なのはどれか。

【地方上級（特別区）・令和３年度】

1 『共産党宣言』を著した**フリードリヒ**は，唯物史観を展開し，資本主義社会では，資本家階級が政治的にも支配階級であり，政治権力はその手中に握られているとした。

2 **バクラックとバラッツ**は，権力には２つの顔があり，１つは多元主義論者のいう顔，もう１つは非決定の顔であるとし，また，非決定権力とは決定作成の範囲を安全な争点に制限する権力であるとした。

3 **ラスウェル**は，多元主義的権力論を１次元的権力論，非決定権力論を２次元的権力論と呼び，自らの権力論を３次元的権力論として，３次元的権力論では争点が当人に意識されることすらなく権力が行使されるとした。

4 『パワー・エリート』を著した**メリアム**は，アメリカ社会では主要な権力は経済，政治，軍事の３領域に存在しており，それらの指導者は互いに接近し，アメリカの権力エリートを形成しているとした。

5 『政治学入門』を著した**フーコー**は，権力は２人ないしそれ以上の人々の関係の上に成り立つやりとりであり，所有物というよりも関係として記述されるのが適当であるとした。

難易度　＊

必修問題の解説

本問は，政治権力に関する基本問題である。ダールを批判してバクラックとバラッツの非決定権力が提唱され（**2**），ダールおよびバクラックとバラッツを批判してルークスの３次元的権力観が登場した（**3**）という関係は，よく確認しておこう。

1 × 『共産党宣言』を著したのはマルクスである。
マルクスは，経済的要因が歴史を動かすとして唯物史観を説き，資本主義社会では資本家階級が権力を握り，国家を掌握していると主張した。そして，「万国の労働者よ，団結せよ」と唱え，労働者による革命を訴えた。フリードリヒは，実体的権力観と関係的権力観を対比したことで有名である。

2 ◎ バクラックとバラッツは非決定権力を主張した。
バクラックとバラッツは，ダールが「他者を動かす力」を権力ととらえた点を批判し，「他者を動かさない力」も権力であると指摘した。そして，**ある争点を議題化させないように働く権力を非決定権力と呼び，権力概念を拡張した。**

3 × ３次元的権力論を提唱したのはルークスである。
ルークスは，ダールの唱えた多元主義的権力論を１次元的権力論，バクラックとバラッツの唱えた非決定権力論を２次元的権力論と呼んだ。そして，みずからは３次元的権力論を提唱し，当人に意識されないまま，人々の認識や思考まで形成する権力が存在すると指摘した。ラズウェルは，多元的資源（尊敬，富，知識など）が権力を生むと主張したことで有名である。

4 × 『パワー・エリート』を著したのはミルズである。
ミルズはパワー・エリート論を展開し，アメリカでは経済，政治，軍事の３領域における指導者たちが一枚岩的団結を誇りつつ，支配を行っていると主張した。メリアムは『政治権力』を著し，ミランダやクレデンダなどの概念を提唱したことで有名である。

5 × 実体的権力観と関係的権力観を区別したのはフリードリヒである。
フリードリヒは，権力を所有物としてみるか，関係としてみるかという視点を提示し，前者を実体的権力観，後者を関係的権力観とした。フーコーは『監獄の誕生』を著し，人々に自己規律を促す規律的権力の存在を指摘したことで有名である。

正答 2

FOCUS

政治権力については，とくにウェーバーによる権力の定義，ダール，バクラックとバラッツ，フーコーの権力観を押さえておきたい。近年では，最新の概念としてドゥルーズの権力観まで触れられているので，注意しよう。

POINT

重要ポイント 1　権力・正統化・権威

権力を握った者は，他者を自分の思いどおりに動かそうとするし，反抗者に対しては，制裁手段を発動してこれを抑えつけようとする。言い換えれば，権力とは「**他者をその意思に反しても行動させる可能性**」（**ウェーバー**），すなわち強制力のことである。強制力としての権力は，社会秩序の維持のためには必要不可欠なものである。権力がなければ，犯罪者を取り締まることすらできなくなる。

しかし，権力者がむきだしの暴力を用いて人々を抑え続けたならば，やがて人々の反感を買い，権力者はその地位を追われることになろう。そこで，権力者は，自分の命令・支配を正統化（正当化）し，できる限り実力行使の機会を減らそうとする。そうした試みが成功し，権力者が人々の自発的服従を勝ち得るようになったとき，権力は**権威**となる。

権力	他者をその意思に反しても行動させる可能性
↓ ← 正統化	
権威	他人からの通信を，その内容を自身で検討せずに進んで受容する現象

重要ポイント 2　権力概念

(1) 実体説と関係説　政治権力をどのようにとらえるかについて，これまで実体説と関係説という２つの見方が提唱されてきた。

①**実体説**：なんらかの**資源の保有**が権力を発生させるとみるのが，権力の実体説である。権力資源として軍事力を重視した**マキァヴェリ**，富（資本）を重視した**マルクス**のほか，多元的価値（富や技能など）の付与と剥奪が権力を生むとした**ラスウェル**などが，その代表的論者である。

（注）従来，ラスウェルは実体説の代表的論者とされてきたが，近年ではこれを関係説の論者とする見解も現れている。試験においては，いずれの立場とされても対応できるようにしておきたい。

②**関係説**：**具体的な人間関係**の中で，どれだけの服従を確保できるかという実効性に即して権力をとらえようとするのが，権力の関係説である。その代表的論者である**ダール**は，これを「**さもなければBがしなかったような事柄をBに行わせる場合，その度合いに応じてAはBに対して権力を持つ**」と定義づけた。

(2) その他の権力観

権力観	説　明
非決定権力	バクラックとバラッツは，ある争点を議題にのぼらせないように作用する権力が存在すると指摘し，これを非決定権力と呼んだ。
三次元的権力	ルークスは，本人に意識させないまま，人々の認識や思考まで形成する権力が存在すると指摘し，これを三次元的権力と呼んだ。
非零和概念	パーソンズは，権力が人々を動員して社会目標の実現に向かわせていることを強調し，権力は社会全体の利益を増加させていると主張した。

重要ポイント 3 正統化の諸手段

権力者は，自らの支配を正統化するために，さまざまな手段を用いる。

(1) メリアムの分類

名 称	説 明	例
ミランダ	人々の**感情**に働きかけ，正統化を図るもの	国歌，国旗，軍事パレードなど
クレデンダ	人々の**知性**に働きかけ，正統化を図るもの	イデオロギーなど

(2) ウェーバーの分類

名 称	説 明	特 徴
伝統的正統化	伝統や慣習に合致している点を根拠として，自らを正統化するやり方	前近代社会において典型的であった。
合法的正統化	合法性を有している点を根拠として，自らを正統化するやり方	近代以降に発達した（例ー官僚制など）。
カリスマ的正統化	カリスマ（超人的資質）性を示して，自らを正統化するやり方	特に時代を問わずに出現する。

重要ポイント 4 権力構造

これまで数多くの政治学者が，「だれが権力を握っているのか」という問題をめぐって，さまざまな学説を提示してきた。

(1) 寡頭制の鉄則　一般に，**組織の規模が拡大するにつれて，少数の幹部が権力を握り**，組織全体の運営を担うようになる。**ミヘルス**は，ドイツ社会民主党の研究においてそうした法則を確認し，これを寡頭制の鉄則と名づけた。

(2) パワー・エリート論　**ミルズ**は，アメリカ社会についての深い洞察を通じて，アメリカには**軍（軍隊）・産（経済界）・政（政界）**という3つの大きな制度的秩序が存在することを明らかにした。そして，各秩序の上位に位置する**エリートたちが，陰で一枚岩的に団結しつつ，アメリカ社会を動かしている**と主張した。このように圧倒的な権力を握っているエリート集団のことを，パワー・エリート（権力エリート）と呼ぶ。

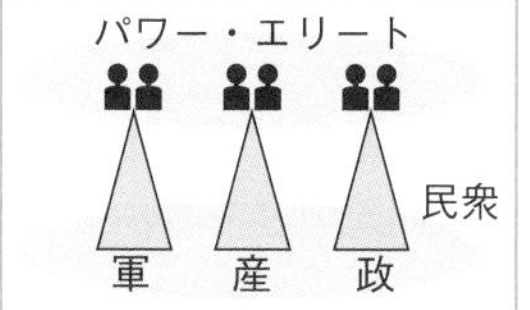

(3) 多元的エリート論　**ダール**は，ニューヘブンにおいて実証研究を行い，政策決定に影響力を持つ**エリートが争点領域ごとに異なっている**ことを発見した。こうした立場は，多元的エリート論（政治的多元論）と呼ばれている。

実戦問題❶ 基本レベル

◆ ＊No.1 権力に関する次の記述のうち，妥当なものはどれか。

【市役所・平成30年度】

1 マキャベリは，民主政を理想としつつも，合意によって形成された集団の維持にとって権力は不可欠なものであると説いた。

2 ウェーバーは，権力が正当性を得るには，合法的支配とカリスマ的支配を組み合わせる必要があると説いた。

3 メリアムは，権力の維持には信条体系や象徴体系よりも物理的強制力に基づく恐怖が重要であり，それには警察や軍隊が必要不可欠であると説いた。

4 ラスウェルは，権力の定義は権力者個人のパーソナリティに依存するとして，権力者の腐敗を批判した。

5 ダールは，権力を「AがBに対して本来であればしないであろうことを行わせるとき，AはBに対して権力を持つ」と定義した。

◆ ＊No.2 政治権力に関する記述として，妥当なのはどれか。

【地方上級（特別区）・平成30年度】

1 アレントは，アメリカの権力的地位にある者の構成とその変化を分析し，第二次世界大戦後，軍幹部，大企業経営者，政治幹部の三者に権力が集中する傾向が進み，三者が結びつきを強め，パワー・エリートを形成しているとした。

2 メリアムは，権力を，それを行使する者と行使される者との間の関係においてとらえ，「さもなければBがしなかったような事柄をBに行わせる場合，その度合いに応じてAはBに対して権力をもつ」と定義した。

3 ダールは，権力は自由を可能ならしめる公的空間を支え，自由を抑圧する暴力とは対極に立つものであり，「銃口から生まれるのは暴力であり，決して権力ではない」と主張した。

4 ミルズは，人間は社会における種々の価値を所有もしくは追求しており，ある人間が他の人間のもつ価値に対して，これを剝奪する能力を有するとき，そこに権力関係が成立するとした。

5 パーソンズは，権力が他者を支配し，権力者の自己利益の実現にだけ使われるものではなく，権力には社会的利益に奉仕する側面もあることを強調し，政治権力を「目標達成のために社会的資源を動員する能力」と定義した。

＊＊ No.3 権力に関する次の記述のうち，妥当なものはどれか。

【地方上級（全国型）・平成26年度】

1 M.ウェーバーは，権力には国家権力と企業権力の２種類があるとしたうえで，これら２つが一定の領域内における暴力的支配を独占するとした。

2 L.アルチュセールは，現在の支配に人々を服従させるものとして，家族やマス・メディア等を「国家のイデオロギー装置」と呼んだが，学校はこれには該当しないとした。

3 M.フーコーは，近代における監獄の誕生とともに，刑罰の目的が人間性の矯正から人を懲らしめることへと変化したとする。ここに見られる近代的権力を「規律権力」という。

4 S.ルークスは，権力の客体に対して権力の存在それ自体を認識させないように作用する権力を「二次元的権力」と呼んだ。

5 G.ドゥルーズは，情報処理やコンピュータ・ネットワークによる「管理型」の権力の存在を指摘した。

実戦問題1の解説

No.1 の解説　権力

→ 問題はP.36　正答5

1 ×　マキァヴェリは君主による権力行使を正当化した。

マキァヴェリは，祖国イタリアが分裂の危機に瀕していたこともあって，君主による強権的な支配を正当化した。民主政を理想としつつ，合意に基づく権力の行使を主張したわけではない。

2 ×　ウェーバーは支配の３類型を提示した。

ウェーバーは，支配を正当化する根拠として，伝統や慣習，合法性，支配者のカリスマ性（超人的資質）の３つを挙げた。そして，これらが単独で，あるいは組み合わされて用いられるとき，支配が正当化されると主張した。合法性とカリスマ性の組合せが必要不可欠だとしたわけではない。

3 ×　メリアムは権力の維持には信条体系や象徴体系が必要であるとした。

メリアムは，物理的強制力（警察や軍隊など）にのみ依拠している権力は長続きしないと考えた。そして，権力を維持するためには，象徴体系（国旗や国歌など）や信条体系（イデオロギーなど）をうまく利用して正当化を行うことが必要であると主張し，前者をミランダ，後者をクレデンダと呼んだ。

4 ×　ラスウェルは権力を決定作成への参加と定義づけた。

ラスウェルは，権力を「決定の作成に参加すること」と定義づけた。権力の定義と権力個人のパーソナリティを関連づけて論じたわけではなく，権力者のパーソナリティと権力者の腐敗を関連づけて論じたわけでもない。

5 ◎　ダールは権力を具体的な人間関係においてとらえた。

ダールは，具体的な場面における人間関係に注目し，**ある人間が他の人間に働きかけてなんらかの行動を引き起こしたとき，権力が行使された**と定義づけた。

No.2の解説　政治権力

→ 問題はP.36　正答5

1 ×　パワー・エリート論はミルズによって提唱された。

ミルズは，第二次世界大戦後のアメリカを分析し，軍・産・政のトップエリートが「パワー・エリート」（権力エリート）として社会を動かしていると批判した。アレントは，権力は他者と協力して活動する人間の能力に由来するものであり，集団（共同体）に属するものであると主張した。

2 ×　具体的な人間関係において権力をとらえたのはダールである。

ダールは，具体的な場面における人間関係に注目し，ある人間が他の人間に働きかけてなんらかの行動を引き起こしたとき，権力が行使されたと定義づけた。メリアムは，権力がみずからを正統化する手段について考察し，ミランダとクレデンダという２類型を提示したことで有名である。

3 ×　権力が公的空間を支えていると主張したのはアレントである。

アレントは，多数の異なる人々が言葉を介して互いに結びついている空間を

公的空間と呼び，公的空間において人々の自由は保障されると考えた。そして，こうした人々の共生から権力が生み出され，公的空間が維持されると主張した。ダールは，具体的な人間関係において権力をとらえ，関係論的権力観を提唱したことで有名である。

4 × **価値の剥奪能力が権力関係を生むと主張したのはラズウェルである。**
ラズウェルは，ある人間が他の人間の持つ価値（尊敬，健康，富など）を剥奪する能力を有するとき，そこに権力関係が成立するとした。ミルズは，パワー・エリート論を提唱したことで有名である。

5 ◎ **パーソンズは「社会的資源を動員する能力」を権力と定義した。**
パーソンズは，社会的目標を達成するために社会的資源を動員する能力を政治権力ととらえた。たとえば，国民を水害から守るため，指導者が国民を動員してダムを建設した場合，この指導者は権力を行使したということができる。なお，権力の行使によって，社会全体の利益は増加するものと考えられるため，パーソンズの権力観は非ゼロサム的権力観とも呼ばれている。

No.3の解説　権力

→ 問題はP.37　**正答5**

1 × **ウェーバーは，国家権力の重要性を指摘し，国家は一定の領域内における（正当な）暴力的支配を独占するとした。**企業権力による暴力的支配を指摘したわけではない。

2 × **アルチュセールは，秩序への服従を人々の意識に植えつける役割を担っている組織を「国家のイデオロギー装置」と呼び，家族，学校，マスメディアなどをその例として挙げた。**したがって，学校も国家のイデオロギー装置に含まれる。

3 × フーコーは，近代における監獄（刑務所）の誕生とともに，刑罰の目的が人を懲らしめることから人間性の矯正に変化したと主張した。ここに見られる近代的権力は，人々に規範を内面化させ，自己規律を働かせるように仕向ける点を特徴としており，「規律権力」とも呼ばれている。

4 × ルークスは，権力の客体に対して権力の存在それ自体を認識させないように作用する権力を「三次元的権力」と呼んだ。「二次元的権力」とは，バクラックとバラッツが提唱した非決定権力に対して，ルークスが与えた別称である。

5 ◎ 正しい。**ドゥルーズによれば，現代における権力は，情報処理やコンピュータ・ネットワークに支えられながら，諸個人を効率的に統制している。**このような権力は，いわば「管理型」の権力であり，強制も自己規律も働かせずに支配することを可能にしている。

実戦問題❷ 応用レベル

＊＊
No.4 国家と権力に関する次の記述のうち，妥当なのはどれか。

【国家一般職・平成30年度】

1 N. マキアヴェリによると，権力を獲得し，維持するために君主は誠実であることが求められることから，反道徳的な政策を常に慎まなければならない。また彼は，権力の発揮に必要な軍隊について，当時のフィレンツェにおける自国民からなる軍隊の士気が低かったことを懸念し，外国人を主体とする傭兵制度を導入すべきだと主張した。

2 M. ウェーバーは，支配者による物理的暴力行使を正統であると，被支配者がみなさなければ支配は安定しないと考えた。また，政治にとって決定的な手段は暴力であることから，政治に携わる者は権力行使がもたらした最終的な結果に責任をとる覚悟（責任倫理）を持たなければならないと説いた。

3 K. マルクスは，早くに市民革命が起こった国家においては資本家階級が強大な権力を持ち，その資本家階級を支える資本主義経済が内部矛盾から必然的に恐慌という形で破綻することはないと考えた。そのため，労働者階級が共産党の下に団結し，選挙という手段を用いて資本家階級から権力を奪うべきだと主張した。

4 M. フーコーによると，自らの意思に基づき合理的決定を行うと推定される「主体」とは決して実体的なものではなく，近代社会の黙示的な権力構造によって生み出されたものにすぎない。彼は，厳しい監視と拷問により近代社会の行動様式を強制する装置であるパノプティコン（一望監視装置）を考案し，英国の刑務所における普及に貢献した。

5 辻清明によると，戦前の我が国の官僚制の特徴は，第二次世界大戦の敗戦を境に，戦後には継続されなかった。その上で彼は，戦後，特権的官僚制を改革し民主化することが我が国の民主化の最大の課題であり，そのためには，後見性の原理に基づく家産官僚制を新たに構築する必要があると主張した。

＊＊＊
No.5 政治権力および国家主権に関する次の記述のうち，妥当なのはどれか。

【国税専門官・平成21年度】

1 T.パーソンズは権力に関して，政治権力の不適切な行使による市場のひずみから社会全体の利益が減少するマイナスサムの状態，政治権力の行使がないゼロサムの状態，政治権力の適切な行使による市場の調整から社会全体の利益が増進するプラスサムの状態を区別し，政治権力の機能を，ノンゼロサム概念とゼロサム概念によって説明した。

2 M.ウェーバーが支配に３つの理念型を立てたのに対し，高畠通敏は服従には６つの類型があることを示し，そのうちの「盲従」は権力者に対する人間的信頼や尊敬に基づく服従であり，大衆の心理を操縦する技術と手段が発達したことによって権力者のカリスマ性を高めることができるようになった現代に特有の服従である。

3 国家理論の１つである社会契約説を唱えた代表的論者の一人であるJ.ロックは，人々は自らの自然法に基づく権利をより確実に保障するために全員一致の契約によって政府を設立し，各人の自然権を信託したと論じるとともに，もしも政府が市民の信託に違反して市民の権利を侵害するならば，そのような政府を市民の手によって解体することができると論じた。

4 国家の安全保障は，各主権国家の個別的自衛権に基づき自力で自国を防衛することによって行われてきたが，二度の世界大戦を通じてその限界が明らかになった。そのため，国際連合が設立され，安全保障理事会の全理事国の集団的自衛権に基づいた，国際連合憲章に規定する強制的措置によって侵略国に対抗するという集団安全保障体制がめざされた。

5 開発独裁とは，急速な経済開発のためには最適な資源投入を強制し得る独裁的政治権力が効果的であると同時に，効果的に開発された経済力によって増強される警察力・軍事力をもって独裁的政治権力が強化され，さらに強力に最適な資源投入を強制できるようになるという，明治維新後の日本を研究する中で導き出された経済開発と独裁的政権の親和性を説明した概念であり，1970～80年代の東南アジア諸国には当てはまらない。

＊＊
No.6 政治と権力に関する次の記述のうち，最も妥当なのはどれか。

【国家総合職・令和５年度】

1 J.ボダンは，『王権論』において，宗教改革による内乱を克服するため，「国家の絶対にして永続的な権力」として主権という概念を提唱した。主権とは第一に「他人の同意なしにすべての人々または個人に法を与える」立法権であり，法とは主権者の命令であるという。ただし，正しい統治を目指すボダンは，主権者も「法の支配」の下にあり，慣習を含む既成の法を自由に改廃できるわけではなく，主権者が権力を濫用する場合には抵抗権が生じるとした。

2 M.ヴェーバーは，国家とは「ある一定の領域で正当な物理的暴力行使の独占を要求する人間の共同体」であるとし，権力を，集団の目標達成のために構成員の義務の遂行を確保する集団の能力と捉え，それが集団の共同利益に資するという機能を果たしていることに注目した。そしてヴェーバーは，政治に携わる者は国家の持つ暴力性を十分に自覚し，権力の行使がもたらす最終的結果について断固として責任を取る覚悟，すなわち心情倫理を持たなければならないと主張した。

3 H.アレントは，権力とは人間の単に行為する能力ではなく，他者と協力して行為する能力に対応するものであって，個人の所有物ではなく，集団に属し，集団が維持される限りにおいてのみ存続すると主張した。アレントによれば，ある集団の指導者が権力の座にあるのは，その指導者が他の構成員から彼らの名において行動する権利を付与されているからであって，もしその集団が消滅すれば，その権力も失われる。

4 S.ルークスは，R.ダールらの多元主義の立場の権力観を一次元的権力観，P.バクラックとM.バラッツの，顕在化した争点に関する決定過程において誰の意見が採用されたかで権力の所在を確認する権力観を二次元的権力観と分類した。そして，ルークスは，権力には顕在化した争点の決定過程で現れるものだけでなく，争点の顕在化そのものを阻止するような「非決定の決定」という形で現れるものがあるという三次元的権力観を提唱した。

5 M.フーコーは，自らの意思に基づき合理的に行為を選択すると想定される「主体」とは，単なる擬制ではなく，国家や資本家等の特定の主体・階級の意図によって生み出されたものであると主張した。そして，フーコーによれば，現代の福祉国家では，権力作用は個人の生活環境の隅々にまで浸透しており，もはや監視も規律化もなしに，個人を特定の行動に容易に誘導できるようになっているとした。

実戦問題2の解説

No.4の解説 国家と権力 →問題はP.40 正答2

1 × マキァヴェリは君主に誠実さは求めなかった。

マキァヴェリは，国家統一という政治的目標を達成するためには，反道徳的な政策が必要になることもあると考えた。そのため，君主に誠実さを求めることはなかった。また，利益で動く外国人傭兵は，フィレンツェを守るために命を懸けることはないと考え，徴兵制度に基づいて自国民からなる軍隊を作るべきだと主張した。

2 ◎ ウェーバーは支配の正統性や政治家の責任倫理について考察した。

正しい。ウェーバーは，支配の正統性について考察し，**正統性が人々の間で広く受け入れているならば，自発的服従を通じて支配は安定化する**と主張した。また，**政治に携わる者は，動機の純粋さではなく，最終的な結果の望ましさに対して責任を負わなければならない**として，責任倫理の重要性を主張した。

3 × マルクスは先進諸国における暴力革命の必然性を主張した。

マルクスは，早くに市民革命がおこった国家においては，資本家が強大な権力をもって労働者を搾取・支配するため，困窮した労働者階級が階級意識に目覚めて団結し，暴力革命を引き起こすはずだと主張した。これに対して，**共産党の役割を重視し，共産党が労働者階級を指導することで暴力革命へと導くべきだと主張したのは，レーニンである。**

4 × パノプティコンを考案したのはベンサムである。

パノプティコン（一望監視装置）とは，中庭に監視塔を置き，それを取り巻くように監房を配置した円形の刑務所施設のことである。ベンサムによって考案されたものであるが，常に監視されているという意識が受刑者に脱走を思いとどまらせることから，自己規律を働かせるように仕向ける近代的権力（＝規律権力）を象徴するものとして，フーコーがこれを著作の中で引用した。フーコーによれば，**前近代的権力が厳しい監視と拷問を特徴としたのに対して，近代的権力は人々に対して自己規律を働かせるように仕向ける点を特徴としている。**

5 × 辻清明は日本官僚制の後進性を批判した。

辻清明は，第二次世界大戦直後の日本官僚制を考察し，戦前にみられた割拠性や特権的性格，後見人的支配観などが払拭されていない現実を見て取った。そのうえで，前近代的な身分制に基づく家産官僚制とは決別し，民主化を進めて近代官僚制を構築することが，戦後日本の課題であると主張した（『日本官僚制の研究』）。

No.5 の解説　政治権力および国家主権

→ 問題はP.41　**正答3**

1 × 政治権力の行使によって，支配者が被支配者からなんらかの価値を収奪していると考えた場合，社会全体の価値の総量はいっさい増減しないことから，これを権力のゼロサム概念と呼ぶ。これに対して，政治権力の行使によって社会全体の価値の総量が増加したり，減少したりすると考えた場合，これを権力のノンゼロサム概念と呼ぶ。したがって，権力のゼロサム概念とノンゼロサム概念の違いは，権力行使が適切か否か，あるいはそれが市場を機能させるか否かという点に求められるわけではない。

2 × 大衆の操作によって得られる現代的な服従は「被操縦」である。高畠通敏は，権力者に対する服従の形態について考察し，これを6つに類型化した。第1の**盲従**とは，権力者に対する人間的信頼や尊敬に基づく無条件の服従である。第2の**信従**とは，支配者の示した正統性の根拠を人々が受け入れることで成立する服従である。第3の**欲従**とは，服従に対して与えられる反対給付（利益）への期待からなされる服従である。第4の**忍従**とは，不服従に対する制裁を恐れてなされる服従である。第5の**賛従**とは，支配者の発した命令内容への賛同に基づく服従である。第6の**被操縦**とは，マスコミ等を通じた情報操作によって作り出される服従である。このうち，近代以降の社会における基本原理とされているのが賛従であり，現代社会に特有の現象とされているのが被操縦である。

3 ◎ 正しい。**ロックは，自然法に基づく権利（＝自然権）の内容を生命，自由，財産の所有に求め，人民はこれらを確実に保障するため，全員一致の契約（＝社会契約）を結んで政府を設立したと主張した。また，人民は政府に自然権を譲渡したわけではなく，これを信託したにすぎないと考え，政府が市民の信託に違反した場合，人民は政府に抵抗し，革命を起こす権利を持つと主張した。**

4 × **集団安全保障体制の確立をめざして最初に設立されたのは，国際連合ではなく国際連盟である。**フランス革命の終結後，ヨーロッパでは各主権国家が個別的自衛権を行使するとともに，国家間の同盟関係を柔軟に組換えて軍事力の均衡を図ることで，戦争の勃発を防ぐという政策がとられた。しかし，この勢力均衡策は本質的に不安定で，第一次世界大戦の勃発を防ぐことができなかったため，終戦後には国際連盟が設立され，集団安全保障体制の確立がめざされることとなった。なお，集団安全保障体制とは，体制内のいかなる加盟国が侵略行為を受けたとしても，すべての加盟国が協力して侵略国へ制裁を加えるとする仕組みであり，これによって侵略行為そのものを思いとどまらせる効果が期待される。

5 × **開発独裁**の説明はほぼ本肢で示されているとおりであるが，この概念は1970～80年代の東南アジア諸国において典型的に当てはまる。韓国の朴正煕（パク・チョンヒ）政権，フィリピンのマルコス政権，インドネシアのスハルト政権などが代表例である。明治維新後のわが国については，特定の個人が強大な政治権力を掌握し，独裁政治を展開したという事実がなく，これを開発独裁の例とすることは不適である。

No.6の解説 政治と権力

→ 問題はP.42 正答3

1 × ボダンは『国家論』を著し，主権論を展開した。

ボダンは，主権を「国家の絶対にして永続的な権力」ととらえ，その中心には立法権，すなわち国民に対する法律の一方的付与があると主張した（『国家論』）。これは主権者である国王の権力を強化する考え方であり，「法の支配」や「（暴政に対する人民の）抵抗権」という視点は含まれていない。

2 × 権力を集団の目標達成と関連づけて論じたのはパーソンズである。

パーソンズは，集団の目標達成のために構成員に働きかけ，これを動員して義務を履行させる集団の能力を権力と考えた（「非ゼロサム的権力観」）。これに対して，ウェーバーは「他者をその意思に反しても行動させる可能性」を権力ととらえており，権力と集団を特に関連づけてはいない。また，ウェーバーは政治に携わる者（＝政治家）は最終的結果に責任をとるべきだとしたが，こうした考えは心情倫理ではなく結果責任と呼ばれている。

3 ◎ アレントは，権力は集団を基盤として成立すると主張した。

アレントは，人間が言語を介して他の人間と関係を取り結ぶなかで，他者と協力して行為が行われるようになると考え，権力は集団を基盤として成立すると主張した。こうした権力観は，パーソンズの非ゼロサム的権力観とともに，**共同的権力観**とも呼ばれている。

4 × 「非決定の決定」に注目したのはバクラックとバラッツである。

バクラックとバラッツは，ダールの権力観が一面的である点を批判し，ある争点を議題化させないように働く権力（「非決定の決定」）が存在することを指摘した。そして，これを「非決定権力」と呼んだ。また，ルークスは，ダールの権力観を一次元的権力観，バクラックとバラッツの権力観を二次元的権力観と呼び，自らは三次元的権力観を提唱した。これは，本人に意識させないまま，人々の認識や思考まで形成する権力が存在すると主張するものであった。

5 × フーコーは，権力は人々に自己規律を働かせるように仕向けているとした。

フーコーは，自らの意思に基づき合理的に行為を選択すると想定される「主体」は，近代社会が生み出した「擬制（フィクション）」にすぎないと考えた。そして，現実のわれわれは，社会において自己規律を働かせるように仕向けられており，いわば権力の網の目にとらえられていると主張した（「規律的権力」）。

政治的リーダーシップ

必修問題

政治的リーダーシップの類型に関する記述として，妥当なのはどれか。

【地方上級（特別区）・令和２年度】

1　**創造的リーダーシップ**は，指導者が既存の生活様式とは別の新しいビジョンを提示し，価値体系の変革をめざすものであり，強力な理論体系によって武装されているのが普通である。

2　**代表的リーダーシップ**は，指導者が大衆の同意に基づいて政治を行うべきとの建前で，大衆利益を代表するのが役割だとして行動するものであるが，価値体系の安定している政治社会では成立しない。

3　**制度的リーダーシップ**とは，指導者が大衆の不満の強い時期に，その不満を充足させる解決方法を提示するものであり，矛盾した公約を乱発したり，戦争に不満のはけ口を求めたりするのがその例である。

4　**投機的リーダーシップ**とは，指導者が大衆の利益の代表者として現れるので，本質的に保守的な性格を持つものであり，価値体系の安定している政治社会に成立する。

5　**伝統的リーダーシップ**とは，身分によることなく，問題を解決することへの期待と能力に対する支持によって指導者の地位につき，慣習や伝統的形式にのっとって支配するものである。

難易度　＊

必修問題の解説

本問は，政治的リーダーシップの４類型に関する基本問題である。各類型と社会の安定性の関係がポイントとなっており，①伝統的リーダーシップと代表的リーダーシップは安定した社会で成立すること（**2**・**5**），②投機的リーダーシップと創造的リーダーシップは不安定な社会で成立すること（**1**・**4**）は，しっかりと確認しておこう。

1 ◎ 創造的リーダーシップは価値体系の変革を目指す。
創造的リーダーシップは，不安定な社会で成立し，既存の社会を変革して新しい社会を作り上げようとする。そのため，**新しいビジョンを大衆に提示し，価値体系の変革を目指す**ことになる。

2 × 代表的リーダーシップは価値体系の安定している政治社会で成立する。
代表的リーダーシップは，安定した社会で成立し，既存の制度を前提として大衆に利益を配分しようとする。その際，リーダーは大衆の支持を得るため，大衆の同意に基づいて政治を行うことが前提とされる。

3 × 戦争に不満のはけ口を求めるのは，投機的リーダーシップの特徴である。
投機的リーダーシップは，不安定な社会で成立し，大衆に不満のはけ口を提供しようとする。そのため，矛盾した公約を乱発したり，戦争に踏み切ったりすることも多い。なお，**制度的リーダーシップとは代表的リーダーシップの別名であり**，安定した社会で成立する。

4 × 大衆の利益を代表しようとするのは，代表的リーダーシップの特徴である。
指導者が大衆の利益の代表者として現れるのは，代表的リーダーシップの特徴である。この場合，安定した政治社会を背景に，社会の改革は目指されないことから，代表的リーダーシップは本質的に保守的な性格をもつことになる。

5 × 伝統的リーダーシップは一般に身分制の下で成立する。
伝統的リーダーシップは，慣習や伝統的形式にのっとって支配を行う点に特徴がある。これが成立するのは，大衆が慣習や伝統の重要性を信じているからであり，そうした状況は近代以前の身分制社会において典型的に見られる。

正答 1

FOCUS

政治的リーダーシップでは，リーダーシップの４類型に関する出題が圧倒的に多い。投機的リーダーシップと創造的リーダーシップの違い，制度的リーダーシップが代表的リーダーシップの別名であることなどは，必ず確認しておこう。

POINT

重要ポイント 1 リーダーシップの概念

(1) 権力・リーダーシップ・ヘッドシップ 民主的な指導者は，民衆を説得して合意を得たうえで，これを一定の方向に導こうとする。指導者が発揮するこうした能力を，一般にリーダーシップという。政治権力とは異なり，リーダーシップでは強制性ができる限り抑えられる。

権 力	リーダーシップ	ヘッドシップ
他者を思いどおりに動かす強制力	他者を納得させたうえで動かしていく力	制度上ある地位に就くことで発揮される力
支配者 強制 服従者	説得 支持 リーダー フォロワー	地位 上位者 命令 下位者

(2) リーダーの役割 リーダーとは「lead（導く）＋er（人）」のことであり，一般の人々の「1歩前」を歩き，これを導くことが期待されている。

①リーダーはフォロワーの後ろを歩いてはならない。リーダーは，人々の望むところを的確にくみ取らなければならないが，それに一方的に縛られてはならない。

②リーダーはフォロワーのはるか前を歩いてはならない。リーダーはフォロワーを説得して，自らの政策や理念を理解してもらう必要がある。実現不可能な永遠の理想のみを説いていては，フォロワーの理解は得られない。

重要ポイント 2 リーダーシップのあり方

リーダーシップのあり方はリーダーごとに異なり，さらに状況に対応して変化することも多い。このうち前者を強調するのが特性理論，後者を強調するのが状況理論である。

(1) 特性理論 リーダーシップのあり方は，リーダーの持つ特質によって決定づけられると考えるのが特性理論である。代表的論者としては，**プラトン**や**マキァヴェリ**が挙げられる。また，ラズウェルは，伝記を利用して政治家の精神史を探り，政治家のパーソナリティとその行動を関連づけた。

(2) 状況理論 リーダーシップは，社会を取り巻く状況に対応して発揮されると考えるのが状況理論である。たとえば，戦時期にはある程度強権的なスタイルがとられ，平時には協調を重んじるスタイルがとられるというのは，これに該当する。

状況理論の主張は，「**リーダーシップは状況の関数である**」という命題に集約される。ここから導かれたのが，次のリーダーシップの4類型である。

	名　称	指導のスタイル	補　足
安定期	伝統的リーダーシップ	伝統や慣習に依拠することで，人々を導く。	前近代社会で見られるが，独自性を発揮する余地は小さい。
	代表的リーダーシップ	人々に利益を配分することで，これを導く。	近代以降の社会で見られ，制度的リーダーシップとも呼ばれる。
不安定期	投機的リーダーシップ	人々の不満の爆発を図ることで，これを導く。	スケープゴートや対外戦争を作り出し，一時しのぎを重ねる。
	創造的リーダーシップ	将来のビジョンや価値観を示して，人々を導く。	イデオロギーや理論体系を動員し，社会を革新しようとする。

＊代表的リーダーシップと創造的リーダーシップの区別は，R.シュミットが行ったものである。

重要ポイント3 リーダー論

(1) プラトン　プラトンは，統治者・軍人・生産者という3者からなる**階級国家**を理想としたうえで，教育と選抜を通じて統治者階級を育成していくことの重要性を指摘した。また，統治者階級は公的存在である以上，私的な財産や家族を持つべきではないと主張した。そのうえで，プラトンは，統治者階級の最上位に**哲人王**が君臨し，政治運営にあたることを究極の理想とした。哲人王とは哲学に通じた国王のことで，善のイデア（＝理想の姿）を認識するとともに，高貴な嘘を駆使できる存在とされた（『国家』）。

(2) マキァヴェリ　マキァヴェリは，強力な軍隊を持った君主が，**狐の知恵とライオン（獅子）のどう猛さ**を発揮することで，国家を統一に導くべきだと主張した。また，君主は愛されるよりも恐れられなければならないと唱えた（『君主論』）。

(3) パレート　パレートは，エリートによる支配を普遍的現象と考えた。そして，エリートと非エリートの間で循環が行われるのに対応して，策略によって支配する**狐型エリート**の時代と，力によって支配する**獅子型エリート**の時代が交互に訪れると主張した（『**エリートの周流**』）。

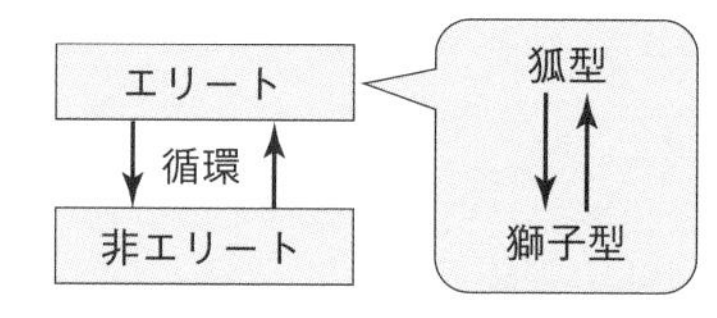

(4) ウェーバー　ウェーバーは，政治家に必要な資質として，情熱・洞察力・責任の3つを挙げた。このうち責任については，心情責任（心情倫理）と責任倫理（結果責任）の2種類の責任が存在するが，ウェーバーが重視したのは**責任倫理**であった（『職業としての政治』）。

種　類	説　明
心情責任	動機の純粋性をもって責任が解除されるとする。
責任倫理	よい結果を導くことによって責任が解除されるとする。

実戦問題

No.1 * 次の文ア～ウは，政治的リーダーシップの類型に関する記述であるが，文中の空所A～Dに該当する語または語句の組合せとして，妥当なのはどれか。

【地方上級（特別区）・平成24年度】

ア：［ A ］リーダーシップは，危機的状況に際して，これまでの価値体系そのものの変革をめざすものである。

イ：［ B ］リーダーシップは，価値体系の［ C ］政治社会に成立するもので，政治は大衆の同意に基づいて行われるべきであるとのたてまえの下，大衆の利益を代表するのが指導者の役割であるとして行動するものである。

ウ：［ D ］リーダーシップは，社会に欲求不満が蓄積されたとき，大衆の不満を一挙に解決すると称して現れるが，価値体系そのものを変えようとはせず，矛盾する公約を濫発したり，戦争に，はけ口を求めるなどする。

	A	B	C	D
1	投機的	代表的	安定している	制度的
2	投機的	代表的	不安定な	制度的
3	創造的	投機的	不安定な	制度的
4	創造的	代表的	安定している	投機的
5	伝統的	制度的	安定している	投機的

No.2 * 政治的リーダーシップに関する次の記述のうち，妥当なのはどれか。

【国家一般職・平成９年度】

1 戦前の日本においては，安定した社会秩序の中，生活様式や価値体系の自明的な安定性にのっとって，政治的な課題を特定化していく制度的リーダーシップが支配的であった。指導者は，立憲君主制の下で，一般的には選挙などで限定的な競争を行った後に選択されていた。

2 代表的リーダーシップは，価値体系が安定した政治社会に成立するリーダーシップであり，政治的な課題は大衆の利益の充足をめぐって形成される。このような社会では，大衆が生活様式や価値体系の全面的な変革を求めるようなことはなく，代表的リーダーシップは，本質的に保守的なものであるといえる。

3 投機的リーダーシップは，革命運動などに見られ，政治的な課題は体制全体の変革に集約される。このタイプの指導者は，従来の生活様式や価値体系に代わる新しいビジョンを提示することにより，不況，敗戦，その他急激な社会変化に伴う秩序の崩壊などにより生じた大衆の閉そくした不満の解消を図ろうとする。

4 創造的リーダーシップは，それまでの政治体制が行き詰まりを見せ，大衆の間に不満が高まったとき，大衆に対し夢を提示することにより，政治的な課題の解決を図ろうとするものである。このタイプの指導者は，しばしばカリスマ的な指導者として登場し，対外戦争やスケープゴートの創出に向かう傾向がある。

5 現代の民主主義社会においては，指導者は，メディア市場への能動的な参加者である大衆に対し，絶えず一体性や共通性を強調することが要求される。このような社会の平等主義的な傾向は，リーダーと大衆との同質性を高め，指導者にとって強力なリーダーシップを発揮しやすい環境を提供する。

No.3 * 権力，政治的リーダーシップに関する次の記述のうち，妥当なのはどれか。

【国家一般職・平成21年度】

1 権力の実体概念とは，権力を人間または人間集団が保有するなんらかの力としてとらえる考え方であり，この立場の代表者として，暴力（軍隊）の集中を権力の基盤とみなしたN.マキャヴェリ，富（生産手段）の所有が権力の基盤であるとしたK.マルクスなどが挙げられる。他方，富や技能や知識等の権力の基盤は多様であるとしたH.D.ラスウェルは，権力の実体概念を否定し，権力の関係概念を提唱した。

2 R.ダールは，「AがBに対して，Bが本来やりたくない何かをさせることができる時，AはBに対して権力を有する」とし，権力に関して権力を行使する者の存在だけでなく，その権力に服従する者の反応を重視し，権力を双方の関係からとらえた。彼は，このような考え方を，権力の零和概念と名づけた。

3 M.フーコーは，自ら考案した「パノプティコン（一望監視装置）」という集団監視施設を例に挙げ，規律権力は，監視と指導を通じて人々に正しい行為の規範を内面化させ，自発的に規律正しい振る舞いができる人間を作ることをめざすものであるとした。彼は，このように，権力をその行使者と服従者との二者間関係として明確にとらえることを重要視した。

4 政治的リーダーに求められる資質に関して，プラトンは，政治の目標である「善のイデア」を認識し，政治の技能として「高貴な嘘」を駆使できる哲人王が政治的リーダーになるべきだとし，N.マキャヴェリは，国民を十分に操作し得る「狐の知恵」と国民を畏服させ得る「ライオンの見せかけ」とを兼ね備えた君主が国家の政治に当たる必要性を説いた。

5 R.シュミットは，政治的リーダーシップを，創造的リーダーシップと代表的リーダーシップに区分した。そのうち創造的リーダーシップは危機的状況に際してこれまでの価値体系そのものの変革を図ることによりリーダーシップを獲得するものであり，代表的リーダーシップは大衆の不満を一挙に充足させる解決方法を提示するものであり，まったく矛盾する公約の濫発やスケープゴートの創出等を行うことによりリーダーシップを獲得するものである。

＊＊
No.4　エリート論等に関する次の記述のうち，妥当なのはどれか。

【国家総合職・令和３年度】

1　V.パレートは，大衆は理性ではなく本能，衝動，習慣に基づいて行動することを観察して，大衆の政治判断の非合理性を指摘した。彼によると，大衆は，国旗や国歌，政治家の顔などに基づき，刺激に対する条件反射のように政治判断を下しており，エリートによる恣意的な操作を受けやすいため，デモクラシーは必ず失敗するとされた。

2　W.リップマンは，少数支配は共産主義社会を除くあらゆる社会に共通に見られる現象であり，それらの社会におけるいかなる政治体制においても消滅することはないと考えた。彼は，支配エリートは固定的ではなく，時代とともに交代すると指摘し，これを「エリートの周流」と呼んだ。

3　G.ウォーラスは，人間は自分を取り巻く環境を直接に把握することはできず，ステレオタイプ化された形で理解するにとどまるため，その判断や行動は非合理的にならざるを得ないと指摘した。彼は，民主政治の主要な担い手である「インサイダー」たる大衆は，政治という環境に直接接している「アウトサイダー」としての政治エリートの判断に従うべきであると論じた。

4　R.ミヘルスは，19世紀後半に，民主主義とエリート主義は両立するとした上で，民主主義を有能な指導者選出のための手段であると論じた。彼は，実質的・能動的に政治を担うのは政治エリートであるが，人々は，競争する政治エリートのうちの誰に政治を委ねるかを選ぶ能力があり，自らの指導者となり得る人材を選挙によって選出することができると考えた。

5　エリート主義においては，公共政策は少数のエリートによって独占的に決定されていると考えるのに対し，多元主義においては，政治社会は多種多様な利益団体から構成されており，様々な団体が競争して，互いに牽制したり調整したりしながら政治過程に参入して，政策決定に影響を及ぼすと考える。多元主義の論者の一人として，R.ダールが挙げられる。

実戦問題の解説

No.1 の解説　政治的リーダーシップの類型
→ 問題はP.50　**正答4**

A：**価値体系の変革をめざすのは創造的リーダーシップである。**
「創造的」が該当する。本肢では，特徴として「価値体系そのものの変革をめざす」という点が挙げられているので，革新性を特徴とする創造的リーダーシップが該当するとわかる。

B：**大衆の利益を代表しようとするのは代表的リーダーシップである。**
「代表的」が該当する。本肢では，特徴として「大衆の利益を代表する」という点が挙げられているので，代表的リーダーシップが該当するとわかる。なお，本肢の「政治は大衆の同意に基づいて行われるべきであるとのたてまえ」とは，近代民主政治の原則を意味している。

C：**代表的リーダーシップは安定した社会で成立する。**
「安定している」が該当する。上記のとおり，本肢は代表的リーダーシップに関する説明となっているが，代表的リーダーシップは価値体系の安定している政治社会において，既存の制度の下で大衆に利益を配分することによって成立する。

D：**不満の爆発を導こうとするのは投機的リーダーシップである。**
「投機的」が該当する。本肢では，特徴として「大衆の不満を一挙に解決すると称して現れる」，「戦争に，はけ口を求める」などの点が挙げられているので，大衆の不満を利用して台頭しつつも問題の真の解決を導かない投機的リーダーシップが該当するとわかる。

よって，正答は**4**である。

No.2 の解説　政治的リーダーシップ
→ 問題はP.50　**正答2**

1 × **戦前の日本では制度的リーダーシップは支配的ではなかった。**
戦前のわが国は，国内外のさまざまな危機にさらされることが多く，社会秩序はしばしば不安定化した。そのため，政党政治が安定的に営まれていたわずかな期間を除けば，必ずしも制度的リーダーシップは根づいていなかった。また，戦前の指導者の中には，明治維新の功労者や軍部出身者のように，選挙を経ずにその地位に就く者も多かった。

2 ◎ **代表的リーダーシップは本質的に保守的である。**
正しい。**代表的リーダーシップは，安定した社会において成立することから，変化を好まない保守的な性格を持っている。**

3 × **新しいビジョンの提示は創造的リーダーシップの特徴である。**
新しいビジョンに基づいて体制全体の変革を図るのは，創造的リーダーシップの特徴である。

4 × **対外戦争等に向かうのは投機的リーダーシップの特徴である。**
カリスマ的指導者の下で，対外戦争やスケープゴートが創出されるとき，政治体制の全面的な変革は大衆の意識にのぼらなくなり，対外戦争やスケープゴートに向けてひたすら大衆の不満がぶつけられる。これは，投機的リーダーシップの特徴である。

5 ×　社会の平等主義的な傾向はリーダーシップを弱体化させる。
大衆は政治的無関心に陥っていることが多く，メディアとの関係においても，提供される情報を受動的に受け取るだけの場合が多い。また，社会的平等化が進んだ社会では，リーダーにあまりにも雑多で数多くの要求が寄せられるため，強力なリーダーシップは発揮されにくい。

No.3 の解説　権力，政治的リーダーシップ

→ 問題はP.51　**正答4**

1 ×　ラスウェルは権力の実体概念を主張した。
ラスウェルは，富や技能や知識等の資源を保有することで権力が発生すると考えたため，実体概念の論者に分類される。これに対して，権力の関係概念とは，具体的な場面においてどれだけの服従を確保しうるかという観点から権力をとらえたものであり，ダールがその代表的論者とされている。

2 ×　「権力の零和概念」という名称を作り出したのはパーソンズである。
ダールは権力を本肢のように定義づけ，権力を権力者と服従者の関係からとらえるという立場を打ち出した。このように権力行使の具体的場面の考察からとらえられた権力概念は，権力の関係概念と呼ばれている。なお，権力の零和（ゼロサム）概念とは，権力の行使によって権力者が獲得した価値と服従者が収奪された価値は等しいと主張するもので，パーソンズがこれを定式化した。

3 ×　規律権力は特定の個人によって行使されるものではない。
フーコーが規律権力の例として挙げた「パノプティコン（一望監視装置）」と呼ばれる集団監視施設（監獄）は，ベンサムによって考案されたものである。また，規律権力とは社会全体がわれわれに対して行使する権力であって，特定の権力行使者を欠き，われわれを「権力の網の目」に絡め取ろうとする点に特徴がある。従来の権力に関する学説では，権力をその行使者と服従者との二者関係としてとらえてきたことから，フーコーの権力概念はやや特殊ということができる。

4 ◎　プラトンは哲人王を理想とし，マキァヴェリは能力ある君主を理想とした。
正しい。**プラトンやマキァヴェリは，リーダーの資質に注目してリーダーシップ論を展開した**。プラトンは，リーダーたる国王が同時に哲学者でもあることを理想として，哲人王による支配を主張した。また，マキァヴェリは，リーダーたる君主が「狐の知恵」と「ライオンのみせかけ」を兼ね備えるべきことを主張し，そうした君主が国民から愛されると同時に恐れられながら，政治を行うことを理想とした。

5 ×　不満を一挙に充足させようとするのは投機的リーダーシップの特徴である。

シュミットは，現代における政治的リーダーシップの類型として，創造的リーダーシップと代表的リーダーシップの2つを挙げた。そのうち創造的リーダーシップは，危機的状況に際して価値体系の変革を図ることにより，リーダーシップを獲得するものである。これに対して，代表的リーダーシップは，安定的状況において大衆に利益を配分することにより，リーダーシップを獲得するものである。なお，大衆の不満を一挙に充足させることでリーダーシップを獲得しようとするのは，投機的リーダーシップの特徴である。

No.4 の解説 エリート論等

→ 問題はP.52 正答5

1 × 本能，衝動，習慣に基づく大衆の行動を指摘したのはウォーラスである。
ウォーラスは，現代の大衆は非合理的存在であり，本能や衝動，習慣にとらわれていることから，政治運営はエリートに任せられるべきだと主張した（『政治における人間性』）。

2 × 「エリートの周流」を主張したのはパレートである。
パレートは，エリートが非エリートを支配するという構造は歴史的に不変であると考えた。そして，エリートと非エリートの間で周流（循環）が行われるのに対応して，狐型エリート（策略）による支配と獅子型エリート（力）による支配が交互に出現すると主張した。

3 × ステレオタイプ等の概念を提示したのはリップマンである。
リップマンは，①われわれはマスコミの作り上げた「疑似環境」に反応していること，②われわれはステレオタイプ（＝パターン化されたものの見方）に基づいて現実を認識していること，などを指摘した。また，リップマンはエリート主義の立場に立ち，政治の「アウトサイダー」たる大衆は，「インサイダー」たる政治的エリートの判断に従うべきだと主張した。

4 × 民主主義を指導者選出のための装置とみたのはシュンペーターである。
シュンペーターは，選挙を通じて民衆が指導者を選出することを民主主義の本質ととらえ，民主主義を手続き的観点から定義した。ミヘルスは「寡頭制の鉄則」を提唱し，大規模組織においては少数者による支配が不可避である点を指摘したことで有名である。

5 ◎ エリート主義と多元主義は対照的な理論である。
エリート主義では，少数のエリートが公共政策の決定権を独占していると主張されている。これに対して，**多元主義（プルーラリズム）では，公共政策は多元的集団による圧迫と均衡を通じて形成されると主張されている**。

第２章
政治の制度

第2章 政治の制度

試験別出題傾向と対策

試験名	国家総合職					国家一般職					国家専門職（国税専門官）				
年度	21-23	24-26	27-29	30-2	3-5	21-23	24-26	27-29	30-2	3-5	21-23	24-26	27-29	30-2	3-5
頻出度 テーマ 出題数	10	6	2	5	5	5	3	5	1	4	2	2	1	3	2
B 4 権力分立制とアメリカの政治制度		1		1		1									
A 5 各国の政治制度	3				1	2	1	1		2	1	1		1	1
A 6 議会制度	2	3	1	1	3	1		1	1	1	1		1	2	1
B 7 選挙制度		1				1	1								
A 8 各国の選挙制度	5	1	1	3	1		1	3		1		1			

「政治の制度」では，政治の静態的側面，すなわち各国の政治を支えている諸制度を学習する。学習内容は，大きく「政治制度」（テーマ4・5），「議会制度」（テーマ6），「選挙制度」（テーマ7・8）の3つに分けられる。「政治制度」では，アメリカ，イギリス，フランス，ドイツ，中国の政治制度を理解することが課題となる。アメリカの政治制度に関連して，連邦制の仕組みが問われることもあるので注意しよう。「議会制度」では，主要国の議会制度と議会論を理解することが課題となる。近年ではポルズビーの議会類型論とモチヅキらのヴィスコシティ論が頻出なので，それぞれの内容を確認しておこう。「選挙制度」では，小選挙区制と比例代表制の違いやわが国の選挙制度を理解することが課題となる。後者については，現行制度の詳細が問われやすいので，詳しめに学習しておく必要がある。

● 国家総合職（政治・国際・人文）

3年間に5問以上は出題される最頻出分野となっている。出題の中心となっているのは「議会制度」である。ポルズビーの議会類型論に加えて，わが国の国会の仕組みもたびたび問われている。過去問を参考に，議員の法案提出権や党首討論制度，政府参考人制度などの概要を確認しておきたい。「政治制度」では，アメリカ，イギリス，フランス，ドイツ，中国の政治制度が問われやすい。過去にはロシア，イタリア，スイス，スウェーデン，イスラエル，オーストラリアなども取り上げられているが，例外的なケースなので気にしすぎる必要はないだろう。「選挙制度」では，わが国の選挙制度について細かな出題がある。過去問を参考に，法定得票数や供託物没収点，選挙違反の罰則などの詳細を確認しておこう。候補者男女均等法などの時事問題も出題されている点は，要注意である。

● 国家一般職

期間によって出題数のばらつきが大きいものの，多いときには3年間に5問もの出題がある。全体を通して，①国家総合職の影響とみられる出題が多いこと（マデ

	地方上級（全国型）					地方上級（特別区）					市役所（C日程）				
	21-23	24-26	27-29	30-2	3-4	21-23	24-26	27-29	30-2	3-5	21-23	24-26	27-29	30-2	3-4
	2	1	2	2	2	2	2	4	4	3	2	1	2	1	2
テーマ4			1				1		2				1		
テーマ5			1	1		1	1	1		1					1
テーマ6					2			1		1	1				1
テーマ7	1					1		1	2	1	1	1	1	1	
テーマ8	1	1		1				1							

ィソンの権力分立論や政府委員制度の廃止など），②日本に関する出題が多いこと（与党の事前審査制度や地方公共団体の二元代表制など），③本来は他科目で学習するはずの事項まで出題されていること（国会中心立法の原則〈憲法〉やアバーバックの政官関係論〈行政学〉など），といった特徴がみられる。難易度はやや高めなので，応用レベルの問題演習までしっかりとこなしておきたい。

● 国家専門職（国税専門官）

おおむね３年間に２問のペースで出題されている。各国の制度を具体的に問うケースが多いので，主要国の政治制度や議会制度，選挙制度はしっかりと押さえておきたい。なお，国家専門職の場合，選択肢の文章が長くて読むのが面倒である割に，誤りのポイントは平易であることが多い。問題演習の際には文章をしっかりと読みこみ，読解力をつけていくように心がけよう。

● 地方上級

全国型では，ほぼ３年間に２問のペースで出題されている。現在のところ，頻出テーマは６年ごとに切り替わっており，「選挙制度→政治制度→議会制度」の順に出題が続いている。特別区では，全国型よりもハイペースで出題がなされている。目立つのは，各国の政治制度と選挙制度の類型からの出題である。いずれの試験でも基礎事項を中心に問われているので，問題演習の際には基本問題の演習を重ねるようにしたい。なお，令和３年度には「女性議員の割合」という時事問題が出題されたので，議会や選挙に関するニュースにも目を通しておくと安心できよう。

● 市役所

選挙制度を中心に，ほぼ３年間に１問のペースで出題されており，もっとも出題されやすい分野となっている。「選挙制度」では，選挙制度の類型とその特徴が出題されやすい。「政治制度」では，アメリカまたはアメリカを含む５か国の政治制度が問われやすい。極端に難しい内容は問われないので，安心して学習できよう。

権力分立制とアメリカの政治制度

必修問題

アメリカの政治制度に関する記述として，妥当なのはどれか。

【地方上級（特別区）・令和２年度】

1　合衆国憲法は，「本憲法によって各州に委任されず，また連邦政府に対して禁止されなかった権限は，連邦政府に留保される」としており，連邦政府の権限は極めて強いものとなっている。

2　大統領は，連邦議会を通過した法案に対して拒否権を行使することができるが，上院のみで３分の２以上の多数で再可決されれば，その法案は法律として成立する。

3　大統領は，連邦議会を解散する権限を持つ一方，連邦議会は，大統領を弾劾することができるが，不信任決議で解任することはできない。

4　連邦議会の上院議員は，各州から２名ずつ選出され，任期は６年であるが，その３分の１が２年ごとに改選され，上院は，条約批准同意権と官吏任命同意権を有している。

5　連邦議会の下院議員は，各州の人口に比例して選出され，任期は２年であり，下院の議長は，副大統領が兼ねる。

難易度　＊＊

必修問題の解説

本問は，アメリカの政治制度に関する基本問題である。厳格な三権分立という原則から，不信任や解散の制度がないこと（**3**）は常識である。また，拒否権が議会の再可決でくつがえされること（**2**），連邦議会の両院の選挙制度（**4**）も，基礎知識といってよい内容である。確実に正誤を判断できるようにしておこう。

1 × アメリカでは連邦政府に委任されなかった権限は州に留保されている。
アメリカは，旧植民地（州）が連邦政府に権限を委任する形で建国された。そのため，「**本憲法によって連邦政府に委任されず，または州に対して禁止されなかった権限は，各州または国民に留保される**」（画集国憲法・修正第14条）とされている。

2 × アメリカ大統領の拒否権は，両院の再可決でくつがえされる。
大統領が拒否権を行使したとしても，上下両院がそれぞれ３分の２以上の多数で再可決した場合，当該法案は法律となる。

3 × アメリカ大統領は連邦議会の解散権をもたない。
大統領制をとるアメリカでは，大統領は連邦議会の解散権をもたず，連邦議会は大統領の不信任権をもたない。なお，連邦議会は大統領を弾劾によってやめさせることができるが，これは大統領が犯罪や非行を犯した場合に限られる。

4 ◎ 連邦議会の上院議員は各州から２名ずつ選出され，任期は６年とされている。
連邦議会の上院議員は州代表的な性格をもっており，各州から２名ずつ選出されている。任期は６年であるが，２年ごとに選挙が行われ，毎回３分の１ずつ改選されている。なお，同一州の２名の上院議員は改選時期が異なるため，上院議員選挙は各選挙区から１名を選出する小選挙区制の形をとっている。

5 × アメリカの副大統領は上院の議長を兼任している。
アメリカの副大統領は上院議長を兼任しているが，三権分立の原則を貫くため，通常，議会に出席することはない。ただし，上院における採決で賛否同数となった場合は，副大統領が最終決定を行うものとされている。

正答 **4**

FOCUS

アメリカの政治制度は，教養試験でもたびたび出題されている重要テーマである。大統領が法案提出権や議会解散権をもたないこと，連邦議会が不信任決議権をもたないことなどが，ポイントとなりやすい。なお，近年，市区町村の試験を中心にアメリカの連邦制の特徴が問われるケースも見られるので，注意しておこう。

POINT

重要ポイント 1 権力分立制

「絶対的な権力は絶対的に腐敗する」（アクトン卿）。そうした現実的な観点に立てば，ただ１人の人物やただ１つの機関にすべての権限を集中させるのは，極めて危険なことである。そこで，**ロック**や**モンテスキュー**は，国家が行使すべき権限をいくつかに分け，そのおのおのを異なる人物，異なる機関にゆだねるという仕組みを構想した。それが，**権力分立制**である。

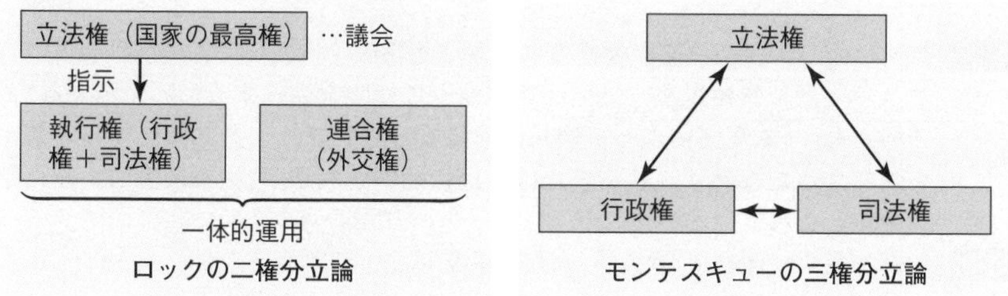

＊立法権とは法を制定する権限，行政権とは法に基づいて政治を運営する権限，司法権とは法に基づいて社会的紛争を裁定する権限のことである。

重要ポイント 2 大統領制と議院内閣制

先進各国の政治制度には，権力分立制がさまざまな形でとり入れられており，それらは**大統領制**と**議院内閣制**に大別される。両者の最大の違いは，行政の責任者をどのようにして選出するかという点に現れている。大統領制の場合，行政の責任者となるのは，国民によって選出された大統領である。これに対して，議院内閣制の場合，行政の責任者となるのは，議会（特に下院）の信任を受けた内閣である。

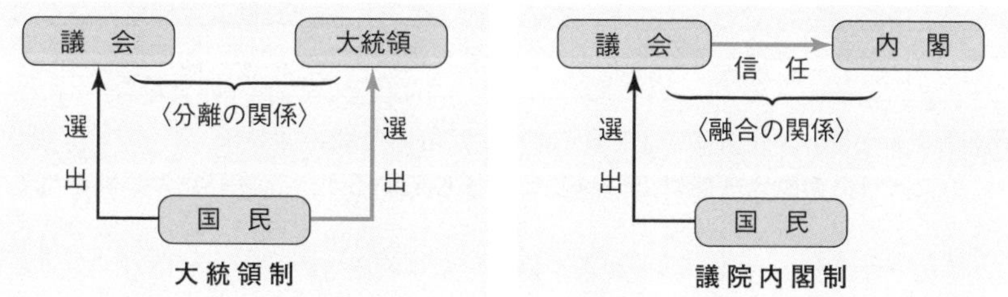

大統領制では，議会の議員と大統領が別々に選出されるので，議会と大統領の役割は明確に区別される（**二元代表制**）。これに対して，議院内閣制では，議員の中から何人かを選び出して内閣をつくり，行政の仕事を任せるという形がとられるため，議会と内閣の関係は密接なものとなる。

	法案提出	議会への出席	不信任	議会解散	議員兼職
大統領	できない	義務ではない	受けない	できない	できない
内閣	できる	義務である	受ける	できる	原則必要

重要ポイント3 アメリカの大統領制

アメリカでは，「**厳格な三権分立**」が確立されている。

(1) 議会 連邦議会は**二院制**をとっている。法律の制定に関して，両院は**対等の権限**を持ち，わが国やイギリスのような「下院の優越」は見られない。なお，上院は，大統領が高級官僚や最高裁判事を任命する際に，これに同意を与える権限（＝**任命同意権**）を持つ。また，上院は，大統領が外国と結んだ条約を承認し，効力を持たせる権限（＝**条約批准権**）も持つ。

	定数	任　期	選出方法	年齢要件	固有の権限
上院	100	6年（2年ごとに1/3改選）	直接選挙（各州から2名ずつ）	30歳以上	任命同意権 条約批准権
下院	435	2年（解散制度はない）	直接選挙（州内の各選挙区から1名ずつ）	25歳以上	歳入法案 先議権

(2) 大統領 合衆国大統領は，行政の最高責任者として大きな権限を持っている。

	役　割	選出・罷免	年齢要件	任　期
大統領	国家元首，行政の最高責任者，軍の最高司令官	間接選挙による選出，議会の弾劾※1	35歳以上	4年（3選禁止※2）
副大統領	大統領の控え※3，上院議長	大統領とペアでの選出，議会の弾劾	大統領に同じ	大統領に同じ
各省長官	大統領への助言者，省務の担当	大統領による任免，議会の弾劾	——	大統領に同じ
大統領補佐官	大統領の個人的補佐	大統領による任免	——	大統領に同じ

※1　大統領が犯罪行為を犯した場合，下院の訴追に基づき，上院で弾劾裁判が行われる。
※2　従来は慣行にすぎなかったが，第二次世界大戦後に憲法に明文化された。
※3　大統領が欠けると，副大統領が大統領に昇格して，残りの任期を引き継ぐ。

大統領は，法案を議会に直接提出することはできない。しかし，自らが望ましいと思う立法措置を，**教書**という形で議会に勧告することは認められている。教書の内容は，通常，大統領を支持する議員によって，法案として議会に提出される。また，大統領は，議会の可決した法案を拒否し，その成立を妨げることができる（**拒否権**）。ただし，両院が出席議員の3分の2以上の賛成で**再可決**すれば，拒否権は乗り越えられる。

(3) 司法 アメリカでは連邦制がとられているため，連邦法に関わる国レベルの裁判所と，州法に関わる州レベルの裁判所という2つの系列が存在する。また，アメリカでは，裁判所の**違憲立法審査権**が認められているが，これは憲法に基づく制度ではなく，**判例を通じて確立されてきたもの**である。なお，イギリスでは違憲立法審査権がそもそも認められておらず，ヨーロッパ大陸諸国では一般に憲法裁判所が違憲立法審査権を行使するが，アメリカでは通常の裁判所がこれを行使するものとされている。

実戦問題1　基本レベル

✧ No.1* 議院内閣制に関する記述として，妥当なのはどれか。

【地方上級（東京都）・平成14年度】

1 議院内閣制は，内閣の存在が議会の意思によって定められる制度であり，議会の信任がある限り内閣がその地位にとどまることができるとする，議会優位の思想に基づく政治形態である。

2 議院内閣制は，権力分立と抑制均衡による権限の分散を図る制度であり，大統領制と比べて，行政府と立法府は密接，協力的な関係にはなく，互いに独立，けん制した関係にあるとされる。

3 議院内閣制は，イギリスで発達した制度であり，マグナ・カルタを国王に認めさせたことによって始まり，1832年の選挙法の改正によって最終的に確立したとされる。

4 議院内閣制は，内閣が議会に対し連帯して責任を負う制度であり，内閣は議会の解散権を有さないとされているため，議会が内閣の不信任決議権を行使すると，内閣は総辞職しなければならない。

5 議院内閣制は，議会の多数派が内閣を組織する制度であり，イギリスでは，閣僚は，全員である必要はないが過半数は上・下院議員の中から選出されなければならない。

✧ No.2* 米国の政治に関する次の記述のうち，妥当なのはどれか。

【地方上級（全国型）・平成20年度】

1 連邦憲法には，刑法や民法の制定，弁護士や医師の資格認定，貨幣の鋳造など州政府にゆだねる権限が列挙されている。これは，それ以外のすべての権限を連邦政府が有することを意味するものである。

2 連邦議会の上院と下院とでは，その議員選挙の仕組みが異なる。選挙ごとの各州の定数が1である上院議員選挙は小選挙区制で行われるが，選挙ごとの各州の定数が複数である下院議員選挙は大選挙区制で行われる。

3 連邦議会には常任委員会は存在しない。そのため，必要に応じて上下各院が議題ごとに委員会を設置するが，これらの委員会は審議すべき論点を整理するにとどまり，実質的な審議は本会議でなされる。

4 大統領は，憲法上は連邦議会への法案提出権がないが，実質的には与党議員を通じて自身が望む法案を提出することができる。しかし，望まない法案を連邦議会上下両院がともに過半数で可決した場合は，大統領はその法案を拒否できない。

5 連邦裁判所は違憲立法審査権を有している。違憲立法審査権は連邦憲法に規定されたものではないが，連邦裁判所は，連邦政府，州政府いずれの制定した法律に対しても違憲判決を下すことができる。

No.3 ＊ **アメリカ合衆国の政治制度に関する以下の記述のうち，妥当なものを一つ選べ。**

【地方上級（全国型）・平成29年度】

1 アメリカ合衆国憲法は，州や地方自治体の権限を限定的に列挙したうえで，それ以外の国防・外交・課税・立法などに関する権限は，すべて連邦政府の専権事項に属すると定めている。

2 アメリカ連邦議会では二院制が採用されており，下院については人口に比例して各州に議席が配分され，州を一つの選挙区として大選挙区制による選挙が行われている。

3 アメリカ連邦議会の上院では，ログローリングと呼ばれる議事妨害が認められているが，議長が議事運営に支障があると認めるときは，これを打ち切ることができる。

4 アメリカ合衆国大統領は，連邦最高裁判所判事を指名することができるが，その任命に当たっては上院の同意を必要とする。

5 2016年の大統領選挙では，一般投票での総得票数が1位となった候補者が，史上初めて，大統領選挙人の過半数を獲得できないという事態が発生した。

No.4 ＊ **連邦制国家に関する次の記述のうち，妥当なものはどれか。**

【市役所・平成30年度】

1 韓国は連邦制国家であり，大統領は連邦を構成する「道」の首長の互選で選ばれるが，形式的な存在にすぎず，国民投票で選ばれた首相（国務総理）が政治的実権を有する。

2 イギリスは連邦制国家であり，構成国であるイングランド，ウェールズ，スコットランド，北アイルランドはそれぞれ主権国家として，国連に加盟している。

3 ドイツは連邦制国家であり，その立法府は連邦議会と連邦参議院からなるが，そのうち連邦参議院は州政府の代表が議員を務めている。

4 旧ソ連は連邦制国家だったが，その崩壊によって連邦を構成していた各共和国は一斉に独立したため，現在のロシアは単一国家となっている。

5 アメリカは連邦制国家であり，連邦議会の上院議員は各州の代表として州議会によって２名ずつ選ばれている。

実戦問題1の解説

No.1 の解説　議院内閣制

→ 問題はP.64　正答 1

1 ◎ 議院内閣制では政治制度の中心に議会が置かれる。

正しい。**議院内閣制は，議会優位の思想を背景として確立された政治制度であり，内閣がその存立基盤を議会に置く仕組みとなっている**。そのため，近年では「議会システム」と呼ばれることもある。

2 × 議院内閣制では行政府と立法府が密接・協力的な関係に置かれる。

行政府と立法府を互いに独立，けん制した関係に置くのは，大統領制の特徴である。議院内閣制では，立法府（議会）を基盤として行政府（内閣）が成立するなど，両者が密接，協力的な関係に置かれる。

3 × 議院内閣制の起源はウォルポール首相に求められる。

議院内閣制の起源は，18世紀前半のイギリスに求められる。当時，国王の信任が厚く，首相職を務めていたウォルポールが，議会での基盤を失ったことを理由に辞職したことを先例として，その後徐々に議院内閣制は確立されていった。マグナ・カルタ（1215年）は貴族の特権を国王に再確認させた文書であり，また，選挙法改正（1832年など）は選挙権の拡大を認めた立法措置であることから，いずれも議院内閣制の確立とは無関係である。

4 × 議院内閣制では不信任と解散がともに認められる。

議院内閣制では，内閣が議会の不信任決議を受けた場合，これへの対抗手段として議会の解散権を行使することができる。したがって，不信任に付された内閣は，そのまま総辞職するか，議会（特に下院）を解散するかを選択することができる。

5 × イギリスの閣僚は全員が議員でなければならない。

議院内閣制の母国であるイギリスでは，議院内閣制が純粋な形で保たれており，閣僚は全員が議員でなければならない。閣僚の過半数が議員であればよいとされているのは，わが国などの場合である。

No.2 の解説 アメリカ合衆国の政治

→問題はP.64 正答5

1 × 米国では多くの権限が州に留保されている。

米国では，連邦憲法において連邦政府にゆだねる権限が制限的に列挙されている。これは，それ以外のすべての権限が州政府に留保されていることを意味するものである。なお，連邦政府の権限とされているのは，税・関税・賦課金・消費税の賦課と徴収，外国との通商，貨幣鋳造などである。刑法や民法の制定，弁護士や医師の資格認定については，州の権限とされている（ただし，刑法については連邦刑法も存在する）。

2 × 連邦議会の両院議員選挙は小選挙区制で行われている。

連邦議会の下院議員選挙では，人口比例の原則に従って各州に定数が配分され，さらに各州内を議員定数と同数に区分けすることで，実際の選挙区が作り出されている。したがって，下院議員選挙は小選挙区制で行われる。なお，上院議員選挙の定数は各州２名であるが，この両名は異なる時期に改選されることから，選挙ごとの各州の定数は１となり，選挙制度としてはやはり小選挙区制に該当する。

3 × 連邦議会では委員会中心主義がとられている。

連邦議会には常任委員会が設けられており，実質的な審議が行われている。常任委員会で否決された法案は，原則として本会議で審議されることはない。逆に，委員会で可決された法案の多くは本会議でも成立しており，**本会議での審議は形骸化している**との指摘もある（「議会のラバースタンプ化」）。

4 × 大統領は拒否権をもつ。

望まない法案を連邦議会上下両院がともに過半数で可決しても，大統領はこれを拒否することができる。ただし，大統領が拒否権を行使した後，上下両院がそれぞれ３分の２以上の多数で再可決した場合には，拒否権は乗り越えられる。なお，大統領は連邦議会への法案提出権を持たないが，教書による立法勧告という形で法案を連邦議会に送付し，与党議員を通じてこれを正式の法案とすることは可能である。

5 ◎ 連邦裁判所は違憲立法審査権をもつ。

正しい。**連邦裁判所は，判例の積み重ねを通じて違憲立法審査権を獲得してきた**。連邦裁判所の違憲立法審査権は，合衆国憲法に関わりをもつ事項であれば，連邦政府，州政府いずれの制定した法律についても及ぶとされている。なお，合衆国憲法に無関係で，純粋に州政府の管轄に属する事項については，各州裁判所が裁くことになる。

No.3 の解説　アメリカ合衆国の政治体勢

→ 問題はP.65　**正答 4**

1 ×　アメリカ合衆国憲法は，連邦政府の専権事項を限定列挙している。

アメリカ合衆国憲法は，国防や外交などを連邦政府の専権事項として列挙しており，それ以外の幅広い権限については，州や地方自治体に帰属するものとしている。また，課税や立法については，その一部が限定的に連邦政府の権限とされるにとどまっている。

2 ×　アメリカの下院議員選挙は小選挙区制で行われている。

アメリカ連邦議会の下院選挙では小選挙区制が採用されており，各選挙区から１名ずつ当選者が選ばれている。なお，選挙区を画定する際には，まず人口に比例して各州に議席を配分し，次に州内を配分された議席数と同数の選挙区に分割するという手順がとられている。

3 ×　連邦議会における議事妨害はフィリバスターと呼ばれる。

アメリカ連邦議会では，議員が長時間演説などを行い，法案の成立を妨げようとすることがある。これを**議事妨害（フィリバスター）**という。上院の場合，60人以上の議員が賛成すれば，フィリバスターは破られる。なお，**ログローリングとは，議員間で交渉し，互いに相手の法案に賛成すると約束することを意味している**。

4 ◎　アメリカ連邦議会の上院は任命同意権をもつ。

アメリカ合衆国大統領は，連邦議会上院の同意を得たうえで，連邦最高裁判所判事や各省の幹部職員を任命する権限をもっている。上院の同意がなければ任命は認められない。

5 ×　アメリカ大統領選挙では，しばしば「逆転現象」がみられる。

アメリカ大統領選挙では，一部の州を除いて「**勝者総取り方式**」が採用されており，**州内で最も多くの票を獲得した候補者が，当該州の選挙人を総取りする**。その結果，多くの票が死票となって積み上げられ，**総得票数で上回った候補者が獲得選挙人数で敗れるケースも生まれている**。こうしたケースは，2016年の大統領選挙で４例目である。

No.4 の解説　連邦性国家

→ 問題はP.65 正答3

1 × 韓国は単一国家である。

国家の形態は，連邦制国家と単一国家（単一主権国家）に分類される。**連邦制国家とは，強い権限を留保された「邦」（アメリカにおける州やロシアにおける共和国など）が連合した国家形態であり，単一国家とは，強力な主権をもつ中央政府によってまとめあげられた国家形態である**。韓国は単一国家に該当し，国民投票で選ばれた大統領が政治的実権を有している。

2 × イギリスは単一国家である。

イギリスは，国家統一の過程で中央政府が地方勢力を抑え込み，強力な主権を確立したことから，単一国家に分類される。イギリスを構成するイングランド，ウェールズ，スコットランド，北アイルランドは主権国家ではなく，それぞれが国連に加盟しているという事実もない。

3 ◎ ドイツは連邦制国家である。

ドイツはもともとプロイセン（プロシャ）を中心として作り上げられた統一国家であり，現在では16の州からなる連邦制国家として成立している。連邦制国家では，一般に二院制議会の上院が州代表と位置づけられるが，ドイツの上院にあたる連邦参議院でも，議員が州政府から派遣されている。

4 × 現在のロシアは連邦制国家である。

現在のロシアは，旧ソ連から各共和国が独立した後，その国際的地位を継承する形で成立した。旧ソ連と同様，現在のロシアも連邦制国家とされており，80強の「連邦構成主体」（州や共和国など）によって構成されている。

5 × アメリカの上院議員は各州の有権者によって選出されている。

アメリカ連邦議会の上院議員は各州の代表と位置づけられており，かつては州議会によって選出されていた。しかし，1913年の憲法改正によって有権者による直接選挙の仕組みに改められ，今日に至っている。

実戦問題❷　応用レベル

＊＊
No.5　権力分立に関する次の記述のうち，妥当なのはどれか。

【国家一般職・平成15年度】

1　権力分立は，権力相互の抑制と均衡によって権力の暴走を防御しようとする考え方であり，政治制度の設計に大きな影響を与えた。モンテスキューは，いかなる権力も必然的に濫用されるという認識に立って，立法，行政，司法の三権の分立という原理を初めて定式化したが，ここでは「権力への自由」と称される自由主義の考え方が中心に据えられている。

2　議院内閣制は，代表制に最も忠実な立法府に行政府より優越した地位を認め，その上で抑制均衡を図ろうとするものである。わが国では，内閣は議会に対して責任を負う責任内閣制となっており，衆議院に内閣に対する不信任決議権が与えられる一方，内閣には衆議院の解散権が与えられている。

3　権力分立の原則を徹底したのが大統領制である。アメリカ合衆国の大統領制では，立法・司法・行政の厳格な三権分立を前提にしており，連邦議会の議員と大統領は国民から直接選ばれ，立法府と行政府は相互に独立している。大統領制は，議会により選ばれた首相が内閣を組織する議院内閣制とは原理的に異なるため，両制度が併存している国はない。

4　権力分立の原則は，多くの自由主義諸国では民主政治の基本原則とされてきたが，一方で代表制の原理と矛盾する面もある。権力分立制を否定して代表制の原理を全面的に貫こうとする立場は，旧ソ連型の一党独裁体制に見られた。社会主義諸国の一党独裁体制の崩壊に伴い，ソ連，東欧諸国，キューバなどは大統領制に移行した。

5　議院内閣制では首相のリーダーシップが発揮できないなどの理由から，わが国でも，国民が直接首相を選ぶ首相公選制についての検討が行われてきた。わが国においては，この制度は憲法改正を行わずとも権力分立の原則を徹底できるために注目されており，この制度が行われているイスラエルが参考にされている。

＊＊
No.6 アメリカ合衆国の政治に関する次の記述のうち，妥当なのはどれか。

【国家一般職・平成21年度】

1 アメリカ合衆国においては，大統領に連邦議会の解散権は認められていない一方で，連邦議会にも大統領の不信任決議権は認められておらず，連邦議会と大統領との間に相互に分離独立した関係がある。ただし，内閣を構成する各省長官は連邦議会議員との兼職が可能であり，議会への出席の義務も負っている。

2 アメリカ合衆国の上院議員の定数は100名で，人口に関係なく各州２名ずつ選出される。下院議員の定数は435名で，人口に比例して各州に配分されるが，州の人口が少なくとも各州最低１名は配分されている。条約批准同意権や官職任命同意権は上院のみが有しているが，法律を制定する権限という点では両院は対等である。

3 アメリカ合衆国においては，共和党と民主党による二大政党制が定着しており，20世紀以降の大統領選挙ではすべて共和党または民主党いずれかの候補者が選出されており，両政党以外の候補者が一般投票の得票率10％以上を獲得したことはない。また，20世紀以降の連邦議会では，共和党または民主党いずれかの候補者がすべての議席を占めている。

4 ロビイストは，圧力団体の代理人としてその団体にとって有利な法案の通過を促進させたり，不利な法案を修正または否決させたりするために，政党や議員に対してさまざまな働きかけを行う。政党単位で議会が運営され，わが国や英国の議会と比較して党議拘束が強いアメリカ合衆国の議会は，職業的ロビイストの活動が活発であり，腐敗の温床となりやすかったことから，1946年に連邦ロビイング規制法が制定され，ロビイストの登録，収支報告の提出が義務づけられた。

5 アメリカ合衆国における投票年齢は州ごとに異なり，一部の州を除いて，投票しようとする市民は自発的に有権者登録をする必要がある。郵送による登録や運転免許証申請時の登録が可能になったことから，2006年の中間選挙では，投票資格を有する市民の９割以上が有権者登録を行った。

実戦問題2の解説

No.5の解説　権力分立　→問題はP.70　正答2

1× モンテスキューの三権分立論は，三権間の相互抑制と均衡を通じて，国家権力による権利侵害から国民を守ることをめざしており，いわば「**権力からの自由**」がその基本的な考え方となっている。これに対して，「権力への自由」では，国民が国家権力の統治活動に参加し，これを積極的に支えることが求められる。

2◎ 正しい。立法府を構成している議員は，選挙を通じて選出された国民の代表者であり，少なくとも原理的には，国民の意見を忠実に反映していると考えられる。そこで，この**立法府を基盤として行政府を立ち上げ，そのうえで抑制均衡を図るという仕組み，すなわち議院内閣制が構想されることとなった**。

3× アメリカ合衆国の大統領制が厳格な三権分立を前提とし，立法府と行政府を相互に独立の関係に置いているのは事実である。しかし，連邦議会の議員が国民から直接選ばれるのに対して，大統領は大統領選挙人を通じて間接的に選出されるなど，両者の選挙制度は異なっている。また，フランスのように，大統領と内閣が併存している国もある。フランスでは，国民から直接選ばれた大統領が内閣を任命し，内閣が議会に責任を負いつつ国内政治の運営を行っている。

4× 一党独裁体制の崩壊後，ソ連では大統領制が導入され，さらにソ連の崩壊後は，旧ソ連諸国や東欧諸国の多くで大統領制が導入された。しかし，なかには議院内閣制を採用する国もあり，旧社会主義国がすべて大統領制を採用したわけではない。また，キューバでは，建国当初から今日に至るまでキューバ共産党による一党独裁体制が敷かれており，その最高指導者は国家評議会議長（事実上の大統領）とされている。

5× 日本国憲法は，「内閣総理大臣は，国会議員の中から国会の議決で，これを指名する。」(67条）と規定しているため，憲法を改正せずに首相公選制を導入することはできない。なお，**イスラエルでは首相公選制が1996年から実施されていたが，小党分立による政治的不安定を理由として，2001年に廃止された**。

No.6 の解説　アメリカ合衆国の政治

→ 問題はP.71　正答2

1 × アメリカ合衆国における三権分立は厳格なものであり，議会解散権や大統領不信任権が認められていないほか，大統領や各省長官が連邦議会議員を兼職することも禁止されている。

2 ◎ 正しい。**アメリカ合衆国では，上院議員が州代表的性格を持つ一方で，下院議員は各選挙区代表としての性格を持つ**。**両院の立法権限は対等であるが，条約批准同意権や官職任命同意権は上院のみが持ち，歳入法案先議権は下院のみが持つなど，権限の非対称性も見られる**。

3 × 20世紀以降の大統領選挙では，すべて共和党または民主党いずれかの候補者が選出されているが，両政党以外の候補者が一般投票で相当の票数を獲得することもある。たとえば，1992年の大統領選挙ではロス・ペローが一般投票の20%弱を獲得し，話題となった。また，連邦議会選挙ではやや事情が異なり，例外的ではあるが，二大政党以外の候補者が当選することもある。

4 × アメリカ合衆国では，わが国や英国と比べて政党の党議拘束が弱いため，各議員は自らの判断で法案への賛否を決定することができる。そこで，職業的ロビイストが活発に活動し，ひとりでも多くの議員に影響を与えようとしている。なお，連邦ロビイング規制法については，本肢で説明されているとおりである。

5 × アメリカ合衆国では，各州が独自に投票年齢を定めることができる。しかし，憲法修正26条1節において18歳以上選挙権が規定されているため，現在のところすべての州で18歳選挙権が確立されている。また，**有権者の自発的登録制がとられているため，面倒を嫌って登録を行っていない国民が多く**，郵送による登録や運転免許証申請時の登録が認められた後も，登録率は7割程度にとどまっている。

各国の政治制度

必修問題

各国の政治制度に関する次の記述のうち，最も妥当なのはどれか。

【国家一般職・令和５年度】

1 **議院内閣制**の原型はドイツで形成された。議院内閣制が採用されている日本では，日本国憲法において，国会は国権の最高機関とされており，法案を提出する権限は専ら国会に属するため，内閣は法案を提出することができない。

2 米国の大統領は，議会に対する法案提出権や議会を解散する権限を持たない一方で，教書を通じて必要な立法措置の審議を議会に勧告する権限や，議会で可決された法案に対する拒否権が憲法上付与されている。

3 日本では，平成11（1999）年に**政府委員制度**が廃止され，国会において，官僚が国務大臣等に代わって答弁を行うことを一切認めないなど，政治主導を目指した国会改革が行われたほか，重要施策の企画・立案に関する首相のリーダーシップの発揮を目指して，平成13（2001）年の中央省庁等改革において，内閣官房の権限が各省庁間の総合調整のみに限定された。

4 英国の議会は，国民の選挙により選出された議員で構成される上院と，国王の任命により貴族や聖職者で構成される下院の二院から成る。両院は共に議員の任期が５年であり，日本と同様に内閣不信任決議権を有する。

5 中国では，国家の最高権力機関は，任期が無期限で一院制の**全国人民代表大会（全人代）**とされており，不測の事態に対応できるよう通年で開催される。国家主席については３選禁止規定があるため，任期は２期10年までとなっている。

難易度 ＊

必修問題の解説

本問は，各国の政治制度に関する総合問題である。日本の政府参考人制度（**3**）と中国の国家主席の任期（**5**）がやや難しく，全体の難易度を引き上げている。政府参考人制度については行政学でも出題されているので，十分に注意しよう。

1 × 議院内閣制の原型はイギリスで形成された。
18世紀前半にイギリスで首相を務めた**ウォルポール**は，国王からの信頼が厚かったにも関わらず，総選挙後に議会からの信頼を失ったことで首相職を辞任した。これが議院内閣制の起源とされている。また，わが国では，内閣と国会議員の両方に法案提出権が認められている。

2 ◎ 米国の大統領は教書送付権や法案拒否権をもっている。
米国の大統領は，連邦議会に教書を送付し，立法等を勧告することができる。また，連邦議会で可決した法案に拒否権を行使し，その制定を妨げることができる。なお，大統領が拒否権を行使した場合，連邦議会の両院が３分の２以上の多数で再可決を行えば，拒否権はくつがえされて法律は成立する。

3 × 日本では政府参考人制度が導入されている。
日本では，平成11（1999）年の**国会審議活性化法によって政府委員制度が廃止され，代わりに政府参考人制度が導入された**。これは，国会の委員会において，細目的・技術的事項に限り，官僚が国務大臣等に代わって答弁することを認めるものである。また，平成13（2001）年の**中央省庁等改革において，内閣官房の権限が拡大され**，「内閣の重要政策に関する基本的な方針に関する企画および立案並びに総合調整」を行うことができるようになった。

4 × 英国の下院は公選議員によって構成されている。
英国の上院（貴族院）は，貴族や聖職者によって構成されている。また，下院（庶民院）は，国民から選挙で選ばれた議員によって構成されている。任期が５年で不信任決議権をもつのは下院であり，上院は終身制を採用している。

5 × 中国の国家主席の３選禁止規定は，すでに廃止されている。
中国の最高権力機関は一院制の全国人民代表大会（全人代）である。その任期は５年で，毎年１回，10日程度の日程で開催されている。また，中国の国家元首は国家主席である。国家元首の任期は，最長でも２期10年までとされていたが，2018年の憲法改正ですでにこの規定は廃止されている。

正答 **2**

FOCUS

各国の政治制度については，アメリカ，イギリス，フランス，ドイツ，中国の組合せで出題されることが多い。ただし，過去には中国に代えて，韓国，カナダ，オーストラリアなどが出題された例もある。

POINT

重要ポイント 1 イギリスの政治制度

イギリスは**議院内閣制の母国**である。かつて，イギリスの内閣は国王に忠誠を誓い，国王のために政治を運営していたが，**ウォルポール**の時代以降，内閣の存続は議会の信任に基づくという議院内閣制の原則が確立した。

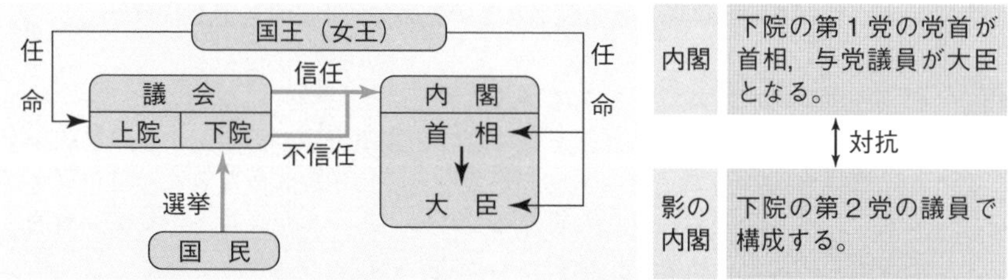

名 称	定数	選出方法	任期	特 徴
上院（貴族院）	不定	国王の任命	終身	金銭法案の拒否権を持たない
下院（庶民院）	650	直接選挙	5年	下院の優越*（予算先議権など）

＊下院の優越は，1911年の議会法により確立された。

なお，イギリスの最高裁は上院に置かれてきたが，2009年の改革で分離・独立を果たした。アメリカと異なり，違憲立法審査制度は設けられていない。

重要ポイント 2 フランスの政治制度

フランスの政治制度は，「**強力な大統領制**」を特徴としている。憲法上，行政権を持つのは，大統領によって任命された内閣である。しかし，実際には大統領が行政活動に直接介入し，強力なリーダーシップを発揮することも少なくない。また，内閣が下院によって**不信任**された場合，大統領は下院を**解散**することができる。さらに，大統領は，重要案件を議会の審議にゆだねるかわりに，国民投票に付すことができる。

このように，フランスの政治制度は大統領制と議院内閣制の折衷形態となっているが，実質的には大統領制に近いと言える（**半大統領制**）。

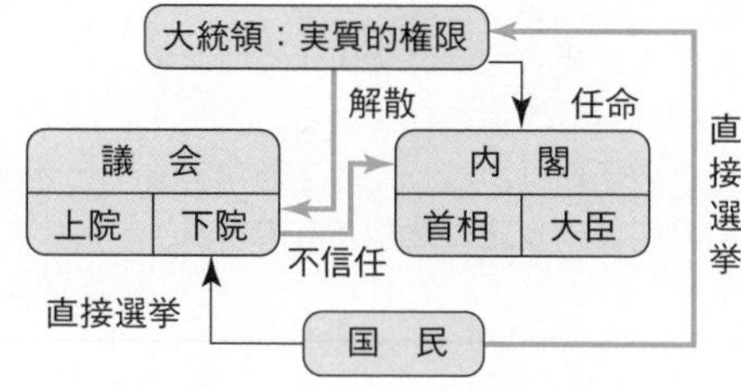

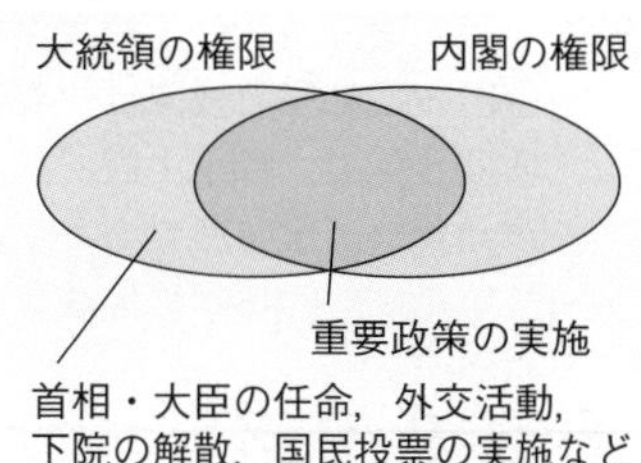

重要ポイント 3 ドイツの政治制度

ドイツでは,「**宰相民主主義**」と呼ばれるほど,首相(=宰相)の権限が強い。ドイツには大統領も置かれてはいるが,これはむしろ形式的・儀礼的な存在にすぎず,実質的な権限はほとんど与えられていない。

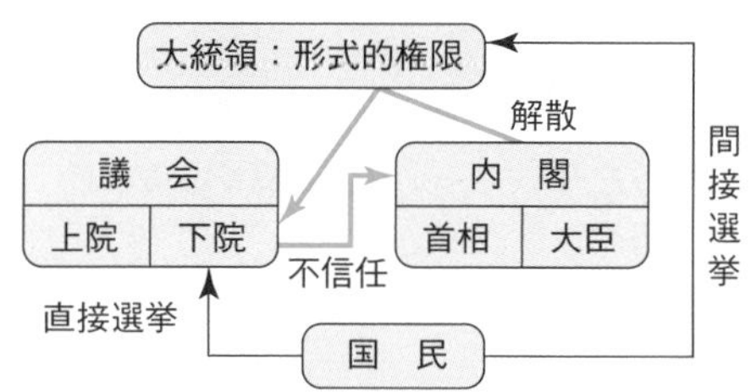

首相の任命手順
①大統領による人事提案
②下院による同意
③大統領による任命

不信任の手順(建設的不信任)
①下院による後継首相の選出
②不信任の成立

なお,ドイツは**連邦制**の国家であり,連邦政府と並んで州政府も重要な役割を担っている。基本法(憲法)には連邦の専管事項,州の専管事項,連邦と州の競合的管轄事項が列挙されており,その他の事項は州に留保されている。

重要ポイント 4 中国の政治制度

自由主義諸国では権力分立制が採用されているのに対して,中国(中華人民共和国)では権力集中制(**民主集中制**)が採用されている。これは,人民の代表機関である**全国人民代表大会(全人代)**に権力を集中させる仕組みであり,その他の国家機関は全人代から権限をゆだねられるという形をとる。

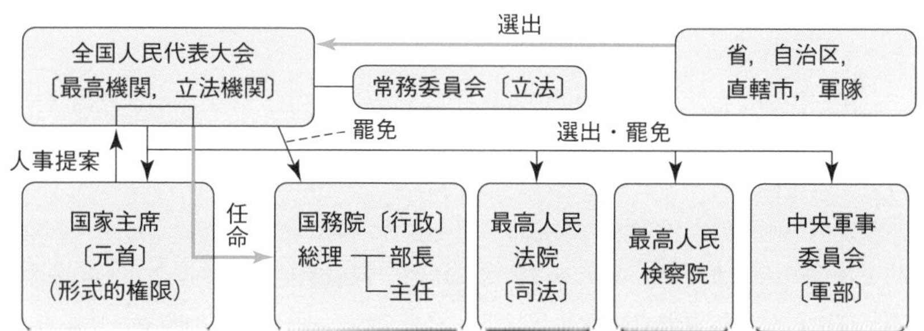

＊主要ポストの任期は,すべて全人代の任期と同じく5年と定められている。また,国家主席は2期10年までしか務めることができなかったが,2018年の憲法改正で3選禁止規定が撤廃され,任期制限はなくなった。

実戦問題1　基本レベル

*
No.1 **イギリスの政治制度に関する記述として，妥当なのはどれか。**

【地方上級（特別区）・令和４年度】

1 イギリスは，成文の憲法典を持たないが，マグナ・カルタなどの歴史的文書や慣習が基本法の役割を果たしており，裁判所が違憲立法審査権を持つ。

2 イギリスでは，下院議員が小選挙区比例代表併用制で選ばれており，二大政党制となっている。

3 イギリスの議会において，実質的な権限を有しているのは下院であるが，下院優位の原則は，法で明確にされているものではない。

4 イギリスの内閣は，下院第一党の党首が首相となり，また，全閣僚を下院議員から選ばなければならない。

5 イギリスでは，野党第一党が「影の内閣」を組織し，政権を取った場合に備えている。

*
No.2 **議院内閣制または大統領制に関する記述として，妥当なのはどれか。**

【地方上級（特別区）・平成30年度】

1 政治制度の分類として，議院内閣制と大統領制があるが，議院内閣制は抑制均衡を図るという見地から内閣と議会が厳格な分立をとるのに対し，大統領制は両者の協力関係を重視して緩やかな分立をとっている。

2 議院内閣制の典型例はイギリスであり，大統領制の典型例はアメリカであるが，フランスの政治制度は，国民の選挙によって選出される大統領の他に首相がおり，半大統領制と呼ばれる。

3 議院内閣制では，内閣が議会の意思によって形成され，議会は不信任決議権で内閣をチェックする権限を持ち，大統領制をとるアメリカでは，大統領が議会を解散する権限を持っていることが特徴である。

4 議院内閣制では，法案の提出権は議員および内閣に認められているが，大統領制をとるアメリカでは，大統領は議会に法案を提出することはできず，議会を通過した法案に対する拒否権も認められていない。

5 日本は，イギリスに近い議院内閣制であり，日本，イギリスともに国務大臣は過半数を国会議員から選べばよいが，イギリスでは下院の第一党の党首が慣例的に首相に任命されるという相違点もある。

＊No.3 各国の政治制度に関する次の記述のうち，妥当なものはどれか。

【地方上級（全国型）・平成27年度】

1 アメリカでは，大統領は国民による直接選挙によって選ばれる。大統領選挙は連邦議会の上院議員選挙と同時に実施されるため，大統領の所属政党と連邦議会の上院の多数党は，これまで常に一致してきた。

2 カナダでは，大統領と首相がともに置かれている。大統領が国家元首として儀礼的な役割のみ果たしているのに対して，行政権は首相に導かれた内閣が司るため，一般に，カナダは議院内閣制の国であるとされる。

3 イギリスでは，首相は議会上院の第１党から選ばれる慣習があり，上院で「建設的不信任」を受けた場合に解任される。国家元首である国王は，儀礼的な役割のみを担っている。

4 フランスでは，大統領と首相がともに存在し，両者が行政権を分担的に掌握している。それぞれが国民による直接選挙で選ばれるため，「コアビタシオン」と呼ばれる状況が生じることもある。

5 ドイツでは，連邦レベルにおいて大統領と首相が存在し，大統領は主として国家元首としての役割を担い，慣行として政治的中立性を求められる。首相は連邦議会で選出され，大統領によって任命される。

＊＊
No.4　各国の大統領に関する次の記述のうち，妥当なのはどれか。

【国家一般職・平成27年度】

1　フランスの大統領は，国民による直接選挙によって選出される。大統領は，首相を任命し，また首相の提案に基づき政府の構成員を任命する。ただし，大統領とは党派の異なる首相が任命されることもあるため，閣議の主宰は首相が行う。

2　米国の大統領は，各州およびワシントンD.C.選出の選挙人による間接選挙によって選出される。大統領は議会が可決した法案に対する拒否権を持つが，これに対して議会は上下両院で３分の２以上の賛成で再可決すれば，拒否権を乗り越えることができる。

3　イタリアの大統領は，国民による直接選挙によって選出される。大統領は，議会の解散，首相の任命，外交使節の信任および軍隊の指揮権を単独で行使することができる強い権限を有している。

4　ドイツの大統領は，国民による直接選挙によって選出される。大統領は，元首として国の内外に対してドイツ連邦共和国を代表し，首相の任命権や議会の解散権等の強い権限を有しており，首相の地位は象徴的なものである。

5　韓国の大統領は，上院議員による間接選挙によって選出される。大統領は，政治的に強い権限を持ち，首相を国会議員の中から任命するが，この人事には国会の同意は必要なく，大統領と首相が異なる党派に属することによって政治が混乱することを防いでいる。

実戦問題1の解説

No.1 の解説　イギリスの政治制度

→ 問題はP.78　正答5

1 ×　イギリスの裁判所は違憲立法審査権をもたない。
違憲立法審査権はアメリカで発達した制度である。イギリスでは違憲立法審査権が認められていない。なお，イギリスが成文の憲法典をもたないという点は事実である。

2 ×　イギリスの下院議員は小選挙区制で選ばれている。
イギリスの下院議員は，各選挙区から１名ずつ選出されている（小選挙区制）。なお，小選挙区制は大政党に有利な仕組みで，二大政党制を生みやすいことから，イギリスでも保守党と労働党の二大政党制が成立している。

3 ×　イギリスにおける下院優位の原則は，議会法で明文化されている。
イギリスでは1911年に議会法が制定され，下院優位の原則が明文化された。これにより，下院が３会期連続で法案を可決すれば，たとえ上院が反対しても，当該法案は法律として成立することになった。

4 ×　イギリスの閣僚は国会議員の中から選ばれる。
イギリスの首相は下院議員の中から選ばれているが，閣僚は国会議員の中から選ばれている。すなわち，閣僚は上院議員であっても問題はない。なお，これらは長年の慣行として定着している仕組みである。

5 ◎　イギリスでは野党が「影の内閣」を組織している。
イギリスでは，与党が組織する内閣に対抗して，**野党は「影の内閣」（シャドウ・キャビネット）を組織している**。「影の内閣」は，国会内で内閣に対して論戦を挑み，政権交代に備えている。

No.2 の解説　議院内閣制と大統領制

→ 問題はP.78　正答2

1 ×　内閣と議会の厳格な分立は大統領制の特徴である。
議院内閣制は，内閣と議会の協力関係を重視して緩やかな分立をとる。これに対して，大統領制は，抑制均衡を図るという見地から大統領と議会が厳格な分立をとる。実際，議院内閣制における内閣は議会の信任に基づいて成立するが，大統領制における大統領は議会の信任とは無関係に誕生する。

2 ◎　フランスの政治制度は半大統領制と呼ばれている。
正しい。フランスでは大統領を中心に政治が運営されているため，その政治制度は大統領制に分類される。しかし，**大統領の任命する内閣が，下院から不信任を受けるなど，「議院内閣制の要素を加味した大統領制」の形となっていることから，これを特に半大統領と呼ぶ**。

3 ×　アメリカでは，大統領は議会の解散権をもたない。
大統領制をとるアメリカでは，内閣と議会が厳格な分立をとる。そのため，議会は大統領に対する不信任権をもたず，大統領は議会の解散権をもたない。

4 × **アメリカの大統領は拒否権をもっている。**
アメリカの大統領制では，立法権は議会に帰属しており，大統領は原則としてこれに関与しない。しかし，大統領には，議会に教書を送付して立法を勧告したり，議会を通過した法案に対して拒否権を発動したりする権限が与えられており，大統領は立法過程において一定の影響力を行使している。

5 × **イギリスの国務大臣は全員が国会議員でなければならない。**
日本の国務大臣は，過半数が国会議員であればよい。これに対して，**イギリスの国務大臣は全員が国会議員でなければならない**。なお，首相については，日本の首相は国会における首班指名選挙によって選出されるが，イギリスの首相は下院の第一党の党首が慣例的に首相に任命されている。

No.3の解説　各国の政治制度

→ 問題はP.79　**正答5**

1 × **アメリカの大統領選挙は間接選挙である。**
アメリカの大統領選挙では，有権者が大統領選挙人を選出し，大統領選挙人が大統領を選出するという二段階方式が採用されている（間接選挙）。また，大統領選挙と上院議員選挙（および下院議員選挙）が同時に実施されるのは事実だが，有権者は対象選挙ごとに投票先を変えることも多い。そのため，大統領の所属政党と連邦議会の上院の多数党が一致するとは限らない。

2 × **カナダでは大統領は置かれていない。**
カナダでは，イギリスと類似の政治制度がとられている。すなわち，**国家元首はカナダ国王（＝イギリス国王）であり，国王または国王の代理人である総督が，下院第１党の党首を首相に任命する慣行となっている**。大統領は置かれておらず，議院内閣制により政治が運営されている。

3 × **イギリスでは，下院だけが内閣不信任決議権をもっている。**
イギリスでは下院の優越が確立されており，上院に内閣不信任決議権は与えられていない。また，「建設的不信任」を導入しているのはドイツである。ドイツでは，下院が後任の首相候補を過半数の賛成で選出した場合に限り，内閣不信任が成立するものとされている。

4 × **フランスの首相は大統領によって任命される。**
フランスでは，国民による直接選挙で選出された大統領が強大な権限をもっており，首相を自由に任免することができる。ただし，下院が内閣不信任決議権をもつため，大統領は下院第１党から首相を選ぶのが一般的である。その結果，大統領と首相の所属政党が異なってしまうこともあり，こうして生じる保革共存政権を**コアビタシオン**という。

5 ◎ **ドイツでは大統領と首相がともに置かれている。**
正しい。**ドイツでは，首相のほかに大統領も置かれており，国家元首として中立的・形式的役割を担っている**。大統領は，首相候補を連邦議会に提案する権限をもっているが，党派性をもった提案は行われておらず，大統領による首相の任命ももっぱら形式的なものである。

No.4 の解説　各国の大統領

→ 問題はP.80 正答2

1 × **フランスでは大統領が閣議を主宰する。**
フランスの大統領は，政府の中心にあって，首相や政府の構成員を任命し，閣議も主宰する。これは憲法上の権限であり，大統領と首相の党派が異なる場合でも，変更されることはない。

2 ◎ **米国の大統領の拒否権は，絶対的なものではない。**
正しい。**米国の大統領は，連邦議会が可決した法案に対する拒否権をもつ**。しかし，これは絶対的な権限ではなく，立法権をもつ**連邦議会が再可決を行なった場合には，法律が成立する**。

3 × **イタリアの大統領は間接選挙で選出されている。**
イタリアの大統領は，上下両院議員と各州代表者によって選出されている。また，イタリアの大統領は，内閣や議会の決定に基づいて，おもに形式的権限を行使するものとされている。議会の解散権や首相の任命権を行使することで，大統領が独自の役割を果たすこともあるが，内閣の成立後10日以内に両院の同意が必要とされるなど，一定の歯止めがかけられている。

4 × **ドイツの大統領は間接選挙で選出されている。**
ドイツの大統領は，下院議員と各州議会の代表者が構成する「連邦会議」において選出されている。また，ナチス時代の反省から，ドイツの大統領には中立的・形式的な権限しか与えられていない。大統領は，首相候補の提案や首相の任免，議会の解散などを中立的に行うのみであり，政治的実権は首相に与えられている。

5 × **韓国の大統領は，国民による直接選挙で選出されている。**
1987年の民主化宣言に基づく憲法改正以降，**韓国の大統領は国民による直接選挙で選出されている**。また，**韓国の大統領は，国政の中心にあって強い権限をもち，首相の任命権も与えられている**。ただし，首相は必ずしも国会議員である必要はなく，首相任命の際には国会の同意が必要とされる。

実戦問題2 応用レベル

＊＊
No.5 各国の政治制度に関する次の記述のうち，妥当なのはどれか。

【国家専門職・令和４年度】

1 議院内閣制の発達した英国では，議会の多数派から内閣が組閣され，内閣は議会に対して責任を負う。2022年３月末現在において，首相は，議会の同意なく解散権を行使することができるのに対して，議会多数派も内閣不信任決議を成立させることで対抗することができる。また，N.ポルスビーによれば，英国の議会は与野党が次の選挙を意識しつつ争点を明確化する「変換型議会」に整理される。

2 連邦制国家であるドイツでは，各州政府の権限が非常に強く，州政府の代表である大統領が連邦議会の代表である首相よりも優位な立場にあり，憲法上，大統領は首相を一方的に罷免することができる。こうしたドイツの制度は首相公選制として，1990年代のイスラエルにおいて採用されていた。

3 国民の直接選挙によって選出される米国の大統領は，議会とは異なる選挙で選出されるため，大統領と議会とは対立することがある。大統領は，法案や予算案を議会に提出できない代わりに，議会の解散権を行使することができ，また，教書を議会に送付して法律の制定を勧告することができる。さらに，議会の可決した法案に対する拒否権も持つが，議会も上下両院の出席議員の３分の２以上の賛成により，大統領の不信任決議をすることができる。

4 第五共和制下のフランスの大統領は，国民の直接選挙によって選出され，首相や閣僚の任免権を持つほか，議会の解散権を持つなど，強力な権限を有する。フランスの執政制度は，「半大統領制」と呼ばれ，大統領は外交や国防を担当する一方で，首相は内政を担当するなど，執政権限を大統領と首相とで二分する状況がみられる。

5 わが国の議会では，衆議院には，首相の指名や予算・条約については優越が認められているが，法律は衆参両院の議決の一致が求められ，衆議院とは異なる議決を参議院がした場合，衆議院に回付され，出席議員の過半数で再議決すれば衆議院案が法律となる。また，内閣不信任案の提出も衆議院のみに認められ，可決されれば，内閣は30日以内に，衆議院を解散し総選挙を実施するか，総辞職をしなければならない。

＊＊
No.6 執政制度に関する次の記述のうち，妥当なのはどれか。

【国家一般職・令和３年度】

1 J.リンスの主張によると，大統領制と比較して，議院内閣制の下では民主主義体制が不安定になり，権威主義体制に移行しやすい。彼は，その理由として，議院内閣制の執政長官である首相は，国民の直接選挙で選ばれているわけではないため，専制的になっても容易に辞めさせられない点を挙げている。

2 米国の大統領は，憲法の規定により，連邦議会によって不信任案が可決される場合を除き，任期途中で解任されることはない。また，大統領は，連邦議会の可決した法案に対する拒否権を持っている。他方，連邦議会は，政府提出法案の審議を遅延させることにより，大統領に対抗することができる。

3 フランス第五共和制の執政制度は半大統領制に分類される。半大統領制では，大統領と議会議員がいずれも国民によって直接選出される。この執政制度の下では，大統領と首相が執政権力を分有しながら両者の所属政党が異なる状況，すなわち「コアビタシオン」が生じる可能性がある。

4 C.モンテスキューは，『法の精神』において，行政府や立法府による権力の濫用を防ぐために，国民の政治的自由を制約し，司法府の権限を強めることが必要だと説いた。J.マディソンは，権力分立の原理を更に重視し，行政府の存立を立法府の信任に基づかせる執政制度を理想とした。

5 わが国の地方自治法の規定によると，地方公共団体の長（首長）には，議会を解散する権限が与えられていない。他方で，条例案や予算案を議会に提出する権限は，首長と議会の両方に与えられている。また，首長は，議会が下した議決に異議がある場合，議会に再度審議を求めることができる。

実戦問題2の解説

No.5の解説　各国の政治制度

→ 問題はP.84　**正答4**

1 ×　ポルスビーによれば，英国の議会は「アリーナ型議会」に該当する。

ポルズビーは，与野党が争点を明確化して激突している議会をアリーナ型議会，議員が国民の要求を政策に変換している議会を変換型議会と呼んだ。英国の議会はアリーナ型議会，米国の議会は変換型議会に該当する。

2 ×　ドイツでは首相の権限が大統領よりも強い。

ドイツの大統領は，おもに形式的な権限しか与えられておらず，首相よりも権限はいちじるしく弱い。また，ドイツの大統領は，州政府の代表とされているわけではなく，国家元首として国家を代表する地位に置かれている，なお，ドイツの制度がイスラエルの首相公選制（＝首相を国民が選挙で選ぶ仕組み）に影響を与えたという事実はなく，両者は無関係である。

3 ×　米国の大統領は間接選挙で選出されている。

米国の大統領は，国民が選挙人を選び，選挙人が大統領を選ぶという二段階の投票で選出されている。これは間接選挙に該当する。また，米国の大統領は連邦議会の解散権をもたず，逆に連邦議会は大統領の不信任決議権をもたない。これは，三権の厳格な分離という原則に由来するものである。

4 ◎　フランスの政治制度は半大統領制と呼ばれている。

フランスの大統領の権限は非常に強力で，首相や閣僚の任免権，議会の解散権，非常事態における憲法停止権などが認められている。また，強力な大統領の下で，**議会の信任に基づいて内閣が内政を担当する**形がとられており，そうした仕組みを半大統領と呼ぶ。なお，「第５共和制下のフランス」とは，現在のフランスのことである。

5 ×　わが国の国会では，法律の制定についても衆議院の優越が認められている。

衆議院とは異なる議決を参議院がした場合，衆議院は最初に自院で可決された法案について再度採決を行うことができる。そして，出席議員の３分の２以上の賛成が得られた場合には，最初に衆議院で可決された法案がそのまま法律となる。また，衆議院で内閣不信任案が可決された場合，内閣は「10日以内」に，衆議院を解散し総選挙を実施するか，総辞職をしなければならない。

No.6 の解説　執政制度

→ 問題はP.85　**正答3**

1 × リンスは大統領制が不安定であると指摘した。

リンスは議院内閣制と比較して，大統領制の下では民主主義体制が不安定になりやすいと主張した。その理由としては，大統領選挙をめぐる政治的対立が起こりやすいこと，大統領と議会の間で対立が起こりやすいこと，大統領を途中解任するのが難しいことなどが挙げられている。

2 × 米国の大統領は連邦議会から不信任されることはない。

米国の大統領は連邦議会から不信任され，解任されることはない。ただし，犯罪や非行があった場合は，連邦議会において弾劾の手続きが進められ，解任されることがある。また，大統領は法案を連邦議会に提出することはできない。

3 ◎ フランスの政治制度は半大統領制と呼ばれている。

フランスでは，強力な大統領の下で，議会からの信任に基づいて内閣が内政を担当している。これは，大統領制に議院内閣制の要素を加味した制度であり，一般に**半大統領制**と呼ばれている。

4 × モンテスキューは三権間の「抑制と均衡」を主張した。

モンテスキューは，専制政治から国民の政治的自由を守ることが重要だと考えた。そして，立法・行政・司法の三権を分離したうえで，**三権間に「抑制と均衡」（チェック・アンド・バランス）の関係を作り上げ，国家が国民の自由を侵害しにくくするべきだと主張した**。また，マディソンは権力分立の原理をさらに重視し，厳格な権力分立に基づく大統領制や議会の二院制，連邦制などを主張した。本肢にある「行政府の存立を立法府の信任に基づかせる執政制度」とは議院内閣制を意味しているが，マディソンは議院内閣制を主張したわけではない。

5 × わが国の地方自治法には，不信任と解散の制度が規定されている。

わが国の地方自治法の規定によると，地方議会は地方公共団体の長（首長）に対する不信任決議権をもち，逆に首長は不信任を決議した地方議会に対する解散権をもっている。また，条例案の提出権は首長と議会の両方に与えられているが，予算案の提出権は首長にしか与えられていない。なお，首長が再議付託権をもっているという点は事実である。

議会制度

必修問題

民主主義と議会に関する次の記述のうち，妥当なものはどれか。

【地方上級・令和４年度】

1 **ダール**は，「**自由化**」と「**包括性**」が高度に実現された政治体制をポリアーキーとし，多くの国民に政治参加が認められることはポリアーキーの要件ではないとした。

2 **J. S. ミル**は，議会には社会の多数派の意見が反映されるべきとの理由から，議員選挙は小選挙区制によって実施されるのが望ましいとした。

3 **シュンペーター**は，民衆には無限の可能性があるとする前提から，民主主義には民衆の政治的実践があればよく，代議制の議会は不可欠な制度ではないとした。

4 **トクヴィル**は，「**多数者の暴政**」や「民主的専制」という言葉を用いて，民主主義では多数派の意見が力を持ち，個人の自由が抑圧されることがあるとした。

5 **バーク**は，**ブリストル演説**において，議員が第一に代表すべきなのは自己を選出した選挙区の利益であり，議員が国益を優先する風潮は民主主義を危うくするとした。

難易度 ＊＊

必修問題の解説

本問は，議会に関連したテーマ横断型の問題である。民主主義（**1**・**4**）ないし議会（**2**・**5**）またはその両方（**3**）に関わる内容が出題されており，幅広い知識がないと解けないように工夫されている。近年ではそうした形式の出題がしばしば出題されているので，幅広い学習を心掛けたい。

1 × **多くの国民に政治参加が認められることはポリアーキーの要件に含まれる。**
ダールは，実現可能な民主主義の形態としてポリアーキーという概念を提示した。その特徴は，①政府に対して公然と反対意見を述べることができること（自由化／公的異議申立て），②政治に参加できる人の数が多いこと（包括性／参加），という２点に求められる。

2 × **ミルは比例代表制を主張した。**
ミルは，議員選挙は比例代表制によって実施されるのが望ましいとした。それは，多数派の専制を懸念し，少数派の意見も公平に議席に反映させるべきだと考えたためであった。

3 × **シュンペーターは代議制による政治運営を主張した。**
シュンペーターは，民衆の政治的能力に懐疑的であった。そのため，民衆が政治に直接参加することを否定し，政治運営は民衆が選挙で選んだエリートに一任されるべきだと主張した。

4 ◎ **トクヴィルは，民主主義が「多数者の暴政」などをもたらすと警告した。**
トクヴィルは，民主主義のもたらす弊害について考察した。そして，**多数者が少数者を抑圧する「多数者の暴政」**や，物質的利益を配分することで専制的権力を握る「民主的専制」が生まれやすくなることなどを指摘した。

5 × **バークはブリストル演説を行い，議員は国益を優先するべきだと主張した。**
バークは，ブリストル演説において「国民代表」の概念を提唱した。そして，議員が第一に代表すべきなのは自己を選出した選挙区の利益ではなく，国家（国民）の利益であると主張した。

正答 4

FOCUS

議会（および選挙）に関する理論で見逃しやすいのが，ミルの主張である。代議制，男女普通選挙，複数投票制，比例代表制などがキーワードとして挙げられるので，確認しておこう。

POINT

重要ポイント 1 議会主義の発達

議会主義とは，議会を中心として政治を運営していこうとする考え方のことである。議会主義はイギリスで発達し，その後，世界各国に広まった。

(1) 議会主義の起源　議会主義の起源は，13～14世紀のイギリスに求められる。当時のイギリスでは頻繁に戦争が起こっていたことから，戦費を調達する必要に迫られた国王は，王領以外の領地にも課税することをもくろんだ。そこで，貴族，聖職者，都市の代表者（＝市民）らを召集して，**課税への同意**を求めた。これが議会の始まりである。したがって，議会はもともと国王（国家）の専制をけん制する役割を担った自由主義的な制度であり，国民の意見に基づいて政治を行おうとするデモクラシーの理念から生まれたものではない。

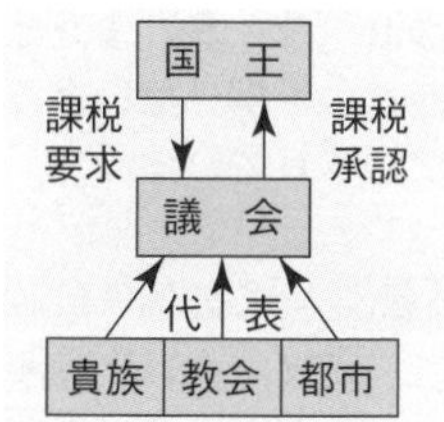

(2) 近代議会と議会主義の確立　やがて中世が終わりを告げ，絶対王政の時代になると，イギリスを除いて議会は軽視され，ほとんど開催されることはなくなった。しかし，その後，革命を経て市民社会の時代に入ると，議会は再び政治の場で重用されはじめた。こうして近代議会が誕生し，**議会主義**が確立された。

	議員構成	議員と選出母体との関係	役　割
身分制議会	貴族・聖職者・都市代表など	議員は選出母体の代理人にすぎず，その行動はすべて選出母体の意向に拘束される（＝委任代理）。	国王の抑制と身分的利害の代表
近代議会	市民代表	議員は国民全体の利益を考慮しつつ，自らの判断に基づき自由に行動する（＝国民代表）。	国家の抑制と国民的利害の代表および法律制定

身分制議会が委任代理制に立脚していたのとは対照的に，近代議会では**国民代表の原理**が採用された。この原理は，**バーク**がブリストル演説で定式化したことで有名である。

(3) 現代社会と議会主義の危機　市民社会が大衆社会へと変質し，普通選挙制が浸透すると，議会は「市民による政治の装置」から「大衆による政治の装置」へと変化した。

近代議会	現代議会
均質的な市民の代表機関 ↓（利害対立は限定的で，調整可能） 討論を通じた社会統合が期待される	相互に異質的な大衆の代表機関 ↓（利害対立は複雑で，調整困難） 討論を通じた社会統合が困難となる

現代議会は，討論を通じた社会統合の機能が低下していること，行政国家化によって行政統制の機能が低下していることなどから，**議会主義の危機**に直面しているといわれる。

重要ポイント 2 議会制度

(1) 一院制と二院制 近代以降の議会は，一般に二院制を採用している。しかし，「民意はひとつとするならば2つの院は必要ない」などの考えから，一院制をとる国もある。現在，一院制は北欧諸国や共産主義国家などで採用されている。

(2) 各国の二院制（各国の上段は上院，下段は下院を表す）

国名	正式名称	定数	任期	議員の選出・任命
アメリカ	元老院	100	6年	小選挙区制で選出される（各州2名）
	代議院	435	2年	小選挙区制で選出される
イギリス ⒶⒷ	貴族院	不定	終身	国王によって任命される
	庶民院	650	5年	小選挙区制で選出される
フランス Ⓐ	元老院	348	6年	間接選挙で選出される
	国民議会	577	5年	小選挙区2回投票制で選出される
ドイツ ⒶⒷ	連邦参議院	69	なし	各州政府から派遣される
	連邦議会	598	4年	小選挙区比例代表併用制で選出される
日　本 ⒶⒷ	参議院	248	6年	選挙区制と比例代表制で選出される
	衆議院	465	4年	小選挙区比例代表並立制で選出される

※1　ドイツ連邦議会の定数は基本定数であり，議席が増加する場合もある。
※2　Ⓐは下院の解散がある国，Ⓑは立法上，下院の優越が定められている国を表す。

重要ポイント 3 立法過程

(1) 議会の類型論

ポルスビーは，各国の立法過程に注目し，各国の議会を2つに類型化した。

類型名	説　明	例
変換型議会	議会内での発案や討論を通じて，国民の要求を政策に変換しようとする。	アメリカ
アリーナ型議会	与野党が議会内で主張を戦わせ，次の選挙での政権獲得をアピールする。	イギリス

(2) 審議方法

名称	説　明	代表国
本会議中心主義	全議員で法案の審議・採決を集中的に行う。	イギリス
委員会中心主義	専門分化した委員会での採決を重視する。	アメリカ，日本

(3) ヴィスコシティ論 ブロンデルは，議会の諸制度を利用した政府立法への抵抗という現象に注目し，これをヴィスコシティ（粘着性）と呼んだ。**モチヅキ**は，この概念を用いてわが国の国会を分析し，短い会期と会期不継続の原則，二院制，委員会制度，議事運営に関する全会一致の慣行などの特徴を持つ点で，**わが国の国会のヴィスコシティは高い**と結論づけた。

実戦問題1　基本レベル

＊
No.1 **近代政治における代議制の発達に関する次の記述のうち，空欄に該当する語句の組合せとして妥当なものはどれか。**　【地方上級（全国型）・平成20年度】

議会制の起源は，中世ヨーロッパの（　A　）議会に求められる。その後，ピューリタン革命期のイギリスにおいて（　B　）が（　C　）を主張したが，当時としては急進的な意見であったため，これが実現することはなかった。さらに18世紀になると，バークがブリストル演説において（　D　）の理念を掲げ，これが近代以降の議会制の基本原理とされていった。

	A	B	C	D
1	身分制	レベラーズ	男子普通選挙	国民代表
2	身分制	レベラーズ	男子普通選挙	委任代表
3	身分制	自由党	男女普通選挙	委任代表
4	職能制	レベラーズ	男女普通選挙	委任代表
5	職能制	自由党	男子普通選挙	国民代表

＊
No.2 **二院制に関する次の記述のうち，妥当なのはどれか。**

【市役所・平成26年度】

1　ドイツでは，各州の政府構成員からなる連邦参議院が設けられており，連邦議会とともに法案の審議を行っている。

2　フランスでは，労働組合および経営者団体からおのおの半数ずつ選出された者を，大統領が上院議員に任命している。

3　イギリスでは，世襲貴族が上院を構成していたが，現在ではイングランド，スコットランド，ウェールズの各地域をそれぞれ１つの選挙区として，住民の直接公選により議員を選んでいる。

4　アメリカでは，各州の利益を代表するために上院が設けられており，その議員は州知事によって任命されている。

5　戦前の日本では，世襲華族により構成される枢密院が設けられており，直接公選によって選ばれる衆議院議員と対抗して，事実上の二院制を形成していた。

No.3 * **議会の類型に関する記述として，妥当なのはどれか。**

【地方上級（特別区）・令和５年度】

1 アメリカの政治学者レイプハルトは，議会をアリーナ型議会，変換型議会の２つに分類した。

2 アリーナ型議会は，アメリカ連邦議会などの，与野党が討論を通じて争点を明確にする機能を果たす議会であり，変換型議会は，イギリス議会などの，社会の要求を法律に変換していく機能を果たす議会である。

3 イギリス議会は，三読会制を採っており，第一読会で実質的な法案審議が行われ，第二読会，第三読会は形式的なものとなる。

4 日本の国会は，本会議中心主義を採っており，実質的な法案審議を委員会では行っていないことから，イギリス型の議会に分類される。

5 アメリカ連邦議会は，委員会の権限が大きい委員会中心主義を採っており，議員により提案された法案の多くは，委員会における法案審議で，否決や修正をされる。

No.4＊ **議会政治に関する次の記述のうち，妥当なのはどれか。**

【国税専門官・平成18年度】

1 英国では，内閣の形成・存立が議会の意思に依存する議院内閣制が，名誉革命後から19世紀にかけて徐々に確立された。また，19世紀後半には，選挙権の拡張を契機として近代政党が形成され，保守党と自由党が交互に政権を担当する二大政党政治が展開された。

2 フランスの議会では，いずれも国民の直接選挙によって選出される元老院と国民議会の二院制がとられており，総じて元老院の権限が強い。元老院が内閣不信任を決議した場合，内閣は総辞職しなければならず，後継の首相は元老院が指名し，大統領が任命する。

3 N.ポルスビーは，アメリカ合衆国の連邦議会について，与野党が次の選挙を意識しつつ，争点を明確化して政策の優劣を争う討論の場ととらえ，そうした議会を「アリーナ型議会」と呼んだ。この型の議会においては党規律（党議拘束）が強く，政策決定は集権的になると考えられている。

4 日本の国会では，衆議院と参議院の二院制がとられており，首相指名および予算については，衆議院の参議院に対する優越が定められている一方，条約承認および裁判官の弾劾については，参議院の衆議院に対する優越が定められており，権力が分散するようになっている。

5 日本の国会については，議会審議の粘着性（ヴィスコシティ）を高める要因として，議院運営委員会などにおける全会一致慣行などがあるが，他方で，粘着性を低める要因として，会期不継続の原則などがあるので，総合的に見て粘着性はあまり高くないと考えられている。

＊＊
No.5 各国の議会に関する次の記述のうち，妥当なのはどれか。

【国家一般職・平成28年度】

1 米国の議会は，任期６年の上院と任期２年の下院からなる。上下両院とも議長は現職の議員から選出されるが，通常はそれぞれの院で多数を占める政党の有力議員が選ばれるため，両院議長の所属政党が異なる場合もある。

2 英国の議会は，貴族議員によって構成される貴族院と有権者の直接選挙で選出された議員によって構成される庶民院からなる。庶民院での首相指名選挙によって選ばれた者が国王から首相に任命される一方，貴族院は最高裁判所としての機能を有している。

3 ドイツの議会は，州議会の議員による間接選挙で選出された各州６名の議員によって構成される連邦参議院と，有権者の直接選挙によって選出された議員によって構成される連邦議会からなる。連邦参議院は州の権限・予算に関する法案にのみ議決権を持つが，その他の法案についても意見を表明することができる。

4 フランスの議会は，有権者の直接選挙によって選出された議員によって構成される国民議会（下院）と，国民議会議員や地方議員らによる間接選挙で選出された議員によって構成される元老院（上院）からなる。両院の議決が一致しない場合，法案が両院間を往復することとなるが，最後には，政府が求めれば国民議会が最終的議決を行う権限を持つ。

5 韓国の議会は，有権者の直接選挙によって選出された議員によって構成される下院と，第一級行政区画を単位として地方議員による間接選挙で選出された議員によって構成される上院からなる。上院には解散はないが，その権限は下院の議決に対して意見を表明することにとどまる。

実戦問題1の解説

No.1 の解説　近代政治における代議制の発達

→ 問題はP.92　正答 1

A：「身分制」が該当する。
議会制の起源は，中世ヨーロッパの「身分制」議会に求められる。当時の議会は，課税に対する貴族や都市住民の同意を求める目的で国王が開催したものであり，身分制をその前提としていた。なお，「職能制」議会とは，職業別の代表者によって構成される議会のことである。

B：「レベラーズ」が該当する。
ピューリタン革命期（1642～49年）のイギリスでは，「レベラーズ」（水平派）と呼ばれる急進派が，人民主権の主張を行った。レベラーズは，革命末期に革命の徹底化を求めて反乱を起こしたため，革命指導者のクロムウェルにより弾圧された。なお，「自由党」とは，現在の自由民主党の前身に当たる政党であり，19世紀には保守党とともに二大政党制を担う存在であった。

C：「男子普通選挙」が該当する。
レベラーズは，当時としては急進的な「男子普通選挙」の主張を展開した。レベラーズは共和政を理想としており，普通選挙の実施によってこれを実現しようとしたものである。なお，イギリスで女性参政権運動が盛んになったのは，19世紀末から20世紀初頭にかけてのことであり，実際に女性参政権が認められたのは，第一次世界大戦後のことであった。

D：「国民代表」が該当する。
バークは，ブリストル演説において「国民代表」の理念を掲げた。バークによれば，議員は選出母体の利害にとらわれるべきではなく，国民全体の利益を考慮して行動するべきだとされる。なお，「委任代表」とは，選出母体の指示に従って議員が行動することをさす。

以上より，**1**が正しい。

No.2 の解説　二院政

→ 問題はP.92　正答 1

1 ◎ **ドイツでは，各州の政府構成員が連邦参議院の議員を兼任している。**
正しい。**ドイツでは，連邦参議院（上院）議員の選挙は行われておらず，各州政府によって議員が派遣されている**。通常は，各州政府の首相や大臣が連邦参議院議員を兼任する。

2 × **フランスの上院議員は，間接選挙で選出されている。**
フランスの上院議員は，下院議員および地方議員の代表者によって選出されている。すなわち，上院議員は間接選挙によって選出されており，任命制が採用されているわけではない。

3 × **イギリスの上院議員は，国王によって任命されている。**
イギリスでは，国王が上院議員を任命している。上院議員になることができるのは，世襲貴族，一代貴族，聖職者のいずれかである。

4 × **アメリカの上院議員は，有権者の直接選挙によって選出されている。**

アメリカの上院議員は，各州の利益を代表するために，各州から２名ずつ選出されている。かつては州議会によって選出されていたが，現在では直接公選制がとられている。

5 × 戦前の日本では，貴族院と衆議院の二院制がとられていた。

戦前の日本では，世襲華族により構成される貴族院が，直接公選制をとる衆議院とともに二院制を構成していた。枢密院は天皇の諮問機関であり，天皇からの諮問を受けて，重要な国務について審議を行った。

No.3 の解説　議会の類型

→ 問題はP.93　正答５

1 × アリーナ型議会と変換型議会を区別したのはポルズビーである。

ポルズビーは，各国の議会をアリーナ型議会と変換型議会に類型化した。レイプハルトは，多極共存型デモクラシーという概念や，多数決型デモクラシーと合意型デモクラシーという類型を提唱したことで有名である。

2 × アリーナ型議会はイギリス，変換型議会はアメリカで見られる。

アリーナ型議会とは，与野党が争点を明確化して激突している議会のことであり，イギリスなどで見られる。変換型議会とは，議員が国民の要求を政策に変換している議会のことであり，アメリカなどで見られる。

3 × 三読会制では第二読会で実質的審議が行われる。

三読会制とは，本会議を３回に分けて開催し，法案等を可決していく審議方法のことである。第一読会では趣旨説明，第二読会では実質的審議，第三読会では採決が行われる。

4 × 日本の国会はアメリカ流の委員会中心主義を採っている。

日本の国会は委員会中心主義を採用しており，委員会での審議が特に重視されている。実際，委員会を通過した法案の大半は，本会議でもそのまま成立している。なお，戦前の帝国議会では三読会制がとられており，現在のイギリスに近い形で審議が進められていた。

5 ◎ アメリカ連邦議会は委員会中心主義を採っている。

アメリカ連邦議会は委員会中心主義，イギリス議会は三読会制（＝本会議中心主義）を採っている。

No.4 の解説　議会政治

→ 問題はP.94　**正答 1**

1 ◎ 英国では議院内閣制と二大政党政治が漸進的に確立された。

正しい。英国では，従来，国王の信任にのみ依拠して内閣が政治を運営していたが，**ウォルポール首相が議会の信任を重視するようになって以来，徐々に議院内閣制が確立された**。また，**19世紀後半には，保守党と自由党による二大政党制も確立された**。なお，1832年以降，5回にわたって選挙権が拡張されるなかで，労働組合を母体として労働党が結成されるようになり，20世紀には保守党と労働党の二大政党制が誕生した。

2 × フランスでは直接公選制をとる下院の権限が総じて強い。

フランスの元老院（上院）は間接選挙制をとっており，その議員は下院議員および地方議会の代表者によって選出される。また，相対的に権限が強いのは国民議会（下院）であり，内閣不信任権や法案の成否に関する最終決定権は国民議会のみが持っている。なお，国民議会が内閣不信任を決議した場合，新たな内閣を任命するか，国民議会を解散するかを大統領が決定する。

3 × アメリカ合衆国の連邦議会は変換型議会の典型例である。

ポルスビーによれば，与野党が政策の優劣を争う「アリーナ型議会」の典型例はイギリスの議会である。これに対して，アメリカ合衆国の連邦議会は「変換型議会」の典型例とされている。変換型議会の場合，各党の党規律が弱く，議員がさまざまな社会的利害を政策に反映しようと自由に活動するため，政策決定は分権的になる。

4 × 日本の国会では条約承認についても衆議院の優越が認められている。

日本の国会では，首相指名，予算，条約承認について，衆議院の優越が認められている。また，裁判官の弾劾については，両院の代表者が訴追委員会および弾劾裁判所を構成し，訴追委員会からの訴追を受けた弾劾裁判所が裁判官の弾劾を決定するという手続きがとられる。ここにおいて，両院の権限は対等である。

5 × 日本の国会の粘着性（ヴィスコシティ）は高い。

日本の国会は議会審議の粘着性（ヴィスコシティ）が高く，政府立法がしばしば妨げられている。これは，議事の進め方について審議する議院運営委員会などで全会一致慣行が設けられているため，野党の反対が無視されえない重みを持つこと，会期不継続の原則が設けられているため，野党の審議拒否によって法案が審議未了廃案（＝会期末までに審議が終わらないため廃案となること）に追い込まれかねないこと，などの理由による。

No.5の解説 各国の議会

→問題はP.95 正答4

1 × 米国の上院議長は副大統領が務める。

米国の議会では，上院議長は副大統領が兼任する。ただし，副大統領は上院での審議や採決に加わらず，現職の議員が仮議長として議事運営にあたる。副大統領は，議案について可否同数となった場合のみ，一票を投じられる。

2 × 英国では，庶民院の第一党の党首が首相に任命される。

英国では，国王が庶民院の第一党の党首を首相に任命する慣行となっている。議会内で首相指名選挙が行われることはない。また，最高裁はかつては貴族院（上院）に付属していたが，2009年に独立を果たしている。

3 × ドイツの連邦参議院の議員は，各州政府から派遣されている。

ドイツの連邦参議院（上院）の議員は，各州政府から派遣されており，選挙は実施されていない。通常は，各州の首相や大臣が連邦参議院議員を兼任する。議員定数は69議席（上限）とされており，各州には人口に応じて3～6票の投票権が割り当てられている。

4 ◎ フランスの議会では，両院の立法上の権限は対等とされている。

正しい。**フランスでは二院制が採用されており，国民議会（下院）と元老院（上院）の立法上の権限は対等とされている**。わが国のような下院の優越はみられない。ただし，一定の条件を満たせば，**政府は国民議会に最終的議決を求めることができる**。

5 × 韓国の議会は一院制である。

韓国の議会は一院制を採用しており，議員はすべて有権者の直接選挙によって選出されている。また，**解散制度は設けられておらず**，議員は任期をまっとうすることが期待されている。

実戦問題2 応用レベル

No.6 ＊＊ **日本の国会に関する次の記述のうち，妥当なのはどれか。**

【国家一般職・平成23年度】

1 ポルスビーは，内閣や与党が提出した「法案」を粛々と可決して「法律」に変換するのが主たる任務になっている議会を「変換型」，個々の議員が自らの政策の優劣を競う討論の場となっている議会を「アリーナ型」と呼んだ。日本の国会は英国議会同様「変換型」の典型であるが，近年は米国流の「アリーナ型」をめざす政策が進められている。

2 国会においては，予算案の議決や内閣総理大臣の指名など，一部に衆議院の優越が認められているものの，法案の議決に関しては，衆参両院の権能は対等である。すなわち，法案は衆議院と参議院双方で過半数の賛成を得て可決されなければ成立しないため，衆議院で可決したものの参議院で否決された法案は，その時点で廃案となる。

3 国会は，「会期不継続の原則」を採用しており，会期末までに成立しなかった法案は，原則として廃案になるため，野党は，時間稼ぎをすることで反対法案を廃案に追い込むことも可能である。しかし，国会法には委員会の閉会中審査，いわゆる継続審議の規定があるため，会期末までに成立しなかったことのみをもって，法案がただちに廃案になるわけではない。

4 国会における議案の採決は多数決によるのが原則であるが，議事運営に関しては全会一致ルールが採用されている。たとえば，国会の会期日程は，衆参両院の議院運営委員会の議を経て，両院が決定するが，国会法の定めにより，同委員会の決定は全会一致で行われなければならないので，国会の会期を延長する際には，すべての会派の賛成が不可欠となっている。

5 国会は委員会主義をとっており，本会議で審議される議案は，決議案も含め，事前にいずれかの委員会で可決されたものでなければならない。すべての議案は，先議院たる衆議院の議長に提出された後，いずれかの委員会に付託され，趣旨説明，質疑等を経て採決されることになるが，当該委員会において否決された議案はその時点で廃案となる。

＊＊
No.7 議会と立法過程に関する次の記述のうち，妥当なのはどれか。

【国家一般職・令和元年度】

1 N. ポルスビーは各国の議会を類型化した。米国連邦議会を典型とする「変換型議会」は，社会の様々な要求を実質的に法律に変換する機能を果たす。これに対して，英国議会を典型とする「アリーナ型議会」は，与野党が次回の選挙を意識しながら，争点や各政党の政策の優劣を争う場として機能する。

2 J.ブロンデルは議会の「粘着性（ヴィスコシティ）」という概念を提唱した。これは，野党が様々な手段を用いて，議員提出法案の成立を促すという議会の能力を指す。M. モチヅキによると，我が国の国会は，二院制，委員会制，会期制を採っているなどの理由で審議時間が十分に確保されており，粘着性が高い。

3 英国議会では，三回の読会を通して法案審議が行われる。最も実質的な審議が行われる第二読会では，バックベンチャーと呼ばれる政府と野党の有力議員が議場で向かい合い，法案の原則等について討論する。この審議は全て委員会の場で行われるため，英国議会の在り方は委員会中心主義と呼ばれる。

4 J. アバーバックらは，欧米各国の政治家と官僚に質問調査を行い，立法過程の解明を試みた。その結果，多くの国で，政治家と官僚の役割は明確に区別されていることが明らかとなった。官僚の業務は政策の実施に限定されており，政策の立法化や利害の調整を行うのは専ら政治家の役割であることが示された。

5 戦後日本における法案の作成過程では，与野党による事前審査が大きな役割を果たしてきた。この仕組みの下では，内閣提出法案は全て，与野党の国会対策委員会の間の折衝によって内容が決められたのち，国会に提出されていた。しかしこの仕組みは，2000年代の小泉純一郎内閣の時期に全廃された。

＊＊
No.8 議会制民主主義に関する次の記述のうち，妥当なのはどれか。

【国家一般職・令和３年度】

1 17世紀の英国では，名誉革命により身分制議会が解体され，代わって国民議会という一院制の議会が成立することとなったが，初期の国民議会においては，議会が行使できる権能は国王の課税に対する承諾権に限定されていた。

2 E.バークは，ブリストル演説において有権者と議員の関係について述べ，選挙区ごとに選ばれた議員は，個々の選挙区の利益代弁者としてその選挙民の意志にのみ拘束されるものであり，選挙民は，自己の意志との乖（かい）離を理由に議員を罷免することもできるとした。

3 C.シュミットは，公開の討論を本質とする議会制は個を重視する自由主義の制度であり，治者と被治者の同一性に立脚する民主主義とは異質なものであって，議会制民主主義は議会制と民主主義という出自の異なるものを強引に結びつけた，不自然な制度にすぎないと主張した。

4 N.ポルスビーは，議会について，国民の要求を法律という形に変換する場としての「変換型議会」と，与野党が次の選挙を意識しつつ自党の政策の優劣を争う討論の場としての「アリーナ型議会」に分類した。彼は，前者の代表例として英国議会，後者の代表例として米国連邦議会を挙げた。

5 H.ケルゼンは，価値相対主義が民主主義的な思想の前提となる世界観であることを否定した。彼のいう「多数・少数決原理」により形成された社会の意思は，多数派と少数派の相互作用の結果，対立する政治的意見の合成力として生成されるものであるから，絶対的真理として認識することができるとした。

実戦問題2の解説

No.6の解説　日本の国会

→問題はP.100　正答3

1×　アリーナ型議会では与野党間の論争が行われる。

ポルスビーは，個々の議員が提出した法案を法律に変換するのが主たる任務になっている議会を「変換型」，内閣や与党の政策に対して野党が論戦を挑む討論の場となっている議会を「アリーナ型」と呼んだ。また，英国の国会はアリーナ型，米国の議会は変換型の代表例とされており，**わが国の国会は両者の要素を併せ持つハイブリッド型に位置づけられている**。なお，わが国では1990年代に国会改革が進められたが，そのうち**政策担当秘書の導入は米国流の変換型議会，党首討論の導入は英国流のアリーナ型議会をめざす改革であった**。

2×　衆議院は再可決で法律を成立させることができる。

国会においては，法律の議決についても衆議院の優越が定められている。たとえば，衆議院で可決された法案が参議院で否決された場合，衆議院が出席議員の３分の２以上の賛成で再可決すれば，当該法案は法律となる。

3◎　国会には閉会中審査の制度がある。

正しい。**わが国の国会では，会期不継続の原則が採用されている**。そのため，会期末までに成立しなかった法案は原則として廃案となるが，**閉会中審査（継続審議）**の手続きが採られた場合は，次の国会で継続して審議を進めることができる。

4×　国会では議事運営に関する全会一致ルールが慣行となっている。

わが国ではかつて自民党の長期政権が続いていたため，与党の独善的な議事運営を抑制するという観点から，議事運営に関しては全会一致ルールが原則とされてきた。しかし，これはあくまでも慣行によるものであり，国会法にそうした規定は設けられていない。

5×　委員会で否決された法案が逆転可決されることもある。

国会は委員会主義をとっており，議案は原則として委員会で先に審議される。しかし，**特に緊急を要する案件については，議院の議決で委員会の審査を省略することができる**。また，**委員会において議案が否決されても，一定数以上の議員の要求があれば，当該議案は本会議の議事日程に載せられる**。

No.7の解説　議会と立法過程

→問題はP.101　正答1

1 ◎ 米国は変換型議会，英国はアリーナ型議会に該当する。

ポルズビーは，変換型議会とアリーナ型議会を対比し，変換型議会の典型例を米国連邦議会，アリーナ型議会の典型例を英国議会とした。なお，わが国の国会は，両者の特徴を併せ持っており，その意味で「ハイブリッド型」と呼ばれることがある。

2 × 粘着性とは政府立法を妨げるという議会の能力を指す。

ブロンデルのいう「粘着性（ヴィスコシティ）」とは，野党が様々な手段を用いて，政府提出法案の成立を妨げるという議会の能力を指す。また，モチヅキは我が国の国会の粘着性は高いとしたが，その理由としては，①二院制や委員会制により野党が抵抗の拠点とするポイントが多いこと，②会期制により野党の抵抗で審議時間が不足しやすいこと，などが挙げられている。

3 × 英国議会は本会議中心主義を採っている。

英国議会では，委員会での審議は重要性をもたず，法案の審議や採決は3回に分けて開催される本会議を中心に行われている。これを本会議中心主義ないし三読会制という。また，第二読会において議場で討論する政府と野党の有力議員は，フロントベンチャーと呼ばれる。これは，向かい合って並べられたベンチの最前列に座っている人々という意味である。

4 × 政治家と官僚の役割分担は不明確になりつつある。

政策過程においては，理念の提示，利害の調整，政策の形成，政策の実施という4段階が区別される。アバーバックらによると，**官僚はもともと政策の実施のみに携わっていたが，しだいに政治家の領域にも進出し，政策の形成（立法化）や利害の調整も行うようになった**とされる。

5 × 法案の事前審査はわが国の与党で行われてきた慣行である。

わが国では，自民党が長期政権を担った**55年体制の下で，内閣提出法案を与党（自民党）が事前に審査するという慣行が確立された**。また，2000年代には小泉内閣が「決定の内閣への一元化」を主張して，与党の事前審査の省略を求めたが，全廃には至らなかった。

No.8 の解説　議会制民主主義

→ 問題はP.102 正答3

1 ×　一院制の国民議会はフランス革命によって誕生した。

イギリスでは，17世紀後半に名誉革命が勃発した後も，二院制の議会が継続して開かれた。これに対して，一院制の「国民議会」は，18世紀後半にフランス革命が勃発するとともにフランスで設置された。なお，国王の課税に対する同意権しかもたなかったのは，中世の身分制議会の特徴である。市民革命期以降の近代議会では，議会が立法権も獲得することとなった。

2 ×　バークはブリストル演説において，国民代表の概念を提唱した。

バークはブリストル演説を行い，議員は個々の選挙区の利益代弁者ではなく，全国民の代表者であると主張した。そして，議員は選挙民の意志に拘束されることなく，自ら国民の利益を判断して行動するべきだとした。

3 ◎　シュミットは反議会主義の立場に立った。

シュミットは，議会を自由主義の装置であると考え，民主主義とは本質的に結びつかないものであると指摘した。そして，議会では無駄なおしゃべりが続き，妥協が繰り返されるだけであるとして，これを徹底的に批判した。なお，シュミット自身は，民主主義における治者と被治者の同一性を重視し，民衆が拍手喝采をもって独裁者を迎える民主主義的独裁を肯定した。

4 ×　米国連邦議会は変換型議会，英国議会はアリーナ型議会に該当する。

米国連邦議会では，各議員が党規律に縛られず，自由に行動できる。そこで，各議員は他の議員と取り引きするなどして，国民の要求を法律という形に変換しようとする（「変換型議会」）。これに対して，英国議会では，各議員が党規律に拘束され，自由な行動は制限される。そこで，与野党がそれぞれ一致団結して政策をめぐる論争を展開することになる（「アリーナ型議会」）。

5 ×　ケルゼンは，価値相対主義が民主主義的な思想の前提であると主張した。

ケルゼンは，現代社会における価値の多元化を前提として，絶対的真理を発見することは困難になっていると考えた。そして，**多様な価値観をもつ人々が話し合いを重ね，多数派と少数派の間で歩み寄りを実現する**ことで，全員がそれなりに納得できる決定を導くことができると主張した（「**多数・少数決原理**」）。

選挙制度

必修問題

選挙制度に関する次の記述のうち，妥当なのはどれか。

【市役所・令和２年度】

1 **小選挙区制**では，当選者の決定に結びつかない死票が少ないため，民意の多様性が議席に反映されやすい。

2 小選挙区制では，各政党の得票率がわずかに変化しただけでも，各政党の獲得議席数が大きく変化しやすい。

3 **比例代表制**は，イギリスの下院議員総選挙で採用されているが，このほかの先進国で採用されている例は少ない。

4 比例代表制は，候補者にではなく政党に投票することから，大政党に有利であり，二党制になりやすい。

5 比例代表制は，日本の衆議院議員総選挙と参議院議員選挙で採用されているが，両者とも都道府県を１つの選挙区として実施されている。

難易度 ＊

必修問題の解説

本問は，選挙制度に関する基本問題である。小選挙区制と比例代表制の特徴の比較は，教養試験でも頻出の重要ポイントなので，混同しないようにしっかりと知識を整理しておきたい。

1 × 小選挙区制では死票が多いため，民意の多様性が議席に反映されにくい。
小選挙区制では，選挙区内の最多得票者しか当選することができず，2位以下の候補者に投じられた票はすべて死票となってしまう。そのため，少数派の意見が議席に反映されず，民意の多様性が議席に反映されにくい。

2 ◎ 小選挙区制では，得票率のわずかな変化が議席率の大幅な変化を生みやすい。
小選挙区制では，各選挙区で二大政党が激突し，議席を激しく争っていることが多い。そのため，**得票率がわずかに変化しただけでも，各選挙区における候補者間の順位が軒並み入れ替わり，両党の議席数が大きく変化してしまう**ケースも少なくない。

3 × イギリスの下院議員総選挙で採用されているのは小選挙区制である。
小選挙区制は，アメリカやイギリスなどで採用されている。しかし，世界的にみれば，最も多くの国で採用されているのは比例代表制である。

4 × 比例代表制では中小政党も議席を獲得し，多党制になることが多い。
比例代表制では，各政党に対して得票数に比例する形で議席が配分される。そのため，中小政党も一定の議席を確保することが可能となり，議会内では多党制化が進行する。

5 × わが国の比例代表制では，都道府県を超える広域の選挙区が設定されている。
衆議院選挙の比例代表制は，全国11ブロック（関東ブロックや近畿ブロックなど）で実施されている。また，参議院選挙の比例代表制は，全国を１つの選挙区として実施されている。

正答 2

FOCUS

試験では，小選挙区制と比例代表制の特徴の比較が頻繁に出題されている。しかし，近年では，「デュヴェルジェの法則」や「M＋１の法則」などの選挙法則が問われるケースも増えているので，あわせて注意しておこう。

POINT

重要ポイント 1 デモクラシーと選挙

選挙は，デモクラシーを支える基本的な制度の一つとして，政治的に重要な役割を果たしている。

(1) 選挙の原則 選挙は，以下の4つの原則に基づいて実施されている。

原則	説明	補足
普通	人種や財産に基づいて投票権を制限してはならない。	普通選挙は，男子はフランス（1792年），女子はニュージーランド（1893年）で始まった。
平等	1人1票の原則，投票価値の平等は守られるべきである。	衆議院議員選挙では，選挙区間の投票価値の格差が4倍以上で違憲判決が下されている。
直接	国民は自らの代表を直接選出するべきである。	アメリカの大統領選挙は例外的であり，形式上，間接選挙を採用している。
秘密	だれがだれに投票したかは秘密とするべきである。	候補者名や政党名以外を記した投票用紙はすべて無効とされる。

その他，「**自由**（投票）」もこれに加えることができる。自由投票の原則とは，投票が強制されないということを意味している。ただし，オーストラリアなどでは強制投票制が採用されており，正当な理由なしに棄権した場合は，罰金が課せられる。

(2) 選挙の機能 選挙の果たす機能には，たとえば次のようなものがある。

機能	説明
利益表出	国民の利害に形を与え，公の場で表明する働き
利益集約	社会的利害を調整し，政治的選択肢にまとめる働き
政治的リクルートメント	政治的ポストに人材を送り出す働き
政治的コミュニケーション	政治に関する情報をやりとりする働き

その他，当選者や政治体制に権威と正統性を与える機能なども指摘できる。

重要ポイント 2 選挙制度の種類

世界各国で実際に用いられている選挙制度はさまざまであるが，それらは大きく小選挙区制，大選挙区制，比例代表制の3種類に類型化される。

(1) 基本的分類 基本的な選挙制度は，①1選挙区からの当選者数，②当選者の決定方式，という2つの基準を用いて，次のように分類することができる。

		当選者の決定方式	
		多数決※1	比例配分※2
1選挙区からの当選者数	1名	小選挙区制	――
	2名以上	大選挙区制	比例代表制

※1…得票数の多い順に候補者の当選が決定される。
※2…得票率に応じて各党に議席が配分される。

①**小選挙区制**：各選挙区で，得票数の最も多かった候補者のみを当選とする仕組み。選挙区内の多数派の意向に従って当選者を決めるため，**多数代表制**とも呼ばれる。純粋な小選挙区制は，アメリカやイギリスなど少数の国々でしか採用されていない。

②**大選挙区制**：各選挙区で，得票数の多かった候補者から順に，複数の当選者を出す仕組み。投票用紙に何人の名前を記すかによって，**単記式**（1人），**制限連記式**（2人以上かつ議員定数未満），**完全連記式**（議員定数と同数）に区別される。
③**比例代表制**：各選挙区で，得票率に応じて各党に議席を配分する仕組み。**拘束名簿式**比例代表制の場合，各党の当選者は，事前に提出されていた順位付き名簿に従って，第1位の候補者から順に確定される。

比例代表制では，各党の議席配分を決定するにあたって，特殊な計算法が必要とされる。わが国では**ドント式**が採用されている。これは各党の得票数を**順に整数で割っていき**，その商の大きい順に当選者を割り振るものである。

たとえば，議員定数が7議席で，A党，B党，C党の得票数がそれぞれ180票，120票，80票だとすると，各党の獲得議席数は次のようにして計算される。

ドント式

	A党	B党	C党
÷1	180①	120②	80④
÷2	90③	60⑤	40
÷3	60⑤	40	26
÷4	45⑦	30	20
議席数	4	2	1

〈参考〉サン・ラゲ式

	A党	B党	C党
÷1	180①	120②	80③
÷3	60④	40⑤	26⑦
÷5	36⑥	24	16
÷7	25	17	11
議席数	3	2	2

＊丸数字は商の大きさの順番を表す。また，丸数字の個数が各党の議席数となる。

(2) 小選挙区制と比例代表制の比較

小選挙区制と比例代表制の特徴は，次のようにまとめられる。

	小選挙区制	比例代表制
死票の多寡	死票が多い	死票が少ない
政党制との関係	大政党に有利→二大政党制→政治が安定しやすい	中小政党も排除しない→多党制→しばしば政治が不安定化する
候補者と有権者の関係	選挙区が狭い・各候補者が選挙戦の前面に立つ→候補者と有権者が親密になりやすい	選挙区が広い・政党が選挙戦の前面に立つ→候補者と有権者が疎遠になりやすい
その他の特徴	ゲリマンダー*が発生しやすい，得票率のわずかな変化が議席率を激変させうる	議席配分の算定手続き（ドント式など）が煩雑である

＊自党を有利にするような恣意的な選挙区割りのこと。かつてマサチューセッツ州知事のゲリーが，サラマンダー（＝伝説上の怪物）に似た形の不自然な選挙区割りを行ったことから，この名称が生まれた。

(3) 中選挙区制　各選挙区から**原則3ないし5名**の当選者を単記式で選出する仕組みを中選挙区制という。中選挙区制は**大選挙区制の一種**であり，少数党の候補者にも当選の余地を残しているため，**少数代表制**と呼ばれることもある。

中選挙区制は，1925年から94年までの衆議院選挙（終戦直後を除く）で採用されていたほか，現行の参議院選挙の一部でも実施されている。

第2章 政治の制度

実戦問題

No.1* **デュヴェルジェの法則の説明として妥当なものは，次のうちどれか。**

【市役所・平成24年度】

1 小選挙区制の下では，各党の議席率はその得票率の３乗に比例する。
2 小選挙区制は二大政党制を生みやすく，比例代表制は多党制を生みやすい。
3 選挙区の定数をMとすると，合理的な候補者数はM＋１となる。
4 小選挙区制においてはゲリマンダーが発生しやすい。
5 小選挙区制で二大政党が競合している場合，メディアン・ヴォーターの好む政策を掲げた政党が選挙において勝利する。

No.2* **比例代表制の選挙において，A党は6,000票，B党は4,000票，C党は1,800票の得票があった。議席数が12議席である場合，ドント式による議席配分法でA党，B党およびC党が獲得する議席数の組合せとして，妥当なのはどれか。**

【地方上級（特別区）・平成27年度】

	A党	B党	C党
1	5議席	4議席	3議席
2	6議席	3議席	3議席
3	6議席	4議席	2議席
4	7議席	3議席	2議席
5	7議席	4議席	1議席

No.3* **選挙制度に関するA～Dの記述のうち，妥当なものを選んだ組合せはどれか。**

【地方上級（特別区）・令和３年度】

A：選挙制度には，多数代表制や比例代表制等があり，１つの選挙区から１人の代表を選出する小選挙区制は多数代表制の典型であるが，小選挙区制を採用している国には，アメリカ，イギリス，カナダ等がある。

B：小選挙区２回投票制とは，絶対多数でなければ当選せず，１度で決まらない場合は上位者で決選投票を行うものであり，イタリアが国民議会選挙で採用している。

C：比例代表制では，世論の分布を議会に反映させるため，各党の得票数に応じて議席が配分され，その党の獲得議席の分だけ政党が作成した名簿の上位から当選とする非拘束名簿式が多く用いられており，この方式では有権者は政党のみを選ぶこととなる。

D：デュヴェルジェの法則とは，小選挙区制は二大政党制をもたらし，比例代表制は多党制をもたらすという，選挙制度と政党システムの関係について示したものである。

1　A，B
2　A，C
3　A，D
4　B，C
5　B，D

＊No.4　選挙制度に関する記述として，妥当なのはどれか。

【地方上級（特別区）・平成22年度】

1　民主主義国家における選挙には，極端に選挙権が制限されていたり，1票の価値に極端な偏りがあったり，選挙運動が妨害されたりしないよう，普通，公平，間接，公開，自由という5つの原則の実現が要求されている。

2　小選挙区制は，1票でも多くを獲得した候補者や政党がその選挙区の代表となるため死票が少なく，少数派の意思を尊重できるという長所を持っているが，政党政治を不安定にするという問題点もある。

3　中選挙区制では，票の平等を確保するために選挙区の人口の増減に伴って，頻繁な選挙区割り変更が必要になるため，ゲリマンダーリングと呼ばれる計算方式が多く用いられる。

4　比例代表制における議席配分方式の一つであるドント式は，各党の得票数を1，2，3といった整数で割り，その商の多い順に議席を配分していくものであり，我が国の衆議院，参議院の比例代表の部分はこの方式を採用している。

5　比例代表制における非拘束名簿式では，政党の作成した候補者名簿に当選順位が記載され，獲得議席数に応じて名簿の上位から当選者が決定される方式であり，選挙手続きが簡単だが，有権者は自由に候補者を選ぶことができない。

実戦問題の解説

No.1 の解説　デュヴェルジェの法則　→問題はP.110　正答2

1 ×　「三乗比の法則」の説明である。

三乗比の法則は，小選挙区制の下で，政党間のわずかな票の移動が議席の大幅な変動を生むという現象を説明している。

2 ◎　「デュヴェルジェの法則」の説明である。

正しい。**「デュヴェルジェの法則」は，フランスの憲法学者・政治学者であるデュヴェルジェによって提唱されたもので，政治学における数少ない法則の一つとして有名である**。

3 ×　「M＋１の法則」の説明である。

得票数でみてM＋１番目までの候補者は，一定の当選可能性を持つが，M＋２番目以下の候補者は当選可能性が低いため，選挙を重ねるうちに淘汰されていく。こうしたことから，**選挙における合理的な候補者数はM＋1になる**と考えられる。

4 ×　ゲリマンダーに関する法則は提唱されていない。

小選挙区制においてゲリマンダーが発生しやすいのは事実であるが，そのこととデュヴェルジェの法則とは無関係である。なお，ゲリマンダーとは，自党に有利となるように選挙区割を改変することを意味している。

5 ×　「メディアン・ヴォーター定理」の説明である。

メディアン・ヴォーター（中位投票者）とは，投票者をその政策上の選好（左右のイデオロギーなど）に従って１つの軸の上に並べたとき，ちょうど真ん中に位置する投票者のことである。たとえば，イデオロギー軸上で左から右に向かって有権者①～⑨が並んでいるとき，メディアン・ヴォーターは，左右いずれの端から数えても５番目に位置する有権者⑤となる。ここで，政党Ａ・Ｂからなる二大政党制が成立しているとすると，政党Ａが有権者⑤の好む政策を採れば，必ず政党Ｂに勝利することができる。なぜならば，有権者は自分の政策上の選好により近い政党に投票するため，政党Ｂが中位より左寄りの政策を打ち出せば，政党Ａは少なくとも有権者⑤～⑨の票を獲得することができるし，政党Ｂが中位より右寄りの政策を打ち出せば，政党Ａは少なくとも有権者①～⑤の票を獲得することができるためである。こうした考察を定式化したものが，**メディアン・ヴォーター定理**である。

No.2の解説　ドント式

→問題はP.110 正答3

ドント式では，各党の1議席当たりの獲得票数ができるだけ近づくように，議席が配分される。具体的には，次のような手順がとられる。

(1) 各党の得票数を，整数で順に除して（＝割って）いく。

(2) 商（＝割り算の答え）の大きな順に，各党に1議席づつ配分していく。

本問の場合，下のような表を作成してみるとよい。表中の商を大きい順に並べれば，「①6,000（A党の「得票数÷1」の商），②4,000（B党の「得票数÷1」の商），③3,000（A党の「得票数÷2」の商），……」となる。そこで，「まずA党に1議席，次にB党に1議席，続いてA党に1議席，……」というように，総議席数に達するまで各党に議席を与え続ければよい。

	A党	B党	C党
得票数	6,000	4,000	1,800
得票数÷1	6,000 ①	4,000 ②	1,800 ⑥
得票数÷2	3,000 ③	2,000 ④	900 ⑫
得票数÷3	2,000 ④	1,333 ⑧	600
得票数÷4	1,500 ⑦	1,000 ⑩	450
得票数÷5	1,200 ⑨	800	360
得票数÷6	1,000 ⑩	666	300
得票数÷7	857	571	257

※ 便宜上，小数点以下は切り捨てて表記している。また，丸数字は商の大きさの順位を表している。

以上より，A党は6議席（①・③・④・⑦・⑨・⑩），B党は4議席（②・④・⑧・⑩），C党は2議席（⑥・⑫）を獲得することがわかる。したがって，**3**が正しい。

No.3の解説　選挙制度

→問題はP.110　正答**3**

A○　小選挙区制は多数代表制に該当する。

小選挙区制では，選挙区内の最大多数派の推す候補者が当選する。従って，**小選挙区制は多数派から代表者を選出する多数代表制に該当する**。多数代表制は，イギリスからその旧植民地などへ広まったものである。

B×　小選挙区2回投票制は，フランスの国民議会選挙などで採用されている。

小選挙区2回投票制とは，第1回投票では絶対多数（過半数）の票を得た候補者を当選とし，当選者が決まらなかった場合は，上位者の間で第2回投票（決選投票）を行うという仕組みのことである。**小選挙区2回投票制は，フランスの国民議会（下院）選挙などで採用されている**。なお，イタリアの下院選挙では，小選挙区制と比例代表制の混合制が採用されている。

C×　順位付き名簿を用いるのは，拘束名簿式比例代表制の場合である。

拘束名簿式比例代表制では，候補者名簿に付された順位に従って，各政党の当選者が決定される。非拘束名簿式比例代表制では，候補者名簿に順位は付されておらず，各政党の当選者は候補者個人に投じられた票の多い順に決定される。なお，拘束名簿式比例代表制では，有権者は政党を選ぶにとどまるが，非拘束名簿式比例代表制では，有権者は政党または候補者を選ぶことができる。

D○　デュヴェルジェの法則は，選挙制度と政党システムの関係を示している。

デュヴェルジェの法則では，小選挙区制は二大政党制をもたらし，比例代表制は多党制をもたらすとされている。小選挙区制について言えば，小選挙区制は制度上大政党の候補者に有利な結果をもたらし，その結果，有権者も中小政党を支持しなくなることから，二大政党に議席が集中しやすくなるとされている。

以上より，AとDが妥当であり，**3**が正答となる。

No.4 の解説　選挙制度

→ 問題はP.111　正答4

1 ×　選挙の５原則は普通，平等，直接，秘密，自由である。

民主主義国家における選挙では，普通，平等，直接，秘密，自由という５つの原則の実現が要求されている。したがって，本肢の「公平」は「平等」，「間接」は「直接」，「公開」は「秘密」の誤りである。なお，秘密選挙の原則とは，だれがだれに投票したかを秘密にするというもので，投票の際に社会的圧力がかかることを避けるために必要とされている。

2 ×　小選挙区制では死票が多くなる。

小選挙区制では，第２位以下の候補者に投じられた票がすべて死票となるため，一般に死票が多くなり，少数派の意思を尊重しにくくなる。しかし，大政党に有利で，議会の過半数の議席を占める政党を生みやすいことから，政党政治を安定させやすいという長所が見られる。

3 ×　ゲリマンダーリングとは恣意的な選挙区割りのことである。

頻繁な選挙区割りが必要となるのは，中選挙区制よりもむしろ小選挙区制である。これは，一票の価値の不平等が生じた場合，中選挙区制では選挙区間で定数の再配分を行って対処できるが，小選挙区制では選挙区割りを見直すことで対処するしかないためである。また，ゲリマンダーリング（ゲリマンダー）とは，自党を有利にするような恣意的な選挙区割りのことであって，選挙区割りの際に用いられる計算方式を意味するものではない。

4 ◎　わが国の比例代表制ではドント式が採用されている。

正しい。比例代表制については，さまざまな議席配分方式が考案されている。**わが国で採用されているドント式は，各党の得票数を順に整数で割り，その商の多い順に議席を配分していくものである。**このほか，各党の得票数を順に奇数で割っていくサン・ラゲ式，有効投票総数を定数で割った「当選基数」を用いるヘア・ニーマイヤー式などがある。

5 ×　候補者名簿に当選順位を記載するのは拘束名簿式の特徴である。

非拘束名簿式の場合，政党の作成した候補者名簿に当選順位は記載されず，選挙に際して個人名で投じられた票の多寡を基準として，候補者間の当選順位が決定される。わが国の場合，衆参両院の選挙で比例代表制が採用されているが，衆議院では拘束名簿式，参議院では非拘束名簿式が用いられている。

第2章 政治の制度

各国の選挙制度

必修問題

選挙制度に関する次の記述のうち，最も妥当なのはどれか。

【国家一般職・令和５年度】

1 M. デュヴェルジェは，多党制が二大政党制よりも民主政治の安定にとって望ましいという理由から，比例代表制が小選挙区制よりも優れていると主張した。彼によれば，比例代表制の下では，多くの有権者が戦略投票を行う，すなわち自身の最も選好する候補者にそのまま投票するため，多党制になりやすい。

2 わが国では，昭和21（1946）年から平成５（1993）年の衆議院議員総選挙において「**中選挙区制**」と呼ばれる選挙制度が採用されていた。この制度では，選挙区当たりの定数は３～10で，有権者は一人の候補者名を投票用紙に記入して投票した。この制度は「単記移譲式」とも呼ばれる。

3 比例代表制には**拘束名簿式**と**非拘束名簿式**があり，候補者名簿の順位の付け方が異なる。拘束名簿式の場合，政党が候補者の名簿順位を決める。非拘束名簿式の場合，有権者が名簿上の候補者に投票でき，各候補者が獲得した票数の多寡によって名簿順位が決まる。

4 ドイツ連邦議会の選挙制度には，一定の得票率以上を得た政党の獲得議席数を制限する「**阻止条項**」がある。これは，小規模政党が議席を得やすくするために，第二次世界大戦前に設けられた制度である。阻止条項を採用する国として，ドイツのほかに，イスラエルやニュージーランドが挙げられる。

5 わが国では，平成８（1996）年の衆議院議員総選挙から**小選挙区比例代表並立制**が採用されている。この制度では，小選挙区の立候補者は必ず比例代表にも重複立候補し，両方で当選した場合は小選挙区選出の議員となる。比例代表の投票は全国単位で集計され，**ドント式**で各政党に議席が配分される。

難易度　＊

必修問題の解説

本問は，選挙制度に関する発展問題である。SNTV（**2**）や阻止条項（**4**）など，それほど頻出ではない項目も問われているので，本問を手掛かりとして内容を理解しておきたい。

1× デュヴェルジェは，二大政党制を高く評価した。

デュヴェルジェは，政治においては二者の対立こそが自然な姿であると考え，二大政党制とそれを生む小選挙区制を高く評価した。また，戦略投票は小選挙区制の下で起こりやすく，自分の推す候補者の当選可能性が低い場合，有権者は当選可能性の高い上位2名のいずれかに投票するとされた。

2× 中選挙区制は単記非移譲式投票（SNTV）とも呼ばれる。

中選挙区制では，選挙区当たりの定数は3～5とされ，有権者は一人の候補者名を書いて投票した（「単記式投票」）。しかし，当選者の決定に際して，候補者間で票の移譲を行うことはなかったため，**中選挙区制は単記非移譲式投票（single non-transferable vote/SNTV）とも呼ばれている**。なお，終戦直後の1946年選挙では，選挙区当たりの定数が中選挙区制よりも多く設定され，しかも有権者は複数の候補者名を書いて投票した（「連記式投票」）。

3◎ 非拘束名簿式では，有権者は候補者を選ぶこともできる。

拘束名簿式では，各政党の候補者名簿にあらかじめ順位が付されており，この順位に従って当選者が決まる。非拘束名簿式では，各政党の候補者名簿に順位は付されておらず，各候補者の得票数に従って順次当選者が決まる。

4× 阻止条項の下では，得票率の低い政党には議席がいっさい与えられない。

阻止条項の下では，一定の得票率を得ることができた政党についてのみ，議席が配分される。ドイツでは，ワイマール共和国時代に小党分立で政治が不安定化したことから，戦後になって阻止条項が導入された。

5× 衆議院選挙の比例代表制では，11のブロックごとに議席配分が行われている。

衆議院選挙では，小選挙区と比例代表の重複立候補が認められているが，重複立候補は義務ではない。また，衆議院選挙の比例代表制では，全国が11のブロックに分けられ，ブロックごとに議席配分が行われている。

正答 3

FOCUS

各国の選挙制度では，わが国の衆議院の選挙制度が問われることも多い。現在の小選挙区比例代表並立制はもちろんのこと，かつての中選挙区制についても知識を整理しておきたい。

POINT

重要ポイント 1 各国の大統領選挙制度

大統領選挙では，直接選挙と間接選挙の違いが重要である。欧米先進各国の大統領選挙がいずれに該当するかを，しっかりと確認しておこう。

(1) アメリカ　アメリカの大統領選挙は**間接選挙**である。これは，建国の父祖たちが，国民の感情に訴えかける煽動政治家の出現を恐れ，国民には直接大統領を選ばせまいとしたことから生まれた制度である。したがって，当初は教養ある人々が**大統領選挙人**となり，大統領を選出することが期待されていたが，現在では形骸化が進み，事実上，直接投票に近い形となっている。

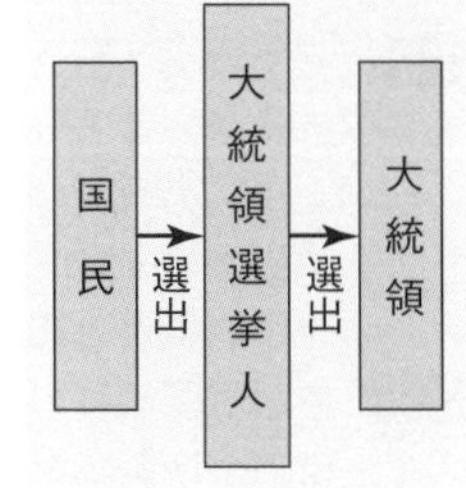

大統領選挙人は，**各州から州選出の両院議員数と同じだけ選出**され，これにワシントンＤＣ代表の３名が加えられる。その総数は538人である。選挙人の票は**州ごとに不可分**とされ，その州で一般有権者の票を１票でも多く獲得した大統領候補者が，その州の選挙人の票を総取りする（ネブラスカ，メイン両州を除く)。この選挙人の票を全国で集計し，**選挙人の過半数を獲得した候補者が当選**とされる。過半数の選挙人を獲得する候補者が出なかった場合には，上位３名の候補者の中から，下院の投票で大統領が選出される。その際には，下院議員は州ごとにまとまって１票を投じる。

(2) フランス　フランスの大統領選挙は**直接選挙**である。全国を１選挙区として１名を選出するので，当然，小選挙区制に該当するが，アメリカなどとは異なり，**２回投票制**がとられている。

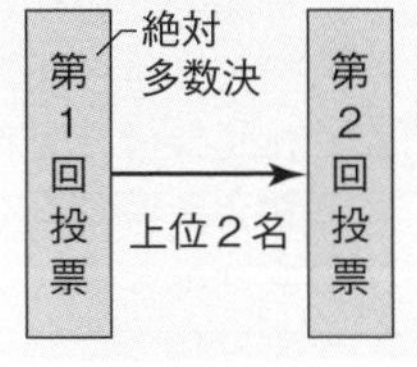

２回投票制では，第１回投票で有効投票の過半数を獲得した候補者がいる場合には，その人物が当選とされる（＝**絶対多数決制**)。しかし，該当者がいない場合には，第１回投票の上位２名を対象として，第２回投票が実施される。ここでは，より多くの票を獲得した候補者が当選とされる（＝**相対多数決制**)。

(3) ドイツ　ドイツの大統領選挙は**間接選挙**である。ただし，アメリカのように，わざわざ大統領選挙人を選挙するわけではない。連邦議会（＝下院）議員および各州議会の代表者が**連邦会議**を構成し，その投票によって大統領は選出される。国民からすると，自分たちの選出した人々を通じて大統領を選出していることになるため，こうした選出方法も，やはり間接選挙に該当するといえる。

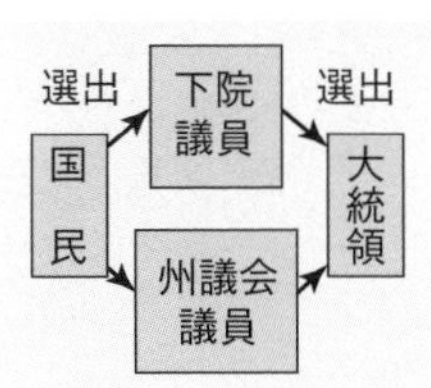

重要ポイント 2 各国の上院議員選挙

上院議員選挙では，直接選挙，間接選挙，任命制の違いが重要である。

(1) アメリカ アメリカの上院議員選挙は直接選挙である。**全米50州から2名ずつ選出**されることから，その総数は100である。

上院議員は**2年ごとに3分の1ずつ改選**される。そこで，議員は3つの選挙グループに分けられているが，同一州の2名は同じグループには属さないとの原則がある。そのため，各回の上院議員選挙は，各州で定数1名の**小選挙区制**となる。

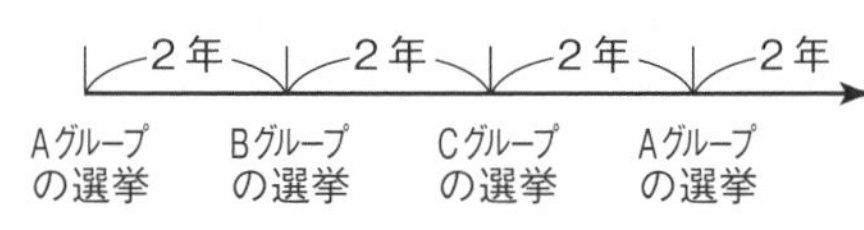

(2) イギリス，フランス，ドイツ

国　名	選任方法	説　　明
イギリス	任命制	国王によって任命される。
フランス	間接選挙	下院議員と地方議員の代表者によって選出される。
ドイツ	任命制	各州政府によって任命される。

重要ポイント 3 各国の下院議員選挙

下院議員選挙では，小選挙区制と比例代表制の違いが重要である。

(1) アメリカ，イギリス，フランス

国　名	選挙制度	説　　明
アメリカ イギリス	小選挙区制	1選挙区から1名ずつ，相対多数決制で選出される。当選者が過半数の票を獲得するとは限らない。
フランス	小選挙区制 （2回投票制）	第1回投票で過半数の票を獲得した候補者がいなかった場合には，12.5％以上の得票者を対象として第2回投票（相対多数決制）が行われる。

(2) ドイツ ドイツの下院議員選挙では，**小選挙区比例代表併用制**が採用されている。これは，比例代表制に小選挙区制を加味した選挙制度である。

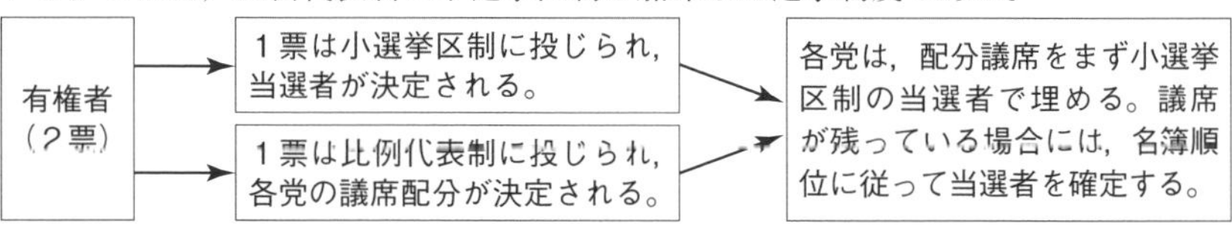

各党の小選挙区制での当選者数が，比例代表制で配分された議席数を上回った場合には，その差に相当する分だけ**超過議席**が与えられる。

重要ポイント 4 わが国の選挙制度

(1) 衆議院の選挙制度史 明治期以降，衆議院の選挙制度は，次の表のように変遷してきた。

公布年	実施年	内閣	選挙制度			
1889年	1890年	黒田 清隆	小選挙区制	男子	直接国税15円以上納税者	25歳以上
1900年	1902年	山県 有朋	大選挙区制		直接国税10円以上納税者	
1919年	1920年	原 敬	小選挙区制		直接国税３円以上納税者	
1925年	1928年	加藤 高明	中選挙区制		普通選挙	
1945年	1946年	幣原喜重郎	大選挙区制	男女		20歳以上
1947年	1947年	吉田 茂	中選挙区制			
1994年	1996年	細川 護煕	並立制			
2015年	2016年	安倍 晋三				18歳以上

(2) 現在の国政選挙の仕組み

① 衆議院選挙 1994年以降，わが国の衆議院選挙では**小選挙区比例代表並立制**が導入されている。

有権者			
有権者	1票 →	小選挙区選挙（289名）	各選挙区で最多得票者が当選とされる。審議会の答申をもとに，10年に１度，選挙区画が見直される。
	1票 →	比例代表選挙（176名）	全国11ブロックのそれぞれで，政党が競い合う。
			得票率に応じて各党に議席が配分される（ドント式）。
			各党の候補者名簿に記された登載順位に従って，各党の当選者が決定される（拘束名簿式）。

なお，小選挙区と比例区の**重複立候補**も認められており，重複立候補者は比例区の候補者名簿で同一順位に登載されることがある。名簿登載者間の最終的な優先順位は，「**惜敗率**」をもとにして，たとえば次のように決定される。

順位	氏名	重複立候補	小選挙区での当落		惜敗率※1	最終順位
1位	a氏	なし	――		――	1位
2位	b氏	あり	当選		→	除外
	c氏	あり	落選	供託物没収点※2未満	→	除外
	d氏	あり	落選	供託物没収点以上	60%	3位
	e氏	あり	落選	供託物没収点以上	80%	2位

※１ 惜敗率は，各選挙区における「本人の得票数／当選者の得票数」で計算される。

※２ 立候補者の得票率が一定水準を下回った場合，本人が選挙管理委員会に供託していた金銭は没収されてしまう。この水準を供託物没収点といい，衆議院選挙では有効投票の10分の１とされている。

② 参議院選挙　現行の参議院選挙では，**選挙区制と比例代表制の混合制**が採用されている。

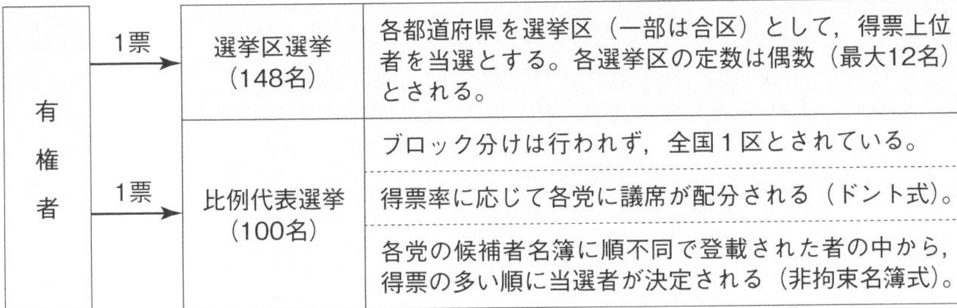

有権者	投票	選挙	説明
有権者	1票	選挙区選挙（148名）	各都道府県を選挙区（一部は合区）として，得票上位者を当選とする。各選挙区の定数は偶数（最大12名）とされる。
	1票	比例代表選挙（100名）	ブロック分けは行われず，全国1区とされている。
			得票率に応じて各党に議席が配分される（ドント式）。
			各党の候補者名簿に順不同で登載された者の中から，得票の多い順に当選者が決定される（非拘束名簿式）。

参議院の比例代表選挙では，有権者は投票用紙に政党名または候補者名を記入して投票する。票の集計の際には，候補者名を記入した票はその所属政党への票と読み替えられ，各党の得票数と配分議席数が決定される。また，各党の当選者は，候補者名簿の登載者の中から，個人としての得票数が多い順に決定される。ただし，名簿に特定枠を設けた政党の場合は，特定枠内の候補者が優先的に当選とされる。

(3) 選挙法上の諸規定

項目		説明
立候補・選挙運動	立候補の制限	公務員は原則として在職中に立候補することはできない。また，いかなる者も2つ以上の選挙に同時に立候補することはできない（衆議院議員選挙における重複立候補を除く）。
	禁止事項	事前運動は禁止されている（選挙運動期間の法定）。
		政治腐敗を防止するため，戸別訪問は禁止されている。
	マニフェスト配布	国政選挙（補欠選挙は除く）および地方首長の選挙に限り，マニフェスト（＝政権公約）の記載冊子を配布することができる。配布場所は選挙事務所や演説会場などに限られる。
	インターネット選挙	候補者・政党等・有権者は，ウェブサイト等（ホームページ，ブログ，SNSなど）を利用した選挙運動が可能である。また，候補者・政党等は，メールを利用した選挙運動も可能である。
投票	投票時間	投票時間は午前7時から午後8時までとされている。
	投票方式	自書式投票が原則とされている（記号式投票の原則禁止）。
		自治体の判断で，地方選挙に電子投票を導入することができる（電子投票法）。ただし，投票機のオンライン接続は禁止される。
	さまざまな投票形態	遠洋漁業などの従事者は，洋上からファックスで投票できる。
		在外邦人は，一定の手続きを経て，在外公館または郵送で投票できる（在外投票）。ただし，国政選挙に限られる。
		投票日当日に投票区を離れる者（レジャー等を含む）は，投票日の前日までに投票を済ませることができる（期日前投票）。投票の時点で当該票はそのまま有効となる。
当選	連座制	候補者本人のみならず，これと密接な関係にある者が一定の選挙違反を犯した場合，当選が無効とされる。これにより，同一選挙における同一選挙区からの立候補が5年間禁止される。

実戦問題❶　基本レベル

＊
No.1　選挙制度に関する記述として，妥当なのはどれか。

【地方上級・平成13年度】

1　比例代表制には，死票が少なく民意を反映しやすい，得票率と議席率を一致させやすい，新たな政党を出現させやすいといった長所がある。

2　小選挙区制は，多数党の過剰代表，定期的な選挙区割りの変更，仕事のできる政府が登場しにくいといった短所がある。

3　イギリスでは19世紀半ばから選挙が実施されており，現在では20歳以上の男女による普通選挙が実施されている。

4　ドイツ下院では小選挙区制と比例代表制から同数の議員が選出されており，この並立制はわが国における衆議院選挙の模範となった。

5　わが国では第１回帝国議会選挙において20歳以上の男子による普通選挙が実施されたが，男女普通選挙が実施されたのは第二次世界大戦後のことである。

＊
No.2　次の文は，各国の国民代表を選出する選挙制度に関する記述であるが，文中の空所Ａ～Ｃに該当する組合せとして，妥当なのはどれか。

【地方上級（特別区）・平成29年度】

選挙制度は，大きくは，多数代表制と比例代表制の2つに分けることができる。

多数代表制は，1選挙区から1人の代表を選出する小選挙区制がその典型であり，アメリカや［　A　］では相対多数でも当選とする制度だが，［　B　］では1回目の投票において絶対多数でなければ当選としないとする制度で，一度で決まらない場合，上位者で決選投票を行う。

比例代表制は，個々の有権者の票をできるだけ生かし，有権者の政党支持の分布がそのまま議席比に反映されるように配慮されており，過度の小党乱立を防ぐために，一定の得票率を獲得しないと議席を比例配分しないという［　C　］の５％条項は有名である。

	A	B	C
1	フランス	イギリス	オーストラリア
2	フランス	イギリス	ドイツ
3	カナダ	フランス	オーストラリア
4	イギリス	フランス	ドイツ
5	イギリス	オーストラリア	カナダ

No.3 ＊ **アメリカの選挙に関する次の記述のうち，妥当なものはどれか。**

【地方上級（全国型）・平成24年度】

1 大統領は，国家元首，行政府の長，軍の最高司令官の地位にあり，任期は４年とされている。選挙は西暦で４の倍数の年に行われており，有権者は18歳以上で自ら有権者登録を済ませた者とされているが，その中には永住権保持者も含まれる。

2 大統領は，各州から選出された大統領選挙人を通じて，間接的に選出される。州選出の選挙人の票は，州内で各候補者が獲得した票数に比例して配分されるため，死票の発生は極力抑えられている。

3 大統領選挙では，大半の有権者が二大政党の候補者のいずれかに投票するため，第二次世界大戦後に第三党の候補者が勝利したことはない。また，大統領は，就任に際して下院の信任を得る必要があるため，下院の多数党から閣僚を選ぶことが多い。

4 中間選挙年に実施される下院議員選挙で自らの所属政党が敗北した場合，大統領は困難な議会運営を強いられることになる。しかし，その責任を負わされ，次の大統領選挙での立候補が禁止されるといった法律上の規定はなく，再選をめざすこともできる。

5 大統領選挙では，大統領候補と副大統領候補がペアとして扱われ，同時に当選が決まる。副大統領は閣議を開催したり，下院の議長を務めたりすることで，大統領を補佐するという重要な役割を担うため，両者は不可分の関係にあると考えられるためである。

実戦問題1の解説

No.1 の解説　選挙制度

→ 問題はP.122 正答1

1◎ 比例代表制では死票が減少する。

正しい。**比例代表制では，得票率に応じて各党に議席が配分されるため，死票が減少して民意が反映されやすくなる。また，少数の国民からしか支持を得ていない政党も，議席を獲得することが可能となり，新たな政党が出現しやすくなる。**

2× 小選挙区制では仕事のできる政府が登場しやすい。

小選挙区制では，少数党へ投じられた票が死票となり，多数党がその得票率以上に議席を獲得しやすいため，多数党の過剰代表という問題が生じやすい。また，それに伴って二大政党制が出現しやすくなるため，議会で過半数の議席を獲得した政党が政府と議会をともに支配し，「仕事のできる政府」（ワーキング・ガバメント）が作り出される（議院内閣制の場合）。なお，小選挙区制では，1つの選挙区から選出される当選者数が1名と定められているため，人口移動に伴って1票の価値の格差が生じた場合，選挙区割りの変更が必要不可欠となる。

3× イギリスでは18歳選挙権が確立されている。

イギリスの選挙は議会の歴史とともに古く，少なくとも15世紀には，近代に連なる選挙法の原型が出来上がっていた。これに対して，**19世紀以降に実施されたのは，選挙権の拡大である**。選挙権の拡大は，1832年の選挙法改正に始まり，1928年には21歳以上の男女による普通選挙が実現した。さらに，1969年には選挙権の年齢要件が18歳以上に引き下げられ，今日に至っている。

4× ドイツの併用制と日本の並立制は根本的に異なる制度である。

ドイツ下院では，原則として小選挙区制と比例代表制から同数の議員が選出されているが，その制度はわが国のような「並立制」ではなく，「併用制」（＝小選挙区制を加味した比例代表制）である。具体的にいうと，ドイツではまず比例代表制に基づいて各党への議席配分が決定され，次に小選挙区制の当選者が優先的にその所属政党の当選者とされる。そして最後に，各党の残余議席が，候補者名簿の登載者によって順次補充される。

5× 第1回帝国議会選挙は男子制限選挙であった。

1890（明治23）年に実施された第1回帝国議会選挙では，25歳以上の男子で直接国税を15円以上納めた者だけが選挙権を持った。**男子普通選挙（25歳以上）が実施されたのは1928（昭和3）年，男女普通選挙（20歳以上）が実施されたのは1946（昭和21）年のことであった。**

No.2 の解説　各国の選挙制度

→問題はP.122　**正答4**

A：**「イギリス」が該当する。**

小選挙区制とは，各選挙区の最多得票者（1名）のみを当選とする選挙制度である。アメリカやイギリスでは，選挙区内で有効投票の過半数（＝絶対多数）を獲得した候補者がいなくても，候補者の中で最も獲得票数が多かった候補者が当選者とされる。そこで，**アメリカやイギリスの選挙制度は，相対多数決に基づく小選挙区制に分類される。**

B：**「フランス」が該当する。**

フランスでは，第1回投票で有効投票の過半数を獲得した候補者がいなければ，上位者が第2回投票に進む仕組みとなっている。そこで，**フランスの選挙制度は絶対多数決に基づく小選挙区制に分類される。**

C：**「ドイツ」が該当する。**

ドイツでは比例代表制が採用されており，得票数に比例するように各党へ議席が配分されている。ただし，小規模な政党が数多く議会に進出すると，議会運営が混乱するとの考えから，一定の得票率を獲得しないと議席をいっさい配分しないという制限（阻止条項）が課せられている。**ドイツの阻止条項は，得票率の下限を原則として5％に設定しているので，一般に5％条項と呼ばれている。**

以上より，**4**が正しい。

No.3 の解説　選挙制度

→ 問題はP.123 **正答4**

1 × 大統領選挙の有権者は国籍保持者でなければならない。

大統領選挙の有権者は18歳以上のアメリカ国籍保持者で，自ら有権者登録を済ませた者とされている。したがって，単なる永住権保持者は，大統領選挙における有権者となることはできない。

2 × 大統領選挙では勝者総取り方式をとる州が大半を占めている。

州選出の選挙人の票は，大半の州において，選挙で勝利した候補者が総取りするものとされている（「勝者総取り方式」）。ただし，ネブラスカ，メイン両州では，連邦議会の上院議員選挙の選挙区（＝州全体）および下院議員選挙の選挙区ごとに勝者を決め，各勝者に対して選挙人１名ずつが与えられている。

3 × 大統領は議会（下院）の信任を必要としない。

大統領は就任に際して下院の信任を得る必要はなく，下院から不信任を受けることもない。そのため，大統領は自らの所属政党から閣僚を選ぶ傾向にあり，特に大統領の所属政党と議会の多数党が異なる場合には，大統領と議会の間で対立が生じやすい（「**分断された統治**」）。

4 ◎ 中間選挙の結果とは関係なく，大統領は次の選挙に立候補できる。

正しい。中間選挙年における下院議員選挙で大統領の所属政党が敗北した場合，大統領の求める政策が下院の反対で実施しにくくなる。しかし，**大統領の地位は下院の信任に基づくものではない**ため，これが大統領の地位に法的に影響を与えることはない。

5 × 副大統領は上院議長を務める。

副大統領の法的権限は，大統領が欠けた場合に大統領に昇格してその職を務めること，上院の（形式的）議長を務めることなどに限定されている。閣議の開催については，副大統領の権限ではなく大統領の権限とされており，副大統領が閣議に加わるかどうかも大統領が決定する。なお，選挙戦において大統領候補と副大統領候補がペアとして扱われるという点は事実である。

実戦問題❷ 応用レベル

＊＊
No.4 各国等の選挙制度に関する次の記述のうち，妥当なのはどれか。

【国家一般職・平成29年度】

1 英国議会の下院議員選挙は，イングランドでは小選挙区制が採用されているが，スコットランドとウェールズでは小選挙区制と比例代表制を組み合わせた制度，北アイルランドでは中選挙区制が用いられているため，それぞれの地域によって小政党の議席獲得率には明確な差が見られる。

2 欧州議会議員の選出方法は，欧州連合（EU）加盟各国がそれぞれ自由に決定してよいとされているため，国民による直接選挙を行う国と議員による間接選挙を行う国に分かれる。フランスでは，上院議員の投票による間接選挙が採用されている。

3 米国の大統領選挙は，各州の有権者が一般投票において選挙人を選挙し，選ばれた選挙人が大統領を選挙するという間接選挙の形態をとっており，選挙人はそれぞれの州で各大統領候補の得票数に比例して選出される。選ばれた選挙人は，一般投票の時点で投票することを誓約している大統領候補に投票しなければならないと合衆国憲法で定められている。

4 わが国の衆議院議員選挙では，小選挙区比例代表並立制が採用されているが，いわゆる一票の較差の是正のため，小選挙区の都道府県別議席配分と比例代表のブロック別議席配分を，国勢調査の結果に基づいて，「アダムズ方式」によって計算し直すことが決定されている。

5 オーストラリアの連邦議会では，下院議員選挙における投票が法律上義務付けられているが，棄権した場合の罰則規定がなく，投票への努力義務規定にとどまっている。そのため，投票率は経済協力開発機構（OECD）加盟国の中でも低く，投票の義務化が必ずしも投票率の向上につながっているとは言えない。

＊＊ No.5 わが国の選挙に関する次の記述のうち，妥当なのはどれか。

【国家一般職・平成28年度改題】

1 衆議院議員総選挙の小選挙区比例代表並立制においては，衆議院の定数465議席のうち，289議席は小選挙区から選出され，残りの176議席は比例代表で選出される。小選挙区制では大政党が有利になる一方，比例代表制では小政党でも候補者を当選させることができるため，小選挙区比例代表並立制は，大政党と中小政党間の議席配分上のバランスをとる側面がある。

2 衆議院議員総選挙の小選挙区比例代表並立制においては，重複立候補制が採用されている。これは，立候補した者は自動的に小選挙区と比例区の両方に立候補したこととされる制度である。比例区では名簿に優先順位を付けることはできず，小選挙区で落選した候補者の中で惜敗率の高い候補者から順に当選することとなる。

3 平成25（2013）年，公職選挙法の一部を改正する法律が成立し，インターネットを使用した選挙運動が解禁された。これにより，候補者や有権者は，ウェブサイト等および電子メールを利用した選挙運動ができることとなった。また，成立当初はインターネットを使用した投票は行うことができなかったが，マイナンバーの運用開始に伴い，インターネットを使用した投票が解禁された。

4 平成27（2015）年，公職選挙法の一部を改正する法律が成立し，参議院選挙区選出議員の選挙について，東京都・愛知県・福岡県等で定数の削減を行うとともに，新潟県・長野県等で定数の増加が行われた。これは主に，選挙区間において議員一人当たりの人口に不均衡が生じている，いわゆる一票の格差の状況を是正するために行われた。

5 平成27（2015）年，公職選挙法の一部を改正する法律が成立し，公職選挙法，地方自治法に規定する選挙権年齢および被選挙権年齢について，20歳以上から18歳以上への引下げの措置が講じられた。法律上の成年年齢等について整合性を図るため，同年，民法，少年法の成年年齢等についても18歳に引下げが行われた。

＊＊＊
No.6 わが国の選挙に関する次の記述のうち，妥当なのはどれか。

【国家総合職・令和４年度】

1 わが国では，原則として引き続き３か月以上市町村の区域内に住所を有することが，その属する都道府県または市町村の議会の議員の被選挙権の要件の１つとされるが，国会議員，都道府県知事および市町村長の被選挙権についてはこうした住所要件は求められない。また，公職にある間に犯した収賄罪等により刑に処せられた者でその執行が終わった日から５年を経過しないものは，選挙権および被選挙権を有せず，被選挙権については，その５年を経過してもさらに５年間，有しないものとされる。

2 わが国の衆議院（小選挙区選出）議員の選挙においては，選挙区で最多数の票を得た者であっても，有効投票総数の６分の１以上の得票（法定得票数）がない場合，当選人となることができず，さらに供託物も没収されることとなる。一方，地方公共団体の議会の議員の選挙においては，当選人の要件として一定の法定得票数は定められているが，地方議会の活性化や多様な人材を得るため，一定の金額等の供託は求められていない。

3 わが国の衆議院および参議院の比例代表選挙では，政党の得票数に応じて議席数を配分する方法としてドント式が採用されている。これは，各政党の得票数を奇数で１，３，５，…と順に除していき，その商の大きい順に議席を与えていく方法である。一般にドント式は，他の方法のサンラゲ式に比べ小政党に有利であるとされる。また，わが国の衆参両院の比例代表選挙でも，ドイツ等と同様に得票率が５％未満の政党には議席を認めないとする阻止条項が設けられている。

4 いわゆる中選挙区制は，選挙区の議席定数では大選挙区制に，当選者の決定方式では比例代表制に分類されるが，わが国では昭和20（1945）年の導入以来，平成５（1993）年まで全ての衆議院議員総選挙で用いられた。わが国の中選挙区制は単記投票制で，かつ票の移譲ができない，単記非移譲式と呼ばれるもので，同様の制度は，アイルランドが採用している。また，中選挙区制での選挙は，個人後援会と地元への利益誘導が中心となり，政党組織を弱体化し，党内派閥の影響力を増大させたとの指摘もある。

5 女性の政治参加を拡大する試みとして，わが国では平成30（2018）年に，政党等に対し男女の候補者の数ができる限り均等となることを義務付ける「政治分野における男女共同参画の推進に関する法律」が制定された。これを受け，政府は，衆議院および参議院の比例代表選出議員の候補者名簿の一定割合を女性に割り当てることとする公職選挙法の一部を改正する法律案を，翌年の通常国会に提出したが，与野党の合意に至らず廃案となった。

実戦問題❷の解説

No.4の解説　各国の選挙制度

→問題はP.127　正答4

1 × 英国の下院議員選挙は，すべて小選挙区制で行われている。イングランド，スコットランド，ウェールズ，北アイルランドの4地域で，選挙制度が異なるということはない。

2 × **欧州議会議員の選出方法は，国民による直接選挙でなければならず，具体的には比例代表制と定められている。**ただし，制度の詳細は加盟各国が自由に決定してよいとされており，拘束名簿式か非拘束名簿式か，阻止条項（＝一定の得票率を得ないと議席を配分しないとする規定）を設けるか否かなどは，各国の判断に委ねられている。

3 × 米国の大統領選挙では，一部の州を除き，各州で勝利した政党の候補者が当該州の選挙人を総取りするものとされている。また，選ばれた選挙人は，事前に誓約していた候補者に投票する法的義務は負わないため，みずからの判断で投票先を変えることも可能である。

4 ◎ 正しい。**小選挙区の都道府県別議席配分と比例代表のブロック別議席配分は，10年ごとに実施される大規模国勢調査の結果に基づき，「アダムズ方式」で再計算されている。**なお，アダムズ方式では，各都道府県ないし各ブロックの有権者数を一定の数で除し，それぞれの商の小数点以下を切り上げることで，配分議席数が算定される。

5 × **オーストラリアの連邦議会選挙では，罰則つきの義務投票制（強制投票制）が導入されている。**そのため，オーストラリアの投票率は90％を超えており，経済協力開発機構（OECD）加盟国の中でも高い部類に属する。

No.5の解説　日本の選挙

→ 問題はP.128 正答1

1 ◎　正しい。衆議院の小選挙区比例代表並立制では，小選挙区制による選出議員数のほうが多いため，**大政党がその得票率以上に議席を獲得し，安定した政治運営が行われやすくなる**。その一方で，比例代表制がこれに組み合わされているため，**中小政党も一定の議席を確保することが可能となり，少数意見がある程度表出されることになる**。

2 ×　衆議院の小選挙区比例代表並立制では，比例区の候補者名簿に小選挙区の候補者の氏名を登載することが認められている（重複立候補制）。小選挙区の候補者が自動的に重複立候補者として扱われるわけではなく，実際には小選挙区でのみ立候補する者も多い。また，衆議院の比例区では拘束名簿式が採用されており，候補者名簿には優先順位が付けられる。ただし，重複立候補者については，同一順に複数名を並べることが認められており，この場合，候補者間の優先順位は惜敗率（＝「各候補者が小選挙区で獲得した票数÷当該選挙区で当選者が獲得した票数」）によって決定される。

3 ×　平成25（2013）年の改正公職選挙法により，ウェブサイト等および電子メールを利用した選挙運動が候補者と政党に対して解禁された。しかし，**有権者については，ウェブサイト等を利用した選挙運動のみが解禁され，電子メールを利用した選挙運動は現在も禁止されている**。また，マイナンバーの運用開始後も，**インターネットを使用した投票は解禁されていない**。

4 ×　平成27（2015）年の改正公職選挙法では，参議院選挙区選出議員の選挙について，一票の格差の状況を是正するための措置（10増10減）が講じられた。これにより，**人口が集中している東京都などでは定数が増やされ，人口に比べて過剰代表となっている新潟県などでは定数が減らされた**。具体的には，①北海道，東京都，愛知県，兵庫県，福岡県で各２議席増，②宮城県，新潟県，長野県で各２議席減，③鳥取と島根，徳島と高知を合区して各２議席減，とされた。

5 ×　平成27（2015）年の改正公職選挙法では，選挙権年齢については20歳以上から18歳以上に引き下げられたが，被選挙権年齢については変更されなかった。また，民法や少年法の成年年齢等の引き下げについては，国会で法案成立のめどが立たず，平成27（2015）年中の改正は見送られた。その後，民法改正は平成30（2018）年，少年法改正は令和３（2021）年に実現し，ともに令和４（2022）年から施行されている。

No.6の解説　わが国の選挙

→ 問題はP.129　**正答1**

1 ◎ 地方公共団体の長や国会議員の被選挙権には住所要件がない。

地方議員の被選挙権には住所要件が設けられているが，地方公共団体の長や国会議員の被選挙権には住所要件は設けられていない。また，**公職にある間に，収賄罪やあっせん収賄罪等により刑に処せられた者は，刑の執行が終わっても5年間は選挙権をもたず，10年間は被選挙権をもたない。**

2 × 地方選挙でも供託物没収制度は設けられている。

供託物没収制度とは，公職選挙で一定の法定得票数を得ることができなかった場合，立候補に際して候補者が預けていた供託物（供託金）が没収されてしまう仕組みのことである。わが国では，国政選挙と地方選挙のいずれにおいても法定得票数や供託物没収制度が設けられている。

3 × ドント式では各政党の得票数を整数で順に除していく。

ドント式では，各政党の得票数を整数で1，2，3，…と順に除していき，その商の大きい順に議席を割り当てていく。奇数で除していくのは，サンラゲ式（サン・ラグ式）の場合である。一般にドント式は，公平に議席を配分できる仕組みとされており，小政党を特に有利に扱うということはない。小政党に有利に作用するのは，サンラゲ式の場合である。また，わが国の公職選挙では阻止条項は設けられていない。

4 × わが国の中選挙区制は戦前に導入された。

わが国では，第2次護憲運動によって成立した加藤高明内閣の下で，大正4（1925）年に中選挙区制が導入された。その後，中選挙区制は，第2次世界大戦直後の1946年総選挙を除き，平成5（1993）年までわが国の衆議院選挙の選挙制度であり続けた。また，中選挙区制は単記移譲式投票（SNTV）とも呼ばれるが，**アイルランドでは単記移譲式投票（STV）が行われており**，両制度は票の移譲の有無という点でまったく異なるものである。なお，中選挙区制が個人後援会や地元への利益誘導を活発化させるとともに，党内派閥の影響力を増大させたという点は事実である。

5 × 候補者数の男女均等は各政党の努力目標とされている。

「政治分野における男女共同参画の推進に関する法律」（**候補者男女均等法**）は，**男女の候補者の数ができるだけ均等になることを基本原則のひとつに掲げつつ，政党に対して「自主的に取り組むよう努める」（4条）ことを求めている。**したがって，政党については努力義務が課せられたにとどまる。また，比例代表選挙の候補者名簿において，その一定割合を女性に割り当てようとする動きは見られるものの，これを実現するための公職選挙法改正案が国会に提出されたという事実はない。

第3章
政治の動態

試験別出題傾向と対策

頻出度	試験名	国家総合職					国家一般職					国家専門職（国税専門官）				
	年度	21-23	24-26	27-29	30-2	3-5	21-23	24-26	27-29	30-2	3-5	21-23	24-26	27-29	30-2	3-5
	テーマ ＼ 出題数	6	4	3	3	4	1	3	2	4	1	1	3	0	0	2
B	9 政党	1	2										1			
B	10 各国の政党			1				1		1						
A	11 政党システム	1	1		1	2		1		1						
A	12 圧力団体	2		1	1		1		1	1	1	1	1			1
A	13 マスコミ・世論	2	1	1	1	2		1	1	1			1			1

「政治の動態」では，政治の動態的側面，すなわち現実の政治が動いていくプロセスを学習する。学習内容は，大きく「政党」（テーマ9・10・11），「圧力団体」（テーマ12），「マスコミ・世論」（テーマ13）の3つに分けられる。「政党」では，政党に関する理論と現実を理解することが課題となる。出題の大半は理論に関するものなので，学者名とキーワードの結びつきやキーワードの意味内容をどれだけ正確に覚えているかが勝負となる。「圧力団体」では，圧力団体に関する理論を理解することが課題となる。特にネオ・コーポラティズム論やフリーライダー論，既存集団丸抱え論などは，繰り返し出題されている重要事項である。「マスコミ・世論」では，マスコミの機能と効果に関する理論を理解することが課題となる。近年では，特にマスコミの効果に関する学説が出題されやすくなっており，沈黙の螺旋やプライミング効果，フレーミング効果，涵養効果など，新しい学説の出題が一般化している。政党と同様，学者名とキーワードの結びつきやキーワードの意味内容をしっかりと覚えておくようにしたい。

● 国家総合職（政治・国際・人文）

出題数は減少傾向にあったが，令和3年度以降はやや復活の兆しがみられる。「政党」では，政党に関する一般理論よりも政党システムの理論のほうが出題されやすくなっている。サルトーリの政党システム論，リプセットとロッカンの凍結仮説，ドッドの連立政権論，ダウンズの合理的選択論などは要注意である。「圧力団体」の出題数は減少傾向にあり，今後も極端に増加するとは考えにくい。政策受益団体やデュアリズムなどへの言及があり，難易度が高めなのは少々やっかいである。問題演習で重要用語を拾い上げ，意味内容を確認しておくとよいだろう。「マスコミ・世論」は，3年間に1～2回のペースでコンスタントに出題されており，政党に次ぐ重要テーマとなっている。強力効果説の諸学説を中心に学習を進めておきたい。

地方上級（全国型）					地方上級（特別区）					市役所（C日程）					
21-23	24-26	27-29	30-2	3-4	21-23	24-26	27-29	30-2	3-5	21-23	24-26	27-29	30-2	3-4	
2	2	2	1	1	3	3	1	2	2	0	0	2	2	1	
1		1										1		1	テーマ9
															テーマ10
	2			1	1	2		2	1			1	1		テーマ11
					1	1							1		テーマ12
1		1	1		1		1		1						テーマ13

● 国家一般職

期間によって出題数のばらつきが大きく，しかも出題テーマが分散する傾向にある。３年間を１期とした場合，①「政党」が１期おきに２問ずつ出題されていること，②「圧力団体」がほぼ毎期出題されていること，という特徴がみられる。圧力団体がここまでコンスタントに出題されている試験は少ないので，圧力団体の学習には力を注いだほうがよいだろう。オッフェ，オルソン，ソールズベリーなど，国家総合職の影響で出題に至った学者も多いので，多少時間はかかるかもしれないが，しっかり学習しておきたい。

● 国家専門職（国税専門官）

平成27年度から令和２年度にかけて６年間も出題が途切れており，あまり重視されていないような印象を受ける。そうしたなかで，圧力団体はほぼ５年に１度のペースで出題され続けているので，いちおう優先して学習したほうがよいだろう。ただし，政党がここまで頑なに出題されないのは不自然なので，今後は出題数が増加する可能性もある。優先度は低くても構わないが，対策は怠らないようにしたい。

● 地方上級

３年間に１～２問のペースで出題が続いているが，特別区では３問が出題されることもある。政党システムとマスコミの出題が最も多いので，両テーマを学習の軸に据えるとよいだろう。特に特別区では，サルトーリの政党システム論が繰り返し出題されているので注意したい。全般的に難易度は低めだが，政党類型については多彩な用語が問われているので，知識を広げておこう。

● 市役所

意外と出題数が少ないが，出題状況は試験のタイプによって異なるうえ，今後出題数が増加に転じる可能性も残されている。政党が出題の中心となりやすいので，テーマ９・10・11の基本問題を繰り返し解いておこう。

政党

必修問題

政党の機能と組織に関する次の記述のうち，妥当なのはどれか。

【国家一般職・令和２年度】

1 **E.バーク**は，政党とは社会の中の特定の集団の利益を図るための組織であり，社会全体の利益を推進することはないと考えた。また，彼は，政党の構成メンバーの考え方がしばしば一致しないことを指摘し，政党とは私的利益にしか関心を持たない派閥や徒党と同じであるとして否定的に捉えた。

2 **M.ヴェーバー**は，19世紀に各国の政党が貴族政党から**近代組織政党**へと発展を遂げ，さらに20世紀に入って近代組織政党が**名望家政党**へと変化しつつあることを指摘した。このうち名望家政党とは，カリスマ的なリーダーシップを持った名望家がマスメディアを用いて有権者に直接訴え，支持を集める政党を指す。

3 **R.ミヘルス**は，20世紀初頭にドイツの社会民主党について分析を行い，この政党が民主主義を掲げているにもかかわらず，組織の内部では一握りのエリートが支配している実態を明らかにした。このことから彼は，あらゆる組織において少数者支配が生じるという「**寡頭制の鉄則**」を主張した。

4 **M.デュヴェルジェ**は，20世紀初頭に，欧米諸国で**大衆政党**と呼ばれる新しい組織構造を持った政党が出現したと指摘している。大衆政党は，この時期に新しく選挙権を得た一般大衆に基盤を置く政党で，従来の政党に比べて極めて分権的な組織であるとされる。大衆政党の典型例に，米国の民主党が挙げられる。

5 **O.キルヒハイマー**は，20世紀前半に，西欧諸国で社会主義政党やファシズム政党が台頭する状況を観察し，これらの新たな政党を**包括政党**と類型化した。包括政党は，極端なイデオロギー的主張を用いて大衆を動員すること，また多様な利益団体と接触することにより，社会の広範な層から集票する点に特徴がある。

難易度 ＊

必修問題の解説

本問は，政党に関する基本問題である。知識内容の確認はもちろん必要であるが，それとともに「ひっかけのパターン」もすべて典型的なものなので，誤ったポイントについては見直しを怠らないようにしよう。

1 × バークは政党を派閥や徒党と区別して，高く評価した。

バークは，政党とは「全員が同意しているある特定の原理に基づき，共同の努力によって国民的利益を推進するために結集した人々の集まり」であるとした。そして，**政党は私的利益にしか関心を持たない派閥や徒党とは異なる**として，政党を高く評価した。

2 × ウェーバーは「名望家政党から近代組織政党へ」という発展図式を提唱した。

ウェーバーは，19世紀の制限選挙の下で貴族政党が名望家政党へと発展し，さらに普通選挙が広まるとともに近代組織政党（大衆政党）が発達したと主張した。また，カリスマ的なリーダーがマスメディアを用いて有権者に直接訴え，支持を集めるのは，近代組織政党の特徴である。

3 ◎ ミヘルスはドイツ社会民主党を観察して「寡頭制の鉄則」を主張した。

ミヘルスは，ドイツ社会民主党を観察して，あらゆる組織は大規模化するとともに少数者支配が生じるとした，これを「**寡頭制の鉄則**」という。

4 × 大衆政党の組織は集権的である。

デュヴェルジェは，議員が緩やかに結びついて分権的に組織された幹部政党と，一般大衆を支持基盤として集権的に組織された大衆政党（大衆組織政党）を区別した。また，米国の民主党と共和党は党規律が弱く，分権的に組織されているため，幹部政党に近いとされている。

5 × 包括政党はイデオロギー的主張を抑えることで幅広い支持を得ている。

キルヒハイマーは，特定の階級や宗派を支持基盤として成立した政党も，現在では社会の広範な層から集票するように変化しつつあると主張した。そして，そうした「包括政党」は，イデオロギー的主張を抑えつつ，多様な利益集団と接触することで支持基盤を広げているとした。

正答 3

FOCUS

政党について問われやすいポイントは，政党の発達史である。「名望家政党から大衆政党へ」というウェーバーの発展図式は，特に重要である。また，最近ではバークの政党の定義もしばしば問われているので，十分に注意しよう。

POINT

重要ポイント 1 政党の定義

現代の政治は政党を中心に動いていることから，政党はしばしば「デモクラシーの生命線」と称されている。しかし，これを適切に定義することは意外と難しく，これまでもさまざまな定義が提唱されてきた。

論　者	定　義
バーク	政党とは，全員が同意しているある特定の原理に基づき，共同の努力によって国民的利益を推進するために結集した人々の集まりである。
シュンペーター	政党は，メンバーが結束して政治権力をめぐる競合的闘争を展開しようとする集団である。

今日，とりあえず妥当と考えられている定義は，政党を「**政権追求者の集団**」とするものである。この定義は，特に政党と圧力団体を区別する際に重要となる。

重要ポイント 2 政党の起源と発達

(1) 政党の起源　政党は，そもそも**私的利益の追求から発生した自発的結社**である。つまり，自己の利益を実現しようと図る人々が，その影響力を拡大しようとして寄り集まったのが，政党の起源である。したがって，少なくとも初期の政党に対しては，これを**批判する声**が強かった。特に，アメリカの初代大統領ワシントンが政党を徒党とみなし，これが民衆を煽動していると非難したことは有名である。

(2) 政党の発達　初期の本格的政党は，市民社会の時代に結成された。当時，政治に参加する権利を持っていたのは，財産と教養を持つ市民層であり，政党に参加したのもそうした人々であった。そこで，この初期の政党を**名望家政党**という。名望家とは，地方の有力者（＝素封家）のことである。

これに対して，20世紀の大衆社会の下で発達したのが**大衆政党**（近代組織政党）である。大衆社会の中心的存在である大衆は，普通選挙の浸透に伴って政治的にも影響力を強め，政党の政治活動を支える基盤となっている。

このような「**名望家政党から大衆政党へ**」という発展図式は，イギリスの政党史を念頭において，**ウェーバー**が提唱したものであるが，わが国を含め，先進国一般について妥当するものである。

	名望家政党	大衆政党
発達時期	19世紀の市民社会	20世紀の大衆社会
選挙制度	制限選挙	普通選挙
特　徴	議員を中心に，主に院内政党として発達した。	大衆を党員として組織化し，院外政党を発達させている。
	規模が小さく，寡頭制化・組織化は進展していない。	規模が大きく，寡頭制化・組織化が進展している。

重要ポイント 3 政党の類型

(1) 政党の類型

①**幹部政党**と**大衆組織政党**　地方幹部会（＝名望家層が地域ごとに結成した団体）の緩やかな連合体として形成された政党を幹部政党という。また，厳格な党規律の下で一般党員が強固に統率されている政党を大衆組織政党という。**デュヴェルジェ**による分類である。なお，幹部政党と大衆組織政党の中間的形態とされるのが，間接政党（中間政党）である。間接政党は，労働組合や知識人団体などの団体を母体として形成される。

②**階級政党・宗教政党**と**包括政党**　特定の階級や宗派の支持に立脚した政党が，階級政党および宗教政党である。また，国民全体から幅広い支持を集めようとする政党が包括政党である。包括政党の概念を提示したのは**キルヒハイマー**である。

③**世界観政党**と**ブローカー型政党**　特定のイデオロギーに立脚した政党を世界観政党といい，現実的利益の配分をめぐり競合している政党をブローカー型政党という。ブローカー型政党の典型例は，アメリカの共和党と民主党である。

④**その他の類型**

類　型	説　明
単一争点政党	単一の争点を強調して台頭した政党（緑の党など）
カルテル政党	国庫補助を受けるなどして優位に立ち，新党の参入を阻む既存政党
ネットワーク型政党	市民グループのネットワークを基盤として形成された政党

(2) 政治資金の調達方法

調達方法		例
私　費	献金（寄付）	アメリカの二大政党，各国の保守政党
	党　費	イギリスの労働党
公　費	国庫補助	ドイツ，日本（政党助成制度）

重要ポイント 4 政党の機能

政党は，さまざまな政治的機能を営んでいる。特に，政治と社会をつなぐ架け橋となっている点は，高く評価される。

機　能	説　明
利益集約機能	社会的利害を調整し，政治的選択肢にまとめる働き
利益表出機能	支持者や一般国民の利害に形を与え，公の場で表明する働き
政治的リクルートメント（政治的補充）機能	政治的要職に人材を送り出す働き。大統領，首相，国会議員などは政党に所属していることが多い。
政治的コミュニケーション機能	政治に関する情報をやりとりする働き。これを通じて，国民を政治的に教育している。

実戦問題

No.1 ＊ **政党に関する記述として，妥当なのはどれか。**

【地方上級（東京都）・平成19年度】

1 シュンペーターは，政党とは，全員が同意する特定の原理に基づいて公共の福祉を促進するため，メンバーが結束して政治権力をめぐる競合的闘争を展開しようとする集団であるとした。

2 デュヴェルジェが分類した大衆政党と幹部政党とを比較すると，大衆政党は，組織の結束力が強く集権的であり，幹部政党は，組織の結束力が弱く分権的である。

3 バーカーは，政党と徒党とを明確に区別し，政党は，ある原理に基づき共同の努力によって国家的利益を推進するための人々の集合体であるとした。

4 バークによると，政党は，一方の端を社会に他方の端を国家にかけている橋であり，バークは，政党を社会における思考や討論の流れを政治機構の水車まで導入し回転させる導管や水門にたとえている。

5 ミヘルスは，政党を幹部による少数支配という視点で分析し，民主主義的な政党には寡頭制は見られないことを指摘した。

No.2 ＊ **政党に関する次の記述中の空欄に該当する語句の組合せとして妥当なものはどれか。**

【地方上級（全国型）・平成28年度】

ウェーバーは，政党の類型について「貴族政党→［ア］→［イ］」の順に発達したと主張した。これは，［ウ］に注目した分類である。

また，デュヴェルジェは，政党の構造に注目して，これを幹部政党と大衆政党とに分類した。このうち［エ］は，大まかにいえば，ウェーバーのいう［ア］に相当する。

	ア	イ	ウ	エ
1	名望家政党	近代組織政党	社会運営の担い手	幹部政党
2	名望家政党	大衆官僚政党	社会運営の担い手	幹部政党
3	近代組織政党	名望家政党	選挙戦略	大衆政党
4	大衆官僚政党	近代組織政党	社会運営の担い手	大衆政党
5	名望家政党	大衆官僚政党	選挙戦略	幹部政党

No.3 ＊ **政党組織に関する次の記述のうち，妥当なものはどれか。**

【地方上級（全国型）・平成22年度】

1 包括政党とは，小規模の支持者を強力に組織することで，選挙において議席を伸張してきた政党のことであり，わが国では共産党などがこれに当たる。

2 幹部政党とは，名望家議員によって議会内で結成され，中央集権的な組織づくりを進めてきた政党のことであり，わが国では戦前の立憲政友会などがこれに当たる。

3 ネットワーク型政党とは，自然発生的に形成された市民グループを横断する形で結成されてきた政党のことであり，わが国では1980年代末から現れた神奈川ネットなどがこれに当たる。

4 大衆政党とは，大衆の平等な政治参加を前提として，党首制度を意図的に放棄した非寡頭制的政党のことであり，わが国では公明党がこれに当たる。

5 間接政党とは，大規模な個人党員およびこれから徴収された党費によって支えられている政党のことであり，わが国ではかつての社会党や民社党がこれに当たる。

No.4 ＊ **政党に関する次の記述のうち，妥当なのはどれか。**

【市役所・平成29年度改題】

1 デュヴェルジェのいう幹部政党とは，カリスマ的な１人のリーダーによって指導されている政党をさし，アメリカの共和党がその代表例である。

2 デュヴェルジェのいう大衆政党とは，一党独裁制の下で国民の大多数が所属しているような政党をさし，インドのコングレス党や中国の共産党がその代表例である。

3 キルヒハイマーは，先進諸国において包括政党がその勢力を減退させている理由として，イデオロギーの終焉が叫ばれる今日，包括政党がイデオロギーに固執したことを挙げている。

4 ポピュリズム政党とは，既存のエリート層を批判するとともに，大衆に支持される政策を主張する政党をさし，排外主義を唱えるフランスの国民連合や反EUを掲げるイギリスの独立党などが国会で数十議席を有している。

5 地域政党は，小選挙区制の下でも一定程度の議席を獲得することがあり，カナダのフランス語圏に属するケベック州では，ブロック・ケベコワが議席を獲得し続けている。

＊＊
No.5 **政党に関する次の記述のうち，妥当なのはどれか。**

【国税専門官・平成25年度】

1 M.デュヴェルジェは，政党を，大衆政党と幹部政党に区分・対比し，大衆政党は，分散的な組織形態で，大衆の利益や意見を政治に反映させようとする点に特徴があるのに対し，幹部政党は，左翼・社会主義政党の一般的な組織形態で，多数の党員を持つことをその特徴とするとした。

2 G.サルトーリは，多党制を，穏健な多党制，分極的多党制および原子化多党制の３種類に分類しているが，このうち穏健な多党制では，イデオロギー距離の小さい政党が競合し，政治的に不安定化するものの，分極的多党制では，イデオロギー距離の大きい多数の政党が競合し，政治的に安定化するとした。

3 M.ウェーバーは，多くの選挙民大衆を組織した政党を大衆政党，特定の社会グループだけに基盤を持つのでなく，ほとんどの階級・階層・セクター集団から万遍なく緩やかな支持を集める政党を名望家政党と呼んだ。

4 E.バークは，政党を，メンバーが合意している原理に基づいて共同で国家的利益を推進するためにつくられた集合体であると定義し，社会の中の特定のグループの利益をはかるための組織ではないとした。

5 S.リップセットとS.ロッカンは，1960年代に政党勢力配置についての国際比較研究を行い，先進国における戦後の基本的な政党勢力配置パターンは1920年代と大きく変わっており，政党制に強い持続性は見られないと指摘した。

実戦問題の解説

No.1 の解説　政党

→ 問題はP.142　正答2

1 × 政党が「公共の福祉」を促進する点を強調したのはバークである。

シュンペーターは，「メンバーが結束して政治権力をめぐる競合的闘争を展開しようとする集団」を政党とした。本肢のうち，「全員が同意する特定の原理に基づいて公共の福祉を促進するため」という部分は，バークが示した政党の定義を一部引用したものである。

2 ◎ 大衆政党は集権的であり，幹部政党は分権的である。

正しい。**大衆政党とは，多数の一般党員を組織に編入しつつ，中央集権的で厳格な組織づくりを進めてきた政党をさし，共産党をその典型とする**。これに対して，**幹部政党とは，地方幹部会（＝名望家層が地域ごとに結成した団体）の連合体として結成された地方分権的な政党をさし，各国の保守政党をその典型とする**。

3 × 政党と徒党を明確に区別したのはバークである。

バークに関する説明である。**バークは，政党を単なる徒党（＝私的利益を追求する集団）と区別して，政党が国家的利益（国民的利益）を追求している点を強調した**。

4 × 政党の架橋機能を指摘したのはバーカーである。

バーカーに関する説明である。**バーカーは，政党が社会と国家を接続する役割を担っているとした**。これを一般に，**政党の架橋機能**と呼ぶ。

5 × ミヘルスは民主主義的な政党にも寡頭制が見られると指摘した。

ミヘルスは，いかに民主主義的な政党であっても，その内部には必ず寡頭制（＝少数者が支配する仕組み）が見られると主張した。その理由としては，組織が効率性や機動性を必要とすること，権力を求める人間心理，指導されることを望む大衆心理などが挙げられている。

No.2 の解説　政党の類型

→ 問題はP.142　正答1

ア：「名望家政党」が該当する。

名望家政党は，制限選挙の下で19世紀前半に発達した政党類型である。参政権を独占していた名望家層が政党活動を支えていた。

イ：「近代組織政党」が該当する。

近代組織政党（大衆政党）は，選挙権の拡大とともに発達した政党類型である。新たに参政権を獲得した労働者層を幅広く組織する形で成立した。

ウ：「社会運営の担い手」が該当する。

社会運営の担い手は，貴族→名望家層→一般大衆（労働者層）という順に変化しており，ウェーバーの政党類型論もこれを反映したものとなっている。

エ：「幹部政党」が該当する。

デュヴェルジェのいう幹部政党とは，地方幹部会（＝名望家層が地域ごとに結成した団体）の緩やかな連合体として形成された政党を指す。名望家層をメンバーとしている点で，大まかにはウェーバーのいう名望家政党に相当するとされる。

なお，選択肢にある「大衆官僚政党」とは，パネビアンコが提唱した政党類型である。パネビアンコは，デュヴェルジェのいう大衆政党を「大衆官僚政党」と名づけたうえで，現在ではさらに「選挙プロフェッショナル政党」が台頭しつつあると論じた。選挙プロフェッショナル政党は選挙戦略を重視し，専門スタッフの役割の拡充や世論への積極的な働きかけなどの特徴をもつとされる。

以上より，**1**が正しい。

No.3の解説　政党組織

→ 問題はP.143　**正答3**

1× **包括政党は国民各層から支持を集めようとする。**

包括政党とは，特定の社会階層，地域，宗派などに限定せず，幅広い国民層から支持を得ている政党のことである。共産党は労働者階級の支持に立脚するのが基本であるため，包括政党には該当しない。

2× **幹部政党は地方分権的である。**

幹部政党とは，地方幹部会の連合体として結成された政党のことである。地方幹部会は，地方の名望家層をメンバーとして地域ごとに結成された団体で，自立性が極めて強いため，幹部政党は地方分権的な性格を持たざるをえない。幹部政党の活動は，主に地方幹部会の支持を得て当選した議員たちによって担われており，その点で院内政党が中心となっている。我が国では，戦前の立憲政友会がその典型例とされる。

3◎ **ネットワーク型政党は市民運動の延長線上にある。**

正しい。**ネットワーク型政党とは，市民グループのネットワークを基盤として形成された政党のことである**。その意味では，下からの運動として形成されてきたという特徴を持つ。その代表例としては，先進各国の「緑の党」やわが国の神奈川ネットなどが挙げられる。

4× **大衆政党では寡頭制化が進んでいる。**

大衆政党とは，大衆を個人党員として組織化した政党のことである。組織が大規模になることから，党首制度の下で厳格な組織づくりが進められ，寡頭制化が進みやすい。我が国の代表例は共産党である。

5× **間接政党は団体をメンバーとする。**

間接政党とは，労働組合などの団体がメンバーとなって支えている政党のことである。地方幹部会によって支えられている幹部政党と，個人党員によって支えられている大衆政党の中間に位置づけられる政党類型とされている。我が国では，かつての社会党や民社党がこれに当たる。

No.4 の解説　政党

→ 問題はP.143 正答5

1 ×　幹部政党は分権的組織を特徴としている。

デュヴェルジェのいう幹部政党とは，地方幹部会（＝名望家層が地域ごとに結成した団体）の緩やかな連合体として形成された政党のことである。アメリカの共和党や民主党，西欧諸国の保守党や自由党などがその例とされる。

2 ×　大衆政党と一党独裁制は必ずしも結びつかない。

デュヴェルジェの言う大衆政党とは，厳格な党規律の下で，一般党員が地方支部によって強固に統率されている政党のことである。西欧諸国の社会主義政党や共産党などがその例とされる。普通選挙の拡大とともに広まったものであり，特に一党独裁制が成立していなくても，大衆政党は存在している。

3 ×　キルヒハイマーは西欧諸国における包括政党化の進展を指摘した。

キルヒハイマーは，西欧諸国の政党が特定の階級や宗派への依存を脱却し，国民各層に支持を広げつつあると指摘した。これは政党の脱イデオロギー化も意味しており，こうした政党の変化は包括政党化と呼ばれている。

4 ×　ヨーロッパ主要国のポピュリズム政党は勢力の変動が激しい。

ヨーロッパ主要国では，既成政党への不満を背景として，しばしば**ポピュリズム政党**が台頭している。しかし，ポピュリズム政党の勢力は変動が激しく，2023年８月現在，下院におけるフランスの国民連合（旧国民戦線）の議席数は90議席弱，イギリスの独立党の議席数はゼロとなっている。

5 ◎　地域政党は小選挙区制度でも生き残ることが可能である。

カナダのブロック・ケベコワ（ケベック連合）やイギリスのスコットランド国民党などは，特定地域で集中的に議席を獲得する「地域政党」である。**地域政党は特定地域の地域的利害を代表するため，小選挙区制の下でも一定の議席を獲得しうる**が，支持を全国規模に広げることは難しい。

No.5の解説　政党

→問題はP.144　**正答4**

1 ×　大衆政党は多数の党員を持ち，党規律が確立されている。

大衆政党は，左翼・社会主義政党の一般的な組織形態で，多数の党員を持ち，大衆の利益や意見を政治に反映させようとする点に特徴がある。これに対して，幹部政党は，地方の名望家によって選出された議員が院内で形成する政党であり，分散的な組織形態をとる。

2 ×　穏健な多党制は安定化しやすい。

穏健な多党制では，イデオロギー距離の小さい少数の政党が競合するため，政党間の競争が激烈にはなりにくく，政治的に安定化することが多い。これに対して，分極的多党制では，イデオロギー距離の大きい多数の政党が競合するため，政党間の競争が激烈になりやすく，政治的に不安定化することが多い。

3 ×　国民各層から幅広く緩やかな支持を集めるのは包括政党である。

ほとんどの階級・階層・セクター集団から万遍なく緩やかな支持を集める政党は，包括政党と呼ばれる。この概念はキルヒハイマーによって提唱されたもので，キルヒハイマーは現代の政党が包括政党化しつつあるという仮説を提唱している。

4 ◎　バークは政党と徒党を区別した。

正しい。バークは，自分たちの利益を押し通そうとする「徒党」と，一定の原理に基づいて国家的利益の推進を図ろうとする「政党」を区別し，後者の重要性を指摘した。

5 ×　リプセットとロッカンは凍結仮説を主張した。

リプセットとロッカンは，先進国における1960年代の政党勢力配置は1920年代からあまり変わっていないと指摘した。すなわち，戦後の基本的な政党勢力配置パターンは1920年代までに形成され，その後固定化されたとするのが両者の見解であり，これを凍結仮説という。

各国の政党

必修問題

各国の政権に関するア～エの記述のうち，妥当なもののみをすべて挙げているのはどれか。 【国家一般職・平成26年度改題】

ア：フランスでは，1960年代に大統領の直接公選制が導入され，これにより，大統領を擁立する存在としての政党の意義が高まり，政党組織の強化が進んだとされる。2000年には大統領の任期が短縮されて下院議員の任期と同一となったが，これ以降も大統領と下院多数派の支持を基盤とする首相とが異なる党派の所属となるという一種の**ねじれ状態**はE.マクロン政権が成立するまで継続した。

イ：英国では，第二次世界大戦後，下院において，二大政党が第１党，第２党を占めてきた。他方，いくつかの選挙区では，第３党以下の政党や地域政党が議席を獲得し，これらの政党も下院での議席を有してきた。2017年の下院選挙の結果，いずれの政党も単独で過半数の議席を確保できなかったため，第1党が野党の一部と協力協定を結び，単独で少数党内閣を組織した。

ウ：イタリアの政党制は，第二次世界大戦後から1990年代初頭までは，G.サルトーリのいう「分極的多党制」の状況にあった。1993年に選挙制度が比例代表制から小選挙区と比例代表の混合制に改革されたことなどから従前の政党が分裂する一方，新しい政党が登場することとなり，これ以降，2013年に実施された総選挙までは**中道右派連合**による政権が続いた。

エ：ドイツでは，1990年のドイツ統一以降2017年の連邦議会選挙までの間，一貫して連立政権が構成された。連立政権は，キリスト教民主同盟/キリスト教社会同盟または社会民主党のいずれかが第１党として自由民主党や同盟90/緑の党と連立政権を構成した場合と，第１党と第２党の両党とで**大連立政権**を構成した場合とがあった。

1 ア，イ　**2** ア，ウ　**3** イ，ウ　**4** イ，エ　**5** ウ，エ

難易度 ＊＊

必修問題の解説

本問は，各国の政権に関する時事的な問題である。各国の政治状況は，専門試験の政治学のほか，教養試験の社会でもしばしば出題されているので，必ずチェックしておきたい。イタリアの政権交代パターン（ウ）はやや難易度が高い。

ア× 21世紀になって成立したコアビタシオンはない。

誤り。大統領と下院多数派の支持を基盤とする首相が異なる党派の所属となっている一種のねじれ状態を，**コアビタシオン（保革共存政権）**という。コアビタシオンは過去に3回生じており，1986～88年と1993～95年は革新の大統領と保守の首相，1997～2002年は保守の大統領と革新の首相という組合せであった。マクロン政権は2017年に誕生したが，それ以前にコアビタシオンは解消されている。

イ○ 英国では2017年に少数党内閣が誕生した。

正しい。英国では，二大政党のいずれかが過半数の議席を確保し，単独政権を担う形が一般的とされてきた。しかし，2017年総選挙では，いずれの政党も過半数の議席を獲得することができなかった（「**宙づり議会**」）。そのため，第1党となった保守党が，野党の民主統一党と協力協定を結び，単独で少数党内閣を組織した。

ウ× イタリアでは中道右派連合と中道左派連合の間で政権交代が行われている。

誤り。イタリアでは，1993年の選挙制度改革によって比例代表制が小選挙区と比例代表の混合制に変更された。また，従来，政権の中核を担ってきたキリスト教民主党が汚職事件をきっかけに解党し，新党が数多く誕生した。こうしたなかで，政党勢力は大きく中道右派連合と中道左派連合にまとまっていき，両者の間で政権交代が行われるようになった。

エ○ ドイツでは大連立政権も誕生している。

正しい。ドイツの選挙制度は比例代表制が基本となっているため，多党制を生みやすく，連立政権が常態となっている。そのため，第1党となったキリスト教民主同盟/キリスト教社会同盟または社会民主党が，それぞれ自由民主党，同盟90/緑の党と連立政権を構成するという形態が，かつては一般的であった。しかし，近年では，第1次メルケル政権（2005～09年），第3次メルケル政権（2013～2018年），第4次メルケル政権（2018年～21年）のように，キリスト教民主同盟／キリスト教社会同盟と社会民主党の大連立が成立するケースも見られる。

以上より，妥当なものは**イ**と**エ**であるから，正答は**4**である。

正答 4

FOCUS

各国の政党については，アメリカとイギリスの政党の対比が重要である。両者の説明を入れ替える「誤りのパターン」が多用されているので，ひっかからないようにしたい。その他，各国の政権の動向を問う問題も出題されているので，ニュースは必ず確認しておこう。

POINT

重要ポイント 1 アメリカの政党

アメリカの主要政党は，**共和党**と**民主党**である。アメリカでは，二大政党以外の第三党から大統領が選出されたことはなく，連邦議会でも一部の例外を除けば二大政党が議席を独占している。

両党は，いずれも競争原理の重要性を認識しており，国家による統制を唱える社会主義とは対立的な立場をとっている。つまり，両党は党名こそ違うものの，その主義・主張はかなり似かよっており，「**レッテルの異なる２つの（空）ビン**」と呼ばれることもある。

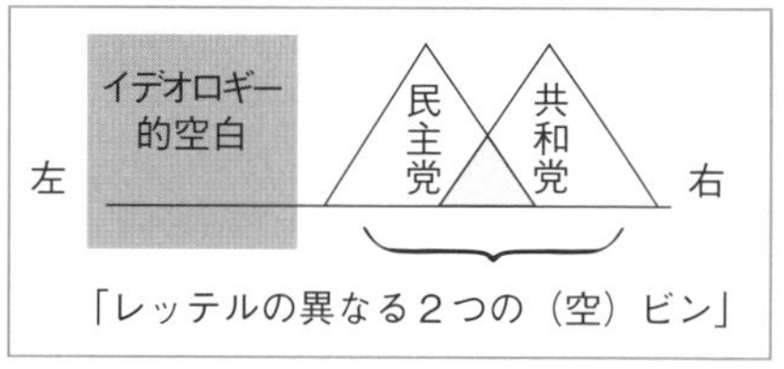

党　名	共和党	民主党
基本理念	政府の干渉を抑制しつつ，自由な競争を実現する。 →市場原理，小さな政府，自由貿易の主張	平等をある程度確保したうえで，自由な競争を実現する。 →アファーマティブ・アクション，保護貿易の主張
支持層	富裕層，中産階級	労働団体，アフリカ系，移民層
近年の政権	ブッシュ（親子），トランプ	クリントン，オバマ，バイデン

なお，アメリカの二大政党では**党員の登録制度が設けられていない**ため，正式には党員も党首も存在しない。ただし，党の強い支持者を党員と呼ぶ場合もある。

重要ポイント 2 イギリスの政党

イギリスの主要政党は，**保守党**と**労働党**である。ただし，**自由民主党**や，各地域で活動し自治の強化を求める地域政党（**スコットランド国民党**など）も，議会に一定の議席を有している。

党　名	保守党	労働党
基本理念	政府の干渉を抑制しつつ，自由競争の社会を実現する。	労働者の立場に立って，平等な社会を実現する。
支持層	富裕層，中産階級	労働者層（労働組合）
近年の政権	ジョンソン，トラス，スナク	ブレア，ブラウン

そもそも19世紀のイギリスでは，保守党と自由党（自由民主党の前身）による二大政党制が成立していた。しかし，選挙権の拡大に合わせて労働党が結成され，労働者を支持基盤として勢力を伸張するようになると，自由党の議席が大幅に減少し，保守党と労働党の二大政党制が確立された。

なお，近年のイギリスでは，二大政党の勢力が弱まっており，2010年と2017年の総選挙では，両党ともに過半数の議席を獲得することはできなかった。しかし，2020年の総選挙では，与党の保守党が過半数の議席を獲得することに成功した。

重要ポイント 3 アメリカとイギリスの政党の比較

	アメリカの政党	イギリスの政党
組織形態	分権的（中央本部よりも州組織の権限が強い） →議会内での交差投票（議員は党議に拘束されず投票できる）	集権的（地方支部よりも中央本部の権限が強い） →議員に対する党議拘束（同一政党の議員は一致団結する）
党員制度	党員の登録制度がない →支持者からの自発的献金によって運営費をまかなう。	党員の登録制度がある →党員からの党費によって運営費をまかなう。

重要ポイント 4 フランスの政党

フランスでは，保守系のド・ゴール派と革新系の社会党および共産党を中心に，政治が運営されてきた。しかし，近年では新党が勢力を強めており，2017年以降はマクロン大統領を支える共和国前進（現在の「再生」）が下院で第一党となった。

	急進右派	中道右派連合	与党連合（「アンサンブル」）〈中道〉	左派連合（「新環境・社会人民連合」）
構　成	ルペン党首の国民連合(旧国民戦線)など	共和党（ド・ゴール派）など	マクロン大統領の与党「再生」など	「不服従のフランス」や社会党，環境派，共産党など
大統領	なし	シラク㉒，サルコジ㉓	マクロン㉕	ミッテラン㉑，オランド㉔

※政権の丸数字は，第何代大統領かを示している。

重要ポイント 5 ドイツの政党

ドイツでは，比例代表が採用されているため，単独で過半数の議席を獲得する政党はみられない。保守・中道の２党と革新の２党が主要政党であり，各陣営内で連立を組むことが多いものの，保革の枠を超えて大政党同士が連立することもある。

	保守・中道		革新	
	キリスト教民主・社会同盟	自由民主党	社会民主党	90年連合・緑の党
説　明	保守系の大政党	2013年総選挙では議席を失う。	革新系の大政党	環境保護を重視。社民党と連立の経験あり。
首　相	コール⑥，メルケル⑧	なし	シュレーダー⑦，ショルツ⑨	なし

※政権の丸数字は，第何代首相かを示している。

その他，極右の「ドイツのための選択肢」や旧東ドイツの共産党の流れをくむ左翼党も，連邦議会で一定の議席数を確保している。

実戦問題❶　基本レベル

◆ **No.1**＊ **アメリカの二大政党に関する記述として，妥当なのはどれか。**

【地方上級（東京都）・平成15年度】

1 二大政党である民主党と共和党は，「レッテルの異なる2つのビン」と言われるように，両党間にイデオロギー上の明確な相違がなく，共にプラグマティズム指向であるとされる。

2 今日の二大政党制の基礎は，民主党に次いで共和党が19世紀後半に成立したことにより形成されたが，それ以降も，二大政党以外の第三党から大統領が誕生したことがある。

3 民主党は，プロテスタントや富裕層を，共和党は，カトリック教徒や労働団体を伝統的な支持層とするとされる。

4 二大政党の組織は，全国党本部を頂点として中央集権的に整備されており，また，党の規律が確立されているため，議員の行動に対する党議による拘束が強い。

5 二大政党の活動は，整然としたタイム・テーブルに則り常時行うことが要求され，その運営は，党員からの党費収入によって支えられている。

◆ **No.2**＊ **アメリカ合衆国とイギリスの政党に関する次の記述のうち，妥当なのはどれか。**

【国税専門官・平成15年度】

1 アメリカ合衆国では，19世紀半ば以来共和党と民主党の二大政党制となっている。一方，現在イギリスでは保守党，労働党の二大政党制となっているが，第三党も議会において議席を有している。

2 イギリスでは産業国有化や共産主義国家の確立を目標とする労働党が現在では二党制の一方を担っているが，アメリカ合衆国ではそのような性格の政党はまったく振るわない。

3 アメリカ合衆国の政党はイデオロギー的な面が政策に反映されており，中央集権的であるのに対し，イギリスの政党はイデオロギー的なものや社会的な基盤の上に創設されたものではなく，地方分権的な性格が強い。

4 アメリカ合衆国においてもイギリスにおいても議員の議会内行動に対する党リーダーシップの拘束は極めて強く，議員は党の決定に従って行動する。

5 アメリカ合衆国では政党の財政を支えているのは多数の党員から徴収する党費収入であるのに対し，イギリスでは主に献金である。

No.3 ＊ **各国の議会や政治事情に関する次の記述のうち，妥当なものはどれか。**

【地方上級（全国型）・平成19年度】

1 アメリカの大統領は，第二次世界大戦後に限れば共和党と民主党以外の政党から選出されたことはないが，連邦議会では第3党も一定の議席を確保し続けている。

2 ドイツやスウェーデンなどの北欧諸国には環境政党が存在しており，なかでもドイツでは緑の党が連立政権に加わったことがある。

3 フランスではキリスト教民主・社会同盟と社会民主党の大連立が成立し，社会民主党の党首であるメルケル氏が大統領に就任している。

4 イギリスでは自由民主党と共和党の二大政党制が成立しており，下院第1党が内閣を組織する一方，野党が影の内閣を組織してこれに対抗する慣行が続いている。

5 韓国では一党優位の政治体制が第二次世界大戦後には一貫して続いており，この体制が崩れたことはない。

No.4 ＊ **政党に関する次の記述のうち，妥当なのはどれか。**

【国家一般職・平成13年度改題】

1 政党は，本来，自発的な結社である。したがって，我が国においても，政党に対しては最大限の自由が認められており，その自由を尊重するために国からの財政的援助は一切提供されていない。

2 アメリカ合衆国の二大政党は，政党の指導部が連邦議員や州知事などの公認候補者を直接指名することができず，これらの公職に対する党の公認候補者を決定する際には，原則として予備選挙を実施する。

3 わが国の自由民主党や立憲民主党の国会議員選挙の公認候補者は，原則として，党員による予備選挙によって決定されている。この予備選挙制度は，近年の一連の政治改革関連法によって導入されたものである。

4 イギリスの二大政党は，伝統的に党の公認候補の決定を各選挙区の政党支部で行う候補者選定試験に委ねてきた。しかし，民主化を求める強い要求の結果，最近では，党員によるアメリカ型の予備選挙が支配的な方法となっている。

5 G.サルトーリは，保守主義政党よりはるかに民主的と考えられる社会主義政党においても，党内では少数のエリートが圧倒的な影響力を行使する傾向（いわゆる寡頭制の鉄則）が存在することを20世紀初頭に指摘した。

実戦問題1の解説

No.1の解説 アメリカの二大政党

→ 問題はP.154 正答1

1◎ アメリカの二大政党はイデオロギー性が弱い。
正しい。**民主党と共和党はともに自由主義を尊重しており，イデオロギー的に対立する関係にはない**。両党は，現実的利益の配分をめぐって競い合うブローカー型政党に分類される。

2× 第三党から大統領が誕生したことはない。
民主党と共和党の二大政党制が確立された後，第三党から大統領が誕生したことはない。なお，民主党は，ジャクソン大統領に率いられた民主共和党を前身として1830年に成立し，西部小農民や南部大地主層を支持基盤とした。また，共和党は，奴隷制拡大への反対を主張して1854年に成立し，北部商工業者や産業資本家を支持基盤とした。

3× プロテスタントや富裕層は共和党の伝統的支持層である。
民主党と共和党に関する記述が逆である。一般に，民主党は社会的弱者（カトリック教徒，労働団体，アフリカ系，移民など）を支持基盤とし，共和党は社会的強者（プロテスタント，富裕層など）を支持基盤とする。

4× アメリカの二大政党の組織は地方分権的である。
二大政党の組織は地方分権的に組織されており，全国党本部はおもに大統領選挙に際して活発に活動するのみである。また，党の規律が緩やかであるため，議員の行動に対する党議による拘束はきわめて弱い。

5× アメリカの二大政党は献金によって支えられている。
二大政党は，選挙に際して活動を活発に展開するが，それ以外の時期には目立った活動は行わない。また，二大政党は党員の登録制度をとっておらず，党員も党費も制度として存在しない。そのため，党の収入はおもに自発的な献金（寄付）によってまかなわれている。

No.2の解説 アメリカとイギリスの政党

→ 問題はP.154 正答1

1◎ イギリスでは第三党も議席を有している。
正しい。**アメリカ合衆国では，二大政党が議席をほぼ独占しているが，イギリスでは，保守党と労働党の二大政党のほかにも，スコットランド国民党や自由民主党などの諸政党が合わせて数十議席を獲得している**。

2× イギリスの労働党は共産主義を主張してはいない。
イギリスの労働党は社会民主主義の立場に立っており，議会を通じた漸進的な社会改革を重視している。また，労働党は従来，産業国有化路線をとっていたが，ブレア党首の下で方針転換が行われ，市場原理の活用がうたわれるようになった。なお，**アメリカ合衆国では自由主義が主流となっており，社会民主主義を掲げる政党は活躍していない**。

3× アメリカ合衆国の政党はイデオロギー性が弱く，地方分権的である。

第3章 政治の動態

アメリカ合衆国とイギリスに関する説明が逆である。アメリカ合衆国の二大政党は，現実的利益の配分をめぐり競い合っており，また，連邦原理の反映として地方分権的な組織形態をとっている。イギリスの二大政党は，自由主義と社会民主主義というイデオロギーの違いを政策に反映させることが多く，また，ともに中央集権的な組織形態をとっている。

4 ×　アメリカ合衆国では党リーダーシップの拘束が弱い。

アメリカ合衆国では，議員の議会内行動（＝法案への賛否の投票など）に対する党リーダーシップの拘束が極めて弱く，議員は自由に行動することができる。

5 ×　アメリカ合衆国の政党は献金によって支えられている。

アメリカ合衆国とイギリスに関する記述が逆である。アメリカでは党員の登録制度が設けられていないため，支持者は自発的に献金（寄付）を行い，党財政を支える。イギリスでは党員の登録制度が設けられているため，支持者は党員となって党費を納入する。

No.3の解説　各国の議会・政治事情

→ 問題はP.155　**正答2**

1 ×　アメリカの連邦議会では二大政党が議席をほぼ独占し続けている。

アメリカでは，連邦議会選挙において第3党が議席を獲得することはほとんどなく，通常は二大政党が議席をほぼ独占し続けている。なお，大統領選挙においても状況は同様であり，第3党の候補者が立候補することはあっても，当選を果たしたことはない。

2 ◎　ドイツでは緑の党が連立政権に参加したことがある。

正しい。**ヨーロッパでは環境に対する関心が強く，環境保護を強く主張する緑の党が，各国で議席を獲得している**。なかでもドイツでは，緑の党（「90年連合・緑の党」）が底堅い支持を得ており，シュレーダー政権（1998～2005年）とショルツ政権（2021年～）において連立政権に加わっている。

3 ×　メルケル氏はドイツの首相を務めていた。

本肢の「社会民主党の党首」を「キリスト教民主・社会同盟の指導者」に変え，「大統領」を「首相」に変えれば，そのまま出題当時のドイツの政治状況に関する説明となる。ドイツでは，2005年および2013年の総選挙後，第1党のキリスト教民主・社会同盟と第2党の社会民主党が大連合を形成し，メルケル政権を支えることとなった。

4 ×　イギリスの二大政党は保守党と労働党である。

イギリスでは，保守党と労働党の二大政党制が成立している。このうち，下院第1党となったものが内閣を組織し，第2党となったものが影の内閣を組織するのが原則である。なお，イギリスでは，自由民主党やさまざまな地域政党も一定の議席を確保しているが，その勢力は二大政党にはるかに及ばない。

5 × **韓国ではすでに政権交代が実現している。**
1960年代以降の韓国では，軍部主導の独裁政権の下で，一党優位の状況（サルトーリのいう「ヘゲモニー政党制」）が続いた。しかし，80年代後半に大統領選挙が民主化されると，1997年以降は政権交代が起こるようになり，現在では一党優位の状況は見られなくなっている。

No.4の解説 政党

→ 問題はP.156 **正答2**

1 × 政党は，本来，自発的な結社であるが，政治運営を担うという重要な役割を果たしていることから，国によっては政党に国庫補助を与えている。特に**ドイツの国庫補助制度は有名である**が，**わが国も政党交付金という名称で政党に財政的援助を与えている**。

2 ◎ 正しい。アメリカ合衆国の民主党と共和党は地方分権的な組織構造をとっているため，連邦議員や州知事などの公認候補もそれぞれの州組織において決定されている。その際，**両党は党支持者の参加する予備選挙（プライマリー）を実施することが多く，幅広い支持を得た候補者が正式に公認を受ける仕組みとなっている**。

3 × わが国の自由民主党などでは，地方支部の意向を尊重しつつ，党本部が国会議員選挙の公認候補者を決定している。党員による予備選挙制度が導入されたという事実はない。

4 × イギリスの保守党と労働党は中央集権的な組織構造をとっているため，その公認候補もそれぞれの中央本部が選定する仕組みとなっている。具体的にいうと，候補者は公募制とされており，応募者はペーパー・テスト，グループ・ディスカッション，面接などを通じて厳しく選別される。合格者は公認候補の肩書きを得るが，出馬する選挙区を自分で選ぶことはできず，これも中央本部が割り当てることになる。

5 × 寡頭制の鉄則を提唱したのは，サルトーリではなくミヘルスである。サルトーリは，各国の政党システムを詳細に分析し，7つの類型からなる精緻な政党システム論を展開した。

実戦問題2　応用レベル

＊＊＊
No.5　政党に関する次の記述のうち，妥当なのはどれか。

【国家総合職・平成28年度改題】

1　G.サルトーリは，政党数や政党間のイデオロギーの距離等の基準を用いて，政党システムを七つに分類した。彼は，英米型の二党制に加えて，大陸ヨーロッパ諸国で優勢であった多党制をも視野に入れ，それまで一括して論じられていた多党制を，穏健な多党制と分極的多党制に二分した。そして，彼は，政治の安定性は主として政党の数のみで決まるものであり，政党間のイデオロギーや政策の相違による影響は少ないとして，いずれの多党制の下でも政治的安定性を確保することは困難であると主張した。

2　米国の政党組織の特徴としては，民主，共和両党ともに，極めて分権的で地方組織が高い自律性を持っており，党首に当たる最高指導者や地方組織に強い影響力を持つ全国的組織が存在しないこと，政党組織が候補者の決定や選挙運動を主導しないことなどが指摘できる。また，連邦議会における政党規律は弱く，一部の重要法案を除けば，議会政党の指導部は，一般法案について所属の議員の投票を拘束するようなことはない。

3　西欧の「緑の党」は，1970年代に環境問題等に関心のある市民運動やシンクタンク等の緩やかな連携の下に，政党として議会に代表を送るようになったものである。ドイツの「緑の党」は，1983年に初めて旧西ドイツの連邦議会で議席を獲得し，ドイツ統一後は，旧東ドイツの市民グループ「連合90」と合流し，「連合90・緑の党」となった。同党は，1998年に連邦レベルで初めて連立政権に参加して以来，2023年末現在まで継続して連立政権に参加し続けている。

4　わが国の自由民主党では，通常，総裁と幹事長・政務調査会長・総務会長の党三役とが執行部を構成する。総裁は，党首として大きな権限を有するとともに，同党が政権を担当した全ての場合に内閣総理大臣になっている。幹事長は党内のナンバー２として，選挙の際の公認候補の決定等に強い影響力を有している。政務調査会長は，党の運営や政策等の最終決定機関である政務調査会の長である。総務会長は，党内で政策審議を行う総務会の長であり，その下に政策分野ごとに部会があり，党の政策や国会に提出される法案等を審議している。

5　政党助成法では，毎年の政党交付金の総額について，人口（直近の国勢調査の結果による確定数）に500円を乗じて得た額を基準として予算で定めることとされ，各政党に交付する政党助成金の額については，各政党の所属国会議員数，衆議院議員総選挙及び参議院議員通常選挙の得票数に応じて財務大臣が算定することになっている。政党交付金の交付対象となる政党は，所属する国会議員が５人以上である必要がある。また，政党交付金の使途については，選挙関係費や備品消耗品費に充ててはならないなど，一定の制限がなされている。

＊＊
No.6 政党に関する次の記述のうち，妥当なのはどれか。

【国家一般職・平成15年度】

1 M.ウェーバーは，名望家政党，貴族政党，近代的な大衆民主主義型組織政党という段階を経て政党は発達してきたとする。彼によれば，地位と財産を持つ限られた人々からなる名望家政党は，貴族の特権を利用して支持者層を組織した貴族政党にとって代わられ，その後，大衆の政治参加の拡大により，大衆民主主義型組織政党が主流となった。

2 わが国においては，昭和30年（1955年）に左派社会党と右派社会党が統一されたのに対抗して，保守政党の自由党と民主党が合併して自民党が結成された。これを保守団結というが，この保守団結以後，自民党は平成５年（1993年）の衆議院選挙で過半数を割るまでの38年間一貫して政権党であった。自民党が継続して与党であったこの時期の政党システムは「38年体制」と呼ばれている。

3 どのような有権者層を支持層とするかという点から政党をみた場合，ある特定の有権者層のみではなくどのタイプの有権者層からも支持を得るような政党は包括政党と呼ばれる。わが国では，自民党が1970年代に包括政党に変容したが，西欧民主主義諸国では，社会民主主義政党や宗教政党が依然としてイデオロギーや宗教を重視しているなど，包括政党への変容は見られない。

4 わが国では，1990年代中頃以降，会社や労働組合などの団体からの政治家個人に対する献金の規制を強化するとともに，議会制民主政治における政党の機能の重要性にかんがみ，政党に対して交付金による助成を行っている。政党交付金を受けるには，政党としての一定の要件を満たすだけでなく，必要な届出を行わなければならないこととされている。

5 政党の内部組織は，公式な組織と非公式な組織とに分けられる。公式な組織としては，たとえばわが国の自民党では，総裁を中心に党三役などによって構成される党執行部がある。党三役の一つである幹事長の下に，政策分野ごとに部会があり，「族議員」は部会への参加は禁止されているが，それぞれの「族」ごとに非公式な集団を組織し，実質的に政策形成に影響を与えてきた。

実戦問題❷の解説

No.5の解説 **政党** →問題はP.160 **正答2**

1× サルトーリは，政治の安定性は政党の数のみで決まるものではなく，政党間のイデオロギーや政策の相違による影響も大きいと主張した。そして，穏健な多党制では，政党間のイデオロギーや政策の違いが小さいため政治が安定しやすく，分極的多党制では，これらが大きいため政治が安定しにくいとした。

2◎ 正しい。**米国の二大政党の場合，政党組織は分権的であり，候補者は支持者による投票（プライマリー）で選ばれることが多い**。また，**連邦議会における政党規律は弱く，各議員はみずからの判断に基づいて投票を行なっている（交差投票）**。

3× ドイツの「連合90・緑の党」は，1998年から2005年にかけてドイツ社会民主党と連立し，シュレーダー政権を支えた。その後，同党は野党となったが，2021年の総選挙後には社会民主党および自由民主党と連立し，ショルツ政権を支えることとなった。

4× 自由民主党が政権を担当しても，自民党総裁が内閣総理大臣になるとは限らない。たとえば，1994年６月から1996年１月にかけて成立していた村山内閣は，自由民主党，日本社会党，新党さきがけの三党連立内閣であったが，首相を務めたのは社会党委員長の村山富市であった。また，**自民党の主要機関のうち，党の運営や政策等の最終決定機関にあたるのが総務会であり，党内で政策審議を行うのが政務調査会（政調会）である**。

5× **毎年の政党交付金の総額は，人口に「250円」を乗じて得た額が基準とされる**。また，各政党に交付する政党助成金の額を算定するのは「総務大臣」である。**政党交付金の使途については，政党の政治活動の自由を尊重するため，条件を付したり使途について制限したりしてはならないとされている**。なお，政党交付金の交付対象となる政党は，①所属する国会議員が５人以上の政治団体，②①以外の政治団体のうち，国会議員を有し，直近の衆議院議員総選挙（小選挙区選挙または比例区選挙）ないし過去２回の参議院議員通常選挙（比例代表選挙または選挙区選挙）のいずれかで，得票総数が２％以上となった団体，とされている。

No.6 の解説 政党

→ 問題はP.161 正答4

1 × 名望家政党と貴族政党の成立順が逆である。初期の政党は，貴族とその従者によって構成されていたが，やがて制限選挙が実施されると，参政権を与えられた名望家が政党の主要なメンバーとなり，名望家政党が成立した。その後，普通選挙が実施されると，政党は大衆の支持によって支えられるようになり，大衆民主主義型組織政党が主流となった。

2 × 1955年に行われた自由党と民主党の合同は，一般に「保守団結」ではなく「保守合同」と呼ばれている。また，1955年から1993年にかけて見られた政党システムは，その成立年をとって「55年体制」と呼ばれている。

3 × 包括政党という概念は，そもそもヨーロッパの諸政党の観察を通じて提示されたものである。なお，わが国では，1960年代の池田政権期から1970年代初頭の田中政権期にかけて，自民党の包括政党化が進んだとされている。この間の経済成長を通じて，わが国ではイデオロギーよりも現実的利益が重視されるようになり，自民党の支持基盤が拡大されたためである。

4 ◎ 正しい。**1994年の政治資金規正法改正および政党助成法制定によって，政治家個人への企業・団体献金が禁止されるとともに，国会議員を５人以上有する等の一定の要件を満たし，届出を行った政党に対して，政党交付金が交付されることとなった**。

5 × **自民党の党三役とは，幹事長，総務会長，政務調査会長（政調会長）のことであり，幹事長は党のとりまとめ，総務会長は日常的な重要決定，政調会長は政策の審議に携わっている**。このうち，政策分野ごとに設けられた部会を統括しているのは政調会長である。また，**族議員とは，政調会の特定部会およびそれに対応する国会の委員会に長年所属し，政策的知識や官庁とのパイプを築き上げた議員をさす**。族議員は，「官に対する政の優位」を担うとも期待されてきたが，実際には業界の利権にとらわれた行動をとることも多い。

政党システム

必修問題

サルトーリの政党制論に関する次の記述のうち，妥当なものはどれか。

【地方上級・令和３年度】

1 **一党優位政党制**では，政権を担当する政党が法令によって定められており，他の政党が政権を担うことはない。

2 **二大政党制**の国でも，さまざまな政党が合法的に存在するものの，２つの大規模な政党のどちらかが政権につく。

3 **原子化政党制**では，議会に議席を持つ政党の数は３～５であり，これらの政党間のイデオロギー的距離は小さい。

4 **分極的多党制**では，極右政党と極左政党のどちらかが中心となって政権を担当するため，中道的政策が実施されることはない。

5 **穏健な多党制**では，複数の政党が存在を認められているものの，実際にはヘゲモニー政党が政権を担当する。

難易度　＊＊

必修問題の解説

本問は，サルトーリの政党制論に関する基本問題である。なかでも一党優位政党制とヘゲモニー政党制の違い（**1**），穏健な多党制・分極的多党制（極端な多党制）・原子化政党制の違い（**3**）は，明確に理解しておこう。**4**の内容はやや変わっているので，さほど気にしなくてもよい。

1 × 一党優位政党制では選挙を通じた政権交代が認められている。
政権を担当する政党が法令によって定められているのは，ヘゲモニー政党制の場合である。

2 ◎ 二大政党制の国でも第３党が存在することは多い。
二大政党制では，２つの大政党の勢力が圧倒的に大きく，そのいずれかが政権につくが，第３党がまったく存在しないわけではない。たとえば，イギリスは二大政党制の代表国の一つであるが，保守党と労働党という二大政党のほか，スコットランド国民党や自由民主党などの小政党も国会に一定の議席を持っている。

3 × 原子化政党制では極端に多くの政党が乱立している。
政党の数が３～５で，政党間のイデオロギー的距離が小さい政党システムは，穏健な多党制である。

4 × 分極的多党制では中道政党が中心となって政権を担当することもある。
分極的多党制（極端な多党制）では，さまざまな組み合わせで連立政権が形成しうる。そのため，中道政党が中心となって連立政権を形成し，中道的政策を実施することもある。

5 × 穏健な多党制では政権交代を行うことも認められている。
ヘゲモニー政党が常に政権を担当するものとされているのは，ヘゲモニー政党制の場合である。

正答 **2**

FOCUS

政党システムについては，サルトーリの政党システム論が最頻出である。特別区を中心に，同じような内容が繰り返し出題されているので，問題にあたりながら「ひっかけのパターン」にも慣れておきたい。

POINT

重要ポイント 1 政党システム論

各国の政治を動かしている諸政党の関係に注目し，これを分類しようとする試みを，政党システム（政党制）論という。

(1) サルトーリの政党システム論 伝統的な政党システム論では，一党制，二党制，多党制というデュヴェルジェの分類が用いられてきた。サルトーリはこれをさらに精緻化し，次のような7つの類型を提示した（該当国は現在の状況に合わせて書き換えている）。

特徴	類型名	説明	該当国
非競合的	一党制	法制度的に1党のみが存在を認められている。	北朝鮮，キューバなど
	ヘゲモニー政党制	法制度的に特定の1党が支配的地位を与えられ，他の政党も存在は許される。	冷戦下のポーランドなど
競合的	二大政党制	二大政党が自由に競合し，両党が単独で交互に政権を担う。	アメリカ，イギリスなど
	一党優位政党制	自由な選挙の結果，特定の1党が勝利し続け，長期政権を担う。	55年体制下の日本など
	穏健な多党制	3～5の政党が自由に競合し，連立政権を樹立する。主要政党間のイデオロギー距離が小さく，必ずしも不安定化しない。	ドイツ，フランスなど
	極端な多党制 分極的多党制	6～8の政党が自由に競合し，連立政権を樹立する。主要政党間のイデオロギー距離が大きく，政治が不安定化しやすい。	ワイマール共和国，第四共和制フランスなど
	原子化政党制	著しく多くの政党が乱立する。政治の混乱期に，一時的に出現する。	戦後の混乱期など

サルトーリの7類型のうち，**一党優位政党制の典型例とされているのは，55年体制下の日本である**。しかし，一党優位政党制は日本独自の政党制ではなく，スウェーデンやインドなどでも成立していたことがある。

(2) リプセットとロッカンの凍結仮説 リプセットとロッカンは，西欧諸国における政党システムの形成過程を考察した。そして，国民革命と産業革命を通じて生じた4つの社会的亀裂に沿って諸政党が形成され，その政党配置が1920年代以降は固定化（凍結）されたと主張した。

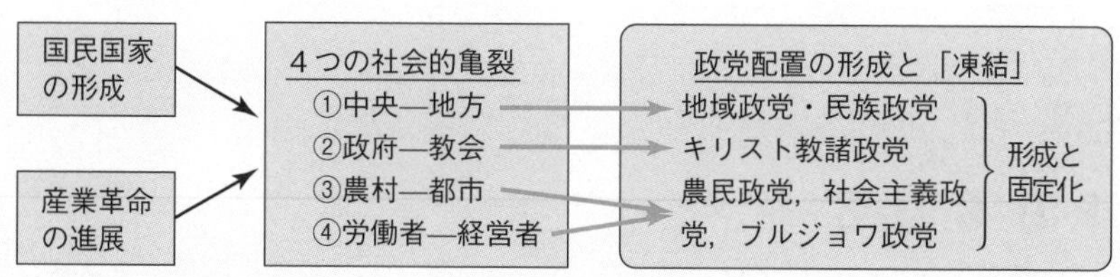

重要ポイント 2 政党システムと政治の安定

(1) 二党制の神話 二大政党制（二党制）の下では，安定した政治が営まれやすい。これはひとつには，二大政党制では与党が過半数の議席を獲得し，政府の政策を積極的に支持するためである（議院内閣制の場合）。

これに対して，多党制の下で政治が不安定化するか否かについては，一概に断定することはできない。たとえば，サルトーリのいう穏健な多党制の下では，政治が安定的に営まれる場合も少なくないであろう。しかし逆に，極端な多党制の下では，政治が不安定化する場合も多い。

かつての政治学では，「二党制は政治を安定化させるが，多党制は政治を不安定化させる」という説が，何の疑いもなく唱えられていた。しかし今日では，これは多党制を不当に低く評価し，二党制のみを高く評価しようとする「**二党制の神話**」であるとして，否定されている。

(2) ダウンズの合理的選択論 ダウンズは，合理的選択論の観点から二大政党制の安定性について考察し，これを次のように説明した。

政党は合理的行為者であって，政権を獲得するため，常に得票を最大化しようとしている。ここで，中道的な政策を好む有権者が多い状況を想定すると，二大政党はより多くの有権者を支持者として取り込むため，いずれも中道的な政策を主張するようになる。このような**求心的競合によって，両党のイデオロギーは相互に接近し，政治は安定する**。

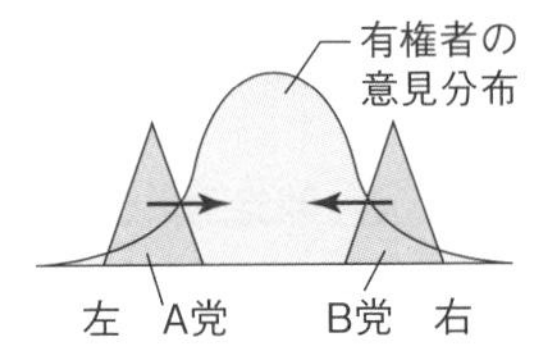

(3) 連合政権論 ライカーは，合理的選択論の観点から連合政権のあり方について考察し，**最小勝利連合の安定性**を主張した。最小勝利連合とは，1党でも離脱すれば，与党の議席数が過半数を下回ってしまうような連合のことである。ライカーによれば，連合政権内に余分な政党を含まないほうが連立各党の利益（＝閣僚ポストの配分など）は大きくなるため，諸政党は最小勝利連合の形成をめざすはずだとされる。

なお，ドッドも同様の観点から最小勝利連合の安定性を主張し，先進各国の政権に関するデータを用いて，これを実証した。

名称	説明
過小規模連合	連立与党の議席数が過半数に達しないため，政権は不安定となる。
最小勝利連合	政権を維持するため，連立与党が互いに譲歩し，政権は安定する。
過大規模連合	各党へ配分される利益が少なくなり，政権内に軋轢（あつれき）が生じる。

実戦問題❶ 基本レベル

＊
No.1 **政党または政党制に関する記述として，妥当なのはどれか。**

【地方上級（特別区）・令和５年度】

1 デュヴェルジェは，国民共同の利益のために特定の原理に基づいて結合した集団である政党を，個人的利益を追求する徒党と明確に区別して定義し，政党の積極的な役割を評価した。

2 リプセットとロッカンは，西欧諸国の1960年代の政党システムは，1920年代の社会的亀裂構造を反映しているとする凍結仮説を主張した。

3 ミヘルスは，民主主義的な政党においては，党内の少数者の手に組織運営の実質的権限が集中することはないため，寡頭制が確立されることはないとした。

4 シャットシュナイダーは，選挙制度と政党制の関係について，小選挙区制は二大政党制を生み出す確率が高く，比例代表制は多党制を生み出す傾向があるとした。

5 バークは，政党には，集団や個人が提起する政治的要求を政策上の主要選択肢に転換し，政策決定の場で処理しうるようにまとめ上げる利益表出機能があるとした。

＊
No.2 **政党システムおよび投票行動に関するA～Dの記述のうち，妥当なものを選んだ組合せはどれか。** 【地方上級（特別区）・令和元年度】

A ダウンズは，横軸の左端に政府による経済の完全統制，右端に完全自由経済とする左右の政策対立軸を想定し，有権者の選好分布を両極間に位置づけた「空間競争モデル」として政党システムを表現した。

B ドッドは，合理的選択モデルで，有権者が，政権担当政党と野党のうち，自分にとってより高い効用を与える政党に投票するという理論を紹介し，「政党間の期待効用の差」という形で表した。

C ライカーとオードシュックは，有権者が投票することによって得る効用をR，選挙結果を左右する確率をP，候補者間の期待効用差をB，投票コストをC，市民としての義務感をDとし，「$R=P\times B-C+D$」という方程式を示した。

D ローウェルは，議院内閣制国家17か国の議会を対象に政党政治の分析を行い，「連合政権は必然的に不安定であるとはいえない」という事実を実証的に証明した。

1 A，B **2** A，C
3 A，D **4** B，C
5 B，D

No.3 * **サルトーリの分類による政党制の類型に関する記述として，妥当なのはどれか。**

【地方上級（特別区）・平成26年度】

1 分極的多党制は，極度の混乱期を除いて存在せず，他に抜きんでて支配的な政党がないまま無数の政党が乱立している政党制である。

2 穏健な多党制は，政党数が３～５で，政党間のイデオロギーの相違が比較的小さく，連合政権軸は二極で，政党間の競合が求心的な政党制である。

3 一党優位政党制は，形式的には複数の政党が存在しているものの，実際には一党が支配しており，その他の政党は第二次的政党，衛星政党としてのみ許され，制度的に政党間の競合が存在しえない政党制である。

4 ヘゲモニー政党制は，唯一の政党しか法律上も事実上も認められない，非競合的政党制である。

5 原子化政党制は，政党数が６～８で，政党間のイデオロギーの相違が大きく，反体制政党や過剰公約の無責任政党が存在し，政党間の競合が遠心的な政党制である。

No.4 * **G.サルトーリの政党制に関する次の記述のうち，妥当なのはどれか。**

【国税専門官・平成17年度】

1 ヘゲモニー政党制は，ただ１つの政党だけが法律上も事実上もその存在を認められている典型的な非競争型政党制である。現在，このような政党制をとる国をみることはできない。

2 一党優位政党制は，複数政党間で競争が行われているにもかかわらず，特定の１政党が継続して政権を担当し，事実上政権交代が生じないという点に特徴がある。したがって，選挙結果によって二党制に変化できる余地はない。

3 二党制は，ほとんどの民主主義国において見られる政党制であり，政治的安定をもたらす。一方，多党制は連立政権にならざるを得ないため政治的不安定を招くとされる。

4 穏健な多党制は，主な政党の数が３つから５つで，それら政党間のイデオロギーの差が比較的小さく，連立政権交渉もまとまりやすく安定した政治を実現できるとされる。この政党制では，主な政党のすべてが政権を担当する機会を有する。

5 分極化された多党制は，左右両極に排他的な政党勢力が存在せず，政党間のイデオロギーの距離が小さいにもかかわらず，政党数が６つから８つと多い政党制であり，連立政権は不安定で長続きしにくいとされる。

実戦問題❶の解説

No.1 の解説　政党・政党制　→問題はP.168　正答2

1 ×　政党と徒党を明確に区別したのはバークである。

バークは政党と徒党を区別し，①国民共同の利益を追求すること，②特定の原理を構成員が共有していること，という2点を政党の特徴として指摘した。

2 ◎　リプセットとロッカンは凍結仮説を主張した。

リプセットとロッカンは，西欧諸国の政党システムは1920年代までに形成され，その後固定化（凍結）されたと主張した。なお，西欧諸国の政党システムを形成する基盤となった社会的亀裂構造とは，「中央－地方」「政府－教会「農村－都市」「労働者－経営者」の4つである。

3 ×　ミヘルスは「寡頭制の鉄則」を主張した。

ミヘルスは，民主主義的な政党においても，党内の少数者の手に組織運営の実質的権限が集中しやすいと指摘し，これを寡頭制の鉄則として定式化した。

4 ×　選挙制度と政党制の関係は「デュヴェルジェの法則」として有名である。

デュヴェルジェは，小選挙区制は二大政党を生み出しやすく，比例代表制は多党制を生み出しやすいと指摘した。これをデュヴェルジェの法則という。

5 ×　政党の利益集約機能を指摘したのはアーモンドである。

アーモンドは，社会的利害を調整し，政治的選択肢にまとめる働きを利益集約機能と呼び，政党などがこの機能を果たしていると主張した。

No.2 の解説　政党システム・投票行動　→問題はP.168　正答2

A ○　ダウンズは空間競争モデルを提示した。

ダウンズは，経済学におけるホテリングの立地競争モデルなどを下敷きとして，空間競争モデルを構築した。空間競争モデルでは，有権者や政党が左右の政策対立軸上に位置づけられ，その合理的行動がどのような政治的結果を生むかが考察される。

B ×　合理的選択モデルを用いて投票行動を研究したのはライカーらである。

ライカーらは，有権者がなぜ投票するのかを研究するにあたって，有権者を合理的行為者とする仮定を置いた。そして，「候補者（ないし政党）間の期待効用の差」が大きいほど，すなわち，どの候補者が当選するかによって，得られる満足度が大きく異なってくるほど，有権者は投票に行きやすいと主張した。これに対して，ドッドは連合政権論で有名である。

C ○　ライカーらは「$R=P\times B-C+D$」という方程式を示した。

ライカーとオードシュックは，合理的選択モデルを用いて投票行動を定式化し。「$R=P\times B-C+D$」という方程式を示した。これによって，候補者間の期待効用差（R），有権者の投票が選挙結果を左右する確率（P），市民としての義務感（D）が大きいほど，有権者は投票に行きやすく，投票コスト（C）が大きいほど，有権者は棄権しやすいことが明らかにされた。

D × **連合政権の安定可能性を実証的に示したのはドッドである。**
ドッドは，議院内閣制国家における政府の持続期間を調査し，「連合政権は必然的に不安定であるとはいえない」という事実を証明した。特に，一党でも離脱すれば占有議席が過半数を下回ってしまうような連合政権，すなわち最小勝利連合の場合は，安定度が高いとされた。ローウェルは，20世紀初頭の政治学者であり，政党についてもさまざまな考察を行った。

以上より，**A**と**C**が正しく，正答は**2**である。

No.3 の解説　サルトーリの政党制論

→ 問題はP.169　**正答2**

1 × **無数の政党が乱立しているのは原子化政党制の特徴である。**
分極的多党制ではなく，原子化政党制の説明である。原子化政党制は，終戦直後などの極度の混乱期において出現するもので，政治状況が安定するに従って，他の政党システムに移行すると考えられている。

2 ◎ **少数の政党（3～5党）が競合しているのは穏健な多党制の特徴である。**
正しい。**穏健な多党制では，政党数が少ないため，いずれの政党も政権獲得の可能性を持ち，極端な主張は行わず，政党間のイデオロギー距離は比較的小さくなる（＝反体制野党や無責任野党の不在）**。また，連立政権の形成は，中道右派，中道左派という２つの連合政権軸に沿って行われる。

3 × **支配政党と衛星政党が存在しているのはヘゲモニー政党制の特徴である。**
一党優位政党制ではなく，ヘゲモニー政党制の説明である。一党優位政党制は競合的政党制の一種であり，政権交代の可能性が法制度的に保障されているが，ヘゲモニー政党制は非競合的政党制の一種であり，政権交代が法制度的に禁止されている。

4 × **支配政党しか存在していないのは一党制の特徴である。**
ヘゲモニー政党制ではなく，一党制の説明である。ヘゲモニー政党制と一党制はともに非競合的政党制に分類されるが，一党制では唯一の支配政党しか認められないのに対して，ヘゲモニー政党制では衛星政党の存在も認められる点で違いがある。

5 × **多数の政党（6～8党）が競合しているのは極端な多党制の特徴である。**
原子化政党制ではなく，分極的多党制の説明である。分極的多党制では，原子化政党制ほど多数の政党が乱立しているわけではなく，政党数は６～８にとどまる。

No.4 の解説　サルトーリの政党制

→ 問題はP.169　**正答4**

1 ×　政党が1つしか存在しないのは一党制の特徴である。

ヘゲモニー政党制ではなく，一党制に関する説明である。また，一党制の例としては，朝鮮労働党が支配している北朝鮮（朝鮮民主主義人民共和国）や，キューバ共産党が支配しているキューバなどを挙げることができる。

2 ×　一党優位政党制は選挙結果しだいで二党制に変化しうる。

一党優位政党制の国も，法制度的に政権交代が禁止されているわけではない。そのため，野党の台頭によって二党制に移行する可能性は残されている。

3 ×　二党制は少数の国でしか見られない。

二党制は，イギリス，アメリカなど少数の国々でのみ成立しており，一党が単独で過半数の議席を獲得しやすいため，政治が安定する。これに対して，多党制の下では連立政権が成立し，政治が不安定となることも多い。ただし，多党制であっても，議席を有する政党が比較的少なく，イデオロギー的に近接している場合には，各党の協調によって政治が安定しやすくなる。

4 ◎　穏健な多党制では各党の主張が穏健な立場に収れんしやすい。

正しい。**多党制の中でも，穏健な多党制の下では各党が協調しやすく，政治は安定する傾向にある。**

5 ×　分極化された多党制では極端な立場をとる政党が出現しやすい。

分極化された多党制（＝極端な多党制）では，左右両極に排他的な政党勢力が存在することで，政党間のイデオロギーの距離が大きくなる。また，政党数も6つから8つと多くなり，連立政権は内外からの批判によって不安定で長続きしにくくなる。

実戦問題2 応用レベル

No.5 ＊＊ 政党間関係に関する次の記述のうち，妥当なのはどれか。

【国家一般職・平成30年度】

1 G. サルトーリは1970年代，政党の数と政権交代の回数という２つの基準を用いて，政党システムの分類を行った。その類型の１つである「穏健な多党制（限定的多党制）」は，複数の政党が民主的選挙で競争している一方，結果として特定の一政党が選挙に勝利し続けるため，政権交代が長期間行われない政党システムを指す。

2 S. リプセットとS. ロッカンは1960年代に国際比較研究を行い，欧州諸国の政党システムが，第二次世界大戦の結果として形成された社会的亀裂構造に強く規定されていることを示した。長期にわたって安定していた各国の政党システムが，1940年代以降になって流動化したとするリプセットらの主張は「解凍仮説」と呼ばれる。

3 M. デュヴェルジェは，「小選挙区制は二大政党制に，比例代表制は多党制につながる」とする法則を提示した。彼は，小選挙区制が二党化を促すメカニズムとして，「機械的要因」と「心理的要因」を挙げる。後者は，各選挙区で当選可能性の低い第３党以下の候補者が，有権者の戦略的な投票の結果，淘汰されることをいう。

4 議会の過半数議席が得られる政党連合の組合せのうち，政党間の政策的距離が最小である連合政権を，W. ライカーは「最小勝利連合」と呼んだ。この考え方では，各政党は政権の獲得とともに政策の実現を目指すことが前提とされている。連合政権を構成する政党のうち，政策的に中間的な立場をとるものを「要(かなめ)政党」という。

5 R. カッツとP. メアは，1970年代以降の欧州諸国において，「カルテル政党」と呼ばれるタイプの政党が選挙に新規参入し，既成政党と競合するようになったと主張した。カルテル政党は，既成政党の活動資金が国家からの助成金に依存していることを批判し，そうした既得権益の打破を主張することで選挙での得票を伸ばした。

No.6 ＊＊ 政党に関する次の記述のうち，妥当なのはどれか。

【国家総合職・令和元年度】

1 O. キルヒハイマーは，既成政党が，大衆社会の中であらゆる有権者層から支持を得ることが困難となり，特定の社会階層，地域，職業グループ，宗教等に焦点を絞って支持を確保しようとする「包括政党」に変容しつつあると論じた。包括政党は，従来の幹部政党と大衆政党の中間的な性格をもち，地方の名望家，労働組合や宗教団体などが支持母体を形成し，選挙ではこれらの団体に集票や活動

第3章 政治の動態

資金を全面的に依存することを特徴とする。このため，政策面では穏健で中道的な政策がとられる傾向がある。

2 A. パネビアンコは，有権者の政党離れやマスメディア選挙の発達等に注目し，政党組織の専門職化という視点から，既存の政党の多くが，党官僚が中心的な役割を果たす「大衆官僚政党」から，世論調査や宣伝などの専門家が中心的な役割を果たす「選挙-プロフェッショナル政党」に変容しつつあるとした。しかし，党組織に必ずしも忠誠を誓うわけではない，契約で雇用された専門家を重視することは，党内の力関係を変化させ，組織の集団的一体性が失われるおそれがあるため，党官僚の抵抗もあり，その変容は容易ではないという指摘もある。

3 M. デュヴェルジェは，小選挙区制は二大政党制を促し，比例代表制は多党制につながるという一定の法則があるとした。彼は，その要因として，あらゆる選挙制度は程度の差はあれ，相対的に大政党を過大代表し，小政党を過小代表するため，大政党に有利に働くという機械的要因と，有権者が自己の票が死票になるのを嫌い当選可能性の高い次善の候補者に投票する傾向があるという心理的要因の２つがあるとした。この法則は，強力な地方政党の有無や社会的亀裂の構造に関係なく，選挙区のみならず全国レベルにおいても妥当する。

4 S. リプセットとS. ロッカンは，西欧諸国が工業化社会に移行する過程で生じた社会的亀裂が既成勢力に対抗する競争勢力を生み出し，これらの抗争を通じて蓄積された社会勢力の力関係と配置が各国の政党システムに反映していると主張した。そして社会的亀裂として，「都市対農村」，「労働対資本」，「環境対経済」及び「公共部門対市場」を挙げる。また，彼らによると，社会的亀裂が大きく，かつ，大選挙区制や比例代表制を採用している場合には政党数が増大する傾向が見られるという。

5 A. ダウンズは，政党システムを，抽象的な政策空間に分布する有権者の投票を競い合う政党による空間競争モデルとして説明した。彼は，二大政党制の下で，左右の対立軸において，有権者の選好分布が単峰型となる場合，各党の政策上の立場が必ず左右の中点に収斂するため，穏健な多党制となる傾向がある一方，有権者の選好分布が双峰型となる場合，両極で政策上の立場を固持する政党に加え，中間的立場をとる新党も組織されるため，分極化された多党制となる傾向があるとした。

実戦問題2の解説

No.5の解説 政党間関係

→ 問題はP.173 正答3

1 × 特定政党が政権を担い続けるのは一党優位政党制の特徴である。
サルトーリが政党システムを分類する際に基準としたのは，政党の数や政党間のイデオロギー距離などである。また，結果として特定の一政党が選挙に勝利し続ける政党システムは，一党優位政党制に該当する。

2 × リプセットとロッカンは凍結仮説を主張した。
リプセットとロッカンは，欧州諸国の政党システムが1920年代までに形成された社会的亀裂構造に強く規定されていることを示した。彼らは，1920年代以降の政党システムは安定的に推移してきたとしており，その主張は「凍結仮説」と呼ばれている。

3 ◎ デュヴェルジェの法則は機械的・心理的要因により成立する。
「小選挙区制は二大政党制に，比例代表制は多党制につながる」とする法則をデュヴェルジェの法則という。このうち小選挙区制が二大政党制を生むというのは，①**制度上，大政党のほうが当選者を出しやすいという「機械的要因」**と，②**当選可能性の低い中小政党から有権者が離れ，大政党以外から候補者が出にくくなるという「心理的要因」**が作用するためだとされる。

4 × ライカーは「最低規模勝利連合」の成立を主張した。
一党でも離脱すれば占有議席が過半数を下回ってしまうような連合政権（連立政権）を，最小勝利連合という。最小勝利連合となる政党の組合せは複数存在することがあるが，**ライカーは連立与党の議席率が50%に最も近づく形で最小勝利連合が成立すると考え，いわゆる「最低規模勝利連合」を主張した**。この場合，各政党の政策の違いは考慮されていない。

5 × カルテル政党は新規政党の参入を阻もうとする。
カッツとメアは，既成政党が新規政党の参入を阻もうと活動している点に注目し，これをカルテル政党と呼んだ。たとえば，既成政党は政党への国庫補助の仕組みを発足させることで，自らの財政基盤を強化し，選挙でも新規政党に対して優位に立とうとしたと考えられている。

No.6の解説　政党

→ 問題はP.173　**正答2**

1 ×　包括政党はあらゆる有権者層から支持を得ようとする。

キルヒハイマーは，従来の政党は特定の社会階層，地域，職業グループ，宗教等に焦点を絞って支持を確保しようとしてきたと考えた。そして，近年の政党はこうした状況を脱し，あらゆる有権者層から支持を得ようとする「包括政党」に変容しつつあると主張した。包括政党は，イデオロギー的な主張を抑え，幅広い支持を得ようとすることから，政策面では穏健で中道的な政策を採りやすいとされる。

2 ◎　パネビアンコは選挙-プロフェッショナル政党の登場を主張した。

パネビアンコは，既存の政党は党に忠誠を誓う専属の党官僚らによって動かされてきたが，**近年の政党では世論調査や宣伝などを担う専門家の影響力が大きくなっている**と主張した。そして，前者を大衆官僚政党，後者を**選挙-プロフェッショナル政党**と呼んだ。

3 ×　デュヴェルジェの法則は全国レベルでは妥当しないこともある。

「小選挙区制は二大政党制を促し，比例代表制は多党制につながる」という法則を，デュヴェルジェの法則という。デュヴェルジェの法則は，機械的要因や心理的要因によって，主に選挙区レベルで妥当すると考えられている。全国レベルでもいちおう妥当するが，**強力な地方政党が存在する場合には，全国規模の大政党の間に地方政党が割って入ることになるため，いかなる選挙制度の下でも多党制化が進みやすい**。また，社会的亀裂の構造が固定化している場合も同様であり，**亀裂に沿って各地で多様な政党が形成・維持されるため，いかなる選挙制度の下でも多党制化が進みやすい**。

4 ×　ロッカンらは，「中央対地方」などの４つの社会的亀裂を重視した。

リプセットとロッカンは，国民国家が成立する過程と産業革命（工業化）が進展する過程を通じて，西欧諸国の国内に４つの社会的亀裂が生じ，これに沿う形で各国の政党システムが形成されたと主張した。ここにいう社会的亀裂とは，「中央対地方」「政府対教会」「都市対農村」「労働対資本」の４つであり，これらに沿って，地域政党，宗教政党，農民党，労働党などが生み出されたとされる。

5 ×　選好分布が単峰型の場合，中道付近で二大政党の競合が維持される。

二大政党制の下で有権者の選好分布が単峰型となる場合，より多くの有権者の支持を得るため，二大政党は政策上の立場を左右の中点（中道）に収斂させる。この場合，左右の両極付近で政党を形成しても，支持者が少なくて政権を獲得することはできないため，そうした政党は成長が期待できない。その結果，二大政党が中道付近で競合を維持する形が維持されることになる。他方，**有権者の選好分布が双峰型となる場合，二大政党は支持者の多い立場から離れることができず，左右に分かれて競合を続ける**。ここで中間的立場を採る政党を形成しても，支持者が少なく，成長が期待できないため，やはり多党化は進まず，二大政党による競合が維持されやすくなる。

12 圧力団体

必修問題

利益団体に関する次の記述のうち，妥当なのはどれか。

【国家一般職・令和４年度】

1 **D.トルーマン**は，工業化や都市化といった社会的分化が利益と価値の分断を生み，団体の活動を一般に弱めていると主張した。また彼は，社会変動に伴って既存の社会勢力間の均衡が崩れるとき，優位に立つ社会集団の側が，その地位を利用して組織化や圧力活動を強め，一層有利になると考えた。

2 **M.オルソン**は，個人が合理的に行動することを前提にする**合理的選択論**の立場から，団体形成の自動性を否定した。彼によると，大規模な利益団体が形成されるためには，人々の間に共通の利益があるだけでは不十分で，加入者に選択的誘因を与えるなどにより，集合行為問題が解決される必要がある。

3 「**政治的企業家**」とは，団体の創設時に，他の構成員に多くの負担を引き受けさせることのできる，強いリーダーシップを持った人を指す。政治的企業家自身は，団体形成のためのコストを負担しない一方，社会的な知名度や地位を求めるわけではないため，構成員からの自発的な協力を引き出せると考えられる。

4 わが国では，第二次世界大戦後，一貫して労働組合の組織率が高く，単一のナショナル・センターによって労働運動が統合されてきた。また，1980 年代までは，労働団体は政府や経営者団体と緊密に連携し，良好な賃金水準と低失業率を達成してきた。そのため，わが国の政治経済体制は「**労働中心**のコーポラティズム」と呼ばれる。

5 わが国の政治資金規正法の規定によると，政治団体を除く会社・労働組合等の団体は，一定金額の範囲内でのみ，公職の候補者に直接寄附することができる。会社・労働組合等の団体は，政党に対しては無制限に寄附することができる一方，寄附金額を年度ごとに総務大臣に報告する義務がある。

難易度 ＊＊

必修問題の解説

本問は，利益団体に関する総合問題である。理論については，トルーマンのかく乱理論（**1**）がやや難しめなので，国家公務員の志望者はよく確認しておきたい。現実については，企業・団体献金（**2**）の出題が珍しい。

1 × トルーマンは社会的かく乱によって団体の活動が活発化したと主張した。
トルーマンは，工業化や都市化によって社会的分化が進み，利益や価値をめぐる争いが激しくなったことで，諸団体の活動は強まっていると主張した。また彼は，社会変動に伴って既存の社会勢力間の均衡が崩れたとき，諸団体間の競争を通じて新たな均衡が作り出され，社会は安定を取り戻すと考えた。

2 ◎ オルソンはフリーライダーが団体形成を妨げると主張した。
オルソンは，もし個人が合理的に行動するならば，人々は**フリーライダー**となり，他者が形成してくれた団体から利益だけを受け取ろうとするはずだと考えた。このように，**個人が合理的に行動することで全体の利益が損なわれることを集合行為問題と呼ぶ。集合行為問題を解決するためには，団体加入者のみに与えられる利益（「選択的誘因」）を用意するなどの工夫が必要とされる**。

3 × 政治的企業家とは団体形成のコストを自ら負担する人物のことである。
もし個人が合理的に行動するならば，一般の人々は損をしてまで団体の創設に参加することはない。そこで，**自ら団体形成のコストを負担して，人々に便益（＝金銭や意見表明の機会など）を提供し，団体への参加を促す人物が必要となる**。ソールズベリーは，そうした人物を政治的企業家と呼んだ。

4 × わが国の政治経済体制は「労働なきコーポラティズム」と呼ばれていた。
わが国の労働組合の組織率は，1950年代以降減少傾向で推移し，1980年代には30％を下回った。また，1980年代後半まで４大ナショナルセンター（全国組織）が並立し，統一はなされていなかった。そのため，わが国の労働団体の影響力は弱く，「**労働なきコーポラティズム**」という状況にあった。

5 × 政治家個人への企業・団体献金は禁止されている。
政治家個人への企業・団体献金は，腐敗の温床になりやすいため，現在では禁止されている。また，政党や政党支部への企業・団体献金は認められているが，年度ごとの上限金額が定められている。

正答 2

FOCUS

圧力団体（利益団体）については，トルーマンのかく乱理論，シュミッターらのネオ・コーポラティズム論，オルソンのフリーライダー論など，理論に関する問題がたびたび出題されている。これらについては，テーマ22も参照しておこう。

POINT

重要ポイント 1 圧力団体の定義

なんらかの利益の実現をめざして形成された団体を，**利益集団（利益団体）**という。また，利益集団のうち，特に政治的圧力を行使するようになったものを，**圧力団体**という。

圧力団体は，政党とは異なり，政権をめざさないという特徴を持つ。また，圧力団体にはさまざまな種類があり，次のように分類されている。

①マッケンジーによる分類

類　型	説　　明	例
部分団体	特殊利益の実現をめざしている団体	財界団体，労働組合
促進団体	公共利益の実現をめざしている団体	環境保護団体，消費者団体
潜在団体	圧力活動を開始する可能性を持った団体	業界親睦団体，趣味の団体

②村松岐夫による分類

類　型	説　　明	例
セクター団体	特定の経済的利益を追求している団体	経済団体，農業団体
政策受益団体	行政機関とネットワークを形成している団体	福祉団体，行政関連団体
価値推進団体	特定の価値観を推進している団体	労働組合，市民団体

重要ポイント 2 圧力団体の形成と維持

(1) 圧力団体の形成　19世紀末から20世紀初頭にかけて数多くの圧力団体が形成され，活動を活発化させた。その理由としては，次の 4 点が挙げられる。

台頭理由	説　　明
地域代表制の機能不全	地域を超えた職能的利益の台頭により，地域単位で利益を反映する仕組み（＝選挙）が機能しにくくなった。
政党の寡頭制化	政党の規模が拡大し，組織の寡頭制化が進んだことで，政党が国民の要求に柔軟に対応しなくなった。
国家活動の積極化	積極国家化に伴って，国家が多くの利益を提供するようになった。
集団の噴出	社会的利益の多様化を受けて，利益集団が数多く形成され，圧力団体の母体となった。

(2) フリーライダー論　オルソンは，**大規模集団におけるフリーライダー（ただ乗り者）問題**について考察した。オルソンによれば，大規模集団では，他者の努力にただ乗りする者（フリーライダー）が発生する。そこで，このフリーライダーをいかにして抑制するかが，組織の形成・維持の観点からは重要な課題となる。オルソン自身は，強制力を働かせたり，選択的誘因（＝活動の参加者にのみ配分される利益）を提供したりすることで，フリーライダーの発生を抑えうると主張している。

重要ポイント3 圧力団体の機能

圧力団体は，政党と同様に，次のような諸機能を営んでいる。

機　能	説　明
利益表出機能	メンバーの利害に形を与え，公の場で表明する働き
利益集約機能	団体内や団体間で利害を調整し，政治的選択肢にまとめる働き
政治的リクルートメント（政治的補充）機能	政治的要職に人材を送り出す働き。団体の資金力や集票力を生かして，国会議員を誕生させることも多い。
政治的コミュニケーション機能	政治に関する情報をやりとりする働き。これを通じて，国民を政治的に教育している。

重要ポイント4 さまざまな圧力活動

(1) アメリカとイギリスの圧力活動

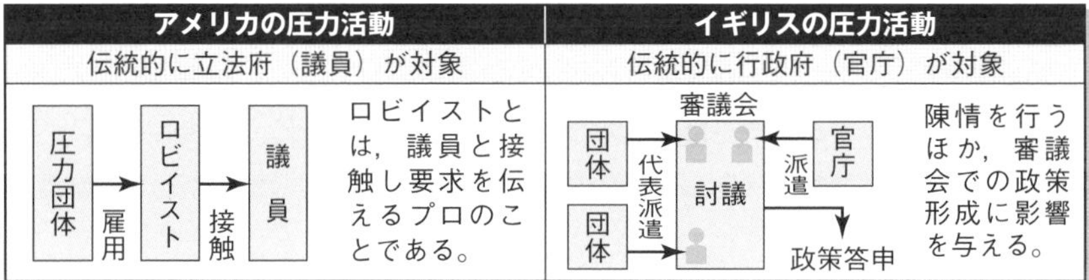

近年では，マスコミを通じて一般大衆に働きかけ，自らに有利な世論を作り出そうとする圧力活動（＝**グラスルーツ・ロビイング**）も一般化している。

(2) わが国の圧力活動　わが国の圧力団体は，①既存の社会集団がそのまま圧力団体に転化したケースが多い（「**既存集団丸抱え**」），②伝統的に**行政府を対象とした圧力活動**が盛んである（陳情や審議会への委員派遣など），③議員が圧力団体と行政府をつなぐ**ロビイスト的役割**を果たしている，④多くの圧力団体が**政党ごとに系列化**されている，などの特徴を持っている。

重要ポイント5 圧力団体への批判

圧力活動の参加者には階層的偏りが見られ，社会的弱者よりも**社会的強者の参加比率が高い**。そのため，圧力団体を「**強者の手段**」として批判する声も強い。

また，圧力団体は，政治家に賄賂を贈るなどして，政治腐敗を引き起こすことがある。そのため，多くの国で圧力活動への規制が行われており，たとえばアメリカでは**連邦ロビイング規制法**（1946年）などが制定されている。同法では，ロビイストの登録制度やその収支報告義務などが定められている。

実戦問題

No.1 ＊ 圧力団体に関する記述として，妥当なのはどれか。

【地方上級（東京都）・平成16年度】

1 圧力団体は，社会に散在する潜在的要求を集約し政治的要求としてまとめあげ，これを広く社会に明らかにする利益表出機能を持っており，特定の問題をめぐって形成され，その問題が解決すれば組織は解消される。

2 圧力団体は，社会生活の場で生じる利害対立を政治的に解決すべく，社会の要求や紛争を，団体の方針に則して政策体系にまとめあげる利益集約機能を持っており，その機能は政党よりも優れている。

3 圧力団体は，部門的集団，促進集団および潜在的集団の3つに分類され，このうち促進集団とは，本来，非政治的団体であるが，状況に応じて圧力団体として活動するものであり，わが国では農業団体や労働団体がこれに当たる。

4 アメリカでは，圧力団体の活動の対象は，かつては立法府が中心であったが，今日ではこれとともに，行政府を対象とする行政ロビイングや世論の支持を求める草の根ロビイングが活発になってきている。

5 ネオ・コーポラティズムとは，重要な政策決定が，圧力団体と官僚との協議によって進められる形態をいい，第一次世界大戦後のポルトガルやイタリアがその代表例とされる。

No.2 ＊ わが国またはアメリカの圧力団体に関する記述として，妥当なのはどれか。

【地方上級（特別区）・平成17年度】

1 わが国の圧力団体は，既存の組織の成員が丸ごと組織参加していることはなく，特定の利益を実現するという目的のために個人が自発的に加入することにより成り立っている。

2 アメリカの圧力団体は，政党別に系列化されており，選挙のときは各政党に選挙資金を提供し，組織的に選挙運動を推進している。

3 わが国の圧力団体の活動は，議員の利益媒介機能が強力であるため，行政府ではなく議会に向けられている。

4 アメリカでは，圧力団体を特徴づけているロビイスト活動に対し，連邦ロビイング規制法によって，ロビイスト登録およびロビイング活動の収支報告などが義務づけられている。

5 わが国では，所得が低くなるにつれて圧力団体への加入率が高まっており，政府の援助を一番必要とする低所得者層のための利益表出手段として有効である。

＊
No.3 圧力団体に関する記述として，妥当なのはどれか。

【地方上級（特別区）・平成24年度】

1 わが国の圧力団体の特徴は，構成員の自発性に基づいて組織されるというよりも，既存団体を丸抱えするように組織される傾向があるということや，活動目標が行政部よりも議会に向けられているということにある。

2 重複メンバーシップとは，圧力団体は予算や許認可の点で官僚から大きな影響を受け，官僚は省庁の予算や法案成立の面で議員に依存し，議員は政治資金や選挙での支援で圧力団体に依存しているような，相互に緊密な関係をいう。

3 圧力団体の行動を通じて積極的に利益を受けるものは，政府の援助に頼る必要の少ない中流以上の階層ではなく，政府の援助を最も必要とする低所得者層や社会的弱者である。

4 利益集団自由主義とは，巨大な圧力団体が国家の政策に協力しながら，自己の利益を部分的に反映させ，かつ集団相互の妥協・調整を図っていく政策決定過程であり，オーストリア，スウェーデンがその代表例とされる。

5 アメリカでは，圧力団体の代理人であるロビイストが連邦議会の議員に対して働きかけを行う場合，連邦ロビイング規制法によって，連邦議会へのロビイストの登録およびその収支報告が義務づけられている。

＊＊
No.4 利益団体に関する次の記述のうち，妥当なのはどれか。

【国家一般職・平成28年度】

1 C.オッフェは，利益団体を市場団体と政策受益団体に分類した。市場団体には，市場制度から大きな利益を得る大企業を中心とした経済団体や大企業正社員の労働組合などが，また，政策受益団体には，規制や再分配といった政策から利益を得る農業団体，中小自営業の団体，福祉団体などが含まれるとした。

2 T.ロウィは，政策を規制政策，分配政策，再分配政策などに類型化したが，この政策類型に対応付けて利益団体の分類を行えば，規制政策には価値推進団体，分配政策には業界団体や消費者団体，再分配政策には福祉団体や医療・保健団体がそれぞれ対応することになる。

3 M.オルソンは，団体に所属するメンバーの数と，その団体の利益団体としての活動の活発さとの関連について考察し，メンバー数の多い団体ほど，そのメンバーが当該団体の影響力を大きく認識するため，メンバーの活動への参加がより盛んになり，結果としてその団体の活動が活発化するとした。

4 R.ソールズベリーは，利益団体は政治的企業家とメンバーの間の便益の交換によって成立し，その交換が継続する限り存続するとした。ただし，こうした役割を果たす便益は物質的・経済的な便益に限られ，メンバーは団体参加に伴う費用と便益を比較して，便益の方が大きければその団体にとどまるとした。

5　D.トルーマンは，利益団体の形成を導く基本的な要因はマクロな社会的変化であるとし，工業化や都市化に伴う社会的分化が利益や価値の多様化を通じて様々な利益団体を生み出し，また，既存の社会勢力間の均衡が崩れると，それにより不利益を被る社会集団の側からの圧力活動が盛んになると論じた。

＊＊
No.5　**利益団体・圧力団体と政策形成に関する次の記述のうち，妥当なのはどれか。**　【国家専門職・令和４年度】

1　経営者側と労働者側とが，それぞれ単一または少数の頂上組織を持ち，労使の頂上団体が賃金や物価上昇率などについて協議して一定の方針を固めて，政府もその方針が実現するように協力している体制をデュアリズムと呼ぶ。この体制はわが国において20世紀後半以降に激しいデフレ状態に見舞われたことを受けて，賃金の低下と製品価格の下落の悪循環を解決するための方法として生まれたが，多くの先進諸国における賃金の引下げなどの「抜け駆け」によって奏功しなかった。

2　エリート主義への対抗の中で生まれたコーポラティズムは，政治社会は多種多様な利益集団から構成され，公共政策はそれらの団体間での対立，競争，調整の中で生まれると考える。その上で，個別的な利益の表出が公共の利益の実現につながるためには，団体間のチェック・アンド・バランスが働くこと，大多数の個人が一つの特定の団体に加入して集中的に自らの利益の追求を行うこと，潜在的利益集団があること等の一定の条件が必要であるとする。

3　M. オルソンは，たとえ人々が共通の利益を持っていることを明確に認識していたとしても，コストをかけずに利益を得ようとする合理的なフリーライダーの発生によって，共通の利益を実現するためだけに組織化して利益団体が作られることはないと指摘した。こうした集合行為問題は，利益団体の規模が小さいときには発生しにくく，一人一人の活動の結果が左右する程度が大きいほど，フリーライダーは生じにくい。

4　欧州諸国では，圧力団体は，「ロビイスト」と呼ばれる議員と接触して要求を伝える者を雇用し，議員と接触を図ることで圧力活動を行うことが多いが，米国では，各圧力団体が官庁や審議会等に代表を派遣して，政策形成に影響を与えることが一般的である。また，わが国においては，伝統的に官庁よりも議員に対する圧力活動が根強く行われている。

5　政党の役割の１つに政策形成機能があるが，政策形成機能は，企業や業界団体，労働組合などの各種利益団体等が持つ利益や意見を政治過程に吸い上げる利益集約機能と，数多くの団体や個人等から表出された利益を調整して，それらを実際に政策の形にまとめる利益表出機能の２つに分けることができる。こうした２つの機能を通して，政党は数多くの相対する利害を政策にまとめている。

＊＊
No.6 利益集団等に関する次の記述のうち，妥当なのはどれか。

【国税専門官・平成26年度】

1 M.オルソンは，人々が共通の利益を有することを明確に認識していても，その利益の実現のためだけに利益団体が形成されることはないとし，利益団体が形成される誘因として，共通の利益を有する者を強制的に団体に加入させる仕組みが作られることや，団体加入者だけに選択的に配分される利益が用意されることを挙げた。

2 政策の形成過程においては，業界団体や労働組合などの利益団体と政党とで役割分担がなされ，利益団体は団体構成員の利益や意見を吸い上げるという利益集約機能を，政党はこれらの吸い上げられた利益や意見を調整して政策に変換するという利益表出機能をそれぞれ担っているとされる。

3 R.ダールは，多元主義モデルにおいては，多様な利益集団が，自己の利益を排他的に政策に反映させるように他の集団に対し強力な指導力を有する集団となることをめざして競争を行う結果，それぞれの利益集団の相互関係は頂上団体を頂点としたピラミッド状の階層的な構成になるとした。

4 石油危機が発生した1970年代以降，先進諸国では，経営者側と労働者側それぞれの頂上団体が福利厚生などの領域の利益について協議を行い，その実現を政府に働きかけるコーポラティズムがみられた。一方，福利厚生の充実を重視したことから，そこでは賃金や物価上昇率などの領域の利益について政府への協議や働きかけは行われなかった。

5 J.ガルブレイスは，対抗権力という概念を示し，１つの利益団体の力が高まるとそれに対抗できる利益団体が撤退するため，利益団体間のチェック・アンド・バランスが働かなくなる結果，利益団体の個別的な利益の追求が自由に行われたとしても，公共の利益は実現されないとした。

実戦問題の解説

No.1 の解説　圧力団体

→ 問題はP.182　正答4

1 ×　圧力団体は問題解決後も組織を維持することが多い。

利益表出機能とは，社会に潜在している要求をすくい上げ，これを広く明らかにしていく働きのことである。これに対して，社会に散在する潜在的要求を集約し，政治的要求としてまとめあげる働きは，利益集約機能と呼ばれる。圧力団体は，このいずれの機能をも営んでいる。また，圧力団体は，メンバーの利益の実現を恒常的に図ろうとするのが通例であり，組織を解消することは少ない。

2 ×　利益集約機能において優れているのは政党である。

圧力団体は利益表出機能をもっとも重要な機能として営んでおり，この点で圧力団体は政党よりも優れている。これに対して，圧力団体の営む利益集約機能は，政権を担おうとする政党よりも限定的である。

3 ×　促進集団とは公共利益の促進を図ろうとする団体である。

状況に応じて圧力団体として活動する非政治的集団は，潜在的集団と呼ばれる。これに対して，促進集団とは，公共利益の促進を目的に活動している集団のことである。また，農業団体や労働団体は，特定の社会部門で活動しているため，部門的集団（部分団体）に分類される。

4 ◎　今日では行政ロビイングや草の根ロビイングが盛んとなっている。

正しい。**アメリカでは，行政国家化の進展とともに，利益設定の源泉が立法府から行政府に移ったため，圧力活動の対象もこれに合わせて移行した。**また，**現在では，PR活動などを通じて世論の支持を求める草の根ロビイング（グラスルーツ・ロビイング）も盛んである。**

5 ×　ネオ・コーポラティズムは第二次世界大戦後に発達した。

ネオ・コーポラティズムの代表例は，第二次世界大戦後のスウェーデンやオーストリアである。ネオ・コーポラティズムでは，重要な政策決定が議会の手を離れ，圧力団体と官僚の協議を通じて行われる。同様の形態は第一次世界大戦後のポルトガルやイタリアでもみられたが，これは「コーポラティズム」（国家コーポラティズム）と称されている。

No.2 の解説　日米の圧力団体

→ 問題はP.182　正答4

1 ×　わが国の圧力団体は「既存集団丸抱え」を特徴としている。

わが国の圧力団体は，既存の組織の成員が丸ごと組織参加していることが多い（＝既存集団丸抱え）。たとえば，農業協同組合（農協）には農村の農家が一括して加入しているし，労働組合（労組）には企業・事業所の労働者が一括して加入している（ただし後者の組織率は低下傾向にある）。これと対照的なのがアメリカであり，アメリカの圧力団体は個人が自発的に加入することにより成り立っている。

2 ×　アメリカの圧力団体は政党別に系列化する傾向が弱い。

アメリカの圧力団体は，政党別に系列化されていないことが多い。アメリカでは政権交代があり，また大統領の所属政党と議会の多数党が異なることも多いことから，特定の政党とのみ密接な関係を築くことは，政治的にあまり得策ではない。そこで，いわば保険をかける形で，二大政党のいずれにも献金する圧力団体が多い。もっとも，大まかに言えば，共和党と経済団体はある程度強く結びついているし，民主党と労働組合についても同様である。

3 ×　わが国の圧力団体の活動はおもに行政府に向けられている。

わが国では伝統的に行政府の力が強く，行政府が利益設定の源泉となってきたことから，圧力団体の活動も行政府に向けられることが多い。その際に，圧力団体が議員を通じて行政府に圧力をかけることも多く，この点で議員の利益媒介機能は強力である（＝議員のロビイスト的性格）。

4 ◎　アメリカではロビイスト活動に対して法的規制が加えられている。

正しい。**1946年に制定された連邦ロビイング規制法では，ロビイストの連邦議会への登録およびロビイング活動の収支報告などが義務づけられている。**これらは，ロビイストの活動が政治腐敗をもたらさないようにするための工夫であり，ロビイングを直接規制するよりも，その活動をガラス張りにして，国民の批判にさらされやすくすることをめざしている。

5 ×　低所得層は圧力団体への加入率が低い。

わが国を含め，一般に高所得者層のほうが圧力団体への加入率が高い。これは，圧力活動に参加するためには金銭や時間といったコストの負担が必要とされ，低所得者層ではこれを負担しきれないためである。したがって，圧力団体は強者のための利益表出手段として機能しており，社会経済的格差を拡大させやすい。

No.3の解説 圧力団体

→問題はP.183 正答5

1 × わが国の圧力団体は行政部に向けて圧力を行使しやすい。

わが国の圧力団体の特徴は，既存集団丸抱えとなる傾向が強いこと，活動目標が議会よりも行政部に向けられていること，などに求められる。

2 × 重複メンバーシップとは複数の集団への同時所属のことである。

圧力団体，官僚，議員間の緊密な関係は，一般に鉄の三角形と呼ばれる。これに対して，重複メンバーシップとは，一人の人間が複数の集団に同時に所属している状態をさす。トルーマンによると，複数の集団に所属する人々は，自己の利益を守るためにも，集団間で軋轢が生じることを避けようとする。したがって，重複メンバーシップの下では集団間の対立は激化しにくいとされる。

3 × 圧力団体は社会経済的強者の手段となっている。

圧力団体が行動する場合，行動に必要とされる金銭や時間などのコストを，その構成員が負担しなければならない。そのため，圧力団体の参加者には社会経済的に恵まれた者が多く，結果として，政府の援助に頼る必要の少ない中流以上の階層が，積極的に利益を受けることになる。

4 × 圧力団体と国家（官僚制）の協力体制はネオ・コーポラティズムと呼ばれる。

利益集団自由主義ではなく，ネオ・コーポラティズムに関する説明である。利益集団自由主義とは，ローウィが提唱した概念であり，利益集団の活動を野放しにした結果，特定の利益集団が大きな影響力を行使するに至っているアメリカ政治の現状をさす。より具体的には，特権的利益団体，政府の各部署，議会の委員会・小委員会が強力に結託して，政府の政策を分断化させているとされる。

5 ◎ アメリカでは連邦ロビイング規制法がロビイストの活動を規制している。

正しい。アメリカでは，圧力団体の代理人であるロビイストが，連邦議会議員に対して大きな影響力を行使している。そこで，**第二次世界大戦後に連邦ロビイング規制法が制定され，連邦議会へのロビイストの登録およびその収支報告を義務づけることで，その活動をガラス張りにすることが図られた。**

No.4の解説　利益団体

→問題はP.183　正答5

1 × 農業団体や中小自営業の団体は，市場団体に該当する。そもそも**市場団体とは，経済市場における地位の向上を目的として活動している団体を意味しており**，経済団体，労働組合，農業団体，中小自営業の団体などがこれに該当する。これに対して，**政策受益団体とは，国家の政策（規制や再分配など）から直接的な影響を受ける団体を意味しており**，福祉団体，納税者団体，学生団体などがこれに該当する。

2 × 規制政策については，規制による経済的利益を維持ないし増加させるため，業界団体や消費者団体が関与を試みる。分配政策については，政府から資源・利益をより多く引き出すため，福祉団体や医療・保健団体が関与を試みる。再分配政策については，社会的格差の是正といった社会正義を実現するため，価値推進団体が関与を試みる。

3 × オルソンは，メンバー数の多い団体ほど，他人の努力にただ乗りしようとするフリーライダーが発生しやすく，結果としてその団体の活動が停滞すると主張した。

4 × ソールズベリーは，政治的企業家がメンバーにさまざまな便益を提供し，メンバーがこれに応えて団体への貢献を提供することで，利益団体は存続すると考えた。この際，政治的企業家が提供する便益は，物質的・経済的な便益（＝金銭や公職など）に限られるわけではなく，連帯便益（＝他者との連帯によって得られる満足）や表現的便益（＝目的実現に貢献することで得られる満足）も重要な役割を果たすとされた。

5 ◎ 正しい。**トルーマンは，工業化や都市化といったマクロな社会変化が利益団体の形成を導いたと主張した**（いわゆる「**かく乱理論**」）。

No.5の解説 利益団体・圧力団体と政策形成 →問題はP.184 正答3

1 × **政労使の協調的協議体制はネオ・コーポラティズムと呼ばれる。**

経営者側と労働者側の頂上団体（＝全国トップ団体）が協議し，政府もそれに協力する体制は，**ネオ・コーポラティズム**と呼ばれる。ネオ・コーポラティズムは，1970年代に石油危機が起こった際，良好な経済パフォーマンスを維持したことで注目された。それは，労働組合が賃上げのためのストライキを自粛する一方で，雇用者側が雇用の維持に努めるという形で協調がなされたためであった。なお，**デュアリズム**とは，労働者が正規職員と非正規職員というように二極化し，勢力を弱めているとする議論のことである。

2 × **団体間の対立，競争，調整を重視するのは政治的多元論である。**

社会における多種多様な利益集団に注目し，公共政策はそれらの団体間での対立，競争，調整の中で生まれるとするのは，**政治的多元論（プルーラリズム）**である。また，政治的多元論は，個別的な利益の表出が公共の利益の実現につながると考えるが，それが実現するためには，団体間でチェック・アンド・バランス（抑制と均衡）が働くこと，大多数の個人が複数の団体に加入して団体間の軋轢を調整すること，行き過ぎた利益の主張が潜在的利益集団（＝一種の世論）の台頭によって抑制されること，などが必要であるとする。

3 ◎ **オルソンはフリーライダーの発生が利益団体の結成を妨げると指摘した。**

オルソンは，個人がコストをかけずに利益を得ようとするならば，他者の努力にただ乗りすることが合理的な行為になると指摘し，フリーライダーの発生が利益団体の結成を妨げると主張した。特に大規模集団の場合，「自分ひとりが活動に参加しなくてもあまり影響はない」という意識が働きやすいため，フリーライダーが発生しやすいと考えられている。

4 × **「ロビイスト」は米国で高度に発達した。**

圧力団体から雇用され，議員と接触して要求を伝える役割を担う者をロビイストという。米国ではロビイストを通じた圧力活動が盛んに行われている。これに対して，欧州諸国では，各圧力団体が官庁や審議会等に代表を派遣して，政策形成に影響を与えることが一般的である。また，わが国においては，伝統的に官庁の権力が強いため，官庁に対する圧力活動が根強く行われている。その際，議員が官庁に「口利き」を行い，圧力団体と官庁の橋渡し役を担うことも多いとされている（「議員のロビイスト的性格」）。

5 × **利益を調整して政策にまとめるのが利益集約機能である。**

政党は利益集約機能や利益表出機能を通じて，政策形成の役割を担っている。このうち，各種利益団体等が持つ利益や意見を政治過程に吸い上げるのが「利益表出機能」，利益を調整してそれらの実際に政策の形にまとめるのが「利益集約機能」である。

No.6 の解説 利益集団等

→問題はP.185 正答 1

1 ◎ 正しい。**オルソンはフリーライダー論を提唱し，他者の努力にただ乗りすることが合理的であるかぎり，人々は自ら進んで利益団体を形成することはないと主張した**。また，**そうした状況を克服するためには，強制加入の仕組みを作り上げたり，団体加入者だけに配分される選択的誘因を提供することが必要だと指摘した**。

2 × 利益団体と政党の間に明確な役割分担はなく，おのおのが利益集約機能と利益表出機能をともに営んでいる。ただし，政党は政権を担うことから，人々の利益や意見を調整してまとめ上げ，これを政策に変換するという「利益集約機能」に優れている。これに対して，利益団体は，団体構成員の利益や意見を吸い上げるという「利益表出機能」に優れている。

3 × **ダールは多元主義モデルを提唱し，多様な利益集団が競争を行うならば，水平的競合の結果として抑制と均衡が実現し，一種の社会的合意が得られると主張した**。これに対して，各利益集団が頂上団体を頂点としたピラミッド状の階層的構造に組み込まれていると想定するのは，ネオ・コーポラティズム・モデルである。

4 × 石油危機が発生した1970年代以降，一部の国では，経営者側と労働者側それぞれの頂上団体が，政府とともに経済政策について協議を行うことが制度化された。このコーポラティズム体制の下で，使用者側が雇用を保障し，労働者側が賃上げを求めるデモの自粛を約束したことから，失業率の増加と物価上昇が抑えられることとなり，経済は比較的順調に推移した。

5 × **ガルブレイスは，対抗権力という概念を示し，1つの利益団体の力が高まるとそれに対抗できる利益団体が台頭することから，利益団体間では一般にチェック・アンド・バランスが働くと主張した**。また，利益団体が個別的な利益を自由に追求するならば，このチェック・アンド・バランスを通じて利害調整が自動的になされ，公共の利益が実現されるとした。

13 マスコミ・世論

必修問題

マスメディアの影響に関する記述として，妥当なのはどれか。

【地方上級（特別区）・令和４年度】

1 **ガーブナー**らは，暴力行為が頻繁に出るテレビを長時間見る人ほど，現実社会で暴力に巻き込まれる可能性が大きいと考える比率が高く，他人への不信感が強まることを示し，**培養理論**を提起した。

2 **コミュニケーションの２段階の流れ仮説**では，マスメディアが発する情報は，オピニオン・リーダーを介して，パーソナル・コミュニケーションにより多くの人々に伝わるとし，マスメディアの**限定効果説**を否定した。

3 **アイエンガー**とキンダーは，マスメディアが特定の争点を強調すると，その争点が有権者の政治指導者等に対する評価基準の形成に影響を与えるとし，このことを**フレーミング効果**と名付けた。

4 **クラッパー**は，マスメディアの報道により，自分の意見が少数派だと感じた人は，孤立することを恐れて，他人の前で自分の意見の表明をためらうという**沈黙の螺旋（らせん）仮説**を提起した。

5 **アナウンスメント効果**とは，マスメディアの選挙予測報道が，有権者の投票行動に影響を与えることをいい，アナウンスメント効果の１つである**バンドワゴン効果**は，不利と報道された候補者に票が集まる現象である。

難易度 ＊＊

必修問題の解説

本問は，マスコミに関する基本問題である。プライミング効果とフレーミング効果の違い（**3**）など，学説の内容を理解していないと解けない選択肢も含まれているので，問題文はしっかりと読み込むようにしよう。

1 ◎ **ガーブナーらはテレビドラマの長期的影響を培養理論として定式化した。**
ガーブナーらは，テレビドラマを長時間見る人ほど，その影響を長期的に受けると指摘し，これを培養効果（涵養効果）と呼んだ。

2 × **「コミュニケーションの２段階の流れ」仮説は限定効果説に位置づけられる。**
「コミュニケーションの２段階の流れ」仮説によると，マスメディアの発する情報は，オピニオン・リーダーを介して間接的に人々に伝えられるにすぎない。そのため，マスメディアの影響力は限定的であると主張された。

3 × **マスメディアが有権者の評価基準に与える効果をプライミング効果という。**
マスメディアの発する情報は，有権者の政治指導者等に対する評価基準に大きな影響を与えている。これをプライミング効果という。これに対して，マスメディアが報道に際して用いるフレーム（枠組み）次第で，有権者の認識が変わってくることをフレーミング効果という。

4 × **沈黙の螺旋仮説を提唱したのはノエル=ノイマンである。**
ノエル=ノイマンは，孤立を恐れた少数派がしだいに沈黙するようになるという現象に注目し，これを「沈黙の螺旋」と呼んだ。クラッパーは，人々が情報を取捨選択しながら接触している点に注目し，マスメディアは人々の既存の意見や態度を強める効果（「補強効果」）を最も強く持つと主張した。

5 × **不利と報道された候補者に票が集まる現象をアンダードッグ効果という。**
アナウンスメント効果は，バンドワゴン効果とアンダードッグ効果に分けられる。バンドワゴン効果（勝ち馬効果）とは，有利と報道された候補者に票が集まる現象のことである。アンダードッグ効果（判官びいき効果）とは，不利と報道された候補者に票が集まる現象のことである。

正答 1

FOCUS

マスコミについては，マスコミの機能と効果に関する問題が数多く出題されている。前者についてはラズウェルやラザースフェルドらの学説，後者については弾丸理論，コミュニケーションの２段階の流れ，沈黙の螺旋に注意しよう。

POINT

重要ポイント 1 マスコミの特徴

不特定多数の人間に向けて，一度に大量の情報を伝達することを，**マス・コミュニケーション**という。**マスコミ**という用語は，このマス・コミュニケーションの省略形であるが，一般にはマス・コミュニケーションの媒体（＝マスメディア）ないし発信者をさすものとして用いられることが多い。

(1) マス・コミュニケーションとパーソナル・コミュニケーション

マス・コミュニケーション	パーソナル・コミュニケーション
テレビのニュースなど ・少数の送り手 ・不特定多数の受け手 ・送り手と受け手が固定している ・情報の一方通行	友人どうしの会話など ・少数の送り手 ・少数の受け手 ・送り手と受け手が相互に入れ替わる ・情報の双方向の流れ

(2) 擬似環境 **リップマン**によれば，マスコミによって描かれた環境の姿は，あくまでもマスコミの視点でとらえられた現実のコピーにすぎない。このコピーのことを，**擬似環境**という。われわれは，しばしば擬似環境に反応して行動しており，その点でマスコミの影響力は大きい。

重要ポイント 2 マスコミの機能

(1) ラスウェル

機　能	説　　明
環境の監視	人々にとって脅威やチャンスとなるような出来事を伝える働き。報道番組などで営まれる。
（環境に反応する際の）社会諸部分の相互の関連づけ	社会におけるさまざまな出来事を関連づけ，行動につなげていく働き。評論番組などで営まれる。
（世代から世代への）社会的遺産の伝達	ある社会で伝えられてきた価値観などを，再生産して受け継いでいく働き。

(2) ラザースフェルドとマートン

機　能	説　　明
地位付与	マスコミの取り上げた社会的問題，人物，組織，社会的活動などを，人々が重要なものだとみなすようになること。
社会規範の強制	マスコミが事件を明るみに出すことで，プライベートでは黙認されていたことも，制裁の対象にされてしまうこと。
麻酔的逆機能	マスコミが大量の情報を伝達することで，人々がそれを消化するのに手一杯となり，行動する時間とエネルギーが奪われてしまうこと。

重要ポイント3 マスコミの効果

「マスコミは，どのような効果を，どの程度強く持っているのか」という点については，これまでさまざまな学説が唱えられてきた。

(1) 弾丸理論 マスコミの影響力は絶大で，互いに孤立した大衆に直接働きかけ，その行動を左右しうるとする理論を，**弾丸理論（皮下注射モデル）**という。1940年代中頃までの主流理論で，その代表的論者には**リップマン**がいる。

(2) 限定効果説 マスコミの影響力は限定されており，大衆の行動を直接左右するほどの力はないとする理論を，限定効果説という。1940年代中頃から唱えられた。

①**ラザースフェルドとベレルソン** ラザースフェルドらは，1940年の大統領選挙に際して**エリー調査**を行い，**「コミュニケーションの2段階の流れ」仮説**を提唱した。この仮説によれば，マスコミの影響力は大衆に直接及ぶわけではなく，政治的関心の高い**オピニオン・リーダー**を媒介に，パーソナル・コミュニケーションを通じて間接的に働くのみである（『ピープルズ・チョイス』）。

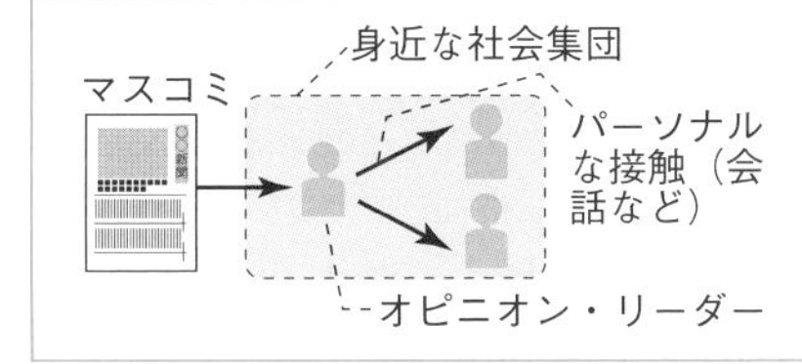

②**クラッパー** クラッパーは，マスコミの影響力を実際に測定し，マスコミが人々の意見や態度を変えさせる効果（変改効果）は必ずしも大きくなく，むしろ既存の意見や態度を強化する効果（**補強効果**）のほうが大きいことを見いだした。これは，受け手が情報に対して選択的に接触しており，自分が持つ既存の心理的傾向（先有傾向）に合致しない情報は排除してしまうためだとされている。

(3) 強力効果説 マスコミは一定の強力な効果を持つとする理論を，強力効果説という。限定効果説を批判して唱えられたもので，1970年代に台頭した。

理論名	提唱者	内　容
沈黙の螺旋	ノエル=ノイマン	マスコミがある意見を少数意見として報道すると，その意見の持ち主は沈黙へと向かう。
議題設定効果	マコームズとショー	マスコミが積極的に取り上げた議題は，社会的争点として人々に認知される。
プライミング効果	アイエンガー	マスコミの報道で特定の認識枠組みが活性化されると，それが他の事実の認識にも適用される※。
フレーミング効果	アイエンガー	マスコミが報道に際して用いた枠組みが，人々の事実認識に影響を与える。
涵養効果	ガーブナー	マスコミの影響力は長期的なもので，「何が現実か」に関する人々の態度を徐々に形成する。

※（例）大統領選挙の最中に，国内テロ事件の惨状が報道されると，「指導者の危機対応能力の有無」という認識枠組みが活性化し，有権者がこれに依拠して投票するようになる。

POINT

重要ポイント 4 マスコミと政治

現代のわれわれにとって，マスコミは政治と接触するための唯一の手段であることが多く，その影響力は無視できない。

(1) アナウンスメント効果　マスコミは，特に選挙報道において大きな影響力を持つ。たとえば，マスコミが候補者の有利・不利を報道すると，それによってその候補者の得票が増減してしまうことがある。これを**アナウンスメント効果**という。アナウンスメント効果には，**バンドワゴン効果（勝ち馬効果）**と**アンダードッグ効果（判官びいき効果）**の2種類がある。

「A候補有利」の報道→有権者が勝ち馬に乗ろうと考える
└→A候補の得票が増加する（＝バンドワゴン効果）
「B候補不利」の報道→有権者が弱者を応援しようと考える
└→B候補の得票が増加する（＝アンダードッグ効果）

(2) 政治的無関心の促進　マスコミが質の低い情報を大量に提供する場合，大衆の政治的無関心が促進される。

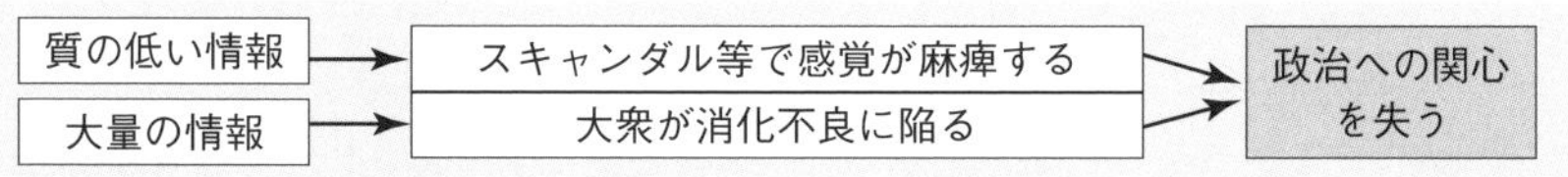

(3) 政治家のマスコミ利用

人物名	マスコミの利用法
ヒトラー	ラジオ演説や街頭のビラを通じて，大衆を積極的に動員した。
F. ルーズヴェルト	ニューディール政策を実施するにあたって，ラジオの「炉辺談話」を通じて国民に直接支持を訴えた。
ケネディ	1960年に史上初のテレビ討論を行い，イメージ戦略を打ち出した。

重要ポイント 5 世論

世論は，デモクラシーを支える重要な基盤である。世論の担い手は時代とともに変遷し，市民（公衆）から大衆へと移り変わってきた。

時　代	担い手	世論の形成過程
19世紀の市民社会	市民	市民による理性的・主体的な討論を通じて，合理的な世論が形成されていた。
20世紀の大衆社会	大衆	マスコミによる操作を通じて，感情的・非合理的な世論が形成されることも多い。

世論は，しばしば**世論調査**を通じて明らかにされる。世論調査は，1948年のアメリカ大統領選挙における当落予想の失敗以降，**ランダム・サンプリング（無作為抽出）**の手法を導入するなどして，その信頼性を高めている。

実戦問題

＊ No.1 マス・コミュニケーションの効果に関する記述として，妥当なのはどれか。
【地方上級（特別区）・平成28年度】

1 ノイマンは，人々は自分の意見が多数派のものなら自分の意見を積極的に表明するが，少数派の意見だと思うと沈黙してしまい，多数意見か少数意見かの判断にマス・メディアが大きな影響を及ぼしているとした。

2 マコームズとショーは，マス・メディアは人々に対して，何を問題として何について考えるべきかには影響を与えないが，どのように考えるかには大きな影響を与え，人々の態度を直接的に変えるとした。

3 クラッパーは，マス・メディアの威力は強大であり，あらゆる受け手に対して即時的な効果をもたらし，受け手の既存の態度を強化する方向で働くよりも，受け手の態度を改変させることになるとした。

4 ガーブナーは，プライミング効果を提起し，マス・メディアの報道によって，ある争点が有権者に重視されるようになると，その争点は有権者が政治指導者や政権を評価する際の基準としても比重を増してくるとした。

5 アイエンガーは，マス・メディアによる培養効果として，暴力や犯罪が多く描かれているテレビ放送に長く接していると，現実もそうしたものであると思い込みやすく，結果として不安傾向や他者への不信感が強まるとした。

＊No.2 マスメディアに関する次の記述のうち，妥当なものはどれか。

【地方上級（全国型）・平成28年度】

1 リップマンは，人々は個々人の頭の中にあるイメージに基づいて社会を認識しているとして，これを擬似環境と呼んだ。そして，それから脱却するには，マスメディアによる情報を通じて，ステレオタイプを強化することが必要であると主張した。

2 人々は，自分が社会の中で少数派であると自覚すると，多数派による反対や社会での孤立を恐れて自分自身の意見を表明しなくなるが，これを「沈黙の螺旋」という。

3 テレビ等を通じて「何が現実であるか」という共有された現実感覚を得るというマスメディアの影響力を，涵養効果（培養効果）という。これはドラマなどのエンターテインメントには見られず，ニュースのみに見られる現象である。

4 1940年代からアメリカ大統領選挙について分析しているミシガン大学の調査によれば，マスメディアは人々の政党帰属意識を大きく変化させる効果を持っている。これは，マスメディアの強力効果説を支持するものである。

5 マスメディアは，何が重要な争点かを設定するプライミング効果，事前に特定の刺激を与えることで特定の知識を活性化させる議題設定効果（フレーミング効果）などを通じて，人々の認知的機能に影響を与えている。

＊No.3 世論とマスメディアに関する次の記述のうち，妥当なのはどれか。

【国家一般職・令和２年度】

1 P.ラザースフェルドらは，1940年のエリー調査に基づき，選挙キャンペーンの効果について検証した。その結果，選挙までの半年の間に，マスメディアの影響で投票意図（投票を予定している政党）を変えた有権者がごく少数であったこと，すなわちマスメディアによる改変効果は小さいことを主張した。

2 W.リップマンによれば，大衆は複雑な現実世界をありのままに理解する能力を欠いているものの，ステレオタイプ（文化的に規定された固定観念）を用いて極めて正確に周囲の情報を得ている。したがって，彼は，世論の動きには十分に合理性があるとし，大衆民主主義について楽観的な見方を示した。

3 「アナウンスメント効果」とは，マスメディアが選挙前に各政党の公約に関する評価を報じることで，有権者の投票行動に影響が生じる効果をいう。その一種である「判官びいき効果」とは，マスメディアから公約を否定的に評価された政党に有権者から同情が寄せられ，事前予測よりも得票が増える現象をいう。

4 特定の争点に対し，どのような立場の人も意見を表明しなくなる現象を，E.ノエル＝ノイマンは「沈黙の螺旋」と呼んだ。彼女によれば，少数派の意見を持つ人は，社会的孤立を恐れて発言を控えてしまう。他方，多数派の意見を持つ人も，他人による意見表明を期待し，積極的な主張をしなくなるとする。

5 特定の争点がマスメディアで強調されると，その争点は有権者が政治指導者を評価する際の基準として比重を増すという効果を「第三者効果」という。一方，同じ争点についても報道の切り口（枠付け）によっては，受け手が情報の信ぴょう性に疑いを持ってしまう。この効果を「フレーミング効果」という。

＊＊
No.4 日本におけるマスメディアと政治の役割に関する次の記述のうち，妥当なものはどれか。 【地方上級（全国型）・平成30年度】

1 首相官邸や各省庁に置かれている記者クラブは，取材の足場としての役割を持ち，記事の生産をスムーズにする一方で，政府の主張をそのままなぞっているとの指摘もある。

2 2005年の衆議院議員総選挙は，マスメディアによって「郵政選挙」と名づけられたが，郵政民営化賛成派と反対派の分裂によって自民党は過半数の議席を確保できず，マスメディアの議題設定効果の限界が露呈した。

3 2010年に放送法が改正され，マスメディアの集中排除原則が緩和されたことから，新聞やテレビの系列化が進み，マスメディアの政治的影響力が増大した。

4 政治によるマスメディアへの干渉を制限するため，2010年に放送法が改正され，業務改善命令を出す権限が総務大臣から放送倫理・番組向上機構（BPO）へと移管された。

5 マスメディアによる選挙予測報道が過熱し，判官びいき効果の強まりが問題となったことから，2017年に公職選挙法が改正され，投票日から1週間以内の選挙予測報道が全面禁止された。

第3章 政治の動態

No.5 ＊＊ **世論調査に関するア～エの記述のうち，妥当なもののみをすべて挙げているのはどれか。**

【国家総合職・令和３年度】

ア：無作為抽出で回答者数各1000人の世論調査において，内閣を支持するか，しないかを二者択一で質問したところ，「支持する」と答えた者が先月は30%であったのに対し，今月は40%であった。先月から今月にかけて，内閣支持率は統計的有意（95%水準）に増加したといえる。

イ：1936年の米国大統領選挙で，『リテラリー・ダイジェスト』誌は230万人をサンプルとした電話調査を実施したにもかかわらず，T.ローズヴェルト当選の予測に失敗した。この一因は，当時は電話の普及率が低く，サンプルが裕福な家庭に偏っていたためである。これは非回収バイアスと呼ばれる。

ウ：わが国の世論調査では，直近の国政選挙で投票したか，それとも投票しなかったかを質問すると，世論調査で「投票した」と答える者の割合は，しばしば実際の投票率を上回ることが知られている。これは，通常の世論調査では在外選挙人や禁錮以上の受刑者が調査対象にならないというソーシャル・デザイアビリティ・バイアスのためである。

エ：インターネット上のモニターに対するアンケート調査により，ある政策に関し，100人の回答者のうち60%の人々が賛成しているとの結果を得た。このことから，もし無作為抽出に基づく面接法で世論調査を行った場合，当該政策に対する賛成率は概ね55%から65%の間にあるものと統計的に推測できる。

1　ア
2　ウ
3　ア，エ
4　イ，ウ
5　ウ，エ

実戦問題の解説

No.1 の解説　マス・コミュニケーションの効果　→問題はP.197　正答1

1 ◎ ノイマンは「沈黙の螺旋」を主張した。
正しい。**ノイマンは，マスメディアがある意見を少数意見として紹介すると，当該意見の持ち主は反対や孤立を恐れ，自分の意見を表明しなくなると主張した**。これを「沈黙の螺旋」という。

2 × マコームズとショーは議題設定効果を主張した。
マコームズとショーは，マスメディアは何を問題として何について考えるべきかに関して，一定の影響力をもっていると主張した。これを議題設定効果という。逆に，マスメディアは，争点についてどのように考えるべきかまでは左右しないとされている。

3 × クラッパーは限定効果説を主張した。
クラッパーは，マスメディアの影響力は限定的であり，受け手の態度を改変させるよりも，受け手の既存の態度を強化する方向で働きやすいと主張した。

4 × プライミング効果を主張したのはアイエンガーである。
マスメディアの報道によって喚起された争点が，有権者が政治指導者等を評価する基準となりうることを見出したのは，アイエンガーである（プライミング効果）。ガーブナーは，マスメディアが「何が現実であるか」という現実感覚を育てていると主張し，これを涵養効果（培養効果）と呼んだ。

5 × 培養効果を主張したのはガーブナーである。
ガーブナーは，テレビドラマの研究を通じて，マスメディアは受け手の現実認知に大きな影響を与えているとした（培養効果／涵養効果）。アイエンガーは，マスメディアのプライミング効果やフレーミング効果を主張したことで有名である。

No.2 の解説　マスメディア　→問題はP.198　正答2

1 × 個々人の頭の中にある固定的イメージをステレオタイプという。
リップマンは，人々は個々人の頭の中にある（固定的な）イメージに基づいて社会を認識しているとして，これをステレオタイプと呼んだ。ステレオタイプは，マスメディアによる情報を通じて形成されるもので，これを脱却することは困難であるとされる。

2 ◎ 少数派が沈黙に向かう傾向を「沈黙の螺旋」という。
正しい。**マスメディアがある意見を少数意見として紹介すると，当該意見の持ち主は反対や孤立を恐れ，自分の意見を表明しなくなる**。ノエル・ノイマンは，こうした現象を「沈黙の螺旋」と呼んだ。

3 × 涵養効果はドラマ放送で確認されている。
マスメディアの涵養効果を指摘したのはガーブナーである。ガーブナーは，テレビドラマの研究を通じて，マスメディアが「何が現実であるか」という現実感覚を育てていると主張し，これを涵養効果と呼んだ。

4 × **ミシガン学派は，有権者の政党帰属意識は安定的であるとした。**
ミシガン大学の調査によれば，有権者の政党帰属意識は安定的であり，親から子に受け継がれることが多いとされている。マスメディアの影響で政党帰属意識が変化することは少ないとされるため，これはマスメディアの強力効果説を支持するものではない。

5 × **何が重要な争点かを設定する効果は，議題設定効果と呼ばれている。**
マスメディアは何が重要な争点かを設定しており，これを議題設定効果という。また，マスメディアは，情報の受け手に働きかけて特定の知識を活性化させており，これをプライミング効果という。なお，フレーミング効果とは，マスメディアが報道の際に用いる枠組み（フレーム）が，情報の受け手の現実認識に大きな影響を与えているとするものである。

No.3の解説　世論とマスメディア

→ 問題はP.198　**正答 1**

1 ◎ **エリー調査はマスメディアによる改変効果が小さいことを示した。**
ラザースフェルドらは，1940年の大統領選挙に際してオハイオ州エリー郡でパネル調査，すなわち同一の対象者に繰り返し行うアンケート調査を実施した。その結果，**マスメディアが有権者の投票意図を変える効果は小さい**こと，**有権者はその社会的属性（社会経済的地位・宗教・居住地域）に従って投票意図を決定している**ことが明らかになった。

2 × **リップマンは世論の非合理性を指摘し，大衆民主主義にも批判的であった。**
ステレオタイプを用いた現実認識は固定的・硬直的であって，きわめて不正確なものである。そこでリップマンは，ステレオタイプに基づいて形成される世論は非合理的であると考え，大衆の世論に立脚した大衆民主主義にも批判的な態度を示した。

3 × **アナウンスメント効果では選挙予測の報道が有権者の投票行動を左右する。**
アナウンスメント効果とは，マスメディアが選挙予測を報道することで，有権者の投票行動に影響を与えることをいう。その一種である「判官びいき効果」（アンダードッグ効果）の場合，情勢不利と報じられた候補者に同情票が集まり，「勝ち馬効果」（バンドワゴン効果）の場合，情勢有利と報じられた候補者に追加の票が集まる。

4 × **「沈黙の螺旋」では少数派の意見が表明されにくくなる。**
ノエル=ノイマンによれば，少数派の意見を持つ人は，社会的孤立を恐れて発言を控えてしまう。他方，多数派の意見を持つ人は，自分の意見を堂々と表明する。その結果，少数派はいっそう沈黙に向かい，多数派の意見のみが目立つようになる。こうした状況を「沈黙の螺旋」という。

5 × マスメディアの強調した争点が評価基準となることを議題設定効果という。

マスメディアが特定の争点を強調すると，有権者もその争点を重視して政治指導者を評価するようになる。こうした効果を議題設定効果という。これに対して，第三者効果とは，自分はマスメディアにあまり影響されないが，世間の人々はマスメディアから大きく影響されているとする考え方のことである。また，フレーミング効果とは，同じ争点についても報道の切り口（枠付け）によっては，受け手の現実認識が変わってしまうことをいう。

No.4 の解説　日本におけるマスメディアと政治の役割　→問題はP.199　正答 1

1 ◎ 記者クラブは政府批判を鈍らせることがある。

記者クラブは，新聞記者や放送記者等が構成する任意団体であり，首相官邸や各省庁に置かれている。政府の提供する情報をなぞれば楽に記事やニュースができるうえ，政府批判を行えば政府から情報が得られにくくなることから，**記者クラブは政府批判を鈍らせる傾向にあると批判されている。**

2 × 郵政選挙では自民党が過半数の議席を確保した。

2005年の衆議院議員総選挙（いわゆる「郵政選挙」）では，小泉首相の率いる自民党が圧勝し，6割を超える議席を獲得した。なお，この選挙では小泉首相の個人的魅力から自民党に投票した有権者も多く，マスメディアの設定した郵政民営化という議題が有権者にどの程度強く作用したかは不明である。

3 × マスメディアの集中排除原則は現在も固く維持されている。

マスメディアの集中排除原則とは，同一の者が複数の基幹放送事業者を支配しないように求めるものであり，放送による表現の自由ができるだけ多くの者によって享有されるようにするために設けられている。2010年の改正放送法では，集中排除原則の基本的な部分が法定化されるとともに，維持義務化された。緩和によって新聞やテレビの系列化が進んだという事実はない。

4 × マスメディアへの業務改善命令は総務大臣が出す。

放送法に基づくマスメディアへの業務改善命令は，現在でも総務大臣が出している。これに対して，放送倫理・番組向上機構（ＢＰＯ）は，マスコミ各社が構成している任意団体にすぎない。放送への苦情や放送倫理の問題に対応する役割を担っているが，業務改善命令を出す権限は与えられていない。

5 × 投票日直前の選挙予測報道は特に禁止されてはいない。

現在のところ，投票日直前の選挙予測報道を明確に禁止した法律はない。また，近年では「判官びいき効果」の弱まりが指摘されている。判官びいき効果とは，選挙予想報道で不利とされた候補者に同情票が集まる現象のことである。1994年に小選挙区制が導入されて以降，自分の一票を無駄にしたくないと考える有権者は，こぞって有力候補に投票するようになり，判官びいき効果よりも勝ち馬効果が強く表れるようになった。

No.5 の解説　世論調査

→ 問題はP.200　**正答 1**

ア ◎　支持率が10ポイント上昇したことは誤差の範囲内とは考えにくい。

一般に「統計的検定」という作業を通じて，２つの事象が誤差の範囲内かどうかを確かめることができる。しかし，計算が複雑であることから，本問の場合は他の選択肢の正誤を確かめ，消去法で対応したほうがよい。

イ ×　ＬＤ誌はＦ．ローズヴェルトの当選予測に失敗した。

『リテラリー・ダイジェスト』誌は，自誌の購読者や自動車保有者，電話保有者の名簿をもとに郵便でアンケート調査を行ったが，民主党のＦ．ローズヴェルト候補の当選予測に失敗した。その理由としては，**サンプルが富裕な家庭に偏っており，その中には共和党支持者が多かった**点が指摘されている。また，非回収バイアス（無回答バイアス）とは，アンケートに回答しなかった者が多かったことで生じるバイアス（偏り）のことであり，サンプルのバイアスによって生じるものではない。

ウ ×　「投票した」とする回答が多くなるのは，一種の見栄によるものである。

世論調査で「投票した」と答える者の割合が，しばしば実際の投票率を上回るのは，「投票しなかった」と答えるのは恥ずかしいという意識が働くためである。このように，**他者から望ましいと思われるようなやり方で調査対象者が回答してしまう傾向のことを，ソーシャル・デザイアビリティ・バイアスという。**

エ ×　インターネットを通じたアンケート調査はバイアスが大きい。

インターネットを通じてアンケートに回答してくれる人々は，しばしば一定方向の偏りを持っており，アンケートを通じて全国民の縮図が描かれるわけではない（たとえば高齢の回答者は少ない傾向にある）。従って，無作為抽出に基づいて世論調査を行った場合には，これとまったく異なる結果が得られる可能性も大きい。

以上より，**ア**のみが正しく，**1**が正答となる。

第 4 章
政治の意識と行動

第4章 政治の意識と行動

試験別出題傾向と対策

	試験名	国家総合職					国家一般職					国家専門職（国税専門官）				
頻出度	年度	21-23	24-26	27-29	30-2	3-5	21-23	24-26	27-29	30-2	3-5	21-23	24-26	27-29	30-2	3-5
	テーマ　出題数	4	2	3	1	4	1	3	0	3	2	0	1	1	1	0
B	14 政治意識	1	1	1				1		1	1		1	1		
C	15 政治的無関心															
C	16 イデオロギー	2			1	1		1		1	1				1	
B	17 投票行動	1	1	2		3	1	1		1						

「政治の意識と行動」では，人々を政治行動に突き動かしたり，政治行動から遠ざけたりする人間心理と，その心理から生じる政治行動そのものを学習する。学習内容は，大きく「政治意識（政治心理）」（テーマ14・15），「イデオロギー」（テーマ16），「投票行動」（テーマ17）の３つに分けられる。「政治意識（政治心理）」では，政治意識に関する諸学説を理解することが課題となる。近年では，社会的性格論や政治文化論がたびたび出題される一方，政治的無関心の出題は激減している。「イデオロギー」では，マルクスらのイデオロギー概念と代表的なイデオロギーを理解することが課題となる。近年では，ナショナリズムなどの具体的イデオロギーが問われやすくなっている。「投票行動」では，候補者選択の帰納的理論と棄権の演繹的理論を押さえることが課題となる。同様の内容が繰り返し出題されているので，必要な知識は問題演習で身に付けるようにしよう。

● 国家総合職（政治・国際・人文）

３年間におおむね３～４問のペースで出題されている。「投票行動」の出題が圧倒的に多く，これまでにコロンビア学派とミシガン学派の比較，業績投票や個人投票，「投票の幅」の概念，「R＝ＰＢ－Ｃ＋Ｄ」という定式の解釈などが取り上げられている。これに次ぐのが「イデオロギー」であり，近年ではナショナリズムや多文化主義などが問われている。関連事項としてフェミニズムやエコロジー思想が出題されたこともあるので，出題の幅広さに戸惑わないようにしたい。

● 国家一般職

３年間を１期とすると，１期おきに出題数が増える傾向にある。頻出期には，１期のうちに「政治意識」，「イデオロギー」，「投票行動」から各１問が出題されるので，偏った学習は避けたほうが無難である。ただし，近年の傾向として，政治的無関心からの出題は避けられがちである。「イデオロギー」については，国家総合職から影響を受けたとみられる出題が散見される。たとえば，アンダーソン，スミ

	地方上級（全国型）					地方上級（特別区）					市役所（C日程）				
	21-23	24-26	27-29	30-2	3-4	21-23	24-26	27-29	30-2	3-5	21-23	24-26	27-29	30-2	3-4
	0	0	0	1	0	3	1	2	1	2	0	0	1	0	0
テーマ14						1		1		1					
テーマ15							1			1					
テーマ16				1		1									
テーマ17						1		1	1				1		

ス，ゲルナー，ルナンらのナショナリズム論などである。これらは一般に国際関係の出題テーマとされているが，政治学でも科目横断的に出題されることがあるので，対策を怠らないようにしたい。

● 国家専門職（国税専門官）

もともと出題数は少なく，平均すれば５年に1問出題されるかどうかという状況にある。したがって，学習上の優先度はかなり低いと考えてよいだろう。強いて言えば，「政治意識」の出題可能性がもっとも高く，イングルハートやパットナム，丸山眞男など，国家総合職と同様の問題が出題されている。難易度も高めであることが多いので，問題演習の際には応用レベルの問題まで積極的に解き，解説をしっかりと読みこむようにしたい。

● 地方上級

特別区を除けば，出題数はかなり少ない状況にある。したがって，あまり学習に時間をかけすぎず，浮いた時間を他のテーマの学習に振り向けたほうが，学習効率は向上する。アイゼンクの図式，フロムやリースマンの社会的性格論，政治的無関心の類型，コロンビア学派とミシガン学派の投票行動論，フィオリナの業績投票概念など，基礎知識の暗記を優先するべきであり，時間がなければ応用問題にまで手を伸ばす必要はないだろう。

● 市役所

一般に出題されにくい分野なので，あまり学習に時間をかける必要はないだろう。出題内容や難易度は特別区に近いことが多いので，問題演習では特別区の問題を積極的に解いてみるとよい。暗記すべき項目も，上記の地方上級と同様なので，とにかく集中して基礎知識を暗記するようにしよう。

政治意識

必修問題

アーモンドとヴァーバの政治文化論に関する記述として，妥当なのはどれか。

【地方上級（特別区）・令和５年度】

1 **アーモンドとヴァーバ**は，「現代市民の政治文化」で，アメリカ，イギリス，西ドイツ，イタリア，日本の，政治システム，入力機構，出力機構，自己を対象として分析し，政治文化を参加型，臣民型，未分化型の３類型に分けた。

2 **参加型政治文化**は，国民の多くが政治システム，入力機構，出力機構，自己の全てを志向する場合であり，５か国でこれに最も近い政治文化を持つのがアメリカで，次はイギリスとした。

3 **臣民型政治文化**は，国民の多くが入力機構および自己にのみ肯定的な態度をとり，政治システムおよび出力機構に対しては信頼感を持っていない場合であり，西ドイツとイタリアがこれに近い政治文化を持つとした。

4 **未分化型政治文化**は，国民の多くが政治システム，入力機構，出力機構，自己のすべてに明確な態度を形成していない場合であり，日本がこれに近い政治文化を持つとした。

5 現実の政治文化は各類型の混合であり，民主主義の安定に適合する政治文化は，参加型に近いものだが，臣民型が混合されたものとし，これを**政治的社会化**と呼んだ。

難易度　＊

必修問題の解説

本問は，政治文化に関する基本問題である。知識がなければまったく解けないが，いったん理解してしまえば得点源にできる内容なので，復習はしっかり行って欲しい。なお，政治的社会化（**5**）はあまり頻出の項目ではない。

1 × アーモンドらは欧米先進国とメキシコの政治文化を分析した。
アーモンドとヴァーバは，アメリカ，イギリス，西ドイツ，イタリア，メキシコの政治文化を研究した。そして，アメリカとイギリスを参加型，西ドイツとイタリアを臣民型，メキシコを未分化型の政治文化に分類した。

2 ◎ 参加型政治文化では政治全般に対する強い関心と参加意識がみられる。
参加型政治文化では，国民の多くが政治システム，入力機構，出力機構，自己のすべてを志向し，政治に対して強い関心と参加意識を持っている。その**代表国はアメリカ**である。

3 × 臣民型政治文化では政治システムと出力機構への関心がみられる。
臣民型政治文化では，国民の多くが政治システムと出力機構に関心を持っている。その一方で，自ら政治に参加するという意識は弱く，入力機構や自己には肯定的な態度を示さない。

4 × 未分化型政治文化の代表国はメキシコである。
未分化型政治文化では，国民の多くが政治的無関心の状態にあり，政治システム，入力機構，出力機構，自己のすべてに明確な態度を形成していない。その代表国として挙げられているのはメキシコである。

5 × 民主主義の安定に適合する政治文化は「市民文化」と呼ばれている。
民主主義は市民の政治参加によって支えられるが，政治の安定のためには一定の政治的無関心も必要である。そこで，民主主義の安定に適合する「**市民文化**」は，参加型と臣民型（ないし３類型のすべて）が混合されたものとされている。なお，政治的社会化とは，ある社会で一般化している政治的価値観・信念・態度などを内面化していく過程のことである。

正答 2

FOCUS

政治意識については，ラズウェルの定式（「p}d}r＝P」），フロムやリースマンの社会的性格論が頻出である。また，近年では，アーモンドとヴァーバの政治文化論，パットナムの人間関係資本論などもたびたび出題されている。

POINT

重要ポイント 1 政治意識

人々が政治一般または特定の政治問題に対して持つ「ものの見方，考え方およびそれに由来する行動のしかた」を，**政治意識**と言う。政治意識は政治心理と言い換えてもほぼ同義であるが，純粋に内面的なことがらにとどまらず，行動のしかたまで含む点では，より広い概念と言える。また，「政治意識の高さ」というように，規範的意味を込めて用いることがある点でも，政治心理とは異なっている。政治意識という概念は，わが国独自のものである。

(1) ウォーラス　ウォーラスは，人間が知性に基づいてのみ行動すると考えた主知主義に反対し，**人間の非合理的な衝動**こそが政治を動かす大きな要素であるとする**反主知主義**を主張した（『政治における人間性』）。

(2) リップマン　リップマンによれば，大衆は一定のパターン化されたイメージに基づいて現実を解釈・認識し，行動している。そうした紋切り型のイメージは，**ステレオタイプ**と呼ばれる。ステレオタイプはしばしばマスコミの影響で形成され，理性的・合理的な世論の形成を妨げる（『世論』）。

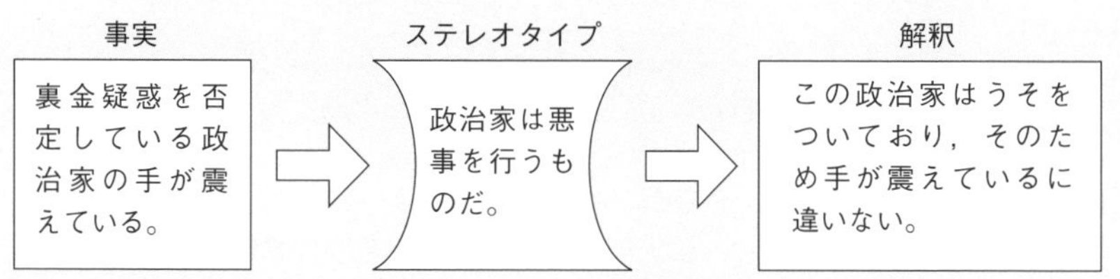

(3) ラスウェル　ラスウェルは，**精神分析的手法を導入**することで，政治意識の研究を進めていった。ラスウェルによれば，私的欲望の実現を動機として持ちながら，それを合理化して公的次元につなげていくのが政治的人間である。特に，**幼少時のトラウマ（＝精神的な傷）**を持つ者は，その代償として権力を強く追求するようになると指摘された（『精神病理学と政治』）。

p}d}r＝P
p：私的な動機
d：公的な目標への転換
r：合理化
P：政治的人間

(4) アイゼンク　心理学者のアイゼンクは，イギリス人の政治意識を実証的に分析し，次のような図にまとめた。このうち，横軸は現状を肯定的にみるか，否定的にみるかという態度の違いを表し，縦軸は規則や道徳に反抗的でかたくなか，従順で穏やかかというパーソナリティの違いを表す。アイゼンクによれば，政治的意見は比較的変化しやすいので，**横方向の転向はありうる**が，時間をかけて形成される心性は変化しにくいので，縦方向の転向は起こりにくい。したがって，右図でいえば，共産主義者

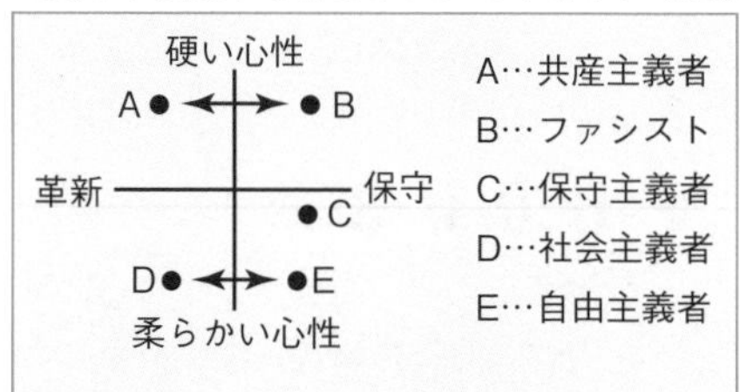

(A）とファシスト（B）は硬い心性を共有し，社会主義者（D）と自由主義者（E）は柔らかい心性を共有するので，相互に転向しうる。

重要ポイント 2 社会的性格

同じ社会に属する人々は，同一の生活様式や経験を持つことで，心の奥底に類似の性格構造を身につけやすい。これが，フロムのいう**社会的性格**である。社会的性格は一定の社会構造に見合った形で形成されるため，これを身につけた人々は，その社会にうまく適応して生活しやすくなる。

(1) フロム フロムは，社会的性格という概念を用いて，ドイツにおけるナチスの台頭を説明しようとした。フロムによれば，近代化の進展とともに自由となった人々は，やがて選択の自由を重荷と感じるようになり，自ら進んで権威（＝ナチス）を求めていった。そうした人々の社会的性格が，**権威主義的性格**である。権威主義的性格が顕著に見られたのは，労働者階級の台頭で心理的不安定に陥っていた下層中産階級であるとされた。

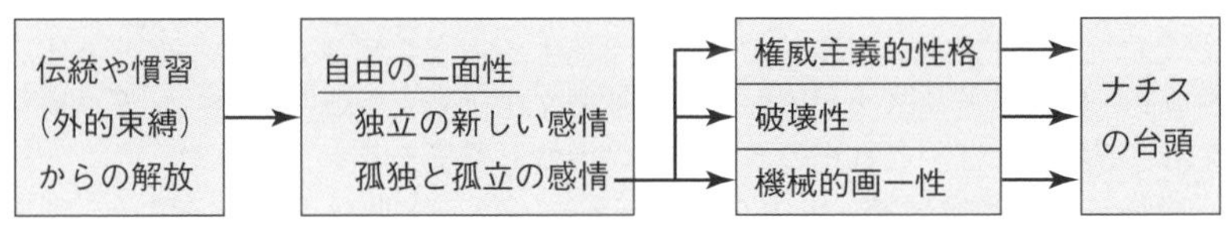

なお，アドルノは，人々がどの程度権威主義的であるのかを明らかにするため，F尺度を開発した。これは，被験者に対して「権威に対する尊敬と従属は，子どもたちが学ぶべき最も重要な美徳である」などの意見を示し，「大いに賛成・賛成・どちらでもない・反対・大いに反対」という5つの選択肢から，自分の態度を選択してもらうというものである。

(2) リースマン リースマンは，人口動態と社会的性格を関連づけ，社会的性格の3類型を導き出した。

類型名	時　代	説　明
伝統指向型性格	伝統的社会（高度成長潜在期）	過去何世紀にもわたって続いてきた伝統や慣習が個人の方向づけを行う。
内部指向型性格	近代社会（過渡的人口成長期）	幼少期に年長者によって植えつけられた内的な起動力（＝心理的羅針盤）が個人の方向づけを行う。
他者指向型性格	現代社会（初期的人口減退期）	同時代人の動向が個人の方向づけを行う。新中産階級（官僚やサラリーマンなど）で典型的に見られる。

さらにリースマンは，道徳屋と内幕情報屋という2つのタイプについても言及している。道徳屋とは，政治に対して感情的に反応するタイプで，内部指向型に典型的とされる。内幕情報屋とは，政治の内幕情報に興味を覚えるタイプで，他者指向型に典型的とされる。

重要ポイント3 政治文化と政治的社会化

(1) 比較政治文化 政治を支える文化は，国によって大きく異なっている。**アーモンドとヴァーバ**は，アメリカ，イギリス，西ドイツ（当時），イタリア，メキシコにおける世論調査の結果をもとに，各国の政治文化を比較検討した（『現代市民の政治文化』）。その内容は，下図のようにまとめられる。〔○＝関心を持った状態，×＝関心を持たない状態〕

政治文化	政治システム	入力機構	出力機構	自己※	該当国
未分化型	×	×	×	×	メキシコ
臣民型	○	×	○	×	西ドイツ，イタリア
参加型	○	○	○	○	アメリカ，イギリス

＊「自己」とは，政治システムの一員としての自己を意味する。

未分化型（パロキアル型）文化とは，国民が政治全般について関心を持たず，政治を自分からは隔絶したものだと感じているような政治文化のことである。また，**臣民型文化**とは，国民が自分を権力の受け手であると認識し，政治参加には消極的であるような政治文化のことである。これに対して，**参加型文化**とは，国民が政治一般に強い関心を抱き，積極的に政治に参加するような政治文化のことである。アーモンドらは，イギリスを起源とする参加型文化を高く評価しつつ，**デモクラシーを支える市民文化は，これらの政治文化の混合形態である**と主張した。

(2) 脱物質主義的価値観 **イングルハート**は，第二次世界大戦後の豊かな環境で育った新世代が，単なる物質的な要求よりも，言論の自由，政治参加，環境保護などのより高次の欲求を重視していると考えた。そして，脱工業化社会においては，脱物質主義的価値観を重視する新しい政治文化が形成されつつあると主張した（『静かなる革命』）。

(3) 人間関係資本 **パットナム**は，イタリアにおける南北格差を研究し，北部では水平的な人間関係を背景に民主主義的決定がうまく機能しているのに対して，南部では親分－子分関係などの垂直的人間関係が障害となり，政府の業績が上がっていないと指摘した（『哲学する民主主義』）。パットナムは，これを**人間関係資本**（ないし社会関係資本）として概念化したが，その内容は広義の政治文化と考えることができる。なお，彼は後にアメリカの研究も行い，アメリカでは人間関係資本が衰退しつつあると主張した（『孤独なボウリング』）。

(4) 政治的社会化 ある社会で一般化している政治的価値観・信念・態度などを内面化していく（＝心のなかに刻み込んでいく）過程を，**政治的社会化**という。政治的社会化は，家族，学校，仲間集団などの影響を受けつつ，一生を通じて成し遂げられるが，特に幼少期の政治的社会化は重要な意味を持つ。これは，幼少期に形成された政治意識が，その後の人生においても比較的変化しにくいためである。

実戦問題

＊No.1 「政治的人間（P）の成立には，権力を得ようとする私的動機（p）だけでは不十分であって，私的動機の公的対象への転移（d）と公益の名における合理化（r）も必要である」と主張した政治学者がいる。彼はそれを「p}d}r＝P」という図式にまとめているが，その人物に関する説明として妥当なのは，次のうちどれか。

【地方上級（全国型）・平成14年度】

1 「公的異議申立て（自由化）」と「包括性（参加）」という２つの軸を用いて民主化の度合いを測定し，現実においてかなりの程度民主化された政治体制をポリアーキーと呼んだ。

2 現実の人間はその合理性がかなり限定されていることから，効用の最大化をめざすよりも，一定の満足水準を達成するような行為を選択すると主張した。

3 C.メリアムとともにシカゴ学派に属し，政治学の科学化を推進する中で，政治学に精神分析の手法を導入することを提唱した。

4 各国の政党制を詳細に研究して，それを一党制，ヘゲモニー政党制，二党制，一党優位政党制，穏健な多党制，極端な多党制，原子化政党制に分類した。

5 正義論を復活させ，正義の原理の内容として「平等な自由原理」と「格差原理」の２つを挙げたが，両者が衝突する場合には前者が後者に優先すると主張した。

＊No.2 政治意識に関する記述として，妥当なのはどれか。

【地方上級（特別区）・平成29年度】

1 ベントレーは，『政治における人間性』を著し，主知主義的人間観を批判し，人間の非合理的要素を含めて政治を分析すべきだとして，政治研究に心理学的アプローチを導入した。

2 アドルノは，『自由からの逃走』を著し，精神分析的手法を応用してドイツ社会を観察し，ナチズムの心理的基盤として，ドイツ人の社会的性格が権威主義的性格とみなせるとした。

3 アイゼンクは，政治的事柄についての態度を，統計的手法を用いて分析し，保守的か急進的かのイデオロギーの軸と，硬い心と柔らかい心を分けるパーソナリティの軸という２つの主要な軸を抽出した。

4 ペイトマンは，先進諸国では経済的，身体的安全を求める物質主義的価値観から，帰属，評価，自己実現への欲求を重視する脱物質主義的価値観への意識の変化が認められるとした。

5 ラズウェルは，政治的無関心を無政治的態度，脱政治的態度，反政治的態度に３分類し，このうち脱政治的態度とは，経済，芸術など政治以外のものに関心を集中する結果，政治に対する関心が低下するものであるとした。

No.3 政治心理に関する次の記述のうち，妥当なのはどれか。

【国家一般職・令和元年度】

1 G. アーモンドとS. ヴァーバは，1960年代に米国，英国，西ドイツ，イタリア，メキシコの５か国で参与観察を行い，政治文化の比較を行った。彼らは，政治文化を未分化型，臣民型，参加型の３タイプに分類したうえで，これら３つが混在した状態は民主政治の不安定化につながると説いた。

2 R. イングルハートは，第二次世界大戦後から1970年代という経済的繁栄と平和の時代に，先進産業諸国の国民に価値観の変化が生じたと主張している。彼の議論によると，この時期に幼年期を過ごした世代では，それまでの世代に比べ，自己実現といった非物質的価値を重視する「脱物質主義的価値観」が強い。

3 E. フロムは，『自由からの逃走』において，世論調査データの分析結果から，ドイツ人が自由主義的性格を強く持った民族であると主張した。この研究を批判したT. アドルノは，精神分析的手法を用いてドイツ社会を考察し，ナチズムの心理的基盤となった，ドイツ人の権威主義的性格について指摘した。

4 自分が政治から影響を受けているという有権者の感覚を「政治的有効性感覚」と呼ぶ。政治的有効性感覚は，有権者自身が政治の動きを理解できるといった自己能力に関する「外的有効性感覚」と，政治家や議会などが有権者の期待に応えてくれるかに関する「内的有効性感覚」に分類できる。

5 三宅一郎は，「政党支持の幅」という概念を用いて，日本人の政党支持態度の特徴を説明した。彼によると，日本の有権者は，特定の政党を安定的に支持し続ける傾向があるという点で，支持の幅が狭い。三宅はまた，我が国では，絶対に支持したくないという「拒否政党」を持つ有権者が存在していないと主張した。

＊＊＊
No.4 政治文化および政治意識に関する次の記述のうち，妥当なのはどれか。

【国家専門職・平成29年度】

1 R.イングルハートは，物質主義的価値観と脱物質主義的価値観を表す指標を用いて，国際比較世論調査を行った結果，脱工業化が早くから進んだ国ほど，また若い世代ほど，脱物質主義的価値観を持ち，古い世代ほど物質主義的価値観を持つ者の比率が高くなることを発見した。彼は，1960年代後半から1970年代に先進国で多くの中上流階層の若者が学生運動に走ったことについて，脱物質主義的価値観の影響によるものであったことを提示した。

2 R.パットナムは，イタリアの各地方での実証研究を通じて，その地方におけるメンバーが共有する人間関係の凝集性や社会参加の度合いに着目し，そういった社会関係資本（social capital）が政治システムの業績に影響を与えることを示した。また，彼は，米国における自発的結社が1990年代に入って次々と生成している事実を示し，社会関係資本の強化と市民の政治への参加意欲の高揚が米国社会で広く見られることを指摘した。

3 B.アンダーソンは，ネイション（nation）を一定領域の人々の集合的な想像の産物であると捉え，近代以降に見られる印刷物の普及や読書人口の飛躍的拡大がネイションの生成に与えた影響を重視した。その一方で，彼は，近代以前の社会にある種のエスニックな共同体が存在していたことにも着目し，それがネイションを喚起するのに大きな影響を与えたことを指摘した。

4 T.アドルノは，ナチスの全体主義運動がドイツに登場した要因を明らかにするために，心理学的に権威主義的性格を測定する複数の質問項目を設けた調査を行った。その結果，彼は，学校や家庭での厳しいしつけと権威主義的性格の形成には関連性はなく，ある特定の政治文化の中に育った人でなくても，ある一定の環境に置かれると権威に服従して非人道的な行為を行う可能性があることを示した。

5 丸山眞男は，明治維新以前のわが国の封建思想に着目し，その中に見られる「自然」から「作為」への転換が，わが国における近代化の思想的起点となったと主張した。彼は，この「自然」から「作為」へという視点を，第二次世界大戦前のわが国の軍国支配を支えた精神構造の分析に応用し，当時のわが国の政治指導者が，開戦に関して主体的な決断を行い，その結果，自らがなしたことに対する明確な責任の意識を有していたことを指摘した。

実戦問題の解説

No.1 の解説　p}d}r＝P

→問題はP.213　**正答3**

1 × ダールに関する説明である。ダールは，実現可能な民主的政治体制をポリアーキーと呼び，これを示す指標として「公的異議申立て（自由化）」および「包括性（参加）」という2点を挙げた。ポリアーキーの代表国はアメリカである。

2 × サイモンに関する説明である。サイモンは，人間は限定された合理性しか持たず，一定の満足水準を達成するような行為を選択すると主張した。これは，人間が完全な合理性を持ち，効用を最大化するような行為を選択するとした合理的選択論の主張を修正するものであった。

3 ◎ 正しい。ラスウェルに関する説明である。**ラスウェルは精神分析の手法を政治学に導入し，政治的人間が権力を追求しようとする心理的メカニズムを明らかにした。**「p}d}r＝P」という図式は，ラスウェルが『精神病理学と政治』において示したものである。

4 × サルトーリに関する説明である。サルトーリは，「有意な政党の数」や「各党のイデオロギー距離」などを指標として，各国の政党制を7つに類型化した。これは，デュヴェルジェが提示した一党制，二党制，多党制という分類を精緻化したものである。

5 × ロールズに関する説明である。ロールズは，自由主義を基本的な立場として貫きつつ，最も不遇な人々に最大の利益をもたらすような不平等は容認されうると主張した。具体的には，正義の原理として，①平等な自由原理，②格差原理，③機会均等原理の3つを挙げ，「①>③>②」の順に優先すると主張した。

No.2 の解説　政治意識

→ 問題はP.213 正答3

1 × 政治研究に心理学的アプローチを導入したのはウォーラスである。
ウォーラスは，人間はしばしば非合理的衝動に基づいて行動していると主張し，人間心理と政治の関係を考察する政治心理学への道を切り開いた。これに対して，ベントレーは『政治過程論』を著し，現実政治の分析を行う政治過程論への道を切り開いた。

2 × 『自由からの逃走』を著したのはフロムである。
フロムは，自由を重荷と感じたドイツ人が，自ら権威に従おうとする権威主義的性格を身につけた結果，ナチスの台頭を許すことになったと主張した（『自由からの逃走』）。これを受けて，アドルノは，権威主義的態度を客観的に測定するためのF尺度（Fはファシズムの略）を開発した。

3 ◎ アイゼンクは，イデオロギー軸とパーソナリティ軸を区別した。
正しい。**アイゼンクは，イデオロギー軸とパーソナリティ軸を組み合わせ，イギリスにおける中産階級の政治的態度を統計的に分析した**。これにより，たとえば共産主義者は「急進的－硬い心」という組合せで説明できることが明らかになった。

4 × 脱物質主義的価値観の台頭を主張したのはイングルハートである。
イングルハートは，豊かな社会の到来によって，人々の価値観が物質主義的価値観から脱物質主義的価値観に変化しつつあると主張した。ペイトマンは，現代政治における参加デモクラシーの重要性を指摘した人物である。

5 × 政治以外のものに関心を抱いているのは，無政治的態度の特徴である。
ラズウェルは，政治以外のものに関心を集中する結果，政治に対する関心が低下した状態を「無政治的態度」と呼んだ。これに対して，脱政治的態度とは挫折の経験によって政治から引退した状態を指し，反政治的態度とは政治そのものに反感を持った状態をさす。

No.3の解説　政治心理

→問題はP.214　正答2

1 ×　アーモンドらは混合型の文化は民主政治の安定化につながるとした。

アーモンドとヴァーバは，世論調査をもとに政治文化の比較を行った。そして，未分化型（メキシコ），臣民型（西ドイツとイタリア），参加型（米国と英国）の3つが混在した状態を市民文化と呼び，これが民主政治の安定化につながると説いた。なお，参与観察とは，対象者と生活をともにするなどして，その視点を取り込むことで研究を進めようとする手法のことである。アーモンドとヴァーバは，参与観察を行ったわけではない。

2 ◎　イングルハートは，脱物質主義的価値観の台頭を指摘した。

イングルハートは，第二次世界大戦後の「豊かな社会」に育った世代では，物質的欲求がある程度満たされていることから，自己実現などを重視する脱物質主義的価値観が台頭していると主張した。

3 ×　フロムは精神分析的手法を用いてドイツ人の権威主義的性格を指摘した。

フロムは，精神分析的手法を用いてドイツ社会を考察し，ナチズムの心理的基盤となった，ドイツ人の権威主義的性格について指摘した。また，この研究を継承したアドルノは，権威主義的性格の度合いを示す指標としてF尺度を開発し，世論調査を実施した。

4 ×　自分は政治に影響を与えうるという感覚を政治的有効性感覚と呼ぶ。

自分は政治に影響を与えうるという感覚を「政治的有効性感覚」と呼ぶ。**政治的有効性感覚は，自分が政治を理解できるかに関する「内的有効性感覚」と，政治家や議会などが自分の期待に応えてくれるかに関する「外的有効性感覚」に分類できる。**

5 ×　三宅一郎は日本の有権者が一定の幅の中で支持政党を変えていると主張した。

三宅一郎は，日本の有権者は複数の政党を支持する傾向にあり，その一定の幅の中で「支持政党」（第一選択の政党）を変えていると主張した。また，絶対に支持したくないという「拒否政党」を持つ有権者が多いと指摘した。

No.4 の解説　政治文化と政治意識

→ 問題はP.215 正答 1

1 ◎ 正しい。**イングルハートは，豊かな社会の到来によって，人々の価値観が物質主義的価値観から脱物質主義的価値観へと変化しつつあり，表現の自由や環境問題などを重視する人々が増えていると考えた**。そして，学生運動や反公害運動などの台頭は，こうした価値観の変化に対応したものであると主張した。

2 × パットナムは，米国における自発的結社が衰退しつつある事実を示し，社会関係資本の弱体化と市民の政治への参加意欲の低下が米国社会で広く見られることを指摘した（『孤独なボウリング』）。

3 × アンダーソンは，ネイションを一定領域の人々の集合的な想像の産物であるととらえた。そして，印刷物の普及や読書人口の飛躍的拡大がこれを可能にした点で，ネイションの成立はきわめて近代的な現象であると主張した。これに対して，近代以前の社会に存在していたエスニックな共同体（エスニー）がネイションを喚起したと主張したのは，アンソニー＝スミスである。

4 × アドルノは，権威主義的性格を測定する複数の質問項目（F尺度）を設け，調査を行った。その結果，**学校や家庭での厳しいしつけと権威主義的性格の形成には関連性があり，厳しいしつけのなかで生まれる依存と反抗の葛藤が，権威主義的性格を促進する**ことが明らかになった。なお，いかなる人物も，ある一定の環境に置かれると権威に服従して非人道的な行為を行う可能性があると主張したのは，ミルグラムである。ミルグラムは，いわゆる「アイヒマン実験」を行い，これを検証した。

5 × **丸山眞男は，我が国では伝統的に「自然」が重視されてきた点に注目し，この「自然」という視点を，第二次世界大戦前の我が国の軍国支配を支えた精神構造の分析に応用した**。そして，当時の我が国の政治指導者が，開戦に関して主体的な決断を行わず（「当時の状況により開戦は避けられなかった」など），その結果，自らがなしたことに対する明確な責任の意識を有していなかったことを指摘した（「自分にはどうしようもなかった」など）。なお，丸山眞男によれば，我が国で例外的に「作為」を重んじた思想家の一人が，荻生徂徠（おぎゅうそらい）である。徂徠は，「おのずから治まる」ことよりも「人為的な制度による統治」を重視した。

第4章 政治の意識と行動

政治的無関心

必修問題

リースマンまたはラスウェルの政治的無関心の分類に関する記述として，妥当なのはどれか。 【地方上級（特別区）・令和４年度】

1 **リースマン**は，身分に基づく特定の少数者が統治を行った前近代社会のように，庶民が自分の政治的責任を知りながらもそれを果たすには至らない状態を，**伝統的無関心**に分類した。

2 リースマンは，価値観が多様化したことで大衆が政治以外の対象に価値を見いだし，政治的な知識や情報を持たず非行動的で傍観者的な態度をとっている状態を，**現代型無関心**に分類した。

3 **ラスウェル**は，商売，芸術，恋愛などに関心を奪われ，政治に対する関心が低下する場合を，**脱政治的態度**に分類した。

4 ラスウェルは，かつては政治に関与したものの，自己の期待を充実できず政治に幻滅している場合を，**無政治的態度**に分類した。

5 ラスウェルは，無政府主義者のように，政治そのものを軽蔑したり否定する場合を，**反政治的態度**に分類した。

難易度　＊

必修問題の解説

本問は，政治的無関心に関する基本問題である。伝統型無関心と現代型無関心の区別（**1**・**2**），無政治的・脱政治的・反政治的態度の区別（**3**・**4**・**5**）は，いずれも典型的な出題といえる。後者では無政府主義者の分類（**5**）にも注意しよう。

1× 伝統型無関心は，庶民が政治を特権階級の仕事と考えることで生じていた。
前近代社会では，政治は一部の特権階級によって担われていた。そこで，庶民は政治を自分とは無縁のものと考え，政治的無関心に陥っていた。

2× 現代型無関心は，大衆が政治的な知識や情報を持つなかで生じている。
現代社会では，教育の浸透やマスコミの発達によって，政治的な知識や情報が大衆の間に行き渡っている。しかし，大衆は政治以外の対象に価値を見出すことによって，政治的無関心に陥っている。

3× 政治以外の領域に関心を奪われた状態は，無政治的態度に該当する。
政治以外の領域に関心を奪われ，政治にそもそも興味を持たずにいる状態は，無政治的態度（apolitial attitude）に該当する。

4× 政治に幻滅した状態は，脱政治的態度に該当する。
政治に幻滅して政治から引退した状態は，脱政治的態度（depolitical attitude）に該当する。

5◎ 政治そのものを軽蔑・否定している状態は，反政治的態度に該当する。
政治そのものを軽蔑したり否定したりしている状態は，反政治的態度（antipolitical attitude）に該当する。その典型例は，政府を打倒して個人の自由を実現しようとする無政府主義者（アナーキスト）である。

正答 5

FOCUS

政治的無関心については，ラスウェルとリースマンの学説が繰り返し出題されている。その他，国家公務員試験では，現代社会における政治的無関心の特徴，特にマスコミや教育と政治的無関心の関係が問われることもある。

POINT

重要ポイント 1 政治的無関心の増大

政治に対する興味や関心を失った状態を，**政治的無関心**（ポリティカル・アパシー）という。

(1) 政治的無関心の歴史　政治的無関心が大きな問題となってきたのは，20世紀に入ってからのことである。かつての市民社会においては，政治の担い手といえば，財産と教養を持つ市民に限られていた。市民は理性的・合理的な存在であって，その政治的関心は概して高く，選挙の際の棄権率も，今日に比べればはるかに低かった。ところが，20世紀になって大衆社会の時代が到来すると，状況は一変した。新しく政治の担い手となった大衆は，市民とは対照的に感情的・非合理的な存在であって，日常生活に埋没することが多い。そのため，**人々の政治参加に基盤を置くデモクラシーは，大衆の政治的無関心によって，掘り崩されるおそれが高まった**。

(2) 政治的無関心の発現形態　政治的無関心は，選挙における低投票率など，政治参加が不活発な状態として現れてくる。しかし，棄権者のすべてが政治的に無関心であるとは限らず，現政権を積極的に批判する目的で，投票に行かなかった人々もいることであろう。逆に，投票所に足を運んだとしても，友人に誘われたので投票には行ったが，政治に興味はなく，自分が票を投じた候補者の名前すら覚えていないという場合もあろう。このように，政治的無関心の状態を第三者が客観的に判定するのは難しく，政治的無関心を表す指標も，学者によってまちまちである。

(3) 政治的無関心とデモクラシーの安定　政治的無関心の増大はデモクラシーの基盤を掘り崩すが，逆に**人々の政治的関心が高すぎても，激しい意見対立が生じるため，デモクラシーは安定しない**。ハンティントンはこのように主張して，一定の政治的無関心層の存在をデモクラシーの安定条件のひとつに挙げた。

重要ポイント 2 政治的無関心の類型

(1) ラスウェルの3類型　ラスウェルは，現代における政治的無関心（＝非政治的態度）のあり方を，**無政治的態度**，**脱政治的態度**，**反政治的態度**に類型化した。

類型名	説　明	例
無政治的態度	政治以外の領域に興味を持った状態	自分の仕事に打ち込むあまり，政治への興味・関心を失っている。
脱政治的態度	挫折によって政治から引退した状態	ある政治家を支援して選挙で当選させたが，政治が変わらないことに幻滅し，政治から手を引いた。
反政治的態度	政治そのものに反感を持った状態	政治の汚さに反感を抱き，これを徹底的に破壊しようとする。アナーキスト（無政府主義者）などが該当する。

(2) 伝統型無関心と現代型無関心 **リースマン**は，政治的無関心を**伝統型無関心**と**現代型無関心**の２つに類型化した。

類型名	説　明	特徴1	特徴2
伝統型無関心	政治を他者の仕事と考え，みずからは権力欲を持つことがない状態	身分制が確立されているため，政治参加の道が閉ざされている。	政治に関する知識や情報を欠いている。
現代型無関心	政治的な知識や情報を持ちながらも，政治に背を向けている状態	普通選挙制など，広範な政治参加の権利が認められている。	政治に関する知識や情報を持っている。

一般的に言って，現代型無関心の原因としては，２つの点を挙げることができる。第一に，**政治に対する無力感**である。現代社会においては，政治システムの大規模化や官僚制化がいちじるしく進んでいる。そのため，有権者は政治的有効性感覚（＝政治に対して影響力を持つという実感）を得ることができず，政治から足を遠ざけている。第二に，**政治以外の領域への興味・関心**である。現代社会においては，消費や娯楽など，政治以上に人々の興味や関心を引きつける対象が数多く存在する。そのため，人々は政治に対する興味を失っていきやすい。

政治に対する無力感 → 現代における政治的無関心
政治以外の領域への関心 → 現代における政治的無関心

政治的有効性感覚＝自分が政治に対して影響力を持つという実感
- 内的有効性感覚＝政治の動きを理解できるなどの自己の能力に関する感覚
- 外的有効性感覚＝政治家や政党などに対する自己の影響力に関する感覚

(3) 屈折的無関心と実存的無関心 現代社会で見られる政治的無関心として，**屈折的無関心**と**実存的無関心**の２つも指摘される。

類型名	説　明
屈折的無関心	強力な政治的責任感を持ちながらも，政治が政党，圧力団体，官僚制などによって動かされていることに疎外感を抱き，政治に興味・関心を持てずにいる状態。知識人層にしばしば見られる。
実存的無関心	重要だと考える政治的価値が侵されない限り，政治に関心を向けずにいる状態。中間層に広く浸透している。

いずれの場合も，人々は政治への関心を完全に失っているわけではなく，なんらかのきっかけで，突然，政治への関心が強く頭をもたげてくる可能性がある。したがって，政治的無関心層もまた，政治的指導者に対して一定の潜在的脅威を与える役割を果たしている。

実戦問題

No.1 ＊ **ラスウェルの政治的無関心の類型に関するA～Dの記述のうち，妥当なもののみをすべて挙げているのはどれか。**

【財務専門官・平成24年度】

A：「反政治的」とは，自己の信奉する価値が政治と衝突するという予想に基づき，自ら政治過程に反対する場合である。たとえばアナーキストや宗教的神秘主義者などは反政治的な政治的無関心に属するといえる。

B：「無政治的」とは，たとえば芸術や学術など，政治とは離れた他の活動に取り組むうちに，自らの中でその価値が高められ，相対的に権力への関心を喪失する場合である。

C：「脱政治的」とは，現代政治に対する無力感，絶望感，焦燥感などがデマゴーグによって焚き付けられ，結果的に既成の権力体制を黙認する場合である。しかしながら，この類型は，現存の権力体制を破壊する過激なエネルギーへと転化する危険な動態性を持っている。

D：「無頓着的」とは，政治に対する情熱と能力の度合いによって類型化されるものである。それが発生する原因として，日常生活と政治上の諸決定は直接かかわりがあるとは認識されないと知覚することや，一般的に政治的刺激が欠落していること等が挙げられる。

1　A，B　**2**　A，C　**3**　B，C
4　B，D　**5**　C，D

No.2 ＊ **ラスウェルまたはリースマンの政治的無関心に関する記述として，妥当なのはどれか。**

【地方上級（特別区）・平成20年度】

1　ラスウェルの政治的無関心の分類のうち，無政治的態度とは，政治以外のものに関心を奪われ，政治の価値を低く評価し，政治に対する関心が低下することをいう。

2　ラスウェルの政治的無関心の分類のうち，脱政治的態度とは，政治の価値を否定し政治を軽蔑したりすることをいい，無政府主義者が典型的な例である。

3　ラスウェルの政治的無関心の分類のうち，反政治的態度とは，政治的な関心を持ちながら，大衆社会における個人の無力感から，政治に対する関心が低下することをいい，不満が増大した場合に突発的な行動に出ることがある。

4　リースマンの政治的無関心の分類のうち，伝統的無関心とは，政治的な知識や情報を持ちながら，政治に冷淡な態度をとっていることをいう。

5　リースマンの政治的無関心の分類のうち，現代型無関心とは，政治的な無知を背景として，政治は少数の選ばれた人間が行うものと考え，その支配を甘受していることをいう。

＊
No.3 政治的無関心に関する記述として，妥当なのはどれか。

【地方上級（特別区）・平成25年度】

1 リースマンが分類した政治的無関心の類型のうち，伝統型無関心とは，政治的知識や情報を持っているのにもかかわらず，政治に対する冷淡な態度をとっているタイプである。

2 リースマンが分類した政治的無関心の類型のうち，現代型無関心とは，政治に対する無知を背景に，政治は身分的に特定の少数者が行うものと考えているタイプである。

3 ラスウェルが分類した政治的無関心の類型のうち，無政治的態度とは，無政府主義者などのように，政治が自分の理想や価値観に反していると感じ，政治そのものを軽蔑したり，否定したりする態度である。

4 ラスウェルが分類した政治的無関心の類型のうち，反政治的態度とは，経済・芸術・宗教など政治以外のものに関心を集中する結果，政治に対する知識や関心が低下するものである。

5 ラスウェルが分類した政治的無関心の類型のうち，脱政治的態度とは，かつて政治に関与したものの，自己の期待を充足できず，政治に幻滅を感じ，政治に関心を示さなくなる態度である。

No.4 * 政治的無関心に関する次の記述のうち，妥当なのはどれか。

【国税専門官・平成17年度】

1 現代の高度情報化社会においては，マス・メディアが政治と有権者とをつなぐ媒体として重要な役割を有している。したがって，マス・メディアが政治的無関心を拡大する要因となることはない。

2 C.W.ミルズによると，政治的無関心のうち伝統型無関心とは，前近代社会に見られるように，政治への参与は一つの特権であり，社会の成員の大多数は政治に参加する意欲を持ちながらも参加する権利や機会を与えられていない状態をいう。

3 D.リースマンによると，現代型無関心とは，自己の持つ価値が本質的に政治と衝突する状態であると規定し，特に宗教的原理主義者やアナーキストなどによく見られるものであるとした。

4 S.ハンティントンは，民主主義に必要とされているのは，社会を構成する個々人の積極的な関与であり，民主的な政治制度が効果的に作用するためには，個人や集団において無関心が存在することは許されないとした。

5 H.D.ラスウェルは，政治的無関心を「無政治的態度」，「脱政治的態度」，「反政治的態度」に分類し，このうち「脱政治的態度」とは現実の政治が自己の期待にそぐわないために生ずる政治からの引退であるとした。

実戦問題の解説

No.1 の解説　政治的無関心　→問題はP.224　正答 1

A ○ アナーキストは反政治的態度の代表例である。
正しい。「反政治的（antipolitical）」態度の特徴は，政治そのものの価値を否定的にとらえている点に求められる。また，その典型例がアナーキスト（無政府主義者）だという点も重要である。

B ○ 無政治的態度では政治以外の領域への関心が強い。
正しい。「無政治的（apolitical）」態度の特徴は，政治以外の領域に対する関心が強く，そもそも政治に興味を持っていない点に求められる。

C × 政治的挫折の経験が脱政治的態度をもたらす。
誤り。「脱政治的（depolitical）」態度の特徴は，政治的挫折の経験を経て，政治に対する関心を失ってしまった点に求められる。

D × 情熱と能力の度合いによって類型化を行ったのはリースマンである。
誤り。リースマンは，人々の政治的スタイルを無頓着型，道徳屋，内幕情報屋の3つに類型化し，情熱のみをもって政治に関わるスタイルを道徳屋，情熱を欠くが高い能力をもって政治に関わるスタイルを内幕情報屋とした。これらに対して，無頓着型（indifferents）は，政治に関心をもたないスタイルとされた。なお，「無頓着型」という表現はあまり用いられておらず，一般には「無関心派」「政治的無関心」などと訳されている。

以上より，妥当なものはAとBであるから，正答は**1**である。

No.2 の解説　政治的無関心　→問題はP.224　正答 1

1 ◎ 無政治的態度では政治以外の領域に関心が集中する。
正しい。ラスウェルは，政治的無関心を無政治的態度，脱政治的態度，反政治的態度の3つに分類した。このうち**無政治的態度とは，政治以外のものに心を奪われ，政治への関心をそもそも持たないような態度のことである。**

2 × 政治への軽蔑から生じるのは反政治的態度である。
脱政治的態度ではなく，反政治的態度に関する説明である。脱政治的態度は，いったんは政治的関心を持ちながらも，政治的挫折の経験などからそれを失っていく点を特徴とする。

3 × 個人の無力感から生じるのは脱政治的態度である。
反政治的態度ではなく，脱政治的態度に関する説明である。反政治的態度は，政治そのものに対して反感を抱いている点を特徴とし，無政府主義者のように過激な行動をとる場合も多い。

4 × 政治的知識や情報をもつなかで生じるのは現代型無関心である。
伝統的（伝統型）無関心ではなく，現代型無関心に関する説明である。伝統的無関心とは，政治的な知識や情報を欠き，政治は少数の選ばれた人間が行うものと考えることから生じる政治的無関心のことである。

5 × **政治的な無知を背景として生じるのは伝統的無関心である。**
現代型無関心ではなく，伝統型無関心に関する説明である。現代型無関心とは，政治的な知識や情報を持ちながらも，政治に対する関心を持たずにいる状態をさす。

No.3 の解説　政治的無関心

→ 問題はP.225　**正答 5**

1 × **伝統型無関心は政治的知識や情報を欠く状況下で生じる。**
政治的知識や情報を持っているのにも関わらず，政治に対する冷淡な態度をとっているタイプは，伝統型無関心ではなく現代型無関心に該当する。

2 × **現代型無関心は政治的知識や情報を有する状況下で生じる。**
政治に対する無知を背景に，政治は身分的に特定の少数者が行うものと考えているタイプは，現代型無関心ではなく伝統型無関心に該当する。

3 × **無政治的態度では政治以外の領域に関心が集中する。**
無政府主義者などのように，政治が自分の理想や価値観に反していると感じ，政治そのものを軽蔑したり，否定したりする態度は，無政治的態度ではなく反政治的態度に該当する。

4 × **反政治的態度では政治そのものが軽蔑・否定される。**
経済･芸術･宗教など政治以外のものに関心を集中する結果,政治に対する知識や関心が低下するものは,反政治的態度ではなく無政治的態度に該当する。

5 ◎ **脱政治的態度は政治に挫折・幻滅することで生じる。**
正しい。**政治的挫折の経験によって政治から引退し，政治に関心を示さなくなる態度は，脱政治的態度に該当する**。

No.4 の解説　政治的無関心

→ 問題はP.226　**正答 5**

1 × **マス・メディアはしばしば政治的無関心を拡大させる。**
マス・メディアの提供する大量の情報を有権者が消化しきれなかったり，政治スキャンダルの情報が国民の政治不信を増幅したりした場合には，有権者の間で政治的無関心が拡大する。

2 × **「伝統型無関心」はリースマンが提唱した概念である。**
伝統型無関心について考察したのは，リースマンである。また，前近代社会では，社会の成員の大多数が政治に参加する権利や機会を与えられていなかったため，そうした人々は政治を他者の仕事と考え，政治に参加する意欲を持たなかった。

3 × **自己の持つ価値が政治と衝突した状態は反政治的態度に該当する。**
リースマンのいう現代型無関心ではなく，ラスウェルのいう反政治的無関心（反政治的態度）に関する説明である。現代型無関心とは，政治的知識を持ち，政治的責任をよく認識していながらも，政治に関わろうとしない態度のことである。

4 × **ハンティントンは一定の無関心の存在が政治を安定させるとした。**

ハンティントンは，民主的な政治制度を効果的に作用させる条件として，個人や集団において一定の無関心が存在することを挙げた。国民の間で政治的関心が高すぎると，政治に対する要求がいちじるしく強まり，政治運営を困難にするためである。

5 ◎ **脱政治的態度は挫折による「政治からの引退」と定義される。**

正しい。**ラスウェルが示した政治的無関心の３類型は，現代人の政治的無関心を分類したものとして有名である。**

イデオロギー

必修問題

政治意識と政治文化に関する次の記述のうち，妥当なのはどれか。

【国家専門職・平成30年度】

1 **K. マルクス**は，市民社会と国家を区別し，私的所有に基づく利己主義と物質主義が開花する市民社会の問題性は，より高次の普遍性を実現する国家が克服すると考えた。そのため，私有財産制度を廃止するまでもなく，国家によって労働者階級は搾取から解放されるとした。

2 **C. シュミット**は，議会とデモクラシーの結び付きを強調した上で，同質性を体現する議会制民主主義を擁護した。また，デモクラシーを守るための時限的な独裁は認められないとして，政治における本質は自由主義であると主張した。

3 **ナショナリズム**やネイションが，産業化，資本主義，近代国家形成，民主化，公共圏の形成等によってもたらされた現象であるという考え方は，エスノシンボリズムと呼ばれる。**A. スミス**はこの立場から，近代以前にネイションの起源が存在するという見方を批判した。

4 **K. マンハイム**は，あらゆる社会集団や社会的条件によって制約された思想を**イデオロギー**と呼んだ。また，イデオロギーを現実を隠蔽する意識とするのに対し，実際の行為に結び付き支配的な事物の秩序を破壊する傾向がある意識を**ユートピア**と呼んで，イデオロギーとユートピアを区別した。

5 **D. ベル**は，**「イデオロギーの終焉」**論において，冷戦の終結によって資本主義対社会主義といったイデオロギーの対立が決着したのみならず，世界にはリベラリズムに対抗する有力なイデオロギーはもはやなくなったと唱えた。これに対しF. フクヤマは，**『文明の衝突』**において，宗教原理主義を始めとした新たなイデオロギーがリベラリズムを脅かしていると主張した。

難易度 ＊＊

必修問題の解説

本問はイデオロギーに関する総合問題である。エスニー（**3**）や『文明の衝突』（**5**）は主に国際関係で出題されているが，政治学でも出題されることがあるので注意しよう。シュミットの反議会主義（**2**）も一応覚えておきたい。

1 × マルクスは私有財産制度と国家の廃止を主張した。

マルクスは，市民社会において権力を握った資本家階級が，労働者階級を支配するための装置として国家を作り上げたと考えた。そして，**将来的に労働者階級が革命を起こして資本家階級を追放し，私有財産制を廃止すれば，労働者階級は搾取から解放され，国家は消滅する**と主張した。

2 × シュミットは議会制を批判した。

シュミットは，議会と自由主義の結びつきを強調した。そして，多元性を特徴とする議会は，治者と被治者の同一性を体現するデモクラシーとは対立するとして，これを批判した。逆に，デモクラシーと独裁制は結びつくとして，デモクラシーを守るための時限的な独裁は認められると主張した。

3 × スミスはネイションの起源を前近代的なエトニーに求めた。

スミスは，ナショナリズムやネイションが，産業化によってもたらされた近代的な現象であるという考え方を批判した。そして，それらの起源は，前近代社会における「エスニー（エトニー）」（民族集団）に求められるとした。こうしたスミスの主張は，エスノ・シンボリズムと呼ばれている。

4 ◎ マンハイムはイデオロギーとユートピアを区別した。

マンハイムは，独自のイデオロギー論を展開し，イデオロギーはしばしば支配の現実を隠蔽し，支配集団による支配を正当化する役割を果たしていると主張した。また，**改革を志向するユートピアを「先取りされた現実」としてとらえ，これをイデオロギーと対置した**。

5 × ベルは「豊かな社会」におけるイデオロギーの終焉を主張した。

ベルは，1960年に『イデオロギーの終焉』を刊行し，「豊かな社会」となった先進諸国では，イデオロギー的対立が弱まっていると主張した。これに対して，**冷戦の終結とともにリベラリズムに対抗する勢力がなくなったと主張したのは，フクヤマである**。また，**『文明の衝突』の著者はハンティントンであり，冷戦終結後の世界では文明間の対立が顕在化するとされた**。

正答 4

FOCUS

イデオロギーについては，マルクスとマンハイムの理論が出題されやすい。また，国家公務員試験では，ナショナリズムが出題されることもある。社会学や国際関係と内容が重複しているので，できれば両科目も学習しておこう。

POINT

重要ポイント 1 イデオロギーの本質と特徴

（1）定義　一定の体系性を持った思想や信念を，**イデオロギー**という。イデオロギーは，人々が現実を認識したり，行動を選択したりする際に，その準拠枠組みとして機能する。

（2）特徴　イデオロギーには，次のような特徴がある。

①**自己完結性**：イデオロギーは，自らの主張は完全で，あらゆる現象を矛盾なく説明しつくせると主張する。

②**無謬性**：イデオロギーは，自らの主張に誤りがあるとは絶対に認めない。

③**合理性と非合理性の共存**：イデオロギーは，合理的な要素（＝科学的部分）と非合理的・感情的な要素（＝神話的部分）をともに含む。マルクスの唱えた唯物論は前者，ナチスの唱えたアーリア民族至上主義は後者の要素が強い。

④**両面的機能**：イデオロギーは，現体制を支える原理として機能することもあれば，現体制を打倒するための原理として機能することもある。

重要ポイント 2 イデオロギーに関する学説

（1）虚偽意識　**マルクス**とエンゲルスは，**唯物論**の立場に立って，経済こそが社会を支える基盤であると主張した。すなわち，**下部構造（経済）**が，政治的・文化的なイデオロギーや制度を規定しているというのである。そうした立場からすると，イデオロギーはその時々の経済のあり方を反映した存在にすぎず，各時代の経済的支配階級の利益に貢献するものでしかない。こうしたことから，マルクス主義者はイデオロギーを**虚偽意識**と呼んで批判した。

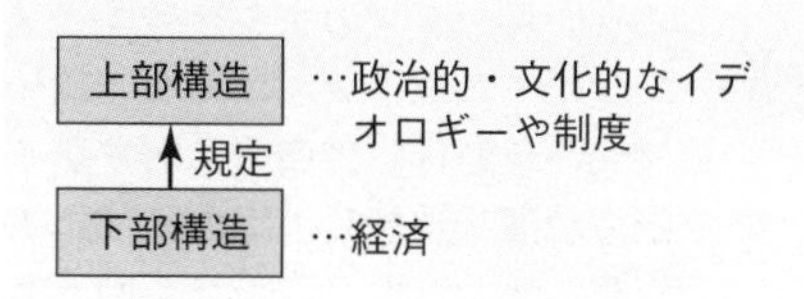

上部構造 …政治的・文化的なイデオロギーや制度
↑規定
下部構造 …経済

（2）存在（被）拘束性　**マンハイム**は，人間の知識が歴史的・社会的に規定された枠を超えて形成されることはないと唱え，これを**存在（被）拘束性**と呼んだ。そして，マルクスは社会主義を科学的な真理とみなしたが，それは誤りで，社会主義もまたひとつのイデオロギーにすぎないと主張した。

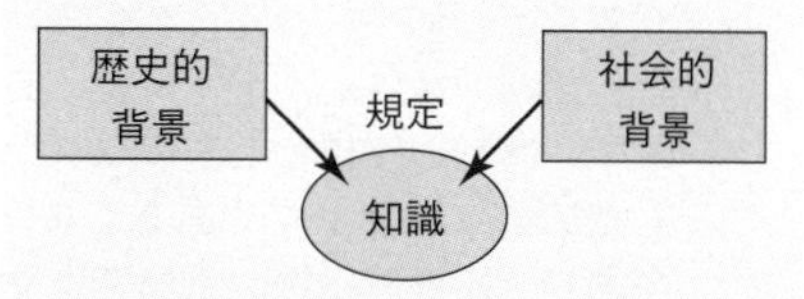

歴史的背景 → 知識 ← 社会的背景（規定）

（3）イデオロギーの終焉　1960年代に，**ベル**（『イデオロギーの終焉』）と**アロン**（『知識人とマルクス主義』）は相次いで**イデオロギーの終焉論**を打ち出し，資本主義と社会主義の間のイデオロギー対立は，先進国ではもはや終わりのときを迎えたと主張した。その理由としては，ファシズムやスターリン主義に対して人々が幻滅を味わったことや，安定した経済成長と福祉政策の導入によって，階級対立が意味を持たなくなったことなどが挙げられている。

重要ポイント 3 イデオロギーの代表例

(1) 保守主義と自由主義 ヨーロッパとアメリカでは，その内容が異なる。

ヨーロッパでの呼称		内 容	アメリカでの呼称
保守主義		身分制的な要素を認め，伝統や慣習を尊重する。	存在しない
自由主義（リベラリズム）	（古い）自由主義	国家の介入を嫌い，干渉されない自由を求める。	保守主義（共和党の原則的立場）
	（新しい）自由主義	国家の介入を認め，実質的な自由の実現を求める。	リベラリズム（民主党の原則的立場）

そもそも身分制が存在しなかったアメリカでは，西部開拓時代のように諸個人の自主独立を尊重する立場こそが，建国以来の伝統にかなった保守主義とされる。

(2) ファシズム ファシズムは，国民総動員体制がとられた第一次大戦後に，ドイツ，イタリア，日本などで唱えられたイデオロギーである。

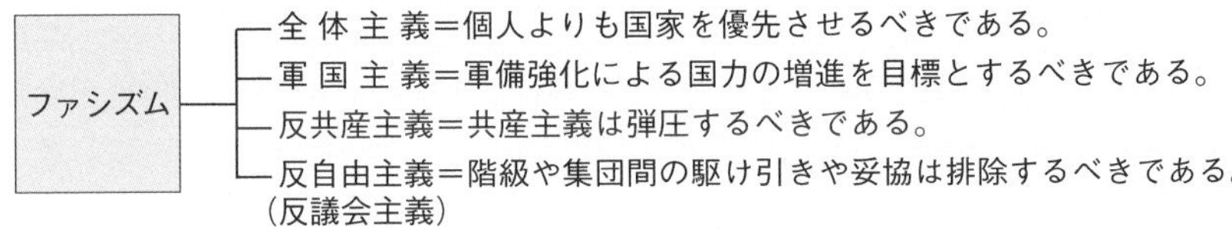

ファシズムの理論家として有名な人物に，**シュミット**がいる。シュミットは政治を**友敵概念**としてとらえ，政治上の敵とは断固戦わなければならないと主張した。また，駆け引きや妥協を認める自由主義や自由主義の装置である議会に対して，批判的な立場を打ち出した。なお，シュミット自身は民主主義の論者であり，独裁者が民衆から拍手喝采による強い支持を受け，強力な統治を行っていくこともまた，民主主義にかなったやり方であると主張した。

(3) ナショナリズム ナショナリズムは，ネイション（＝国家ないし国民）の一体性を強調するイデオロギーである。ナショナリズムが最初に勃興したのはヨーロッパで，**フランス革命（1789～1799年）やナポレオン戦争（1803～15年）がきっかけ**だったと言われている。

種類	説明	典型例
シビック・ナショナリズム	人々が国家の政治原理に賛同し，国家への所属をみずから希望することで成立する。	市民革命期のフランス
エスニック・ナショナリズム	人々が言語，文化，外形的同一性などを共有していると信じることで成立する。	国家統一時のドイツ

なお，ネイションの起源については，さまざまな学説が唱えられている。**アンダーソン**は，近代における国語の創出と出版資本主義の発達が「**想像の共同体**」としてのネイションを生んだと主張した。また，**スミス**は，近代以前の民族集団である**エスニー（エトニー）**が基盤となってネイションが成立したと主張した。

実戦問題

No.1 ＊ **次の文は，イデオロギーに関する記述であるが，文中の空所Ａ～Ｄに該当する語の組合せとして，妥当なのはどれか。**

【地方上級（特別区）・平成21年度】

［ A ］は，階級社会ではイデオロギーは階級性を持ち，各時代の支配的イデオロギーは支配階級のイデオロギーであるとした。その結果，現実の階級闘争という政治闘争においても，支配的イデオロギーの虚偽性を暴露していくイデオロギー闘争には重要な役割を与えられることになる。［ A ］は，自らの思想が［ B ］の立場に立っている点を自覚しているがゆえに，現実を正しく反映した科学理論であると主張した。

［ C ］は［ A ］のイデオロギー概念を拡張し，階級によって拘束された意識だけでなく，あらゆる社会集団や社会的条件によって制約された思想を，イデオロギーと呼んだ。［ C ］はイデオロギーを，現実を隠蔽（いんぺい）する意識とし，「意図した結果を決して実現させることがない，状況を超越した観念」であると考えた。これに対して，現実を超越してはいるが，実際の行為に結びつき支配的な事物の秩序を破壊する傾向がある意識を［ D ］と呼び，イデオロギーと区別した。

	A	B	C	D
1	K.マルクス	労働者階級	K.マンハイム	虚偽意識
2	K.マルクス	中産階級	F.ベーコン	イドラ
3	K.マルクス	労働者階級	K.マンハイム	ユートピア
4	F.ベーコン	中産階級	K.マルクス	虚偽意識
5	F.ベーコン	資本家階級	K.マルクス	ユートピア

No.2 ＊ **イデオロギーに関するＡ～Ｄの記述のうち，妥当なものを選んだ組合せはどれか。**

【地方上級（特別区）・平成18年度】

Ａ：自由主義は，トマス=モアが，その著書『ユートピア』において，人間の自由を個人の普遍的な権利として位置づけ，絶対的恣意的権力からの自由を主張し，国家権力を否定することで個人の自由が完全に実現されるとする政治思想として成立した。

Ｂ：保守主義は，古くから漠然とした形で存在していたが，自由主義の挑戦によって自覚的な政治思想となったもので，その代表者であるバークは，社会の変化は，具体的な試行錯誤を経た経験的思慮の宝庫である伝統を足がかりに，漸進的に進められるべきであるとした。

Ｃ：社会主義は，生産手段の社会的所有をめざす労働者階級のイデオロギーとして，エンゲルスにより唱えられたが，サン=シモンは，エンゲルスの社会主義を空想的社会主義と呼び，理想社会を描いているにすぎないと批判して，科学的社会主義を確立した。

D：ファシズムは，狭義ではイタリアにおけるムッソリーニ指導下の政治体制やイデオロギーをいうが，広義では民族主義的急進運動をいい，個人主義の全面否定が特徴であり，一党独裁による指導者と被指導者との一体化を図る指導者原理が基本となる。

1　A，B
2　A，C
3　A，D
4　B，C
5　B，D

＊＊
No.3 シュミットの政治思想に関する記述として，妥当なのはどれか。

【地方上級（東京都）・平成19年度】

1　彼は，議会の存在理由は公開性と討論とにあるとし，当時のドイツの議会では実質的に公開された討論が活発に行われていたため，議会主義を積極的に支持した。

2　彼は，全体国家を質的に強い全体国家と量的に弱い全体国家とに区分し，第一次世界大戦後における当時のドイツの状況から，ドイツは質的に強い全体国家から量的に弱い全体国家に転換するべきであるとした。

3　彼は，政治的なるものを友と敵とを区別することとしてとらえ，自由主義や平和主義を浸透させることにより，政治的なるものを解消しようとした。

4　彼は，独裁を委任独裁と主権独裁とに区分し，委任独裁は新たな秩序をつくり出すための独裁であり，主権独裁は既存の法秩序を保持するための独裁であるとした。

5　彼は，民主主義の本質は治者と被治者との同一性にあるとし，民主主義は独裁に対する対立物ではないとした。

＊＊＊
No.4 **ネイションとナショナリズムに関する次の記述のうち，妥当なのはどれか。**

【国家一般職・令和元年度】

1 E. ルナンは，ネイションの形成に関して，言語，慣習，宗教といった，客観的とみなされる固有の文化的属性に専ら着目する立場をとった。そして，ネイションは政治共同体の構成員の選択と同意によって作られる，とする考え方を批判した。

2 E. ゲルナーは，ナショナリズムを「政治的な単位と文化的な単位の一致を求める政治原理」と定義した。その上で，産業化によって均質な労働力が大量に必要とされ，社会の中で平準化が進み，人々はネイションへの帰属意識を持つようになったと主張した。

3 B. アンダーソンは，ネイションとは，あくまで相互に直接対面可能な範囲で居住する他者との間でのみ成立するものであるとした。そして，新聞・書籍等の印刷物が普及して以降は，「想像の共同体」としてネイションが作られることはないと主張した。

4 E. ホブスボームは，ネイションの伝統は，古代から自然発生的に存在していたものを基礎とするのであり，国家によって新たに発明される性質のものではないとした。その上で，人々は捏造された政治的シンボルを伝統として引き継ぐことはないとした。

5 A. スミスは，ネイションとは，工業化や産業の発展等によって近代に構築されたエスニックな共同体である「エトニー（エスニー）」を基礎としているとした。そして，このエトニーは，祖先に関する神話，同質的な文化等の前近代の伝統と関わりなく確立したと主張した。

＊＊＊
No.5 ナショナリズムと多文化主義に関する次の記述のうち，妥当なのはどれか。 【国家総合職・令和４年度】

1 E.ホブズボームやB.アンダーソンは，ナショナリズムを近代の政治的・経済的・文化的条件が生み出した現象とみなす近代主義的アプローチに反対して，近代より前の時代にもエスニックな共同体が存在していたことに注意を喚起した。ホブズボームは，神話化された国民の歴史の編や，国旗や国歌のような政治的なシンボルの形成を通じて，中世のヨーロッパにおいて既に，伝統が「発明」されていたことを明らかにした。

2 「西のナショナリズム」と「東のナショナリズム」を対比したH.コーンの議論は，ナショナリズムには良いものと悪いものがあるという二分法の代表である。コーンによれば，フランスや米国に見られる「西のナショナリズム」が，古い神話や民族的連帯を強調する排他的・抑圧的な「エスニック・ナショナリズム」であるのに対して，東欧で生まれた「東のナショナリズム」は，自由で平等な国民の実現を目指す解放運動であり，「シビック・ナショナリズム」である。

3 E.ルナンは，普仏戦争でドイツがフランスに勝利したことを背景として，『国民とは何か』において，祖国ドイツのネーション（国民）について論じた。ルナンは「ネーションとは，日々の人民投票である」と説き，一人一人が自由な意志に基づいて祖国のメンバーであることを日々選び取っていると主張した。これはネーションを，言語，慣習，宗教のような，客観的とみなされる固有の文化的属性を共有する集団とみなす立場を代表する主張である。

4 多文化主義は，国民国家内に存在する複数のエスニック・グループに対する平等な政治的処遇を求める政策・運動として発展してきた。カナダでは，多数派の英語系社会に対してフランス語系のケベック州や先住民の反発が増大する中，1970年代初頭に政府が多文化主義を公式の政策として採用して，少数派エスニック・グループの文化に対する尊重が表明された。

5 多文化主義は，複数の集団間の競争を通じて政治には多様な意見が反映されると捉える点において，多元主義の観点を継承している。多文化主義と多元主義はいずれも，集団間の競争が適正なルールの下で行われることによって各集団は互いに切磋琢磨し，結果的に最適な利益の配分が行われると説く。多文化主義は，エスニック・グループ間の妥協や取引を重視するため，少数派を多数派の文化の中に包摂して融合させる同化主義の立場を採る。

実戦問題の解説

No.1 の解説　イデオロギー

→問題はP.234　**正答3**

STEP❶　キーワードを見つけ，連想を働かせる

第1段落には，「階級闘争」「イデオロギーの虚偽性」「科学理論」などのキーワードがある。これらから，資本家階級に対する労働者階級の社会主義革命，下部構造による上部構造（イデオロギー）の規定，歴史的法則などの関連知識を連想すればよい。　⇒Aには「マルクス」が該当する。

第2段落には，「社会集団や社会的条件によって制約された思想」というキーワードがある。これから，存在被拘束性という用語を連想すればよい。　⇒Cには「マンハイム」が該当する。

STEP❷　選択肢を絞り，検討対象を減らす

Aに「マルクス」，Cに「マンハイム」が該当するのは，選択肢**1**・**3**のみである。両者を比較すると，いずれもBには「労働者階級」が入っているので，検討対象とするべきなのはDのみである。　⇒Dに該当するのが「虚偽意識」か「ユートピア」かを検討する。

STEP❸　自分の知識と照らし合わせる

Dの直前には，「現実を超越し」「実際の行為に結びつき」「秩序を破壊する」とある。これらから連想されるのは，「現実には存在しない理想郷を思い描き，それによって既存の秩序を破壊するような実践的行為を導くこと」である。　⇒Dには「ユートピア」が該当し，**3**が正答となる。

STEP❹　念のため，誤りの選択肢も検討する

A・Cの「ベーコン」は近代初期に科学的思考の重要性を指摘した人物，Dの「虚偽意識」はマルクスの用語法でイデオロギーの批判的名称である。

以上より，**3**が正しい。

No.2 の解説　イデオロギー

→問題はP.234　**正答5**

STEP❶　最も知識のある人名を選び，内容を検討する

たとえば，バークについて知識があるならば，まずBを検討すればよい。**バークは保守主義者であり，フランス革命を批判したが**，それは同革命が理性を偏重し，「自由・平等・博愛」を旗印に伝統を破壊したためであった。したがって，Bは妥当である。　⇒選択肢**1**・**4**・**5**のいずれかが正しい。

STEP❷　2つの学説が並んでいる場合には，入れ替えに注意する

たとえばCの場合，エンゲルスとサン=シモンが対比されているので，両者に関する説明が入れ替わっている可能性がある。**エンゲルスは，サン=シモン，フーリエ，オーウェンらが共産主義の理想を掲げつつも，それを実現するための科学的な方法論を持たなかった点を批判して，彼らを「空想的社会主義」者と呼んだ**。したがって，Cは誤りである。　⇒（**STEP❶**と組み合わせれば）**1**か**5**が正しい。

STEP❸　事例を思い浮かべて対処する

たとえばDの場合，ナチスを思い浮かべればよい。ヒトラーはアーリア民族の優越性を主張し，国民の熱狂的支持を作り出すとともに，ナチス以外の政党を解散させ，秘密警察を用いて国民の自由を抑圧した。したがって，Dは妥当である。　⇒（STEP❶・❷と組み合わせれば）**5**が正しい。

STEP❹　念のため，他の選択肢を検討する

残った選択肢はAである。**トマス・モアは，理想郷としてのユートピアの姿を描き出し，それとの対比において現実を批判した**。このユートピア思想は社会主義のひとつの源流となったが，個人の自由を主張する自由主義とは直接のつながりを持たない。したがって，Aは誤りである。

以上より，**5**が正しい。

No.3 の解説　シュミットの政治思想　→ 問題はP.235　正答5

1 × シュミットは，一部の政党政治家や利益団体の代表者の間の取引きによって，ドイツの議会が動かされている現状を指摘した。そして，現代議会は公開性および討論という２つの存在理由を失っている以上，これを正当化することはできないとして，反議会主義の立場を強く打ち出した。

2 × シュミットは，全体国家を「質的で強い全体国家」と「量的で弱い全体国家」とに区分したうえで，ドイツは「質的で強い全体国家」に転換するべきであると主張した。なお，「質的で強い全体国家」とは，国家に対抗する勢力の台頭をいっさい認めない全体国家のことであり，「量的で弱い全体国家」とは，強度や政治的エネルギーに欠ける全体国家のことである。

3 × シュミットは，政治的なるものを「友と敵とを区別すること」としたうえで，自由主義や平和主義は友と敵の区別を曖昧にし，決然たる対決を回避してしまうことから，認めるべきではないと主張した。こうしたことから，シュミットは反自由主義，反平和主義の論者として位置づけられている。

4 × **シュミットは，独裁を委任独裁と主権独裁とに区分し，委任独裁は既存の法秩序を保持するための独裁であり，主権独裁は新たな秩序をつくり出すための独裁であるとした**。言い換えれば，前者は憲法の規定に基づいて行われる合法的な独裁であり，後者は戦争などにより法秩序が崩壊した際に行われる事実上の独裁である。

5 ◎ 正しい。**シュミットは，民主主義の本質を「統治者と被治者，支配者と被支配者の同一性」などに求めたうえで，独裁者が民衆から拍手喝采による強い支持を受け，強力な統治を行っていくこともまた，民主主義にかなったやり方であると主張した**。こうしたシュミットの学説は，ナチスによる支配の正当化に用いられた。

No.4 の解説　ネイションとナショナリズム

→ 問題はP.236　正答 2

1 ×　ルナンは選択と同意によってネイションは作られると主張した。

ルナンは，ネイションの形成に関して，固有の文化的属性が果たす役割に注目しつつも，現在における人々の選択と同意を重視した。すなわち，ネイションは「**日々の人民投票**」であり，人々が共同生活の続行を選択し，これに同意することによって作られるものであるとするのが，ルナンの立場である。

2 ◎　ゲルナーは，産業化がネイションやナショナリズムを生んだと主張した。

ゲルナーは，産業化（工業化）や教育の浸透によって社会の均質化が進んだ結果，人々に共通のアイデンティティをもたらすものとして，ネイションが求められるようになったと主張した。そして，ナショナリズムとは文化や民族の統一を求める運動であり，「第一義的には，政治的な単位と民族的な単位とが一致しなければならないと主張するひとつの政治的原理」であるとした。

3 ×　アンダーソンは出版資本主義が「想像の共同体」を生んだと主張した。

アンダーソンは，ネイションとは，直接対面可能な範囲を超えて居住する他者との間で成立する「想像の共同体」であるとした。そして，出版資本主義が勃興し，**新聞・書籍等の印刷物が普及したことにより，「想像の共同体」としてのネイションが作られるようになった**と主張した。

4 ×　ホブスボームは「伝統の発明」を主張した。

ホブスボームは，ネイションの伝統は，古代から自然発生的に存在していたものを基礎としつつも，そうした歴史的記憶や文化要素を誇張することで**新たに発明されるもの**であるとした。そして，人々は捏造された政治的シンボルを伝統として引き継ぐと主張した。

5 ×　スミスはネイションの起源を前近代的なエトニーに求めた。

スミスは，ネイションとは，近代以前に形成されたエスニックな共同体（民族集団）であるエトニー（エスニー）を基礎にしているとした。そして，このエトニーは，祖先に関する神話，同質的な文化等の前近代の伝統と深く結びついていると主張した。

No.5 の解説　ナショナリズムと多文化主義

→ 問題はP.237　正答4

1 ×　ホブズボームやアンダーソンは近代主義的アプローチをとった。

ホブズボームやアンダーソンは，ナショナリズムを特殊近代的な現象とみなした。特にホブズボームは，近代になって国民の歴史が編纂されたり，政治的シンボルが形成されたことが，ナショナリズムの勃興につながったとして，近代における伝統の「発明」を指摘した。なお，近代より前の時代にもエスニックな共同体（エスニー／エトニー）が存在しており，これがナショナリズムの基盤になったと主張したのは，A．スミスである。

2 ×　コーンは「西のナショナリズム」をシヴィック・ナショナリズムとした。

コーンは，東西のナショナリズムを比較した。「西のナショナリズム」はフランスなどで見られ，自由で平等な国民（市民）の実現を目指す「**シヴィック・ナショナリズム**」として台頭した。これに対して，「東のナショナリズム」はドイツなどで見られ，古い神話などを強調する排他的・抑圧的な「**エスニック・ナショナリズム**」として台頭した。

3 ×　ルナンはネーションを固有の文化的属性と関連づける考え方を批判した。

ルナンは，「ネーションとは，日々の人民投票である」と説き，ネーション（国家・国民）は一人一人の自由な選択に基づいて成立すると主張した。ネーションを固有の文化的属性を共有する集団と考えた場合，人民は一つのネーションと強固に結びつけられるため，ルナンの立場はこれを批判するものであったと言うことができる。なお，ルナンはフランス人であり，普仏戦争で祖国フランスがドイツに敗北したことを背景として，『国民とは何か』を著した。

4 ◎　多文化主義はカナダやオーストラリアで公式の政策とされている。

多文化主義（マルチカルチュラリズム）の下では，少数派が多数派の文化に同化することを強制されず，自分たちの文化を保持することが認められる。多文化主義を公式の政策としている代表国は，カナダやオーストラリアである。

5 ×　多文化主義は集団間の共存を重視し，同化主義を否定する。

多文化主義は国内で多様な集団が共存し合うことを重視するが，集団間の競争や妥協，取引を想定しているわけではない。その点において，集団が競争し合うことで最適な利益の配分がなされるとする（政治的）多元論とは異なっている。また，多文化主義は少数派の文化も尊重するため，同化主義とは正反対の立場に立っている。

投票行動

必修問題

次の文は，投票行動研究に関する記述であるが，文中の空所Ａ～Ｄに該当する語句または人物名の組合せとして，妥当なのはどれか。

【地方上級（特別区）・令和２年度】

[　A　]らを中心とするコロンビア大学のグループは，1940年の大統領選挙の時にオハイオ州エリー郡で有権者の調査を行い，有権者の[　B　]により形成される政治的先有傾向が投票行動に大きな関係があることを明らかにした。

一方，A.キャンベルらを中心とするミシガン大学のグループは，[　B　]から投票行動を説明しようとしたコロンビア・グループを批判し，[　C　]を重視していった。また，ミシガン・グループは，政党，争点，候補者に対する選好とその強度が重要であるとし，特に，有権者の政党との結び付きを[　D　]として捉え，この要因を中心に投票行動を分析した。

	A	B	C	D
1	ラザースフェルド	社会的属性	心理的要因	政党帰属意識
2	ラザースフェルド	心理的要因	社会的属性	政党帰属意識
3	ラザースフェルド	社会的属性	心理的要因	業績投票モデル
4	フィオリーナ	心理的要因	社会的属性	業績投票モデル
5	フィオリーナ	社会的属性	心理的要因	政党帰属意識

難易度　＊

必修問題の解説

本問は，投票行動理論の基本問題である。コロンビア学派とミシガン学派の相違点は頻出テーマなので，「コロンビア学派－社会的属性」「ミシガン学派―心理的要因」（B・C）というポイントを中心に，しっかりと復習しておこう。

A：**「ラザースフェルド」が該当する。**
コロンビア大学のグループ（コロンビア学派）の中心にいたのは，ラザースフェルドであった。

B：**「社会的属性」が該当する。**
コロンビア学派は，有権者の社会的属性，すなわち社会経済的地位，宗教，居住地域に注目した。そして，どのような社会的属性を持った有権者がどの政党に投票しやすいのかという政治的先有傾向を明らかにし，有権者は政治的先有傾向に従って投票しやすいと主張した。

C：**「心理的要因」が該当する。**
ミシガン大学のグループ（ミシガン学派）は，有権者の社会的属性と投票行動を媒介する要因として，心理的要因（心理学的要因）に注目した。そして，心理的要因のあり方が，有権者の投票行動により大きな影響を与えていると主張した。

D：**「政党帰属意識」が該当する。**
ミシガン大学のグループが注目した心理的要因とは，具体的には政党帰属意識（政党アイデンティフィケーション），候補者イメージ，争点態度の3つを指す。このうち最も強く作用するとされたのは政党帰属意識であり，長期に渡り形成された政党への愛着心こそが，有権者の投票行動を大きく左右するとされた。

以上より，正答は**1**である。

正答 1

FOCUS

投票行動については，コロンビア学派とミシガン学派の比較が最頻出である。また，近年では業績投票や個人投票などの概念もたびたび出題されており，ライカーらの「R＝PB－C＋D」という定式も出題が広がっている。

POINT

重要ポイント 1 投票行動研究

投票は，デモクラシーを支える重要な行動である。そのため，有権者の投票行動は早くから研究者の関心を集めていたが，その実証的研究が大きく発達したのは，1940年代以降のことであった。

(1) コロンビア学派　**ラザースフェルド**や**ベレルソン**など，コロンビア大学の研究者たちは，1940年の大統領選挙に際して，オハイオ州エリー郡で有権者に**パネル調査**を実施した（**エリー調査**）。パネル調査とは，同一サンプルに対して数回にわたり面接調査を行うもので，これによって，個々の有権者がいつ，どのようにして投票行動を決定していくのかが明らかになった。同調査では，次の２点が判明した。

①有権者の投票行動は，その**社会的属性**に大きく影響されている。これに対して，選挙キャンペーンが有権者の投票先を変更させることは必ずしも多くない。

社会的属性 → 投票行動
- 社会経済的地位
- 宗教
- 居住地域

- 共和党支持
- 民主党支持

	共和党支持者	民主党支持者
地位	高い地位	低い地位
宗教	プロテスタント	カトリック
居住地域	郊外	都心部

②マスコミの影響力は，地域社会や職場集団の**オピニオン・リーダー**を媒介として，**パーソナル・コミュニケーション**（会議など）を通じて一般有権者に到達する（「コミュニケーションの２段階の流れ」仮説）。

(2) ミシガン学派　キャンベル，コンヴァース，ミラー，ストークスなど，ミシガン大学の研究者たちは，社会的属性と投票行動を媒介する要因として，**心理的要因（心理学的変数）の重要性を指摘した**。

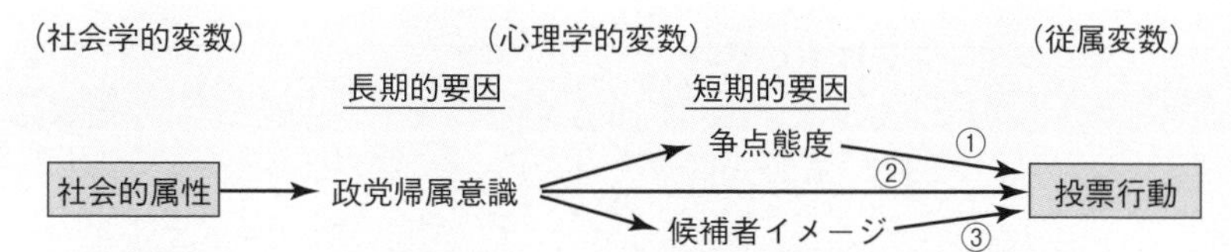

①**争点投票**：自分の争点態度に近い候補者へ投票する。あまり強くない。
②**政党投票**：長期的に形成された政党帰属意識に従って投票する。最も強い。
③**候補者投票**：イメージのよい候補者へ投票する。

ミシガン学派が最も重視したのは**政党帰属意識（政党アイデンティフィケーション／政党支持態度／政党愛着心）**であり，たとえば子ども期に民主党への愛着心を形成した有権者は，大人になってからも民主党に投票しやすいとされた。

(3) 業績投票と個人投票（パーソナル・ヴォート）

名　称	説　明
業績投票	政権党や政権担当者の過去の業績を振り返って，これに投票するか否かを決定すること。フィオリナらが提唱した。
個人投票	現職議員が選挙区にもたらした利益を振り返って，これに投票するか否かを決定すること。

(4) 棄権の研究　投票行動の分野では，「どの政党に投票するか」ではなく，「投票所に足を運ぶか否か」についての研究も進んでいる。なかでも，ダウンズに始まり，タロックやライカーらによって展開された合理的選択論による棄権の研究は有名である。

合理的選択論では，合理的な有権者という仮定が置かれ，投票によってもたらされる便益（B）と投票に必要なコスト（C）の関係から，その棄権行動が説明される。すなわち，有権者は**「B－C＞0」なら投票し，「B－C≦0」なら棄権する**というのが，その主張である。

重要ポイント 2　わが国の投票行動

(1) 投票率の動向　わが国の衆議院選挙における投票率は，第1回選挙（1890年）の93.91%を最高として，その後も70～80%台という高い水準で推移していた。しかし，戦後になると，これが60～70%台に落ち込むようになり，近年では50%台すら記録するようになった。

(2) 投票率の一般的傾向　現在のわが国における投票率を，性別，年齢別，地域別に比較すると，次のような特徴が見られる。

投票率の特徴	説　明
若年層 ＜ 中高年層	中高年層のほうが，投票を義務と感じて投票に行きやすい。ただし，70歳を超えると，健康上の理由から投票率は低下する。
都市部 ＜ 農村部	農村部のほうが，地縁・血縁を通じた投票依頼が多く，社会的圧力がかかりやすい。

(3) 政党支持の傾向　わが国では，有権者が特定の政党に対して強い帰属意識をもつというよりも，複数の支持政党をもち，選挙のたびにそのなかから投票先を決めることが多い。こうした現象を「政党支持の幅」といい，逆に有権者が絶対に投票しないとする政党を「拒否政党」という。

(4) 無党派層　近年，わが国では支持政党を持たない有権者が増大し，いまや**有権者の2人に1人は無党派層**となっている。近年の研究によると，このうち「伝統的無党派層」は約15%，政治的関心はあるが特定の支持政党を持たない「積極的無党派層」は約20%，55年体制が終わった1993年以降に政党支持を捨てた「脱政党的無党派層」は約15%と見られている。

実戦問題❶ 基本レベル

No.1 * **投票行動理論に関する次の記述のうち，妥当なものはどれか。**

【市役所・平成29年度】

1 ラザースフェルドらが実施したエリー調査は，有権者が候補者の過去の業績に基づいて合理的に投票していることを明らかにした。

2 ミシガン・モデルは，大半の有権者は候補者の争点態度と自らの争点態度を比較して，投票先を決めているとした。

3 フィオリーナは，有権者の投票先は自らの社会的属性よりも候補者の所属する政党によって決定づけられているとした。

4 個人投票の理論は，有権者は政党よりも選挙区における候補者の利益誘導に基づいて投票先を決める傾向があるとした。

5 ダウンズは，有権者は候補者の業績や選挙区への利益誘導よりも，マスコミを通じて提示される候補者イメージに基づいて投票先を決めているとした。

No.2 * **投票行動研究に関する記述として，妥当なのはどれか。**

【地方上級（特別区）・平成27年度】

1 ラザースフェルドを中心とするコロンビア大学のグループは，投票行動を決定する要因として，有権者の政党，政策争点，候補者に対する選好とその強度が重要であることを明らかにした。

2 ラザースフェルドを中心とするコロンビア大学のグループは，有権者は，候補者や政党のこれまでの業績について判断して投票行動を決定する業績投票モデルを構築した。

3 キャンベルを中心とするミシガン大学のグループは，パネル調査を実施し，社会経済的地位，宗教，居住地域の3因子が政治的先有傾向の形成に高い相関を持ち，この要因が投票行動に大きな関係があることを明らかにした。

4 キャンベルを中心とするミシガン大学のグループは，有権者と政党との心理的結びつきを政党支持態度とし，この要因によって投票行動を決める場合が最も多いことを示した。

5 キャンベルを中心とするミシガン大学のグループは，多くの有権者が投票時における政策争点を認知し，合理的判断によって投票行動していると分析し，全ての有権者が合理的な有権者であるとした。

＊＊
No.3 次の図は，ある法案に対する政党A，政党Bおよび有権者Xの立場を示したものである。賛成でも反対でもない中立点を挟んで，左に行くほど反対，右に行くほど賛成の程度が強いものとする。この法案に対する立場に基づいて争点投票を行うとき，近接性モデルと方向性モデルのそれぞれが予想するXの投票行動の組合せとして妥当なのはどれか。ただし，政党Aおよび政党B以外の政党は存在しないものとする。

【国家総合職・令和４年度】

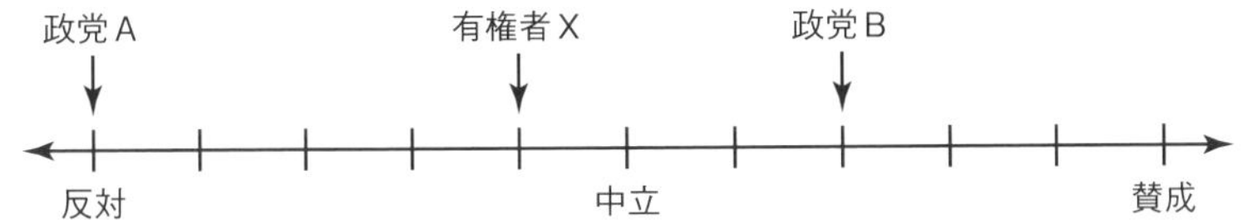

1 近接性モデルではAに投票し，方向性モデルではAに投票する。
2 近接性モデルではAに投票し，方向性モデルではBに投票する。
3 近接性モデルではBに投票し，方向性モデルではAに投票する。
4 近接性モデルではBに投票し，方向性モデルではBに投票する。
5 近接性モデルでは棄権し，方向性モデルではBに投票する。

＊
No.4 合理的選択理論においては，ある有権者個人が選挙で投票する場合，その有権者にとっての投票という行為の効用が正の値になる場合（R＞0のとき）に，その有権者は投票をするという考え方がある。この考え方を表す式として妥当なのはどれか。ただし，記号の定義は次のとおりである。

【国家総合職・平成10年度】

R：有権者が投票することによって得る利益
P：主観的に判断して，自分が投じる１票が選挙結果に影響を与える確率
B：候補者間の期待効用差（自分の支持する候補者が当選した場合に自分が得られる効用と，支持しない候補者が当選した場合の効用の差）
C：投票に行くことによってかかるコスト
D：投票によって維持される，制度としての民主主義の価値

1 R＝B/P－C＋D
2 R＝PB/C＋D
3 R＝PB－C＋D
4 R＝PD＋B－C
5 R＝PB－C/D

＊＊
No.5 **W. ライカーとP. オーデシュックによると，有権者の投票参加に関する合理的選択モデルを以下のような方程式で表すことができる。**

$$R = PB - C + D$$

ただし，Rは選挙に参加することで得られる報酬，Pは投票が選挙の結果に影響を与える主観的確率，Bは候補者（または政党）間の期待効用差，Cは選挙に参加する費用，Dは選挙に参加することで果たされる義務感をそれぞれ表す。このモデルに関する次の記述のうち，最も妥当なのはどれか。 【国家総合職・令和５年度】

1 有権者ａが選挙を接戦とみなす場合，ＰＢが増加するため，投票に参加する可能性が高くなると考えられる。

2 候補者ｘの政策と候補者ｙの政策について好ましく思う程度が同じである有権者ｂは，いずれの候補者の政策についても好ましく思わない程度が同じである有権者ｃと比べて，ＰＢが大きいため，投票に参加する可能性が低いと考えられる。

3 政党ｘの政策より政党ｙの政策を好ましく思う有権者ｄは，いずれの政党の政策についても好ましく思う程度が同じである有権者ｅと比べて，ＰＢが小さいため，投票に参加する可能性が低いと考えられる。

4 アルバイトなどの用事がある有権者ｆは，アルバイトなどの用事がない有権者ｇと比べて，Ｃが小さいため，投票に参加する可能性が低いと考えられる。

5 選挙管理委員会などによる投票率向上を目指す選挙啓発に触れる機会が多い有権者ｈは，Ｄが減少するため，投票に参加する可能性が低いと考えられる。ただし，有権者ｈは選挙啓発に触れることで，投票の重要性を認識するものとする。

実戦問題 1 の解説

No.1 の解説　投票行動研究

→問題はP.246　正答4

1 × エリー調査は有権者の社会的属性と投票行動の関係性を明らかにした。
ラザースフェルドらがオハイオ州エリー郡で実施したエリー調査は，有権者の社会的属性が投票行動に大きく影響していることを明らかにした。これに対して，有権者が候補者（政権担当者）の過去の業績に基づいて投票していると主張したのはフィオリナである。

2 × ミシガン・モデルは争点投票があまりみられないことを明らかにした。
ミシガン・モデルは，大半の有権者は政党アイデンティフィケーション（政党愛着心）に基づいて投票先を決めているとした。逆に，候補者の争点態度と自らの争点態度を比較して，投票先を決めている有権者は少ないとした。

3 × 政党投票の強さを指摘したのはミシガン・モデルである。
ミシガン・モデルは，大半の有権者は政党アイデンティフィケーションに基づいて投票先を決めているため，候補者の所属する政党が重要になるとした。これに対して，フィオリナは業績投票の概念を提示し，有権者は候補者（政権担当者）の過去の業績への評価に基づいて投票しているとした。

4 ◎ 個人投票では候補者の利益誘導が重視される。
有権者は，候補者がどれだけの公共事業を地元にもたらしたかなど，その利益誘導の程度を評価して投票先を決めることがある。こうした投票を，個人投票という。

5 × ダウンズは有権者の合理性を前提として投票行動理論を展開した。
ダウンズは合理的選択論の立場から投票行動を研究し，有権者は合理的行為者であって，自らの政策選好に近い政党に投票すると主張した。これに対して，マスコミを通じて提示される候補者イメージの影響を指摘したのは，ミシガン・モデルである。

No.2 の解説　投票行動研究

→問題はP.246　正答4

1 × 有権者の政党等への選好を重視したのはミシガン学派である。
ミシガン大学のグループは，有権者の選好（およびその強度）が投票行動に大きな影響を与えていると考えた。そして，①政党支持態度（どの政党に愛着心を感じるか），②争点態度（どの候補者の主張に賛同するか），③候補者イメージ（どの候補者のイメージがよいか），という3つの要因が，有権者の投票先を左右していると主張した。

2 × 業績投票モデルを提唱したのはフィオリナである。
フィオリナは，有権者は政権党や政権担当者の過去の業績に評価を加え，それをもとに投票先を決定していると主張した（業績投票モデル）。たとえば，好景気が続いている状況では与党が勝利し，不景気が続いている状況では野党が勝利するとされた。

3 ×　有権者の社会的属性を重視したのはコロンビア学派である。
コロンビア大学のグループは，1940年の大統領選挙に際して，同一の対象者に繰り返しアンケート調査（パネル調査）を行った。その結果，有権者の社会的属性（社会経済的地位，宗教，居住地域）がその政治的先有傾向に影響を与え，投票行動を左右していることが明らかになった。

4 ◎　政党支持態度を重視したのはミシガン学派である。
正しい。ミシガン大学のグループは，有権者の選好（およびその強度）が投票行動に大きな影響を与えていると考え，とくに政党に対する有権者の選好に注目した。そして，**短期的に形成される争点態度や候補者イメージよりも，長期的に形成されてきた政党支持態度（政党帰属意識）が，有権者の投票行動を左右する**と主張した。

5 ×　ミシガン学派は，有権者の合理性に疑問を投げかけた。
ミシガン大学のグループは，幼い頃から培ってきた政党支持態度に基づく投票が数多くみられる一方で，政策争点を考慮した投票は必ずしも行われていないという事実を明らかにした。そこで有権者の合理性が疑問視されるようになり，これ以降，有権者の合理性をめぐる論争が展開されることになった。

No.3 の解説　近接性モデルと方向性モデル　→ 問題はP.247　正答3

近接性モデルでは，有権者は自分と政党の政策的立場を比較し，より近い立場の政党に投票するとされる。これに対して，**方向性モデルでは，有権者は自分と政党の政策的方向性（「消費税率の引上げに賛成か，反対か」など）を比較し，自分と同じ方向性の政党に投票するとされる**。

①近接性モデルに基づく予想
有権者Ｘと政党Ａの政策的立場の隔たりは，（左へ）４目盛分である。また，有権者Ｘと政党Ｂの政策的立場の隔たりは，（右へ）３目盛分である。従って，近接性モデルに基づけば，有権者Ｘは政党Ｂに投票するはずである。

②方向性モデルに基づく予想
ある法案に対して，有権者Ｘは（弱い）反対，政党Ａは（強い）反対，政党Ｂは（弱い）賛成の立場にある。従って，方向性モデルに基づけば，有権者Ｘは政党Ａに投票するはずである。
以上より，正答は**3**である。

No.4 の解説　投票行動における合理的選択理論　→ 問題はP.247　正答3

有権者が投票によって得られる最終的利益（**R**）は，投票によってもたらされる利益（Ｘ）から，投票に必要なコスト（**C**）を差し引いたものに等しい。すなわち，Ｒ＝Ｘ－Ｃ…①である。

ところで，有権者が投票に参加すれば，次の３種類の利益を得ることができる。すなわち，(1) 自分の支持候補を当選させて得ることのできる期待利益（E_1），(2) 非支持候補を落選させて得ることのできる期待利益（E_2），(3) 民主主義を維持することで得る利益（**D**），の３つである。ただし，E_1およびE_2については，１人の有権者が候補者の当落に与える影響力（**P**）は限られているので，その分を割り引いて考えなければならない。

$X = E_1 \times P + E_2 \times P + D = P \times (E_1 + E_2) + D$…②

ここでE_2は，非支持候補が当選した場合の期待損失（L）と$E_2 = -L$…③の関係にある。③を②に代入すると，

$X = P \times (E_1 - L) + D = PB + D$…④

最後に，④を①に代入すると，以下の解が得られる。

$R = PB + D - C = PB - C + D$

よって，「**R＝PB−C＋D**」としている**3**が正しい。

No.5 の解説

→ 問題はP.248 **正答 1**

1 ◎ 選挙が接戦であれば，投票率は上昇しやすくなる。

有権者ａが選挙を接戦とみなす場合，自分の一票が選挙の結果に影響を与える主観的確率（P）が増加し，ＰＢやＲも増加する。従って，有権者ａが投票に参加する可能性は高くなる。

2 × 候補者の好ましさが同程度ならば，投票率は低下しやすくなる。

候補者xと候補者yの政策について，好ましく思う程度（ないし好ましくないと思う程度）が同一であれば，候補者間の期待効用差（B）はゼロに近づき，ＰＢもゼロに近づく。従って，他の条件が一緒であれば，有権者ｂと有権者ｃが投票に参加する可能性は同程度に低くなる。

3 × 政党間の政策の違いが大きいほど，投票率は上昇しやすい。

有権者ｄが政党ｘの政策より政党yの政策を好ましく思っている場合，政党間の期待効用差（B）は大きくなり，ＰＢやＲも増加する。これに対して，有権者ｅが両党の政策を同程度に好ましいと思っている場合，政党間の期待効用差（B）は小さくなり，ＰＢやＲも減少する。従って，有権者ｄは有権者ｅと比べて，投票に参加する可能性は高くなる。

4 × 用事がある有権者は，棄権しやすくなる。

アルバイトなどの用事がある場合，有権者ｆは用事をキャンセルして投票に参加しなければならない。その結果，選挙に参加する費用（C）が増加し，Ｒが減少するため，有権者ｆが選挙に参加する可能性は低くなる。

5 × 選挙啓発に触れるほど，投票率は上昇しやすくなる。

選挙啓発に触れる機会が多い場合，有権者ｈは選挙への参加を義務と考えるようになる。その結果，選挙に参加することで果たされる義務感（D）が増加し，Ｒも増加するため，有権者ｈが選挙に参加する可能性は高くなる。

実戦問題② 応用レベル

＊＊
No.6 **投票行動と政治意識に関する次の記述のうち，妥当なのはどれか。**

【国家総合職・平成29年度】

1 有権者の合理性を判断する基準の一つに，争点投票（issue voting）がある。この基準によれば，有権者が選挙時における政策争点を認知していること，その政策争点が重要な意味を持っていること，どの政党の立場が最も自分に近いか理解していることが求められる。ミシガン大学による1956年の米国大統領選挙の世論調査によれば，過半数の有権者がこの三条件を満たしていた。

2 1980年代には，有権者の合理性に関する新たな基準が示された。有権者が政権担当者の過去の業績の善し悪しを判断した上で，争点投票を行う場合に限り，有権者は合理性を持っているとする考えを業績投票（retrospective voting）と呼ぶ。ただし，業績投票はいまだ理論的仮説にとどまり，実証的研究が行われたことはない。

3 有権者の多くは各政党や候補者が掲げる政策よりも，子供の頃からの家庭や周囲の人々から受け継いだ政党支持態度（政党帰属意識）によって投票を決めているという研究がある。これに対し，有権者は，見た目や信頼できそうだという候補者に関するイメージではなく，あくまで政策争点に基づいて投票するとする理論をミシガン・モデルと呼ぶ。

4 R.イングルハートは，物質的に豊かな環境の下で，それを当然のものとして育った世代は，ますます物質主義的な価値観を重視するようになり，政治参加などの抽象的な価値を顧みることはなくなると考えた。このようなイングルハートの主張は，経済成長によってイデオロギーが後退することを予言するものであり，彼の著した『イデオロギーの終焉』は大きな話題を呼んだ。

5 J. J.ルソーは，代議制民主主義を批判して，人々は「選挙の期間中には自由であるが，選挙が終わればたちまち奴隷の身分となる」と述べた。これに対し，本人ー代理人関係理論の見方に立てば，有権者は奴隷ではなく，あくまで代理人としての政治家を使っているにすぎず，代理人である政治家が勝手なことをしないよう，監視し，コントロールすることが重要となる。

＊＊＊
No.7 選挙と投票行動に関する次の記述のうち，妥当なのはどれか。

【国家一般職・平成25年度】

1 政党の再編期には，連続する２つの選挙の間で各政党の得票率に大きな変化が見られることが多い。こうした選挙間の変化を分析するために，M.ペゼアセンはエレクトラル・ヴォラティリティ（electoral volatility）あるいは選挙変易性と呼ばれる指標を考案した。この指標はある選挙から次の選挙にかけての全政党の得票の増減（％）の絶対値を合計したものに等しい。

2 小選挙区制と比例代表制を組み合わせた制度の一つにドイツの連邦議会選挙が採用している小選挙区比例代表併用制がある。ドイツでは，小選挙区で獲得した議席数が比例票による議席配分を上回るような政党が出ることがある。その場合には，当選者数が本来の議員定数を上回る，すなわち超過議席が発生する結果となる。

3 中位投票者定理は，いかなる選挙制度の下でも，競争関係にある政党の政策は中位投票者（メディアン・ヴォーター），すなわちその政策次元上で全有権者の中位（メディアン）に位置する有権者の立場へと収斂していくことにより，有権者の政策選択の幅が狭くなることを理論的に示したものである。

4 業績投票は，政府・与党の実績についての評価を行い，これを高く評価すれば与党に，低く評価すれば野党に投票するという投票行動のスタイルである。これを行うには政府・与党の実績に関する情報の収集と分析をしなければならないため，空間モデルによる争点投票と比較して，有権者の意思決定のコストはより大きなものとなる。

5 投票行動に関する社会心理学的モデルを代表するものとしてミシガン・モデルがある。このモデルにおいて投票行動に影響を与える３つの主要な心理学的変数とされるのは，政党帰属意識，争点態度，経済状況に関する認識であるが，このうち政党帰属意識はより長期的に形成される要因，他の２つはより短期的に形成される要因であるとされる。

No.8 ＊＊ **わが国の選挙に関する次の記述のうち，妥当なのはどれか。**

【国家一般職・平成21年度】

1 アナウンスメント効果とは，投票日前に行われる選挙情勢や選挙結果を推定する報道が，有権者の投票行動になんらかの変化をもたらすというものである。有利と報道された政党，候補者にさらに票が集まるのをバンドワゴン効果，不利と報道された政党，候補者が票を伸ばすのをプライミング効果というが，わが国では「判官びいき」の意識が根強いこともあり，プライミング効果が見られるのが特徴である。

2 ミシガン・モデルによれば，1950年代の米国人の多くは特定の政党に対する帰属意識を持つものの，選挙の際には，候補者の掲げる政策を比較検討して，政策が自分の立場に最も近い候補者に投票していたという。現在のわが国でもこのモデルは有効であり，有権者のほとんどは支持政党を持つものの，選挙の際には，支持政党の候補者にそのまま投票するのではなく，政策が自分の立場に最も近い候補者に投票している。

3 小選挙区制は二大政党制をもたらし，比例代表制は多党制をもたらすというデュベルジェの法則のとおり，小選挙区比例代表並立制の導入以降の衆議院では，小選挙区選挙に関しては二大政党化が進行し，比例代表選挙に関しては多党制が維持されている。現在，衆議院全体として二大政党化が進まず，多党制が維持されているのは，小選挙区選挙の議員定数よりも比例区選挙の議員定数のほうが多いためである。

4 比例代表選挙は各党の得票数に応じて議席を配分するのを基本とするが，細部は多様であり，わが国でも衆議院と参議院とで仕組みが異なる。有権者は，前者では政党へ投票するのに対し，後者では政党だけでなく候補者個人への投票も可能であり，また，前者は複数の選挙区を設けるのに対し，後者は全国を１つの選挙区としている。さらに，前者の候補者名簿には当選人となるべき順位が付されているのに対し，後者のそれには付されていない。

5 投票によって得られる効用が投票に行くコストよりも大きければ投票し，小さければ棄権するという投票参加の合理的選択モデルに従えば，投票に行くコストを軽減すれば，投票率の向上が期待できることになる。近年の選挙制度改革によって，投票時間の延長や不在者投票の要件緩和を進めるとともに，電子投票制を導入して自宅からの投票を可能としたことは，投票に行くコストの軽減策の一環とみることができる。

実戦問題2の解説

No.6の解説　投票行動と政治意識

→問題はP.252　正答5

1×　ミシガン学派は争点投票の弱さを指摘した。

ミシガン大学の研究者たちは，政党帰属意識（政党アイデンティフィケーション）に基づく政党投票が広く行われているのに対して，政策争点に基づく争点投票はあまり行われていないと指摘した。具体的には，1956年の米国大統領選挙において，①政策争点の認知，②政策争点の重要性，③政党の立場の理解，という3条件を満たす有権者は少なかったとされた。

2×　業績投票の妥当性は実証的研究の積み重ねを通じて証明されている。

業績投票では，有権者が政権担当者の過去の業績の良し悪しを包括的に判断して投票する。これに対して，争点投票では，有権者が個々の争点に関する候補者の態度を個別に判断して投票する。したがって，業績投票と争点投票は異なる概念である。また，業績投票の妥当性は，実証的研究の積み重ねを通じて証明されている。

3×　ミシガン・モデルでは政党投票，候補者投票，争点投票が概念化された。

ミシガン・モデルでは，政党支持態度（政党帰属意識）に基づく政党投票，候補者イメージに基づく候補者投票，政策争点に対する態度に基づく争点投票という3者が，ともに概念化された。このうち最も強く作用するのは政党投票，最も弱く作用するのは争点投票とされている。

4×　イングルハートは脱物質主義的価値観の台頭を主張した。

イングルハートは，豊かな社会において育った世代は，政治参加や環境保護などの脱物質主義的な価値観を重視するようになっていると主張した。また，『イデオロギーの終焉』を著し，経済成長によってイデオロギーが後退すると主張したのは，ベルである。

5◎　ルソーは代議制民主主義を批判した。

ルソーは代議制デモクラシーを否定的にとらえ，代議制デモクラシーにおける人民は，選挙期間以外には政治的な発言力をもたず，一方的に支配される存在になっていると主張した。これに対し，本人－代理人関係理論では，代議制デモクラシーが議論の前提とされ，**「本人」（プリンシパル）たる人民が，その「代理人」（エージェント）たる政治家をいかにしてコントロールし，政治運営にあたらせるかが問題とされる。**

No.7 の解説　選挙と投票行動

→ 問題はP.253　正答2

1 × エレクトラル・ヴォラティリティ（選挙変易性）の指標は，ある選挙から次の選挙にかけて得票率を伸ばした全政党の得票増加分（%）を合計することで計算される。これは，ある選挙から次の選挙にかけての全政党の得票の増減（%）の絶対値を合計し，これに2分の1を乗じた値と同じである。

2 ◎ 正しい。**ドイツの小選挙区比例代表併用制では，小選挙区での当選者数が比例代表選挙での配分議席数を上回った政党に超過議席が与えられ，調整が図られる**。

3 × **中位投票者定理とは，競争関係にある政党の政策は，中位投票者（メディアン・ヴォーター）の立場へと収斂していくことを理論的に示したものである**が，これは小選挙区制の下で成立する二大政党制においてのみ成立する定理である。たとえば，ある政党が中位投票者の立場をとり，他政党がより保守的な立場をとる場合，前者は中道的有権者と革新的有権者の票を獲得して，選挙で勝利を収める。このように，小選挙区制では中位投票者の立場をとることが勝利へのかぎとなるため，中位投票者定理が成立する。

4 × 業績投票を行う際には，政府・与党の業績が満足できるものであったか否かが，大まかに判断される。これに対して，空間モデルによる争点投票では，有権者が各党の政策的立場を正確に把握し，これを自らの選好と比べなければならないため，有権者の意思決定のコストはより大きくなる。

5 × ミシガン・モデルにおいて，主要な心理学的変数とされているのは，政党帰属意識（政党アイデンティフィケーション），争点態度，候補者イメージの3つである。経済状況に関する認識は，有権者が業績投票を行う際にとりわけ重視されるものであるが，ミシガン・モデルでは特に言及されていない。

No.8 の解説　日本の選挙

→ 問題はP.254　正答4

1 × アナウンスメント効果のうち，有利と報道された政党，候補者にさらに票が集まるのを「バンドワゴン効果」（勝ち馬効果），不利と報道された政党，候補者が票を伸ばすのを「アンダードッグ効果」（判官びいき効果）という。近年のわが国では，衆議院議員選挙で小選挙区制が定着し，有権者が自分の票を死票としないために大政党の候補者に投票する傾向が強まったことなどから，バンドワゴン効果が強まっている。なお，プライミング効果とは，マスコミの報道が受け手側の特定の認識枠組みを活性化する効果を意味しており，有権者は他の報道に接触する際にも，その認識枠組みを用いて内容を評価するようになるとされている。

2 × ミシガン・モデルによれば，1950年代の米国人の多くは特定の政党に対する帰属意識（政党アイデンティフィケーション）を持っており，選挙の際には，それに従って投票していたとされる。これに対して，有権者が候補者の掲げる政策を比較検討したうえで投票するケースはむしろ少なく，その点で有権者は合理性を欠いていたとされる。また，現在のわが国においては，有権者の半数程度は特定の支持政党を持っておらず，ミシガン・モデルは有効ではないと考えられている。

3 × 衆議院議員選挙では小選挙区比例代表並立制が導入されているが，小選挙区選挙の議員定数が289議席（当初は300議席），比例区選挙の議員定数が176議席（同200議席）とされている。このように小選挙区選挙の議員定数のほうが多いため，衆議院全体では二大政党化へと向かう傾向がより強く現れることとなった。

4 ◎ 正しい。衆参両院の比例代表選挙を比較すると，**衆議院では拘束名簿式投票が採用されているため，有権者が投票する対象は政党に限られるが，参議院では非拘束名簿式投票が採用されているため，有権者は政党または政党の掲げる名簿に登載された候補者個人に対して投票することができる**。また，**衆議院では全国が11ブロックに分割され，ブロックごとに比例代表選挙が行われているが，参議院では全国を１つの選挙区として比例代表選挙が行われている**。

5 × 投票時間を延長して「午後６時まで」を「午後８時まで」としたり，不在者投票の要件を緩和して「レジャーのため」の不在者投票を認めたりすることは，都合のよい日時に投票に行くことを可能にするための工夫であり，たしかに投票コストの軽減につながっている。また，電子投票制を導入して自宅からの投票を可能にすることも，投票コストの軽減につながりうる措置ではある。しかし，現在のところ，電子投票は投票場にタッチパネル式投票機を設置するという形で実施されており，有権者が自宅から投票することは認められていない。

第５章
政治の思想

第5章 政治の思想

試験別出題傾向と対策

試験名		国家総合職					国家一般職					国家専門職（国税専門官）				
頻出度	年度	21-23	24-26	27-29	30-2	3-5	21-23	24-26	27-29	30-2	3-5	21-23	24-26	27-29	30-2	3-5
	テーマ　出題数	6	5	5	7	6	4	1	1	2	2	1	1	1	1	0
B	18 市民革命期までの政治思想	1	1		3	3	1									
A	19 市民革命期以降の政治思想	4	4	5	4	3	3	1		2	2	1	1	1	1	
C	20 日本の政治思想	1							1							

「政治の思想」では，政治制度や政治行動を支えているさまざまな思想を学習する。学習内容は，大きく「欧米政治思想」（テーマ18・19）と「日本政治思想」（テーマ20）の２つに分けられる。「欧米政治思想」では，特にヨーロッパで発達した主要な政治思想を理解することが課題となる。これまでは出題の大半を自由主義が占めてきたが，出題されつくした感もあって，変化の兆しが見え始めている。「日本政治思想」では，明治期以降のさまざまな思想家の政治思想を理解することが課題となる。中江兆民や吉野作造を中心に多様な思想が出題されているので，思想家とキーワードを結びつけて覚えるようにしよう。ただし，日本政治思想が出題される可能性は低く，特別区で比較的好まれているという程度である。

● 国家総合職（政治・国際・人文）

毎年２問程度が出題されており，「政治の理論」と並ぶ最頻出分野となっている。近年，もっとも頻繁に出題されているのは，自由主義とその批判である。特にバーリン，ロールズ，ドゥオーキン，セン，ハイエク，ノージックらの現代自由主義と，これを批判したサンデルらの共同体主義については，しっかりと学習しておきたい。その他，プラトン，マキァヴェリ，ボダン，ホッブズ・ロック・ルソー，ベンサム・ミル，グロティウス，中江兆民・吉野作造も頻出なので，あわせて押さえておこう。トマス・アクィナスや共和主義，荻生徂徠など，国家総合職に独自の出題もあるので，問題演習を通じて出題されやすいポイントをつかんでおきたい。

● 国家一般職

おおむね３年間に１～２問というペースで出題されている。市民革命期以降の政治思想が最頻出となっているのは，国家総合職の影響であろう。国家総合職の問題が少し易しめにリメークされ，出題されることもあるので，問題演習の際には国家総合職の過去問にも目を通し，出題の概略をつかんでおきたい。アレントやテイラーなどの現代思想，サン=シモンやオーウェンなどの空想的社会主義者のよう

地方上級（全国型）					地方上級（特別区）					市役所（C日程）					
21-23	24-26	27-29	30-2	3-4	21-23	24-26	27-29	30-2	3-5	21-23	24-26	27-29	30-2	3-4	
0	1	1	0	0	1	2	3	3	3	2	1	1	0	1	
						1	1		2	1				1	テーマ18
	1	1			1	1	1	1	1	1	1	1			テーマ19
							1	2							テーマ20

に，特徴的な出題もなされており，その場合，難易度はやや上昇する。

● 国家専門職（国税専門官）

３年間に１問のペースで出題が続いていたが，令和元年度以降は出題が途切れている。もともとは社会契約論が最頻出で，難易度もそれほど高くなかったが，近年では国家総合職の影響でさまざまな思想が出題されるようになり，難易度も上昇した。世紀も立場もばらばらな思想家が組み合わされて総合的に出題されるので，ヤマを張った学習は禁物である。ただし，取り上げられやすい思想家は国家一般職とほぼ同様なので，問題演習の際には国家一般職の過去問も積極的に解くようにして，幅広い思想に対応できるようにしておこう。

● 地方上級

特別区以外の試験では，出題数が極端に少なく，特に全国型では15年間に２問しか出題されていない。さまざまな思想家をランダムに組み合わせた出題が主流となっているが，難易度はさほど高くなく，思想家とキーワードを結びつけて覚えておけば解けるケースが大半を占めている。これに対して，特別区では，平均すれば毎年１問は出題があり，重要度はかなり高い。社会契約論やロールズの思想など，テーマを設定した出題が主流となっているが，極端に細かな内容は問われておらず，難易度はしっかりと抑えられている。なお，短期間のうちに複数回出題された思想家として，徳富蘇峰と大杉栄を挙げることができるが，このあたりは他試験にはみられない特徴である。

● 市役所

振れ幅はあるが，ほぼ３年に１問のペースで出題されると考えてよいだろう。出題の多くは市民革命期以降の政治思想に関するものである。近年では，ロールズとノージックを中心として，ロック，ベンサム，ミルなどの自由主義が出題されている。特にロールズについては，しっかりと確認しておいたほうがよいだろう。

市民革命期までの政治思想

必修問題

近代の西洋政治思想に関する記述として，妥当なのはどれか。

【地方上級（特別区）・令和５年度】

1　**ボダン**は，深刻な政争が続くフランスで『国家論』を著し，主権を国家の絶対的にして永続的な権力とし，国家秩序を維持するためには，絶対的権威をもった主権が必要不可欠であるとした。

2　イギリスでは，国王ジェームズ１世に仕えたボシュエやフィルマーが，君主は国家の主権を神から授けられたとする**王権神授説**を唱え，絶対王政を正当化した。

3　**ロック**は，自然状態である万人の万人に対する闘争の状態を回避するために，各人は社会契約を相互に結び，国家を形成するとし，国家が国民の信託した内容に反した場合には，国家に対する抵抗権が認められるとした。

4　**モンテスキュー**は，立法権，執行権および連合権による三権分立制を唱え，三権相互の抑制と均衡を保つことができれば，市民の権利と自由は保障されるとした。

5　**ルソー**は，共通の利益をめざす**一般意志**により営まれる国家では，人民が自由で平等な主権者となるとし，一般意志の表出の妨げにならないという理由で，代議政治を強調した。

難易度　＊

必修問題の解説

本問は，政治思想に関する基本問題である。特にボダンの主権論（**1**）とロックやルソーの社会契約論（**3**・**5**）は，当然知っておくべき内容である。なお，**2**はやや難しめだが，「ボシュエ」がフランス語らしい響きを持っているとわかれば，正誤を推測することができる。語学の知識も役に立つという好例である。

1◎ ボダンは『国家論』において主権論を展開した。
ボダンは，フランス国内でカトリックとプロテスタントが争った**宗教戦争（ユグノー戦争）を経験**した。そして，『国家論』を著し，**国家秩序を維持するためには，絶対的で永続的な主権による統治が必要である**と主張した。

2× ボシュエはフランスで王権神授説を唱えた人物である。
ボシュエはフランス人であり，国王ルイ14世に仕えて王権神授説を唱えた。また，フィルマーはイギリス人であり，国王チャールズ１世に仕えて王権神授説を唱えた。

3× ロックは自然状態を一応の「平和状態」ととらえた。
ロックは，自然状態（＝国家や社会が作られる以前の状態）を一応の「平和状態」ととらえたうえで，社会契約論を展開した。自然状態を「万人の万人に対する闘争の状態」ととらえたのは，ホッブズである。

4× モンテスキューは立法権，行政権，司法権による三権分立制を唱えた。
立法権と執行権（＝行政権＋司法権），連合権（＝外交権）を区別したのは，ロックである。ロックは二権分立論を展開し，国王の執行権と連合権が議会の立法権の下に置かれるという形の権力分立制を唱えた。これに対して，立法権，行政権，司法権による三権分立制を唱えたのはモンテスキューである。

5× ルソーは代議政治を否定し，直接デモクラシーを理想とした。
ルソーは，人民が政治に直接参加して一般意志を発見し，一般意志を法という形で執行することにより，理想の政治運営がなされると主張した。なお，一般意志とは，個人の利害を離れ，共同体全体の利益につながるとされる意志のことである。

正答 1

FOCUS

市民革命期以前の政治思想では，社会契約論が最頻出である。平易な問題が多いので，是非とも得点したい。また，マキァヴェリとボダンがこれに次いで頻出なので，それぞれ君主論と主権論の内容を確認しておこう。

POINT

重要ポイント 1 古代ギリシアの政治思想

政治思想の起源は，古代ギリシアに求められる。古代ギリシアの政治思想は，ポリス（都市国家）を基盤として展開された点に特徴があった。

(1) プラトン　プラトンは，正しい国家のあり方を考察して，これが正しい魂と類似の関係にあると唱えた。

プラトンが理想としたのは，**統治者階級・軍人階級・生産者階級からなる階級国家**であった。ただし，各階級は世襲的なものではなく，あくまでも生まれついての素質と各人の能力に基づいて，教育を通じて選抜されるべきだとされた。

正しい魂		正しい国家
知恵	↔	統治者階級
気概	↔	軍人階級
欲望	↔	生産者階級

3階級の中でも特に重要なのは，統治者階級である。プラトンは，統治者階級の公人的性格を強調し，この階級の人々は私有財産や個人的な家族を持つべきではないと主張した。また，その最高位に位置するものは，哲学者として真理に通じていなければならないと考え，**哲人王**の必要性を訴えた。

(2) アリストテレス　アリストテレスは，**国家が倫理的共同体としての性格を持つ**点を強調し，政治学の伝統的国家観を打ち立てた。

アリストテレスによれば，人間はポリスにおいてのみ，完全な存在へと高まっていくことが可能である。そして，こうして誕生した「よき市民」たちは，最高善を追求しつつ，共同体全体を幸福へと導いていく。「人間は自然によって政治的（ポリス的）動物である」（**ゾーオン・ポリティコン**）という言葉は，そうした彼の主張を要約したものである。

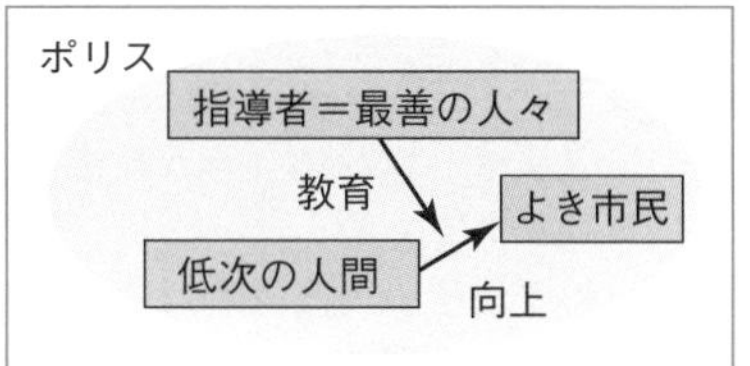

重要ポイント 2 近代の黎明期の政治思想

近代の黎明期にあって，近代国家と主権に関する思想を展開していったのが，マキァヴェリとボダンであった。

(1) マキァヴェリ　マキァヴェリは，本来，共和制の支持者であった。しかし，祖国イタリアが諸勢力による分裂の危機にひんするなかで，考えを改めるようになり，**「事実上の力」を持った君主**が，強力に国家を統一していく必要性を訴えるようになった。ここで特に重視されたのは軍事力であり，君主は家臣や臣民などによって**自国軍**を編成し，軍事訓練を施すべきだとされた（『**君主論**』）。

思想史的にみれば，マキァヴェリはアリストテレス以来の伝統的国家観を覆した点で，革新的であった。アリストテレスが国家を倫理的共同体とみなしたのに対して，マキァヴェリは**国家を支配の装置とみなした**。

また，マキァヴェリは，君主の条件についても述べている。

項　目	説　　明
国民との関係	君主は国民から愛されることが望ましいが，たとえ愛されなくても，恐れられる存在でなければならない。
能力	君主は，狐の知恵とライオンのどう猛さに学ぶべきである。
行動力	君主は慎重であるよりも果断に進むほうがよく，フォルトゥナ（運命）に合わせて，ヴィルトゥ（能力）を最大限に発揮しなければならない。

(2) ボダン　ボダンは，法学を基盤として**精緻な主権論**を展開し，「国家とは主権を伴った，多くの家族とこれら家族間に共通な事柄との正しい統治である」という有名な定義を提示した。

ボダンによれば，主権とは法律の拘束を受けない**最高の権力**のことであり，**絶対的で永続的**という性質を持つ。主権の内容は，立法権，宣戦講和権，終審裁判権，貨幣鋳造権などであるが，統治上，特に重要なのは**立法権**である。そして，この主権を担いつつ，統治を行っていくのが君主である。ただし，君主は正しい統治を行わねばならないことから，**神法・自然法や王国基本法，臣民との契約などによる制限**を受ける（『**国家論**』）。

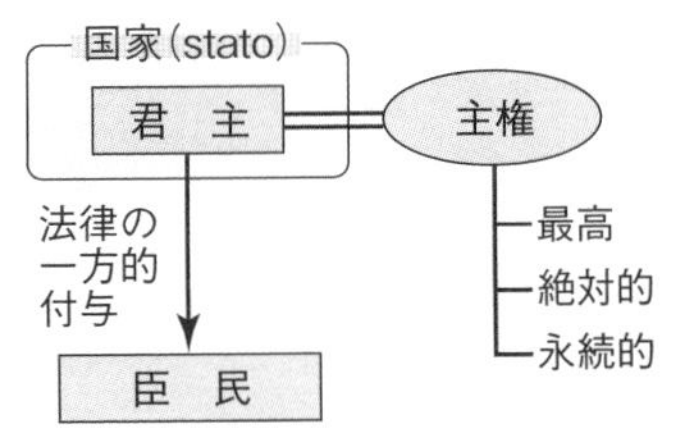

重要ポイント 3 社会契約論

人民相互の契約（＝社会契約）に基づいて統治者や国家が誕生したと説明する理論を，一般に**社会契約論**という。社会契約論はおもに市民革命期に唱えられ，近代以降のデモクラシーを理論的に基礎づけた。

(1) ホッブズとロック　社会契約論は，国家や社会がつくられる以前の状態（＝**自然状態**）を想定する点が，大きな特徴である。

	ホッブズ（『リヴァイアサン』）	ロック（『市民政府二論』）
自然権と自然状態	自然権として自己保存権が認められている。	自然権として生命・自由・財産所有の権利が認められている。
	人々は自ら生き抜くために，「万人の万人に対する闘争」を展開する。	人々は自然状態においても理性を持っており，一応の「平和状態」を保っている。
社会契約	人々は命を失うことを恐れ，理性に導かれて，自然権の放棄（＝自然権の第三者への譲渡）に全員一致で合意する。	人々は自然権のよりよき保障を求めて，自然権の信託（＝自然法の解釈・執行権の放棄）に全員一致で合意する。
抵抗権	統治者や国家に対して，人民の抵抗権はいっさい認められない。	統治者や国家の権利侵害に対して，人民は抵抗権を行使できる。

ホッブズの思想は，統治者の絶対的権力を認める理論として，絶対王政の擁護に利用された。これに対して，ロックの思想は，**人民の抵抗権**を認める理論として，**イギリスの名誉革命を正当化する役割**を担った。

(2) ルソー　ルソーは，『人間不平等起源論』や『社会契約論』において，人間が社会契約によって自由を回復していくさまを描き出した。

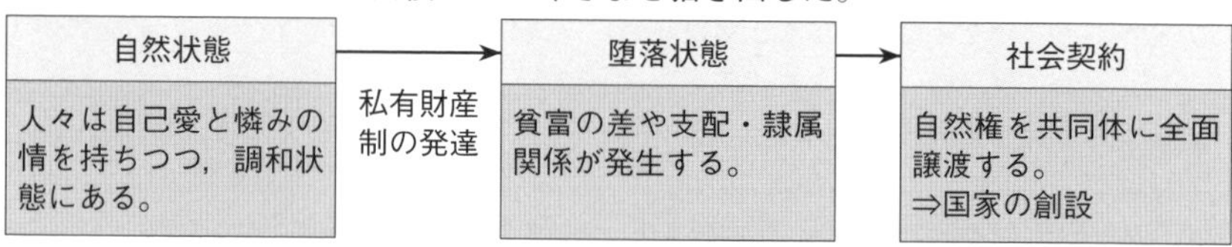

ルソーが理想とした政治のあり方は，**直接デモクラシー**と**人民主権**であった。ルソーによれば，人民は全員参加の集会を通じて，共同体全体にとっての利益，すなわち**一般意志**を発見することができる。一般意志は，私的な利益である個別意志や，その単なる総和である全体意志とは区別されるものである。この一般意志を法という形で執行すれば，人民にとって真の利益がもたらされることになる。ここにおいて，人民は政治のあり方を最終的に決定する主権者であると同時に，共同体の決定に拘束される臣民となる。

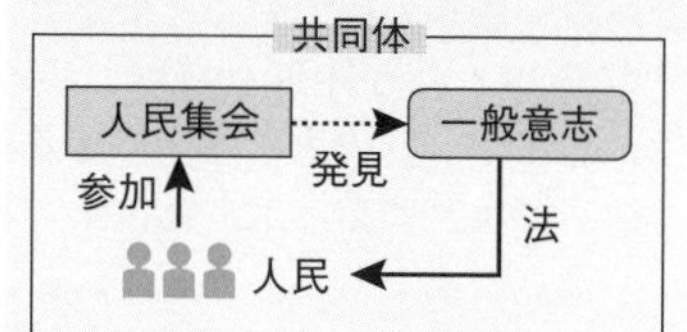

重要ポイント 4　共和主義

政治は「公共のことがら」(＝市民全体の共通の利益) のためになされるべきだとする考え方を，**共和主義**という。共和主義の具体的な意味内容は論者によって異なるが，一般に古代ギリシャのポリスや古代ローマの共和政が理想とされることが多い。

(1) マキァヴェリ　マキァヴェリは，共和政ローマが国内における貴族と平民の対立をうまく組織し，大帝国にまで成長したことを高く評価した (『ローマ史論 (リウィウス論)』)。

(2) モンテスキュー　モンテスキューは，政体を共和政，君主政，専制政に分類し，共和政は小国 (古代の都市国家) に，君主政は中位の国 (近代国家) に，専制政は大国 (アジアの帝国) にふさわしいとした。そのうえで，権力の集中につながる共和政や専制政を批判し，国王，貴族院，庶民院からなるイギリスの国制を高く評価した (『法の精神』)。

(3) マディソン　マディソンは，独立直後のアメリカにあって，ハミルトンやジェイとともに『**ザ・フェデラリスト**』を著し，合衆国憲法の批准を促した。同書で注目されるのは，まず，大規模国家における共和政の実現可能性を指摘したことである。国家の規模が拡大した場合，内部に多くの党派が生じて互いにけん制し合うため，特定の党派が権力を握り続けることは困難になるとされた。次に，権力分立の重要性を指摘したことである。二院制，大統領の拒否権，違憲立法審査権，連邦制などが，権力分立のための制度として評価された。

実戦問題

＊No.1 古代ギリシアの政治思想家に関する記述として，妥当なのはどれか。

【地方上級（特別区）・令和３年度】

1 ソクラテスは，『国家』を著し，哲学者が追求すべき最高の実在は善のイデアであり，イデアを認識した哲人王が支配するのが理想的な国家であるとした。

2 プラトンは，『政治学』を著し，人間は，善悪や正義を共有する人々の間でポリスを形成するものであり，本性的にポリス的動物であるとした。

3 プラトンは，人々に「無知の知」を自覚させるため，街頭や広場において人々に語りかけ，問答を繰り返したが，ポリスの神を信じず青年を腐敗させたとして死刑の判決を受けた。

4 アリストテレスは，国家は「統治者，戦士，生産者」という３つの階級からなると主張し，統治者と戦士の私有財産を禁じて共産制を説いた。

5 アリストテレスは，支配者の数と，共通の利益をめざしているか否かという基準によって国制を６つに分類し，そのうち，多数者支配の堕落した形態を「民主制」と呼んだ。

＊No.2 ボダンの政治思想に関する記述として，妥当なのはどれか。

【地方上級（東京都）・平成16年度】

1 彼は，16世紀後半のフランスにおける宗教戦争を背景に，国家とは主権的権力を伴った正しい統治であるとして，初めて国家の主権の概念を唱えた。

2 彼は，主権は国家の絶対的かつ永続的な権力であるとし，主権の具体的な権利内容として，第一に宣戦講和権，第二に立法権を挙げた。

3 彼は，国家における主権は君主に属するものであり，主権は，神法と自然法によっても制限を受けるものではないとした。

4 彼は，国家には優れた軍隊が必要であるとし，傭兵に頼るのではなく，自国軍を創設すべきであると主張した。

5 彼は，君主には，道徳的に優れているように装うことと，愛されるよりも恐れられることが必要であるとし，「狐の狡知と獅子の力」を持つ君主を理想とした。

No.3 ＊ マキャヴェリまたはボダンの政治思想に関する記述として，妥当なのはどれか。

【地方上級（特別区）・平成28年度】

1 マキャヴェリは，君主に対し，国民から恐れられるよりも愛される君主となることを求め，ほとんどの人間は善良であるため，君主が道徳的正しさを発揮することで国家を維持できるとした。

2 マキャヴェリは，共和国を理想としたが，イタリアが分裂状態にある現状においては，共和制の実現可能性を見出しえず，君主国の創出にイタリア再生の条件を見出した。

3 マキャヴェリは，『君主論』を著し，軍制の改革を訴え，自国の市民からなる軍隊ではなく，外国人を主体とする傭（よう）兵制度の創設が急務であるとした。

4 ボダンは，主権は国家に内在する絶対的で永続的な権力ではなく，法律によって拘束されるとともに，国民である臣民からも拘束されるとした。

5 ボダンは，『統治論』を著し，主権は神法や自然法に基づいているため，絶対的権威を持つとしたが，これは社会契約説を正当化する理論となった。

No.4 ＊ 社会契約論に関する記述として，妥当なのはどれか。

【地方上級（特別区）・平成26年度】

1 ホッブズは，社会は政府に一定の限度内で統治を信託したにすぎず，権力が専制化し，自然権を阻害する場合は，新しい政府をつくる権利である抵抗権が存在するとした。

2 ホッブズは，自然状態では人間は自由で平等であったが，文明の発展によりそれらが損なわれたとき，人々は全員一致で社会契約を結び，一切の権利を共同体に委譲することでのみ自由や平等は回復できるとした。

3 ロックは，人間は自己の生命を保存する権利を持ち，また，そのために必要な手段を獲得する権利を持つとし，人間は互いに平等であるが故に自然権を行使し，他人と対抗し，戦いを通じてでも生活を維持するとした。

4 ロックは，自然状態では皆が平等であり，互いの自然権を侵害することはないが，自然権の保障を確実にするために，人々は相互契約を結んで政治社会を形成し，政府に自然法の解釈権と執行権のみを委譲するとした。

5 ルソーは，人間は自然権を放棄し，契約を結んで第三者に権限を譲り渡すが，この第三者は全員の代理人であり主権者であるので，人々は主権者に対して絶対の服従を求められるとした。

＊＊
No.5 西欧の政治思想に関する次の記述のうち，妥当なのはどれか。

【国家一般職・平成19年度】

1 N.マキァヴェリは，祖国であるイタリアの政治的分裂による混乱に直面した経験から，国家を安定させるには君主が強力な指導力を発揮することが必要であるとした。その一方で，イタリア統一の求心力をローマ教会に求め，君主といえども教会の権威には無条件に服することが必要であるとした。

2 J.ベンサムは，快楽を求め苦痛を避けようとする性向を人間行動の基本的動機ととらえ，社会全体の快楽を最大限に実現することが「最大多数の最大幸福」であるとした。その上で，「最大多数の最大幸福」を達成するためには公職者の道徳性や資質の確保，政府支出の極小化が必要であるとした。

3 T.ホッブズは，『リヴァイアサン』において，人間の自己保存のための活動による「万人の万人に対する闘争」を抑制するためには，社会契約による政府の創設が必要であるとした。その一方で，市民は，政府が市民の信託に反して活動した場合にはこれを交替させる抵抗権を有しているとした。

4 H.グロティウスは，自然法の基礎を人間の本性としての社会的欲求に求め，生命，自由，身体の安全などを自然法上の権利として位置づけた。また，人間の社会的平等性を前提として，人々は自らの持つ自然法上の権利を，絶対君主に対しても全面的に譲渡することはできないとした。

5 J.ロックは，『統治二論』において，自然状態下では人間は自然法の範囲内で理性的判断に従い，互いに各人の権利を侵害することがないよう行動するが，この自然状態下の社会は不安定であるため，社会を安定させるために，立法，司法，行政の三権が分立した統治機構を整備する必要があるとした。

＊＊＊
No.6 共和政や共和主義に関する次の記述のうち，妥当なのはどれか。

【国家総合職・令和元年度】

1 紀元前1世紀のローマを生きた政治家であり，知識人でもあったM. キケロは，J. カエサルの同時代人であった。キケロは，ローマの共和政を理想とみなして，その理念を再建しようと試みた。祖国への義務を説くキケロの共和主義思想は，宇宙と人間本性には合理的秩序があるとするストア派の自然法思想と結び付いていた。彼の『国家について』によれば，国家（res publica）とは，法についての合意と公共の利益に基づいた人的集団であり，そのような条件を満たさない国家は盗賊の群れと違いはなかった。

2 古典的共和主義とは，古代ローマの共和政に政治の在るべき姿を求める思想であり，その継承において重要な役割を果たしたのは，N. マキアヴェリである。彼が，『ローマ史論』で中心テーマとして取り上げて賛美したのは，「狐の狡猾さ」によって危機を克服しようとしたJ. カエサルの偉大な統治術であった。マキアヴェリは，カエサル登場前のローマの共和政では，貴族と平民の対立が激しかったために国内の統治機構（stato）が脆弱であり，そのために大帝国への成長が妨げられていたと論じた。

3 共和主義思想を代表するとされるJ. ハリントンは，理想の共和国を描いた『オセアナ共和国』において，土地所有の形態によって統治構造が変わるという唯物史観を唱えて，土地所有が平等化するならば共産主義体制の出現が必至になると論じた。人類の歴史を階級闘争の連続として理解したハリントンは，窮乏化した労働者が資本家から権力を奪取して大土地所有体制を廃止すると，利己主義の全ての原因が消滅して階級対立は終焉し，公共の利益が尊重されるようになって，平等な共産主義社会が成立すると主張した。

4 C. モンテスキューは『法の精神』で，王権の専制化や経済活動の発達を懸念して，フランスが目指すべき模範を古代の共和政に求めた。彼は，３つの機関を組み合わせたローマの混合政体や，市民の「徳」を模倣すべきであると主張したが，他方で，共和政は小さな国家でのみ実現可能であるとも論じた。これに対して，J.J. ルソーとT.ペインは，それぞれ『社会契約論』と『人間の権利』において，代表制と共和政を組み合わせることによって，広大な国土でも共和政は可能であると主張した。

5 J.マディソンは，独立後の米国においてこれまで以上に連邦政府に大きな権限を付与すべきとした連邦派（フェデラリスト）の一員であった。彼は，T. ジェファソンとの共著『ザ・フェデラリスト』で，米国のように広大な共和政においては，古代の同質的な都市国家と比べて，多くの党派（派閥）が生まれることは避けがたいと論じた。しかしマディソンは，連邦政府は党派の存在を決して許容すべきではなく，その強大な権限によって厳しく規制して，党派を除去すべきであると主張した。

実戦問題の解説

No.1 の解説　古代ギリシアの政治思想　→ 問題はP.267　正答5

1 × イデア論を展開したのはプラトンである。
プラトンは『国家』を著し，哲人王が善のイデア（＝真の姿，理念）を認識しつつ支配を行うのが理想的な国家であるとした。

2 × 人間は本性的にポリス的動物であると主張したのはアリストテレスである。
アリストテレスは『政治学』を著し，人間はポリスによって生きるべき存在であると指摘した。「人間は本性的に（自然によって）ポリス的動物である」という言葉は，端的に「ゾーオン・ポリティコン」とも表現される。

3 × 「無知の知」を主張したのはソクラテスである。
ソクラテスは著作を残さなかったが，その言動はプラトンによって伝えられている。ソクラテスは相手と問答を繰り返す問答法を通じて，人々に「無知の知」（＝自分は何も知ってはいない，ということを知っている）を自覚させた。しかし，裁判で死刑の判決を受け，最終的には自ら毒杯をあおいで自殺した。

4 × 統治者・戦士・生産者からなる階級国家を理想としたのはプラトンである。
プラトンは，教育と選抜を通じてポリスの市民を３つの階級に振り分け，能力や資質に基づく階級国家を築くべきだと主張した。また，支配階級に当たる統治者と戦士については，妻子や財産などの私有を禁じるべきだとして，いわば共産制の思想を展開した。

5 ◎ 民主制を堕落した国制としたのはアリストテレスである。
アリストテレスは，国制を６つに分類し，①１人の支配者が正しい政治を行う「王制」と，その堕落した形態である「僭主制」，②少数の支配者が正しい政治を行う「貴族制」と，その堕落した形態である「寡頭制」，③**多数の支配者が正しい政治を行う「ポリテイア」と，その堕落した形態である「民主制」**とした。なお，このうち**現実的に最も望ましい国制とされたのは，ポリテイアである**。

No.2 の解説　ボダンの政治思想　→ 問題はP.267　正答1

1 ◎ ボダンは主権概念を確立した。
正しい。1562年から1598年にかけて，フランスではカトリックとプロテスタントが宗教戦争を繰り広げた。この**ユグノー戦争という大混乱を背景に，ボダンは国家の主権による秩序の回復・維持を求め，「国家とは主権的権力を伴った正しい統治である」と主張した**。

2 × ボダンは主権の内容として立法権を重視した。
ボダンは，「主権とは国家の絶対的かつ永続的な権力である」と定義づけたうえで，その具体的な権利内容として，立法権，宣戦講和権，官吏任命権，終審裁判権，恩赦権，貨幣鋳造権，課税権，服従要求権の８つを挙げた。なかでも重視されたのは立法権であり，その他の各権利は立法権から派生するものとされた。

3 × **ボダンは主権といえども神法や自然法の制限を受けるとした。**
ボダンは，国家における主権は君主に属するものであるとしたが，その作用範囲は無制限ではなく，神法，自然法，王国基本法，臣民との契約などに拘束されるとした。

4 × **自国軍の創設を主張したのはマキァヴェリである。**
マキァヴェリに関する説明である。マキァヴェリは，金銭で雇われた外国人中心の傭兵は信頼できないと考え，国民（臣民）を徴集して国民軍を創設し，祖国の防衛にあたらせるべきであると主張した。

5 × **理想の君主像を示したのはマキァヴェリである。**
マキァヴェリに関する説明である。マキァヴェリは，祖国イタリアが諸侯の対立で分裂の危機にひんしている現状に直面し，強力な君主の下で国家の統一を図るべきであると主張した。その際，君主に求められたのが，「狐の狡知と獅子の力」であり，また，「フォルトゥナ（運命）に合わせて，ヴィルトゥ（能力）を最大限に発揮していく力」であった。

No.3 の解説　マキャヴェリとボダンの政治思想

→ 問題はP.268　**正答 2**

1 × **マキャヴェリは，君主は恐れられるべきであると主張した。**
マキャヴェリは，君主は愛されるよりも恐れられなければならないと主張した。また，政治と道徳を区別したうえで，国家を維持・統一するためには，君主が非道徳的な行為を行うこともやむを得ないと主張した。

2 ◎ **マキャヴェリは共和制論者から君主制論者に変わった。**
正しい。マキャヴェリは，祖国イタリアの分裂状態を克服するためには，強力な君主が必要であると考えた。そこで，**本来は共和制論者であったものの，君主制論者へと立場を変えることとなった。**

3 × **マキャヴェリは国民軍の創設を主張した。**
マキャヴェリは，自国の市民からなる軍隊の創設を主張した。従来は，外国人を主体とする傭兵が用いられてきたが，傭兵には国家を守り抜こうとする忠誠心が欠けているためである。

4 × **ボダンは主権の絶対性・永続性を主張した。**
ボダンは，主権の性質について考察し，これを国家に内在する絶対的で永続的な権力であるとした。そして，主権者としての国王が，臣民に対して一方的に法律を付与するなどして，強力な統治を行うべきであると主張した。

5 × **ボダンは社会契約論者ではない。**
『統治論（統治二論）』を著したのはロックである。ただし，ロックは主権の絶対性を認めず，人民は主権者に対する抵抗権を持っていると主張した。なお，ボダンは主権の絶対性を主張しており，ボダンの理論はロック流の社会契約論を正当化するものではなかった。

No.4 の解説　社会契約論

→ 問題はP.268 正答4

1 × **人民の抵抗権を主張したのはロックである。**
ホッブズではなく，ロックに関する説明である。ホッブズは，人々が政府に対して自然権を全面的に譲渡したと考え，たとえ権力が専制化し，自然権を阻害した場合であっても，抵抗権は認められないと主張した。

2 × **一切の権利の共同体への委譲を主張したのはルソーである。**
ホッブズではなく，ルソーに関する説明である。ホッブズは，自然状態を「万人の万人に対する闘争」ととらえ，これを脱却するために，人々は社会契約を結ぶに至ったと主張した。

3 × **自己保存権や万人の万人に対する闘争を主張したのはホッブズである。**
ロックではなく，ホッブズに関する説明である。ロックは，人間は生命・自由・財産の所有に関する権利を持つと考えた。また，自然状態における人間は一定の理性を働かせ，一応の平和状態のうちに生活を維持すると主張した。

4 ◎ **自然法の解釈・執行権の委譲を主張したのはロックである。**
正しい。ロックによれば，自然状態におかれた人々は，自然権の保障を確実にするために社会契約を結び，**自然法の解釈権と執行権を政府に委譲する**（＝自然権を政府に信託する）。そして，政府が専制化し，自然権を阻害した場合には，**人々は抵抗権を行使して革命を起こす**ことも認められる。

5 × **統治者への絶対的服従を主張したのはホッブズである。**
ルソーではなく，ホッブズに関する説明である。ルソーは，人間は一切の権利を共同体に委譲して，共同体の意思を決定する主権者となり，同時に，共同体の意思に従うという意味で臣民ともなると考えた。このようにルソーは人々の自己統治（自治）を重視しており，第三者への絶対服従を説いたという事実はない。

No.5 の解説　西欧の政治思想

→ 問題はP.269　**正答2**

1 ×　マキァヴェリは政治的次元と宗教的次元を区別し，国家統一という政治的目的を達成するためには，宗教的にみて正しくないことを行わなければならない場合もあると考えていた。本肢にある「君主といえども教会の権威には無条件に服すことが必要である」という主張は，政治的次元を宗教的次元の下に置くものであって，マキァヴェリの考え方とは相いれない。

2 ◎　正しい。**ベンサムは，各人が快楽の最大化を追求しつつ，社会における「最大多数の最大幸福」を達成していくことの重要性を指摘した**。また，「最大多数の最大幸福」を達成するためには，普通選挙に基づく代表民主政の制度，情報公開や報道の自由に基づく世論の形成，公職者の道徳性や資質の確保，政府支出の最小化などが必要であるとした。

3 ×　ホッブズは，人民が社会契約に基づいて自然権を第三者に譲渡し，政府を創設することの重要性を指摘したが，その際，人民は自然権を放棄しているため，支配者に対する抵抗権は留保されえないとした。また，こうした人民の抵抗権の否定は，無政府状態による混乱を避けるためにも，必要不可欠であると考えられた。これに対して，政府に対する人民の抵抗権を主張したのはロックである。

4 ×　生命，自由，身体の安全などを自然権として位置づけ，絶対君主に対するその全面譲渡を否定したのは，ロックである。なお，**「自然法の父」とも呼ばれるグロティウスは，自然法の基礎を人間の本性としての社会的欲求に求めつつ，人間の本性に一致する行為は神によって命令されたものであるとして，これを正当化した。**

5 ×　立法，司法，行政の三権分立を主張したのは，モンテスキューである。これに対して，ロックは立法権を執行権・連合権に優越させるべきであると主張し，二権分立論を展開した。

No.6 の解説　共和政と共和主義

→ 問題はP.269　**正答1**

1 ◎　**キケロは共和政を理想とした。**

正しい。**キケロ**は，帝政に向かいつつあるローマの現実のなかで，共和政の再建を図った。そして，**ストア派の自然法思想の影響を受け**，人間は理性を用いて法や正義と結びつくことが可能であり，**国家とは法や正義についての合意と公共の利益に基づく人為的集団であると主張した。**

2 ×　**マキアヴェリは『ローマ史論』において共和政を擁護した。**

マキアヴェリは『ローマ史論』において古代ローマの共和政を擁護し，国内に貴族と平民の対立を抱えつつも，これをうまく組織化して大帝国に成長した点を高く評価した。これに対して，マキアヴェリが「狐の狡猾さ」を発揮する統治術を賞賛し，強力な統治機構（stato）の重要性を主張したのは，

『君主論』においてであった。

3 × ハリントンは土地所有が平等化することで共和政が出現するとした。

ハリントンは，全国の土地の４分の３を君主が所有するときは絶対王政，少数の貴族が所有するときは混合王政（＝国王と貴族のバランスによる政治），人民が所有するときは共和政が出現するとした。これに対して，階級闘争を通じて私有財産制を廃止することで，平等な共産主義社会が成立すると主張したのは，マルクスである。

4 × モンテスキューは君主制，ルソーは直接民主政を理想とした。

モンテスキューは，共和政，君主制，専制政という３つの政体を区別したうえで，商業や技芸が発達し，複雑化したフランスのような近代社会では，個人の自己愛を許容する君主制（＝君主・貴族・民衆によって支えられる政体）が目指されるべきであるとした。また，ペインは代表制と共和政を組み合わせることで広大な国土でも共和政は可能であるとしたが，ルソーは小さな共同体における直接民主政を理想とした。

5 × マディソンは党派間の競争が多数者の専制を防ぐと主張した。

マディソンは，ハミルトンやジェイらとともに『ザ・フェデラリスト』を著した。そして，米国のように広大な共和政においては，多くの党派が生まれて競争し合うことで，多数派の専制が防がれると主張した。また，連邦政府の樹立を訴えつつも，三権分立制や二院制，連邦制などを通じて，連邦政府の権力を制限すべきだと主張した。

19 市民革命期以降の政治思想

必修問題

市民革命期以降の政治思想に関する次の記述のうち，妥当なのはどれか。

【国家一般職・令和４年度】

1 功利主義の立場に立つ**J.ベンサム**は，人々が快楽（幸福）を求め苦痛（不幸）を回避するという原理で行動する存在であるという前提の下，快楽（幸福）を増大するものが善であるという立場に立っており，「最大多数の最大幸福」を実現することが統治の目的であるとした。

2 **T.グリーン**の主張は，「古典的自由主義」と呼ばれ，必ずしも外的拘束や制約が存在しないことが自由ではないとしたうえで，自由主義の完成のためには，人格の成長ではなく経済的成長を妨げる障害を国家が排除すべきであるとした。

3 **J.ロールズ**は，全ての人は平等に，最大限の基本的自由を持つべきであり，ある人間の基本的自由を制約することは，社会・経済的不平等の解消が必要な場合にのみ許容されるとし，他者の基本的自由を擁護するために自由を制約することは許されないとした。

4 リバタリアニズムの論者である**F.ハイエク**は，「計画主義的思考」を持ち，市場は，それ自体が一定の規則性をもって機能する「**自生的秩序**」を有するものではないため，市場の失敗を意図的にコントロールする試みは有益であると主張した。

5 **G.ヘーゲル**は，国家の全体秩序を「市場」，「市民社会」，「国家」の３つに分けた上で，市民社会を「**欲求の体系**」，「司法活動」，「職能団体」の３つから成るものとし，市民社会における個人の自由を否定した。

難易度 ＊＊

必修問題の解説

本問は，自由主義に関する総合問題である。功利主義（**1**），新自由主義（**2**），現代自由主義（**3**・**4**）からバランスよく出題されており，欠けているのはロックの古典的自由主義くらいである。なお，ヘーゲル（**5**）は，人類の歴史を自由の実現の過程ととらえており，その点で本問の選択肢に組み入れられたのであろう。

1 ◎ ベンサムは快楽主義の立場から「最大多数の最大幸福」を説いた。

ベンサムは「**快楽＝善**」「**苦痛＝悪**」と考え，「**最大多数の最大幸福**」を実現することが統治の目的であるとした。こうしたベンサムの立場は，**功利主義**と呼ばれている。

2 × グリーンは人格の成長を重視し，新自由主義の立場に立った。

グリーンは，人格の成長を共同善（＝人々が共同で追求すべき善きこと）と考え，その実現のためには，貧困などの障害を国家が積極的に除去するべきだと主張した。こうしたグリーンの考えは，新自由主義と呼ばれている。

3 × ロールズは，一定の条件下において自由を制約することも許されるとした。

ロールズは正義の第一原理として「平等な自由」原理を挙げたが，これは他者の権利を侵害しない範囲で，すべての人に対して基本的自由を平等に配分するべきだとするものである。したがって，他者の基本的自由を擁護するため自由を制約することは認められる。

4 × ハイエクは計画主義的思考を批判し，自生的秩序を重視した。

ハイエクは，リバタリアニズムの源流に位置する学者である。ハイエクは，人間の理性に全幅の信頼を寄せる「計画主義的思考」を批判するとともに，市場で発生するような「自生的秩序」こそが，社会に安定をもたらすと主張した。

5 × ヘーゲルは，国家の全体秩序を家族，市民社会，国家の３つに分けた。

ヘーゲルは，歴史の中で善の概念が客観化され，社会的諸制度の中に具体化されたものを「人倫」と呼んだ。そして，人倫は家族，市民社会，国家という３段階を経て発展し，それとともに個人の自由も拡大していくと主張した。なお，市民社会が「欲求の体系」「司法活動」「職能団体」の３つからなるという点は正しい。

正答 1

FOCUS

市民革命期以降の政治思想では，自由主義に出題が集中している。ロックの古典的自由主義，ベンサムやミルの功利主義，グリーンの新自由主義，ロールズやノージックの現代自由主義が出題されやすいので，確認を怠らないようにしよう。

POINT

重要ポイント 1 自由主義

人間の自由を尊重しようとする考え方を，**自由主義（リベラリズム）**という。

(1) ロック　ロックは，統治者が人民の信託を裏切り，その生命・自由・財産を奪うようになったならば，人民はこれに抵抗する権利を持つと主張した。また，宗教的寛容を説き，国家が特定の宗教を強要することには強く反対した。

(2) ベンサムとミル　ベンサムとミルは，諸個人の自由を尊重しつつ，人々の幸福を増大させることこそが善であると主張した（**功利主義**）。

学者名	主　張	説　明
ベンサム	最大多数の最大幸福	何人も平等であって，各人が主観的にとらえた幸福の総量を最大化することが重要である（量的功利主義）。
	害悪国家論	国家は必要悪であるにすぎない。
ミル	個性ある少数者の自由	幸福の内容には差異があり，自発性や創造性を持った人々の幸福をより尊重するべきである（質的功利主義）。
	代議政体論	代議政体の下で，選挙権を徐々に拡大するべきである。

(3) グリーン　グリーンは，功利主義的人間観を批判して，人間は人格の完成を共同で実現しようと努めるべき存在であると指摘した（＝**理想主義**）。そして，国家はこれに積極的に関与しつつ，その**外的な障害（貧困など）の除去**を担わなければならないと主張した。国家からの自由を説いた古典的自由主義（ロックなど）に対して，グリーンは各人が理想を実現していく自由を提唱したため，その立場は**新自由主義**とも称されている。

(4) 20世紀の自由主義

<table>
<tr><th>学者名</th><th colspan="2">説　明</th></tr>
<tr><td>バーリン</td><td colspan="2">「消極的自由」（＝他人の干渉を拒む自由）と「積極的自由」（＝自己の意思を実現する自由）を区別し，全体主義に対抗する観点から消極的自由の優越性を主張した。</td></tr>
<tr><td>ロールズ</td><td colspan="2">原初状態という仮想の状態を示し，人々が「無知のヴェール」（＝自分の置かれた社会的立場がわからないことの例え）で覆われたならば，どのような正義の原理を導き出すはずかを考察した。そこで示された正義の原理とは，①各人は最大限の自由への平等な権利を持つこと（「平等な自由」原理），また，自由競争の結果としての不平等が許容されるのは，②社会におけるもっとも不遇なメンバーの利益となり（格差原理），かつ，③機会均等が実現している場合に限られること（機会均等原理），という内容を持つものであった。</td></tr>
<tr><td>ハイエク</td><td>強制によらない自生的秩序の発生を重視し，全体主義や社会主義を隷従への道とみなした。</td><td rowspan="2">リバタリアニズム（自由至上主義）</td></tr>
<tr><td>ノージック</td><td>個人の権原を侵害する拡張国家を批判し，生命，契約，所有権の防衛のみを目的とする最小国家を擁護した。</td></tr>
</table>

重要ポイント2 保守主義とヘーゲルの思想

(1) 保守主義　保守主義とは，伝統や慣習を重んじる考え方のことである。保守主義者も現状改革の必要性は認めるが，改革はすべて漸進的であるべきだとする。

①バーク　バークは，理性を偏重して伝統を破壊し，社会を大混乱に陥れた**フランス革命を厳しく批判**した（『フランス革命の省察』）。他方，バークはアメリカ独立革命を好意的に評価したが，それはこの革命を担った植民地人が，イギリス国民としての伝統的な権利を守るために立ち上がったと考えたためであった。

②ヒューム　ヒュームは，理性の全能性を否定し，人間の自然的な感情である同感（シンパシー）こそが重要であると指摘した。そして，国家は社会契約の産物ではなく，人間の持つ自然的徳に立脚して形成されたものであると主張した。

(2) ヘーゲル　ヘーゲルは，歴史の中で善の概念が客観化され，社会的諸制度の中に具体化されたものを「**人倫**」と呼び，その弁証法的な発展のさまを描写した。彼によれば，愛を特徴とする家族と，利己心を特徴とする市民社会とは対立関係にあるが，そこから後者の分裂を止揚し，前者の一体性をより高次の段階で回復するものとして，理想的な**国家**が出現してくる。ヘーゲルは，この国家の政体として，立憲君主制を理想とした。

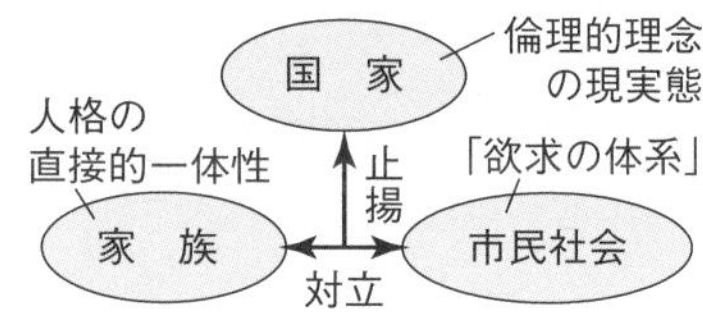

重要ポイント3 ユートピア思想と社会主義

(1) ユートピア思想　ユートピアとは「どこにもない場所」という意味で，一般に理想郷をさす。ユートピア思想家は，現実とはかけ離れた理想郷を示すことで，現実の改革を促そうとする。代表的論者としては，この用語を創り出したモア（『ユートピア』）や，カンパネラ（『太陽の国』）らがいる。なお，これとは対照的に，悪夢のような世界を描いて将来への警告とする思想もある（反ユートピア思想）。

(2) さまざまな社会主義思想　社会主義では，資本家階級による労働者階級の搾取を打破し，労働者階級の自由と平等を実現することがめざされる。

空想的社会主義	ボリシェヴィズム	社会民主主義	アナルコ=サンディカリズム
社会的活動を通じて，労働者を守ろうとする（マルクス以前の思想）。	少数の職業的革命家が，前衛政党を通じて労働者革命を指導する。	議会を通じた穏健な改革を通じて，社会主義の理念を実現しようとする。	労働組合がサボタージュ等の直接行動を通じて，社会改革を図る。
オーウェン	レーニン	ベルンシュタイン	ソレル

第5章　政治の思想

実戦問題❶ 基本レベル

◆ **No.1** * **西洋政治思想に関する次の記述のうち，妥当なものはどれか。**

【地方上級（全国型）・平成27年度】

1 J.S.ミルは，少数者の専制による暴走を恐れる立場から，少数者の人格・識見を多数の人々が道徳的に陶冶するとともに，社会のすべての成員が政治に参加するべきであるとした。

2 E.バークは，平和で安定した状態を獲得するために，人間はすべての権利を社会に移譲して一般意志に従うようになるとし，それを体現したフランス革命を支持した。

3 A.ド・トクヴィルは，メディアや知識人，教会等の中間団体こそが民主制を阻害する要因になっているとして，その抑制を主張した。

4 G.W.Fヘーゲルは，弁証法的過程における止揚によって国家が成立するととらえるとともに，これを人倫の最高形態であるとして高く評価した。

5 T.ホッブズは，原則として自然状態において人間どうしが相争うことはないが，各人は自らの権利をよりよく保障するために社会契約を結び，国家を設立するとした。

◆ **No.2** * **次の文は，保守主義と自由主義に関する記述であるが，文中の空所A～Dに該当する語，語句または人物名の組合せとして，妥当なのはどれか。**

【地方上級（特別区）・令和元年度】

保守主義は古くから漠然とした形で存在していたが，18世紀頃，自由主義の挑戦を受けて自覚的な政治思想となった。近代保守主義という場合はこれをいい，代表的な政治思想家は，「［ A ］」を著したイギリスのバークである。彼は，古くから存在してきたものはそれだけ［ B ］で人間性に適したものだとして，伝統的秩序や伝統的価値体系を尊重した。

自由主義は17世紀のイギリスにおいて政治的自由主義として成立したもので，18世紀には資本主義の発展に伴って経済的自由主義も現れた。のちに，［ C ］主義の立場から，「最大多数の最大幸福」で有名な［ D ］が出て，自由主義をさらに発展させた。

	A	B	C	D
1	自由放任の終焉	自然	全体	バーリン
2	自由放任の終焉	理性的	功利	ベンサム
3	フランス革命の省察	理性的	社会	ベンサム
4	フランス革命の省察	自然	功利	ベンサム
5	フランス革命の省察	自然	全体	バーリン

No.3 * **ロールズまたはノージックの政治思想に関する記述として，妥当なのはどれか。** 【地方上級（特別区）・令和４年度】

1 ロールズは，原初状態の概念に示唆を得て，無知のヴェールに覆われた自然状態を想定し，そこから正義の２原理を導出した。

2 ロールズの正義の第１原理は，平等な自由原理と呼ばれ，各人は他の人々にとっての同様な自由と両立しうる最大限の基本的自由への平等な権利を持つべきであるとするものである。

3 ロールズの正義の第２原理には，格差原理と公正な機会均等原理の２つの要素が存在し，また，第１原理と第２原理が衝突した場合には，第２原理が優先される。

4 ノージックは，『アナーキー・国家・ユートピア』を著し，夜警国家を批判して，福祉国家に移行することを主張した。

5 ノージックは，平等な顧慮と尊重への権利としての平等権を提唱し，また，配分的平等の理論を，福利の平等論と資源の平等論に大別し，資源の平等論は実現不可能なものとした。

No.4 自由主義に関する記述として，妥当なのはどれか。

【地方上級（特別区）・平成29年度】

1 ベンサムは，『自由論』を著し，人の幸福とは苦痛を避けながら快楽を増大させるものであり，社会の幸福とは，社会を構成する個人の幸福を総計したものであるとし，政治は社会全体の幸福を最大化すること，すなわち，最大多数の最大幸福を実現することを目的とすると主張した。

2 グリーンは，『アナーキー・国家・ユートピア』を著し，福祉国家的な再配分は，自由な個人の権利を侵害することになると批判して，国家の役割は暴力，盗み，詐欺からの保護と契約履行の強制に限定されるべきであるとし，このような国家のことを最小国家と呼んだ。

3 バーリンは，『二つの自由概念』において，自分の活動が他人に干渉されない状態を指す消極的自由と，他人に指図されずに自分のしたいことを自分で決定できる状態を指す積極的自由の２つの自由概念を提示し，自由への強制が正当化される可能性があるため消極的自由を批判し，積極的自由を評価した。

4 J.S.ミルは，『道徳および立法の諸原理序説』において，個人の自由な領域をより明確なものとするため危害原理を提唱し，各人は自らの幸福追求において自分自身がその最終決定者であるため，何人もその本人の行為が他者に対する危害でない限り，その人の行為に制限を加えてはならないと主張した。

5 ロールズは，『正義論』において，正義の２原理を提示し，第１原理は平等な自由原理と呼ばれ，各人は他の人々にとっての同様な自由と両立しうる最大限の基本的自由への平等な権利を持つべきであるとし，この第１原理は格差原理と公正な機会均等原理からなる第２原理に対して優先されるとした。

実戦問題1の解説

No.1の解説　西洋政治思想

→問題はP.280　正答4

1 × ミルは多数者の専制による暴走を恐れた。
ミルは，多数決により多数者の専制が行われ，少数者の人格・識見が抑圧されることを恐れた。そして，少数者が多数者を道徳的に陶冶（教育）するとともに，社会のすべての成員が政治に参加するべきであるとして，普通選挙制を唱えた。

2 × バークはフランス革命を批判した。
バークは保守主義者であり，熱狂のうちに伝統を破壊してしまったフランス革命を批判した（『フランス革命の省察』）。また，人々がすべての権利を社会（共同体）に移譲し，一般意志に従って生きることを理想としたのは，ルソーである。

3 × トクヴィルは中間団体が民主制を促進すると主張した。
トクヴィルは，個人と全体社会の間に位置するさまざまな中間団体に注目した。そして，特に自発的結社の存在が人々の表現の自由の確保に貢献しており，多数者の専制を防ぐうえで重要な役割を果たしていると主張した。

4 ◎ ヘーゲルは国家を人倫の最高形態として高く評価した。
正しい。**ヘーゲルは，人倫（＝善の概念が具体化されたもの）の弁証法的発展を主張し，家族と市民社会に次いで出現してくる国家は，人倫の最高形態として理想の存在であると主張した**。

5 × ホッブズは自然状態を闘争状態としてとらえた。
ホッブズは，自然状態を「万人の万人に対する闘争」状態ととらえた。自然状態において闘争が不可避なのは，人民が自己保存を内容とする自然権を有しており，互いに衝突し合うためだとされる。これに対して，自然状態を一応の平和状態ととらえ，自然権をよりよく保障するために社会契約が結ばれたと主張したのは，ロックである。

No.2の解説　保守主義と自由主義

→問題はP.280　正答4

A：バークの代表的著作は『フランス革命の省察』である。
「フランス革命の省察」が該当する。**バークは『フランス革命の省察』を著し，伝統や慣習を熱狂のうちに破壊したフランス革命を批判した**。これに対して，『自由放任の終焉』はケインズの著書である。

B：バークは伝統や慣習などの「自然」を重視した。
「自然」が該当する。バークは，長い年月を経て受け継がれてきた伝統や慣習，制度などを，人間性に適した「自然」として重視した。その一方で，**バークは人間の理性には限界があり，社会を理性のみに基づいて設計・改革することはできないとして，理性に対して懐疑的な立場に立った**。

第5章　政治の思想

C：「最大多数の最大幸福」は功利主義の精神を表した標語である。

「功利主義」が該当する。**「最大多数の最大幸福」とは，社会において最も多くの人々を幸福にする政策が，社会全体の幸福を最大化する最も好ましい政策である，とする考え方のことである。**こうした主張を功利主義という。これに対して，全体主義とは，個人の利益よりも全体（国家）の利益を優先させるべきだとする考え方をいい，ヒトラーやムッソリーニがこれを主張したことで有名である。

D：「最大多数の最大幸福」はベンサムの言葉である。

「ベンサム」が該当する。**ベンサムは，個人の快楽と苦痛を善悪の基準とし，社会においては個人の快楽の総量を最大化することが追求されるべきであるとした。**これに対して，バーリンは自由の２つの概念を提唱したことで有名である。バーリンは，強制が欠如した状態を消極的自由，あるがままの自我をあるべき自我によって統制している状態を積極的自由と呼び，このうち消極的自由を高く評価した。

以上より，**4**が正しい。

No.3 の解説　ロールズとノージックの政治思想

→ 問題はP.281 **正答2**

1 × 原初状態の概念を打ち出したのはロールズである。

ロールズは，社会契約論で提唱された自然状態の概念に示唆を得て，無知のヴェールに覆われた原初状態を想定した。なお，無知のヴェールとは，人々に自分の置かれた社会状態をわからなくさせる仕掛けのことである。無知のヴェールに覆われると，人々は自分の財産の多寡や性別などがわからなくなるため，たとえ自分が社会的に不利な状態にあっても甘受できるような原理，すなわち正義の原理を受け入れるようになるとされる。

2 ◎ ロールズの正義の第1原理は「平等な自由」原理である。

ロールズは，無知のヴェールに覆われた原初状態において，人々はまず「平等な自由」を求めると考えた。これを「平等な自由」原理という。

3 × ロールズのいう正義の第1原理は第２原理に優先する。

ロールズは，「平等な自由」原理を正義の第１原理としたうえで，自由競争によって生じる不平等が認められるのは，①最も不遇なメンバーの利益になる場合（格差原理）と，②機会均等が実現している場合（機会均等原理）に限られるとした。格差原理と機会均等原理からなるのが正義の第２原理であり，第２原理は第１原理を補完する関係にある。

4 × ノージックは福祉国家を批判した。

ノージックは，福祉国家は所得の再分配を通じて人々の権原（＝権利の発生する源）を侵害すると考え，これを拡張国家と呼んで批判した。これに対して，ノージックが理想としたのは最小国家であり，最小国家は生命，契約，所有権の防衛のみを目的に活動するとされた。

5 × 「平等な顧慮と尊重」への権利を重視したのはドゥオーキンである。
ドゥオーキンは，「平等な顧慮（配慮）と尊重」への権利を重視し，平等主義の立場を打ち出した。なお，ドゥオーキンは，配分的平等については「資源の平等」を重視し，人々の間で資源を平等に配分することが正義に適うとした。これに対して，**「福利の平等」を重視し，人々の間で幸福の程度を平等にすることが正義に適うとした代表的人物は，センである**。

No.4 の解説　自由主義

→ 問題はP.282　正答 5

1 × 『自由論』を著したのはJ.S.ミルである。
ベンサムは『道徳および立法の諸原理序説』を著し，功利主義の立場から「最大多数の最大幸福」を主張した。『自由論』を著したのは，ベンサムと同じ功利主義者のJ.S.ミルである。

2 × 最小国家論を主張したのはノージックである。
ノージックは，福祉国家を「拡張国家」と呼び，拡張国家は財産の再分配を通じて自由な個人の権利を侵害すると批判した。これに対して，ノージックが理想としたのは，必要最小限度の役割だけを担う「最小国家」であった。なお，グリーンは新自由主義の論者であり，人格発展の妨げとなる障害（貧困など）を国家は積極的に除去すべきであると主張した。

3 × バーリンが評価したのは消極的自由である。
バーリンは，積極的自由を実現した場合，合理的とされる選択肢を権力者が人々にあてがい，自由であることを強制するという事態（「自由への強制」）が生じうると考えた。そこで，自由への強制を抑制し，全体主義に対抗するという観点から，バーリンは積極的自由よりも消極的自由を高く評価した。

4 × 『道徳および立法の諸原理序説』を著したのはベンサムである。
J.S.ミルは『自由論』を著し，危害原理を主張した。なお，危害原理の適用対象は，判断能力が成熟した大人に限られており，子どもや未成年者については行為に制限を加え，保護を図ることも認めるべきだとされた。『道徳および立法の諸原理』を著したのは，ミルと同じ功利主義者のベンサムである。

5 ◎ ロールズは第１原理が第２原理に優先すると主張した。
正しい。**ロールズは，第1原理として「平等な自由」原理を提唱し，自由が平等に認められている社会を正義にかなうものであるとした**。そのうえで，自由な競争によって社会的・経済的不平等が生じても，公正で均等な機会が与えられていれば容認されるべきであること（「公正な機会均等」原理），最も不利な立場にある者の状況を改善するのであれば容認されるべきこと（格差原理）を主張し，これらを第２原理とした。

実戦問題2　応用レベル

＊＊
No.5　自由と平等に関する次の記述のうち，妥当なのはどれか。

【国家一般職・平成26年度】

1　H.アレントは，人間の営みを「労働」，「仕事」，「活動」の3つに分け，自然的環境への働きかけではなく，人間の間で展開する相互行為である「活動」によってはじめて，人間は「自然」への従属から解放されるという意味で自由になり，一人一人が他とは異なる存在になることができるとした。

2　I.バーリンは，自由を，他者からのいかなる干渉も受けずに自分のやりたいことを行うことができるという意味での「消極的自由」と，自分の行為や在り方を自らが主体的に決定できるという意味での「積極的自由」とに分け，民主的市民に不可欠な「自律」の条件として，後者により高い価値を置いた。

3　A.トクヴィルは，アメリカに見られるような物質主義的な平等社会は一方において社会の画一化をもたらす危険性があるが，他方において人々が相互に牽制しあい，そこにバランスが生ずるため，多数の暴政に陥る危険性は低くなるとして，平等社会を積極的に評価した。

4　J.ロールズは，『正義論』において，「平等な自由原理」，「格差原理」，「機会均等原理」といった正義についての諸原理を提示したが，その根底にあるのは，単に人々が正しい関係を築くべきであるという「義務論」的な考え方ではなく，それぞれの人にとってより善い結果がもたらされなければならないという「目的論」的な考え方である。

5　J.ハーバーマスは，自由で理性的なコミュニケーションを可能とする「理想的発話状況」の達成が現実には不可能であることから，こうしたコミュニケーションを必要とせずに政治的な正統性の調達を可能とするような，自己完結的な法的システム構築の重要性を訴えた。

＊＊
No.6　平等に関する次の記述のうち，妥当なのはどれか。

【国家一般職・令和元年度】

1　J. ロールズは，『正義論』において，正義の第一原理として「平等な自由の原理」，第二原理として「格差原理」を示した。このうち，第一原理における自由とは，最低限の市民的・政治的自由に限られず，自由一般を指す。また，第二原理においては，全ての市民の間に絶対的な平等を達成することが求められると主張した。

2　R.ノージックは，警察・国防業務と私的な契約の執行のみを担う最小国家の構想を批判した。そして，国家が再分配政策を用いて，富裕層の保有資源を貧困層に移転することは，富裕層の合理的な意思に基づくものであるとして，正当化されるとした。

3　M. サンデルは，国家が行う様々な政治活動を，他者と共有する共通善の実現活動として捉える考え方を批判した。そして，平等で正義にかなった意思決定を行うためには，共同体の規範とは独立した目的や独自の善悪の観念を持ち，何の負荷も課されていない自己として思考することが条件であると主張した。

4　K. マルクスは，資本主義社会においては，個々の資本家と労働者は法的に自由で対等な個人として契約を結ぶことができないと主張した。したがって，資本家階級と労働者階級の間の不平等を解消するため，私的財産制度を存続させつつ計画経済を軸とする共産主義社会に移行しなければならないとした。

5　A.センは，単に資源配分の平等性だけでなく，人間が現実に享受する「福利」の平等を保障すべきであるとした。また，各人が多様な資源を活用して自らの生の質を高め福利を実現するための能力を「潜在能力」と呼び，この能力の平等化を目指すべきだと主張した。

＊＊ No.7 政治思想に関する次の記述のうち，妥当なのはどれか。

【国家専門職・平成30年度】

1 R. オーウェンは，「人間は自由な主体である」との考えの下，自ら経営する工場において労働条件や福利厚生を改善するのではなく，成果主義に応じた待遇を取り入れることにより，労働者の勤労意欲を高めようとした。また，「ファランジュ」という小規模な生産と消費の協同体が，社会の分裂と対立を解決するために必要であると考えた。

2 J. ロールズは，それまで英米圏の政治哲学において支配的であった功利主義に対し，正義を強調することで，「正義の善に対する優位」を説いた。彼は，原初状態における人間は，自由かつ平等で，自らの能力や社会的地位等について把握していることから，合理的な当事者による正義の原理の採用は期待できないとした。

3 H.アレントは，『人間の条件』において，人間の営みを「労働（labor）」・「仕事（work）」・「活動（action）」に分けて考え，「労働」と「仕事」は人が物に対して行う行為であるのに対し，「活動」は対等な複数の人々の間で主に言葉を通じたコミュニケーションによってなされる相互行為であるとした。彼女は，「活動」こそが本来の政治にふさわしい行為の在り方であると考えた。

4 N. マキアヴェリは，国家が独占する物理的強制力が重要な権力の本質であるという権力国家観の立場に立ち，人民のほとんどは善良な存在であるとの認識に立ちつつも，君主は愛されるより恐れられるほうがよいと説いた。他方，他の君主との関係においては，約束した際の根拠が失われようとも信義を守り通すことが君主の務めであるとした。

5 J. ベンサムは，社会の普遍的な幸福は，その社会を構成する個々人の幸福の総計であり，国家が個々人の幸福の内容を判定するべきだと考えた。そして，統治者は被治者の全体の利益を追求すべきであるとしたが，そのために男子普通選挙制度を導入することや，議会と行政府の行動や発言を記録・公開することには否定的であった。

実戦問題2の解説

No.5の解説　自由と平等

→ 問題はP.286　正答1

1◎ アレントは「活動」を重視した。

正しい。**アレントは，人間が言葉を介して行う相互行為を「活動」と呼び，その重要性を指摘した**。そのうえで，古代ギリシャの民会では「活動」が展開されていたとして，これを高く評価した。

2× バーリンは「消極的自由」を重視した。

積極的自由は「自律」の実現につながるものであるが，合理的とされる選択肢を権力者が人々にあてがい，自由であることを強制するという事態を防ぐことができない。そこで，バーリンは，全体主義に対抗するという観点から，消極的自由の重要性を主張した。

3× トクヴィルは平等社会における「多数の暴政」を懸念した。

トクヴィルは，平等社会では多数決を通じた「多数の暴政」が生じやすくなると考え，平等社会への警戒を呼びかけた。その一方で，アメリカのように自発的結社が自由に結成される場合には，結社間の相互牽制が働き，多数の暴政は抑制されうると主張した。

4× ロールズは義務論的な立場をとった。

ロールズは義務論的な立場に立ち，人々が正しい関係を築き，各人が公平に扱われる状態を実現することこそが重要であると主張した。逆に，ロールズは目的論を批判しており，少数者を犠牲にしながら「最大多数の最大幸福」を実現しても，それは望ましくないと主張した。

5× ハーバーマスは，コミュニケーションによる正統性の調達を主張した。

ハーバーマスは，理想的発話状態に近い状態で人々がコミュニケーションを行い，そこで得られた合意に基づいて政治が行われるならば，政治には正統性が与えられると主張した。これに対して，自己完結的な法システムによって政治的な正統性が調達されるとしたのは，ルーマンである。

No.6の解説　平等

→ 問題はP.287　正答5

1 ×　ロールズは一定程度の経済格差を容認した。

ロールズは，正義の第一原理として「平等な自由の原理」を示し，すべての市民に対して最低限の市民的・政治的自由（思想・言論の自由や身体の自由など）が平等に認められるべきであるとした。そして，自由競争によって生じる一定程度の経済格差を認めつつも，それが極端となることを防ぐために，正義の第二原理（「格差原理」と「機会均等の原理」）を示した。

2 ×　ノージックは最小国家の構想を主張し，再分配政策を批判した。

ノージックは，警察・国防業務と私的な契約の執行のみを担う国家を最小国家と呼び，これを理想の国家とした。これに対して，再分配政策を行う福祉国家は，富裕層の保有資源を不当に取り上げ，富裕層の権原を侵害する不当な国家であるとして，これを批判した。

3 ×　サンデルは共同体主義の立場に立ち，共通善の価値を主張した。

サンデルは，人間をポリス的動物とみたアリストテレスから，強い影響を受けた。そして，共同体の価値を重視する共同体主義（コミュニアタリアニズム）の立場に立ち，国家が行う様々な政治活動を，他者と共有する共通善の実現活動としてとらえた。逆に，共同体の規範から独立した自己など存在しえないとして，「負荷なき自己」を想定する自由主義を厳しく批判した。

4 ×　マルクスは労働者革命による私有財産制度の廃止を主張した。

マルクスは，資本主義社会においては，資本家階級が労働者階級を搾取・支配する社会構造ができあがっていると考えた。そこで，労働者階級が階級意識に目覚めて革命を起こし，私有財産制度を廃止することで，万人が平等に扱われる共産主義社会に移行していかなければならないと主張した。

5 ◎　センは資源主義を批判し，潜在能力アプローチを主張した。

正しい。**センは，人々の潜在能力（ケイパビリティ）を開発し，その可能性を広げていくことで，各人の福利が達成されると主張した。**こうした考え方を，**潜在能力アプローチ**（福祉主義）という。これに対して，ロールズのように資源配分の平等性を重視する立場は，資源主義と呼ばれている。

No.7の解説　政治思想

→問題はP.288　正答3

1 ×　ファランジュを提唱したのはフーリエである。

オーウェンは，「人間は自由な主体である」として労働者に自己責任を求めることには反対し，労働条件や福利厚生の改善の改善を通じて労働者の勤労意欲を高めようとした。これに対して，「ファランジュ」という小規模な協同体を提唱したのは，フーリエである。

2 ×　ロールズは原初状態における「無知のヴェール」を仮定した。

ロールズは，原初状態における人間は，自由かつ平等で，自らの能力や社会的地位等について把握していないと仮定した（＝「無知のヴェール」に覆われた状態）。そして，人々は合理的判断を通じて，正義の原理に到達することが期待できるとした。

3 ◎　アレントは「活動」の意義を評価した。

正しい。**アレントは，言葉をもつ人間に特有の営みとして「活動」を高く評価した。**そして，その典型例を古代ギリシャのポリスにおける民会に求めつつ，「活動」こそが本来の政治にふさわしい行為のあり方であるとした。

4 ×　マキアヴェリは性悪説の立場に立った。

マキアヴェリは，人間は恩知らずで気が変わりやすいと考え，君主は愛されるよりも恐れられるほうがよいと説いた。また，他の君主との関係においても，約束した際の根拠が失われた場合には信義を守り通す必要はないとした。

5 ×　ベンサムは主観価値説を主張した。

ベンサムは，個々人の幸福の内容は，各人が快楽と苦痛の感覚を基準として主観的に判定するべきであるとして，主観価値説を主張した。また，ベンサムは「最大多数の最大幸福」を実現するための諸改革にも取り組み，男子普通選挙制度の導入や議会と行政府の行動や発言の記録・公開を主張した。

20 日本の政治思想

必修問題

近代日本の政治思想家に関する記述として，妥当なのはどれか。

【地方上級（特別区）・令和２年度】

1 管野スガは，雑誌「**青鞜**」を創刊後，市川房枝らとともに**新婦人協会**を創立して，治安警察法の一部改正を目標に掲げて活動を開始し，その結果，女性の政治結社加入や政談演説会への参加が認められた。

2 **安部磯雄**は，「近代思想」を創刊した無政府主義者だが，関東大震災の直後に憲兵隊によって伊藤野枝とともに虐殺された。

3 **大杉栄**は「廿世紀之怪物帝国主義」を刊行し，日露戦争に際しては非戦論を唱えて平民社を結成したが，**大逆事件**で刑死した。

4 **吉野作造**は，「憲政の本義を説いて其有終の美を済すの途を論ず」を発表し，**民本主義**とは，主権を行使するに当たって，主権者はすべからく一般民衆の利福並びに意向を重んずるを方針とすべしという主義であるとした。

5 **大川周明**は，「**日本改造法案大綱**」を執筆し，天皇大権の発動により３年間憲法を停止し，両院を解散して，戒厳令下で国家改造を断行するという，クーデターによる改革を訴えたが，**二・二六事件**の黒幕として逮捕された。

難易度 ＊

必修問題の解説

本問は，日本政治思想に関する基本問題である。管野スガ（1）など，知らない人物が出てきても，慌てずに選択肢をよく読んで，自分の知っている知識が隠れていないかチェックしてほしい。

1 × 雑誌『青鞜』を創刊したのは平塚らいてうである。
平塚らいてうは，雑誌『青鞜』を創刊し，その発刊の辞で「元始，女性は実に太陽であった」と述べた。また，市川房枝，奥むめおとともに新婦人協会を結成し，女性の政治的権利の拡張に貢献した。管野スガは，戦前に婦人運動や社会主義運動を展開した人物であり，大逆事件（＝天皇暗殺未遂事件）に連座して，幸徳秋水らとともに処刑された。

2 × 関東大震災の直後に憲兵隊によって虐殺されたのは大杉栄である。
大杉栄は，アナーキズム（無政府主義）やサンディカリズム（組合主義）を主張したため，政府から危険視された。そして，関東大震災の混乱の中で，憲兵隊によって暗殺された。安部磯雄は，キリスト教的人道主義の立場から社会主義運動を展開した人物である。

3 × 大逆事件で刑死したのは幸徳秋水である。
幸徳秋水は，帝国主義批判，サンディカリズム（組合主義）の提唱，日露戦争における非戦論の主張などで有名な人物である。大逆事件の首謀者として，処刑された。

4 ◎ 吉野作造は民本主義を主張した。
正しい。**吉野作造は，大正デモクラシー期の代表的思想家であり，民本主義を主張した**。民本主義はデモクラシー（民主主義）と類似の概念であるが，主権をだれが持つかという点は深く追求せず，国家活動の基本的目標が人民にある点のみが強調された。

5 × 『日本改造法案大綱』は北一輝の著作である。
北一輝は，『日本改造法案大綱』において，クーデターによる右翼的・国家主義的な国家改造を訴えた。その思想に影響された陸軍将校らが，二・二六事件と呼ばれるクーデター未遂事件を引き起こしたことから，彼は逮捕され，軍法会議を経て処刑された。大川周明は，戦前・戦中の国家主義者であり，戦後，A級戦犯として逮捕された。

正答 4

FOCUS

わが国の政治思想はあまり出題されていないので，学習に時間をかけすぎるべきではない。細かな思想家を挙げていけばきりがないので，過去問で出題された思想家とそのキーワードを中心に押さえておけば十分であろう。

POINT

重要ポイント1 明治期の思想

(1) 明六社 1873（明治6）年，森有礼を社長として明六社が結成された。この文化的結社に集った人々は，①実学（＝実際に役立つ学問）を重視し，②人間の本性を現実的にとらえ，③国情に応じた政体を理想とする，などの点で共通点を持った。その代表的人物には，文部大臣として国家主義的教育を推進した**森有礼**，利害関心に基づく人間行動を肯定した**西周**，社会進化論の影響で天賦人権論を捨て，優勝劣敗の思想を唱えた**加藤弘之**，そして次に述べる福沢諭吉らがいた。

(2) 福沢諭吉 福沢は，人権は天から授かったものであるとして，**天賦人権論**を唱えた。また，文明の発達を人間精神の発達とみて，**一身の独立が一国の独立につながる**とした（『学問のすゝめ』『文明論之概略』）。

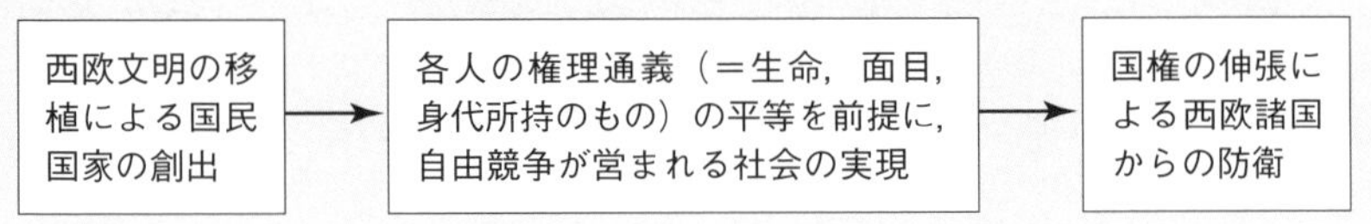

福沢は，政府は「便利のため」に存在すると考えた。そして，その体裁は文明のあり方に対応すべきものであって，単一の理想政体は存在しないと唱えた。また，対外的には，**日本も列強に対抗して大陸に進出すべきだ**と主張した。

(3) 自由民権運動

植木枝盛	私擬憲法（＝私的な憲法案）の「東洋大日本国国憲按」（日本国国憲按）において，人民主権，基本的人権の保障，一院制の民選議会，人民の抵抗権・革命権などを提唱した。
中江兆民	ルソーの強い影響を受けて，自治之政（＝人民主権）を理想とした。そして，主権を担う人民は，リベルテ・モラル（心神の自由）を持ち，外的な権威・権力や自己の利欲悪心から自由であるべきだと主張した。ただし，日本の現状からすれば，君民共治が重要であるとも指摘し，欽定の大日本帝国憲法は，国会の点閲を経たうえで，漸次改正されるべきであると唱えた（恩賜的民権から恢復的民権へ）。

(4) 平民主義と国民主義

徳富蘇峰	雑誌『国民之友』を発行し，自由主義，平民主義（＝デモクラシー），平和主義を提唱した。しかし，生産社会において政治を担うべき中等階級に幻滅して立場を変え，国家主義，帝国主義，皇室中心主義を唱えた。
陸　羯南	新聞『日本』を発行し，国民主義（日本主義）を提唱した。これは，国民精神の回復と発揚を説くものであったが，偏狭な民族主義とは異なり，代議政治，責任内閣制，選挙権拡大の主張や軍部批判もなされた。

重要ポイント 2 大正デモクラシーの思想

明治末期から大正時代にかけて，民衆の政治的活動が活発となり，民主主義的風潮が広まった。これを大正デモクラシーという。

(1) 吉野作造　吉野は，雑誌『中央公論』に「憲政の本義を説いて其(その)有終の美を済(な)すの途(みち)を論ず」と題した論文を掲載し，**民本主義**の立場を打ち出した。民本主義はデモクラシーと類似の概念であるが，**主権をだれが持つかという点は深く追求せず**，国家活動の基本的目標が人民にある点のみが強調された。

「国家の主権の活動の基本的の目標は政治上人民に在るべし」
　├→(政権運用の目的)「政治の目的が一般民衆の利福にある」
　└→(政権運用の方針)「政策の決定が一般民衆の意嚮(いこう)に拠る」

(2) 美濃部達吉　美濃部はイエリネックの国家法人説に基づいて，**天皇機関説**を主張した。それによると，主権を持つのは国家であり，天皇は国家の最高機関として，憲法に従って統治権を行使する存在にすぎない。この学説は広く認められたが，天皇の地位をおとしめるものとして，後に貴族院等で政治的弾圧を受けた。

(3) 社会主義・無政府主義

河上　肇	河上は大阪毎日新聞に「貧乏物語」を連載し，貧困問題を社会問題として取り上げた。問題の解決に当たり，当初は人心改造を重視していたが，後に完全なマルクス主義者となり，社会的強制による社会改造を訴えた。
幸徳秋水	幸徳は当初，議会を通じて社会主義を実現しようと図ったが，後にサンディカリズム（組合主義）に転じ，ゼネストによる直接行動を主張した。大逆事件（＝天皇暗殺未遂事件）の首謀者として，処刑された。
大杉　栄	大杉は個人の解放と自由を訴え，アナーキズム（無政府主義）やサンディカリズム（組合主義）を主張した。そのため，政府から危険視され，関東大震災の混乱の中で，憲兵隊の甘粕大尉らによって暗殺された。

(4) 女性解放運動　1911（明治44）年，**平塚らいてう**を中心に青鞜(せいとう)社が結成された。らいてうは，「元始，女性は実に太陽であった」（『青鞜』）と述べ，女性自身の覚醒と女性解放運動の展開を求めた。また，**与謝野晶子**が男女の性差にとらわれることを否定し，女性の経済的自立を主張したのに対して，らいてうは子どもを生み育てる母性を重視し，女性が公的補助を得てその特性を発揮していくことを認めた。

1920（大正９）年，らいてうは市川房枝，奥むめおとともに新婦人協会を結成した。その活動は成功を収め，治安警察法の改正によって女性の政談演説への参加が認められたが，まもなく同協会は内部分裂によって解散した。その後，市川は新たな組織を結成し，婦人参政権の獲得運動を展開した。

実戦問題

＊＊ No.1 徳富蘇峰の政治思想に関する記述として，妥当なのはどれか。

【地方上級（特別区）・平成30年度】

1 徳富蘇峰は，『文明論之概略』を著し，明六社を組織して啓蒙思想の紹介に努め，実学の尊重を説き，一身の独立が一国の独立につながるとした。

2 徳富蘇峰は，『将来之日本』を刊行して，平民主義を唱え，民友社を設立し，雑誌『国民之友』を創刊したが，後に帝国主義を主張するに至った。

3 徳富蘇峰は，『貧乏物語』において貧困問題を取り上げ，徐々にマルクスの正当性を認識するようになり，後にマルクス主義者となった。

4 徳富蘇峰は，新聞『日本』を刊行して，国民主義を唱え，政府の安易な欧化政策や欧米に妥協的な条約改正交渉を批判した。

5 徳富蘇峰は，日露戦争の主戦論に転じた「万朝報」を退社した後，平民社を結成して週刊『平民新聞』を創刊し，社会主義に基づき非戦論を唱えた。

＊ No.2 近代日本の政治思想家に関する記述として，妥当なのはどれか。

【地方上級（特別区）・平成27年度】

1 徳富蘇峰は，新聞『日本』を発行した後，『近時政論考』を著して，国民主義を表明し，政府の安易な欧化政策と欧米に妥協的な不平等条約改正交渉を批判した。

2 陸羯南は，『将来之日本』を刊行して，平民主義を唱え，民友社の設立や雑誌『国民之友』の創刊を行ったが，後に世界の大勢により帝国主義者に転向した。

3 大杉栄は，『貧乏物語』を著した後にマルクス経済学を研究し，マルクス主義理論に基づいた『日本資本主義発達史講座』を刊行した。

4 幸徳秋水は，『社会主義神髄』を刊行して，日露戦争への非戦論を掲げ，平民社を結成し週刊『平民新聞』を創刊したが，大逆事件により処刑された。

5 河上肇は，雑誌『近代思想』を創刊したが，関東大震災の直後に憲兵大尉甘粕正彦によって伊藤野枝とともに殺害された無政府主義者である。

No.3 ＊ **わが国の政治思想に関する次の記述のうち，妥当なのはどれか。**

【国家一般職・平成27年度】

1　福沢諭吉は，西洋の自然法思想を念頭におきつつ天賦人権論を展開し，人間は生まれながらに自由かつ平等であるとした。その上で，一人一人が個人として知識と徳を身につけることが重要であると訴え，他人との交際を重んじるべきではないとした。

2　吉野作造は，国家の政策は究極的には民衆の意向を反映したものでなければならず，そのためには民意が議会を監督し，議会が政府を監督するような制度が不可欠であるとしたが，この民本主義が大日本帝国憲法を否定する内容であったため厳しく攻撃された。

3　植木枝盛は，私擬憲法「日本国国憲案」を起草し，徹底した人民主権の立場から人民の抵抗権や革命権を論じ，一院制の議会を提唱したが，選挙の在り方に関する考え方の違いから，彼自身が同時期の自由民権運動に加わることはなかった。

4　美濃部達吉は，イェリネクに代表されるドイツ国法学を批判し，国家は法人格を有する団体とは異なるとした上で天皇を国家の最高機関として位置付けたが，この天皇機関説は天皇を統治権の主体と考える立場からの強い批判にさらされた。

5　中江兆民は，ルソーの人民主権論と儒学の教養をもとに，民権運動を擁護した。彼によれば，政治社会とはそこにおいて各人が道義に従って自らを治めるという「自治之政」を行う場であり，人民の参加する憲法制定議会開催が必要であるとされた。

No.4 * **わが国の政治思想などに関する次の記述のうち，妥当なのはどれか。**

【国税専門官・平成18年度】

1 福沢諭吉は，西洋の自然法思想に基づく天賦人権論と，その影響を受けた自由民権運動を批判しつつ，日本の当面の課題は西洋列強からの独立を維持することであるとし，そのために，国内政治の安定，すなわち「官民調和」の重要性を訴えた。

2 中江兆民は，「自治」の政治社会を，人民一人一人の主体的な合意によって築かれるものととらえ，人民の合意の役割を現実に果たすのが憲法と国会であるとした上で，人民の参加する憲法制定議会の開催と，権限の大きな国会の開設を訴えた。

3 三宅雪嶺は，政府の欧化政策を批判し，日本独自の価値基準である「国粋」の保存を訴えた。また，対外関係について，国際協調を重視する立場から政府の帝国主義的外交政策を批判し，植民地放棄を主な内容とする「小日本主義」を唱えた。

4 吉野作造は，「民本主義」という概念を提唱し，国家の政策は究極的には民衆の意向を反映すべきであると唱えた。また，そのためには，民衆が直接に政策決定に参加することが必要不可欠であると主張し，国民投票制度の導入を訴えた。

5 美濃部達吉は，ドイツ国法学の影響の下，国家を法人格を有する団体と解して，これを統治権の主体とし，国民の代表機関である議会を，その最高機関と位置づけた。その上で，天皇を主権者とする大日本帝国憲法には反対の姿勢を示した。

実戦問題の解説

No.1 の解説　徳富蘇峰の政治思想

→ 問題はP.296　正答2

1 × 『文明論之概略』は福沢諭吉の著作である。
福沢諭吉は，「天は人の上に人をつくらず，人の下に人をつくらず」(『学問のすゝめ』)，「一身独立して一国独立す」(『文明論之概略』などの言葉を残している。

2 ◎ 平民主義を唱えたのは徳富蘇峰である。
正しい。**徳富蘇峰は，平民主義（＝デモクラシー），自由主義，平和主義を提唱した**。しかし，政治を担うべき中等階級が「剛健，勤倹，純粋，簡質の徳」を失っていることに幻滅するなどして，**後に帝国主義を主張するに至った**。

3 × 『貧乏物語』で貧困問題を取り上げたのは河上肇である。
河上肇は，大阪毎日新聞に『貧乏問題』を連載し，貧困問題を社会問題として取り上げた。また，当初は人心改造による貧困問題の解決を主張していたが，後にマルクス主義者となり，社会的強制による社会改造を訴えた。

4 × 国民主義を唱えたのは陸羯南（くがかつなん）である。
陸羯南は，国民主義（日本主義）を唱え，国民精神の回復と発揚を説いた。そして，政府の安易な欧化政策や民権運動などを批判し，さらにロシアの中国進出に際して対露開戦を主張した。

5 × 平民新聞を創設して日露戦争の非戦論を唱えたのは幸徳秋水である。
幸徳秋水は，日露両国の政治家や資本家が自分たちの利益のために日露戦争を引き起こしたと考え，社会主義に基づいて非戦論を唱えた。なお，幸徳秋水は，後に大逆事件の首謀者として処刑された。

No.2 の解説　近代日本の政治思想家

→ 問題はP.296　正答4

1 × 国民主義を表明したのは陸羯南（くがかつなん）である。
陸羯南は，新聞『日本』や『近時政論考』において国民主義を表明し，国民精神の回復と発揚を主張した。羯南は，わが国が欧米によって心理的に同化・吸収されてしまうことを懸念し，政府の安易な欧化政策に反対した。

2 × 平民主義を唱えたのは徳富蘇峰（とくとみそほう）である。
徳富蘇峰は，『将来之日本』や『国民之友』において平民主義を唱え，人民が主人公となる政治（＝デモクラシー）の重要性を主張した。しかし，中等階級が剛健等の徳を失い，堕落している現状に幻滅して，国家主義者へ転向するとともに，世界の大勢により帝国主義者に転向した。

3 × 『貧乏物語』を著したのは河上肇（かわかみはじめ）である。
河上肇は，『貧乏物語』において貧困問題を取り上げ，人心改造による解決を主張した。しかし，その後はマルクス主義理論に近づき，社会的強制による社会改造を主張するようになった。

4◎ 大逆事件で処刑されたのは幸徳秋水である。
正しい。幸徳秋水は，社会主義運動に深く関わり，ゼネストによる直接行動などを主張した。また，日露戦争に際しては，非戦論を展開した。しかし，明治43（1910）年には**大逆事件（＝天皇暗殺未遂事件）の首謀者の一人として検挙され，処刑された**。

5× 関東大震災に乗じて殺害された無政府主義者は大杉栄である。
大杉栄は，個人の解放と自由を訴え，アナーキズム（無政府主義）やサンディカリズム（組合主義）を主張した。そのため，政府から危険視され，関東大震災の混乱のなかで，憲兵大尉甘粕正彦によって殺害された。

No.3の解説 わが国の政治思想

→ 問題はP.297 **正答5**

1× 福沢諭吉は「人間交際」を重んじるべきであると主張した。
福沢諭吉は，一人一人が個人として知識と徳を身につけることで，文明を進歩させるべきであるとした。また，「人間交際」（society）を重視し，学問，工業，政治，法律などが必要とされるのは，すべて人間交際のためであると主張した。

2× 吉野作造は大日本帝国憲法を否定しなかった。
吉野作造は，一般民衆の利益のために，一般民衆の意向によりながら，政権を運用するべきだとしつつも，主権の所在については明確にしなかった。そのため，吉野の民本主義は，天皇による統治権の総攬を定めた大日本帝国憲法を否定するものではないとされた。

3× 植木枝盛は自ら自由民権運動に加わった。
植木枝盛は，自由民権運動の理論家であるとともに活動家でもあった。植木は明六社（＝福沢諭吉も参加した政治結社）や立志社，自由党などの活動に参加しており，後には衆議院議員も務めることとなった。

4× 美濃部達吉は国家法人説を唱えた。
美濃部達吉は，イェリネクに代表されるドイツ国法学から大きな影響を受け，国家は法人格を有する団体であると主張した（国家法人説）。そして，統治権そのものは国家に帰属するが，天皇は国家の最高機関としてこれを行使すると主張した（天皇機関説）。

5◎ 中江兆民は「自治之政」の重要性を主張した。
正しい。中江兆民は，ルソーの思想を我が国に紹介し，「**東洋のルソー**」とも呼ばれた人物である。**兆民は，「自治之政」（＝人民主権）を重視し，人民の参加する憲法制定議会において憲法を制定するべきであると主張した**。そして，大日本帝国憲法の制定後は，国会の点閲を経たうえで，これを漸次改正していくべきだとの立場をとった。

No.4 の解説　わが国の政治思想

→ 問題はP.298 正答2

1 ×　福沢諭吉は天賦人権論を主張した。

福沢諭吉は「天は人の上に人を造らず，人の下に人を造らず」と述べ，天賦人権論（＝すべての人間が生まれながらにして権利を持つという思想）を展開し，当時の自由民権運動に大きな影響を与えた。なお，福沢は日本の独立の維持を重視し，官民調和による国内政治の安定を唱えたほか，列強に対抗して日本も大陸に進出するべきであるとも主張した。

2 ◎　中江兆民は「自治之政」を主張した。

正しい。**中江兆民は「東洋のルソー」とも呼ばれており，人民の合意に基づく「自治之政」を理想として掲げた**。また，中江は憲法制定議会の開催を提唱していたが，大日本帝国憲法の制定後は，これを国会で点閲（＝見直し）し，漸次改正していくべきであると主張するようになった。

3 ×　小日本主義を主張したのは石橋湛山である。

植民地放棄を主な内容とする「小日本主義」を唱えたことで有名なのは，石橋湛山である。石橋は，軍国主義が広がるなかにあって大日本主義（膨張主義）に反対し，満州や朝鮮の放棄を主張した。三宅雪嶺は，政府の欧化政策に反対して「国粋」の保存を訴えたが，小日本主義は主張していない。

4 ×　吉野作造は国民投票を主張しなかった。

一般にいう「民主主義」と吉野作造の「民本主義」との違いは，前者が国民主権を前提としているのに対して，後者は主権の所在を曖昧にしている点に求められる。国民投票は，主権者である国民が重要な政策決定を自ら行うための制度であることから，吉野がその導入を訴えたという事実はない。

5 ×　美濃部達吉は大日本帝国憲法を認めていた。

美濃部達吉は国家法人説の立場に立って，国家を統治権の主体とし，天皇をその最高機関に位置づけた。また，美濃部は，統治権を行使するにあたって最高決定権を持つのは天皇であるとして，天皇を主権者とする大日本帝国憲法と折り合う主張を展開した。

第6章
政治の理論

第6章 政治の理論

試験別出題傾向と対策

頻出度	試験名	国家総合職					国家一般職					国家専門職（国税専門官）				
	年度	21-23	24-26	27-29	30-2	3-5	21-23	24-26	27-29	30-2	3-5	21-23	24-26	27-29	30-2	3-5
	テーマ　出題数	7	7	6	3	7	2	4	4	2	3	3	1	2	3	1
C	21 現代政治学の発達					1										
B	22 政治過程の理論	2	2	2		4	1	2				2		1	2	
A	23 デモクラシーの理論	1	4	2	1	1	1	2	3	1	2		1	1		1
A	24 比較政治の理論	4	1	2	2	1				1	1	1	1		1	
C	25 国家の理論								1							

「政治の理論」では，現代政治学で提唱されている諸理論を学習する。学習内容は，大きく「現代政治学の発達」（テーマ21）と「現代政治学の諸理論」（テーマ22～25）の２つに分けられる。「現代政治学の発達」では，20世紀初頭に現代政治学が発達して以降，どのような潮流が生じてきたかを理解することが課題となる。ウォーラスとベントレー，行動科学的政治学，政治システム論という３項目を中心に学習するが，特別区を除けば，行動科学的政治学の出題可能性は低い。「現代政治学の諸理論」では，20世紀以降に発達した諸理論を理解することが課題となる。いずれの試験でもデモクラシー理論は頻出であるが，政治過程の理論と比較政治の理論は難易度がやや高いため，おもに国家公務員試験で出題されている。なお，国家の理論は，現代政治学のなかでも古めの理論という位置づけになるため，特別区を除けばあまり出題されていない。

● 国家総合職（政治・国際・人文）

３年間に６～７問というハイペースで出題されている（平成30～令和２年度は例外）。出題の中心はデモクラシー理論と比較政治の理論である。このうちデモクラシー理論は，他試験でも頻出となっているので，知っていて当然というレベルまで学習しておく必要がある。比較政治の理論は，おもに国家総合職で出題されている難易度が高めの内容なので，得点に差が生じやすい。レイプハルトの２類型，リンスの権威主義体制論，民主化の理論を集中的に学習して，高得点を狙うようにしたい。その他，令和３年度以降に出題が急増したのは政治過程の理論である。このテーマで英文問題が出題されるようになった影響も大きいが，拒否権プレイヤー論や集合行為論などは今後も出題可能性があるので，しっかりと学習しておきたい。

● 国家一般職

３年間に２～４問のペースで出題が続いているので，毎年１問程度は出題されると考えてよいだろう。出題可能性がもっとも高いのはデモクラシー理論である。シ

	地方上級（全国型）					地方上級（特別区）					市役所（C日程）				
	21-23	24-26	27-29	30-2	3-4	21-23	24-26	27-29	30-2	3-5	21-23	24-26	27-29	30-2	3-4
	1	1	1	0	0	4	4	3	3	2	1	0	0	0	0
テーマ21						2	1		1						
テーマ22									1						
テーマ23	1	1	1			1	2	1		1					
テーマ24								1	1		1				
テーマ25						1	1	1		1					

ュンペーターとダールを中心とする基本的な理論を理解したうえで，ハーバーマスやアレント，フィシュキンらの討議デモクラシー論まで押さえておきたい。その他，「政治過程の理論」ではネオ・コーポラティズム論と政策決定論，「比較政治の理論」では民主化の理論と制度論的アプローチが出題されているので，注意しよう。

● 国家専門職（国税専門官）

３年間に１～３問が出題されている。近年，２期連続して出題されたテーマは次の期には出題されないというパターンが続いているが，もちろん絶対的なルールというわけではない。政治過程の理論，デモクラシーの理論，比較政治の理論からバランスよく出題されているので，この3テーマの学習を集中的に進めよう。ただし，現在の問題は難易度が高く，国家総合職の過去問などでみかけるC．シュミットやテイラー，本来は行政学で詳しく学ぶゴミ缶モデルなども出題されている。問題演習にはある程度時間がかけて，難問にもチャレンジしてみよう。

● 地方上級

特別区以外の試験では，出題数が極端に少なく，特に全国型では15年間に3問しか出題されていない。出題の中心はデモクラシー理論で，単純な穴埋め問題なども出題されているので，難易度は決して高くない。著名な論者とキーワードを覚えておくだけで解けることが多いので，得点源にしたいところである。特別区では，デモクラシー理論に加えて，ウォーラス，ベントレー，トルーマン，イーストンらの理論や，ネオ・コーポラティズム，多元的国家論などが繰り返し出題されている。これらは優先して押さえておきたい重要ポイントである。

● 市役所

あまり出題のある分野ではなく，C日程では15年間に１問しか出題されていない。強いて言えば，①デモクラシー理論，②ネオ・コ　ポラティズム論，③多元的国家論，という基礎事項には注意したほうがよいだろう。

現代政治学の発達

必修問題

次の文は，現代政治学に関する記述であるが，文中の空所A～Dに該当する語，語句または人物名の組合せとして，妥当なのはどれか。

【地方上級（特別区）・令和２年度改題】

現代政治学は，1908年に出版された『**政治における人間性**』と『　A　』の２冊の書物に始まる。

『政治における人間性』を記したイギリスの政治学者　B　は，人間の政治行動は必ずしも合理的なものではないとして従来の制度論的政治学を批判し，政治学の研究に　C　的なアプローチが必要なことを主張した。

また，『　A　』を記したアメリカの政治学者**ベントレー**も，制度論的政治学を『死せる政治学』と呼んで批判し，政治を　D　間の対立と相互作用等と捉え，政治学の研究に社会学的な視点を導入した。

	A	B	C	D
1	統治過程論	イーストン	哲学	個人
2	統治過程論	ウォーラス	心理学	集団
3	統治過程論	イーストン	心理学	集団
4	政治分析の基礎	ウォーラス	心理学	個人
5	政治分析の基礎	イーストン	哲学	個人

難易度　＊

必修問題の解説

本問は，現代政治学の発達に関する基本問題である。現代政治学がウォーラス（B）とベントレーに始まること，ウォーラスが『政治における人間性』を著し，ベントレーが『統治過程論』（A）を著したことは，初歩的な知識である。問題文自体が現代政治学の端緒に関する優れた解説文になっているので，参考にしてほしい。

A：ベントレーは『統治過程論』を著した。
ベントレーは，**『統治過程論』（『政治過程論』）**を著し，政治制度の静態的な研究に終始してきた従来の政治学を「死せる政治学」と呼んで批判した。

B：『政治における人間性』はウォーラスの著作である。
ウォーラスは，**『政治における人間性』**を著し，人間の合理性を暗黙の前提として組み立てられてきた従来の政治学を批判した。

C：ウォーラスは政治心理学への道を切り開いた。
ウォーラスは，人間が非合理的な衝動によって突き動かされていることを明らかにし，政治行動を心理学的な観点から考察する「**政治心理学**」への道を切り開いた。

D：ベントレーは集団アプローチへの道を切り開いた。
ベントレーは，現実の政治が集団間の対立と相互作用等によって動いていることを明らかにし，政治過程を集団という観点から考察する「**集団アプローチ**」への道を切り開いた。

以上より，正答は**2**である。

正答 2

FOCUS

現代政治学の発達では，ウォーラス，ベントレー，イーストンに出題が集中している。その他，政治学の科学化を主張したメリアム，ウォーラスの教えを受けたリップマンが出題されることもあるが，特に後者についてはウォーラスと混同させようとする選択肢がたびたび出題されている。

POINT

重要ポイント1 現代政治学の創始者

現代政治学は，従来の政治学を批判し，これを乗り越えようとする試みの中から，大きく発展してきた。その出発点にいるのが，**ウォーラス**と**ベントレー**である。

人　名	著　書	政治学批判	業　績
ウォーラス（英）	『政治における人間性』（1908年）	従来の政治学は，人間の知性を過大評価する「主知主義」に陥ってきた。	現実の政治は人間の非合理的な衝動や本能によって動かされていると主張して，政治心理学の確立に貢献した。
ベントレー（米）	『統治の過程』（1908年）	従来の政治学は，制度の形式的研究に終始する「死せる政治学」にすぎない。	現実の政治は，政党，圧力団体，官僚制などの集団が動かしているとして，政治過程論の確立に貢献した。

重要ポイント2 行動科学（＝行動論）的政治学の発達

ウォーラスやベントレーの功績に加え，当時，学問横断的に勃興していた「行動科学」（＝行動一般の科学的研究）の影響を受けて，政治学者たちは次第に，個人，政党，圧力団体などの「具体的な行動」に注目し始めた。

(1) シカゴ学派　シカゴ大学の**メリアム**は，「**政治の科学化**」を強く訴え，統計学，心理学，社会学といった隣接諸科学の成果を，積極的に政治学に取り入れることを提案した。もちろん，その際に研究の焦点とされたのは，個人や集団の具体的な行動であった。メリアムのこうした主張は，彼の指導を受けた人々に受け継がれ，いわゆる**シカゴ学派**を形成することとなった。

学者名	業　績	主　著
メリアム	政治の科学化の主唱	『政治権力』
ラズウェル	精神分析的手法の導入	『精神分析と政治学』
キー	政党や圧力団体の研究	『政治・政党・圧力団体』
アーモンド	比較政治学の方法論の確立	『比較政治学』
トルーマン	圧力団体の研究	『政治過程論』

(2) 行動科学的政治学への批判　シカゴ学派に始まる**行動科学的政治学**は，次のような点を特徴としていた。第一に，個人や集団の行動パターンを，仮説－検証という手続きに沿って理論化しようとした。第二に，観察可能で数量化しやすいデータを用いて研究を進めた。第三に，科学とは相いれないという理由から，価値の問題は扱わなかった。第四に，学際的研究を積極的に促進した。

これらの特徴は，いずれも政治学の科学化のために必要なものであったが，やがて一部の学者から，激しい批判を受けるようになった。第一に，行動として観察しにくく，数量化も困難な問題が，政治学の研究対象から除外されているという批判である。第二に，実際にとられた行動を，価値判断を交えずに説明するだけでは，社会改革はもたらされないという批判である。

こうした批判にさらされて，行動科学的政治学は厳しい反省を迫られることとなった。イーストンが「有意な」政治学の確立を訴え，**脱行動論革命**を主張したのも，そうした事情からであった。しかし，脱行動論の主張を理念として理解することはできても，これを十分に実践することは困難である。そのため，現在でも，行動科学的政治学は政治学の主流の座を保っている。

重要ポイント 3 政治システム論

個人や集団の行動に注目し，これらが相互に連関しあっている全体像を一掴みに理解しようとする理論が，システム論である。**政治システム論**は，アメリカにおける行動科学的政治学の発達の中で，提唱されるようになった。

(1) イーストン　イーストンは，政治をシステムとして理解することを提唱した。彼によれば，政治システムとは，外からはその内部構造をうかがい知ることのできないブラック·ボックス（BB）であり，環境からの**入力**（＝要求と支持）を，**出力**（＝政策など）へと**変換**する役割を担っている。一方，環境は，システムへの入力を行うとともに，システムからの出力を新たな入力へとつなげる**フィードバック**の役割も担っている。

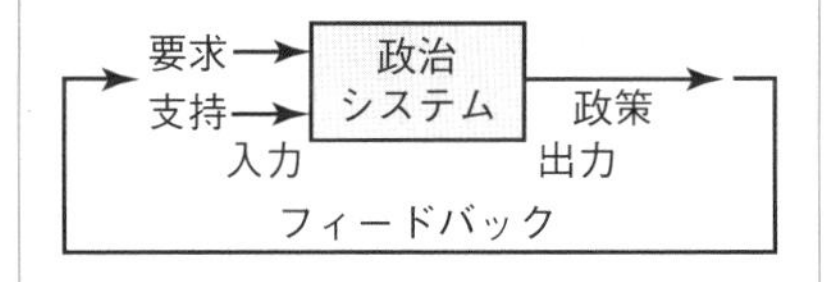

なお，政治システム論に対しては，政治システムの維持という視点から政治を考察するため，**潜在的に保守的な傾向を持つ**との批判がなされている。

(2) アーモンドとドイッチュ

学者名	主張	説明
アーモンド	比較政治学への応用（構造機能主義）	政府機構の確立されていない途上国にも政治システムは存在していると主張し，各国の政治システムについて，その構造と機能を比較した。また，それを支えている政治文化についても比較調査を行った。
ドイッチュ	情報論的観点の導入（サイバネティクス論）	政治システムにおいては，①受信装置が環境から情報を受け取る，②情報を政策決定に結びつける，③作動装置が行動をとる，という各過程の循環が見られると主張した。

第6章 政治の理論

実戦問題❶ 基本レベル

No.1* **イーストンの政治システム論に関する記述として，妥当なのはどれか。**

【地方上級（特別区）・平成25年度】

1 イーストンは，政治システムを，政策決定の諸結果よりも多様な情報の流れに支えられるコミュニケーション・ネットワークであるとし，サイバネティクスの考えに基づいてフィードバックを正のフィードバックと負のフィードバックとに分類した。

2 イーストンは，政治システムを構造と機能の両面より分析し，政治システムには適応，目標達成，統合，潜在的パターンの維持の4つの機能があり，各機能はさらに4つのサブシステムに分けられるとした。

3 イーストンは，政治システムを，権威的決定に関わる政治的分業のシステムを共有する人々の集団である政治的共同体と，政治システム内で生起する政治行動の形態を規制する基本的な制度的枠組である体制の2層構造を持つものであるとした。

4 イーストンは，各国比較を実施し，政治システム全体，入力客体，出力客体，行為者としての自我の4つの客体のうち，どれとどれに関心を持つかによって，未分化型，臣民型，参加型に分類した。

5 イーストンは，政治システムとは，要求および支持として環境から入力されたものを社会に対する諸価値の権威的配分を図る政策に変換し環境に出力するものであり，その出力はフィードバック・ループを通じて新たな要求および支持として再び政治システムに入力されるとした。

No.2* **ウォーラスまたはベントレーに関する記述として，妥当なのはどれか。**

【地方上級（東京都）・平成19年度】

1 ウォーラスは，『政治における人間性』を著し，従来の人間観である主知主義を支持し，政治学に心理学的手法をとり入れることを主張した。

2 ウォーラスは，リップマンの影響を受け，政治を集団の相互作用であるとし，政策は集団間における圧迫と抵抗による調整の過程の結果として形成されるとした。

3 ウォーラスは，人々の政治的な行動は，本能や衝動に基づくものではなく合理的な判断に基づくものであるとした。

4 ベントレーは，『統治過程論』を著し，従来の政治学は，死せる政治学であり政治制度の外面的な特徴についての形式的研究にすぎないとした。

5 ベントレーは，政治的現象が特定の名称により象徴されることを政治的実在と呼び，政治的実在が成立すると実質が変化しても名称が独り歩きすることを指摘した。

***No.3 ベントレーの政治過程論に関する記述として，妥当なのはどれか。**

【地方上級（東京都）・平成15年度】

1 彼は政治過程論の創始者として知られ，20世紀初めに発表された著書『政治の過程』は，発表当時のアメリカの政治学界から高く評価された。

2 彼は，伝統的政治学が自然科学の方法論に傾倒しすぎていると批判したうえで，これからの政治学は，政治制度の外面的な特徴を重視し，政治過程を研究対象とすべきであると主張した。

3 彼は，グループ・アプローチの先駆者であり，社会はそれを構成している集団の複合体であるとして，多様な集団相互の圧迫と抵抗の過程を政治過程ととらえた。

4 彼は，政治を広義，中間義，狭義でとらえ，このうち中間義の政治とは，専門化した統治機構が活動を展開する過程であるとした。

5 彼は，一人の人間が，利害を異にする複数の集団に帰属することを「集団のクリス・クロス」と呼び，このような集団帰属と忠誠の複数性が，政治過程の混乱や社会の崩壊の危機を招くとして警告した。

***No.4 現代政治の理論に関する記述として，妥当なのはどれか。**

【地方上級（特別区）・平成23年度】

1 リップマンは，『政治における人間性』を著し，政治において人間の非合理的な要素が重要な役割を果たすことを強調し，人は自他の利害に関して常に合理的判断に基づいて行動するとする主知主義を強く批判した。

2 ウォーラスは，『統治の過程』を著し，政治を諸集団間の対立と相互作用，政府による調整の過程ととらえたが，その研究は同時代人からは必ずしも評価されなかった。

3 トルーマンは，ウォーラスと同様に重複的メンバーシップや潜在的集団を政治の安定的条件として重視したが，ウォーラスが集団力学的発想に立っていたのに対して，トルーマンは社会心理学的発想に立っていた。

4 ベントレーは，『世論』を著し，人々が情報を単純化したり，わい曲したりすることをステレオタイプと呼び，政治エリートはステレオタイプを巧みに操作することで，世論を形成することが可能になるとした。

5 イーストンは，『政治分析の基礎』を著し，政治システムは入力を出力に変換する装置であり，入力として要求と支持を，出力として権威的決定を挙げ，出力が入力に影響を及ぼす現象がフィードバックであるとした。

第6章 政治の理論

実戦問題1の解説

No.1 の解説　イーストンの政治システム論　→ 問題はP.310　正答5

1 ×　サイバネティクスの考えを政治システム論で強調したのはドイッチュである。
政治システムをコミュニケーション・ネットワークとしてとらえ，サイバネティクスの観点からその制御について考察したのは，イーストンではなくドイッチュである。なお，正のフィードバックとは，システムからの出力が増加した場合，入力をさらに強めて出力をより一層増加させようとする作用のことである。また，負のフィードバックとは，システムからの出力が増加した場合，入力を弱めて出力を減少させようとする作用のことである。

2 ×　構造機能分析とシステムの4機能要件を提唱したのはパーソンズである。
政治システムを含む社会システム一般について，これを構造と機能の両面から分析し，社会システムには適応（Adaptation），目標達成（Goal−attainment），統合（Integration），潜在的パターンの維持（Latent Pattern Maintenance）の4つの機能がある（＝AGIL図式）と指摘したのは，イーストンではなくパーソンズである。パーソンズによれば，社会システムは上記の4機能をそれぞれ営むサブシステムから構成されているが，そのうち目標達成機能を担うサブシステムとされるのが政治システムである。

3 ×　イーストンは政治システムの３層構造を主張した。
イーストンは，政治システムを，政治的共同体，政治体制，権威（政府）の３層構造を持つものとして把握した。このうち政治的共同体および政治体制は，本肢で述べられているように定義される。また，権威は，公的権威の役割の担当者または権力保持者たちと定義される。

4 ×　政治文化を未分化型・臣民型・参加型に分類したのはアーモンドである。
各国比較を実施し，政治文化を未分化型，臣民型，参加型に分類したのは，イーストンではなくアーモンドである。このうち未分化型とは，本肢で説明されている4つの客体のいずれにも関心を持たない政治文化，臣民型とは，政治システム全体および出力客体にのみ関心を持つ政治文化，参加型とは4つの客体すべてに関心を持つ政治文化をさす。

5 ◎　イーストンは入力，変換，出力，フィードバックの関係を考察した。
正しい。**イーストンは，入力（＝要求と支持），変換，出力，フィードバックという一連の流れが循環していく過程を政治システム論として定式化し，政治学における新たな理論を確立した。**

No.2 の解説　ウォーラスとベントレー

→ 問題はP.310 正答4

1 × ウォーラスは，人間は本能や衝動によって突き動かされていると主張し，従来の人間観である主知主義（＝人間は知性に基づき行動すると前提する立場）を否定した。また，政治行動が人間の本能や衝動と関連している以上，政治学に心理学的手法をとり入れ，人間心理を研究する必要があると主張した。

2 × ウォーラスとリップマンの師弟関係が逆である。リップマンは，ハーバード大学でウォーラスの教えを受け，大きな影響を受けたといわれている。また，集団間における圧迫と抵抗による調整を重視したのは，ベントレーらの多元主義論者である。

3 × ウォーラスは，人々の政治的な行動は合理的な判断に基づくものではなく，本能や衝動に基づくものであると主張した。このように人間の非合理性に注目する立場は，19世紀末から20世紀初頭にかけて大衆が台頭してきたことを受けて，打ち出されるようになったものである。

4 ◎ 正しい。**ベントレーは，従来の政治学が政治制度の静態的研究にとどまっていた点を批判して，これを「死せる政治学」と呼んだ**。そして，現実の政治過程を理解するためには，政党，圧力団体，官僚制などの集団を研究しなければならないと主張した。

5 × ウォーラスに関する記述である。**ウォーラスは，政治的現象が特定の名称（自由，社会主義など）で象徴され，何らかの意味を付与されているとき，それを「政治的実在」と呼んだ**。政治的実在は独り歩きし，その実質とは無関係に人々の感情を駆り立てることも多いため，ウォーラスはこれが人々の正しい政治的判断を妨げかねないとして，警鐘を鳴らした。

No.3 の解説　ベントレーの政治過程論

→ 問題はP.311　**正答3**

1×　ベントレーの業績は約半世紀に渡って埋もれていた。
ベントレーの視点はたいへん斬新なものであったため，著書の発表当時はあまり高い評価を受けなかった。しかし，約半世紀後にトルーマンがその業績を再評価し（「**ベントレーの再発見**」），その後はアメリカ政治学における主流的見解とみなされるようになった。

2×　ベントレーは政治制度の外面的な特徴の研究を批判した。
ベントレーは，伝統的政治学が政治制度の外面的な特徴のみを重視してきた点を批判し，これを「死せる政治学」と呼んだ。そして，政治過程を研究対象として，現実の政治をとらえていかなければならないと主張した。なお，政治学に自然科学の方法論を導入したのは，メリアムを中心とするシカゴ学派であったが，それはベントレーの時代よりも後のことであった。

3◎　ベントレーは集団に注目して政治過程を考察した。
正しい。**ベントレーは，政党，圧力団体，官僚制などの諸集団が相互に圧迫と抵抗を展開する中から，政策は形成されてくると考えた**。このように，集団という視点から政治過程をとらえようとする手法を，一般にグループ・アプローチ（ないし政治的多元論）と呼ぶ。

4×　中間義の政治では政党や圧力団体が活動を展開するとされた。
ベントレーは，政治を広義，中間義，狭義でとらえたが，その中でも「専門化した統治機構が活動を展開する過程」に該当するのは，狭義の政治である。これは，具体的には議会，大統領，行政官庁等の政治機関の活動を意味している。これに対して，広義の政治は「基底集団の利益調節過程」，中間義の政治は「狭義の統治活動の領域を超えながら，しかも漠然たる集団間の圧力現象に解消されない政治的関連を有している集団現象」とされている。このうち**中間義の政治は政党や圧力団体によって担われているとされる**。

5×　集団のクリス・クロスは政治過程を安定に導くとされた。
ベントレーは，ある集団が別の集団の利益を脅かした場合，両集団に同時に帰属する人々が多ければ多いほど，両者の対立を和らげようとする力が強く働くと主張した。すなわち，**ベントレーは，「集団のクリス・クロス」（＝集団帰属と忠誠の複数性）を政治過程の安定条件のひとつとしてとらえていた**。

No.4 の解説　現代政治の理論

→ 問題はP.311　正答5

1 ×　主知主義を強く批判したのはウォーラスである。

リップマンはウォーラスの誤り。リップマンはウォーラスの教えを受けて，人間の非合理的側面について考察し，擬似環境やステレオタイプなどの概念を提唱した。

2 ×　集団研究の業績が長らく埋もれていたのはベントレーである。

ウォーラスはベントレーの誤り。ウォーラスは『政治における人間性』を著し，人間は非合理的な衝動によって動いているとして，反主知主義の立場を打ち出した。

3 ×　集団力学的発想で集団を研究したのはベントレーである。

ウォーラスはベントレーの誤り。トルーマンは，約半世紀にわたり埋もれていたベントレーの業績を再評価し，政治における集団の重要性を主張した。ただし，両者の根本的な発想には違いも見られ，**ベントレーが集団間の圧迫と均衡に焦点を当て，集団力学的発想を前面に打ち出していた**のに対して，**トルーマンは利益集団を「人々の共有された態度を基礎としてある程度の頻度をもって相互作用する人々の集合」と定義するなど，社会心理学的発想を打ち出した**。

4 ×　ステレオタイプの概念を提唱したのはリップマンである。

ベントレーはリップマンの誤り。ベントレーは『統治の過程』を著して，政治における集団の重要性を指摘し，政治過程論の基礎を築いた。

5 ◎　政治システムの概念を作り上げたのはイーストンである。

正しい。**イーストンは政治システム論を確立し，政治システム，入力，出力，フィードバックなどの概念を用いて政治の全体図式を描き出した**。

実戦問題❷　応用レベル

＊＊
No.5　20世紀の政治学に関する次の記述のうち，妥当なのはどれか。

【国税専門官・平成13年度】

1　G.W.ウォーラスは，ロンドンにおける救貧活動を通じて，20世紀初頭，イギリスにおいて民主主義が制度として確立した時点で，そこに現れた現実に明るい希望を持ち，その著書『政治における人間性』の中で，政治における人間性の無謬性を説いた。

2　政治学者でアメリカ行政学の開拓者としても知られるF.W.ウィルソンは，イギリスの統治の運営面での失敗の原因は，議院内閣制を通じて議会と政府とが過度に妥協する点にあると主張し，立法権と行政権とが完全に分離されているアメリカ合衆国の大統領制を擁護した。

3　A.F.ベントレーは，その著書『統治の過程』の中で，政治とは各集団の利益達成をめぐる活動の対立と統治機構による調整の過程にほかならないとの観点から，政治制度の形式的研究を顧みなかった当時の制度的政治学を「死せる政治学」と呼んで批判した。

4　シカゴ学派は，政治学における法学的，制度論的，歴史的，規範的アプローチの必要性を強調し，政治行動は計測不可能であるとの立場から，政治学を観察データに基づく記述と説明の科学として再構築しようとする科学主義を批判した。

5　行動論的政治学の成果の一つに比較政治学の発展が挙げられるが，政治文化論から比較政治学に接近したG.A.アーモンドは，比較政治学が政治学そのものであることを強調し，「政治学において比較政治学を語ることは意味がない」と指摘した。

No.6 ＊＊ **政治システムに関する次の記述のうち，妥当なのはどれか。**

【国家総合職・平成17年度】

1 R.ダールは，行動科学的な視点により政治システムの実証的研究を行い，代表を選ぶ過程に構成員が自由に参加できること，および代表になるための競争があることを基準にして，これらが達成されている自由民主主義的な政治システムを「ポリアーキー」と呼び，民主主義が最も理想的に達成された最高の到達点であると位置づけた。

2 S.M.リプセットは，正統性と有効性の2つの要素が備わっていることにより政治システムが安定するとした。この考え方によれば，ある政治システムの構成員が，その属する政治システムの枠組みを支持している場合には正統性があり，たとえば，経済発展により生活水準が向上するなど，その構成員のニーズが満たされている場合には有効性があるとされる。

3 G.アーモンドとS.ヴァーバは，日本を含めた5か国の政治文化を国際世論調査を通じて比較することにより民主主義的な政治システムについて考察し，文化が政治システムのあり方を決定してしまうとする「文化決定論」を提唱した。彼らは，この調査結果を基に日本の政治意識を検討し，「日本特殊性論」を主張した。

4 R.イングルハートは，脱工業化社会の出現により，政治システムと個人の関係を脱物質的な価値観から見直す必要があるとした。彼は，言論の自由，政治参加，環境保護などの脱物質的な要素を「人間関係資本（social capital）」と位置付け，このような人間関係資本の充実度が政治システムの実績を左右するとした。

5 R.パットナムは，ドイツにおける実証研究により，徒弟制など垂直的な人間関係を構築することでコミュニティの意識が高まり，その地方の政治システムが円滑に作動するとした。彼は，社会の構成員相互間に信頼感があることによって，コミュニケーション・コストをはじめとするさまざまなコストが軽減され，社会活動が活性化するとした。

実戦問題2の解説

No.5の解説　20世紀の政治学

→ 問題はP.316　**正答5**

1 × ウォーラスは選挙権の拡大に伴う大衆の政治参加を目の当たりにして，大衆の非合理性がもたらす悪影響を懸念するようになり，人間は非合理的な衝動に突き動かされて過ちを犯す可能性があると訴えた。

2 × **ウィルソンは，議会と政府が協力関係に置かれ，効果的な政治運営が期待できるイギリスの議院内閣制を高く評価した**。一方，アメリカ合衆国の大統領制では両者が切り離され，議会による無責任な政治を大統領が抑えられなくなるとの理由から，ウィルソンはこれを批判した。なお，ウィルソンのイニシャルは，正しくは「T.W.」である。

3 × ベントレーは政治を集団現象として理解する一方で，従来の政治学が政治制度の形式的研究に終始し，政治の現実面を考察してこなかった点を批判して，これを「死せる政治学」と呼んだ。

4 × シカゴ学派は科学主義を標榜するとともに，政治行動は計測可能であるとの立場をとり，政治学を観察データに基づく記述と説明の科学として再構築しようとした。これに対して，法学的，制度論的，歴史的，規範的アプローチは，シカゴ学派が批判の対象としたものであった。

5 ◎ 正しい。**アーモンドは，政治学が科学化を進めていくなかで，比較という方法論が十分に取り入れられ，一般化した点を評価して，「政治学において比較政治学を語ることには意味がない」と主張した**。

No.6 の解説　政治システム

→ 問題はP.317 **正答2**

1 × ダールは，理想としての民主主義と実現可能な民主主義を区別し，後者をポリアーキーと呼んだ。ポリアーキーは，公的異議申立て（自由化）および包括性（参加）という２つの指標において高い評価を受けるような政治体制であるが，理想としての民主主義では，さらに多くの価値を実現することが求められる。

2 ◎ 正しい。**リプセットは，正統性と有効性という２つの指標を用いて，政治システムの安定性を説明した。**リプセットによれば，正統性も有効性も持つアメリカの政治システムは最も安定しており，逆に，正統性も有効性も持たないような政治システムは最も不安定である。また，**正統性があって有効性を欠く政治システムと，有効性があって正統性を欠く政治システムでは，前者のほうが安定的である。**

3 × アーモンドとヴァーバが研究対象としたのは，アメリカ，イギリス，西ドイツ，イタリア，メキシコの５か国であり，わが国は含まれていない。また，日本特殊性論とは，日本文化の特殊性を強調し，普遍的な西洋文化とは相いれないとする見解のことであるが，アーモンドとヴァーバがこれを主張したという事実はない。なお，「文化決定論」とは，アーモンドらの政治文化論に向けられた批判の言葉である。アーモンドらはこれに応えて，政治文化が政治システムを決定するのみならず，政治システムに合わせて政治文化が変容することもあるとの見解を打ち出した。

4 × イングルハートは，脱工業化社会の出現によって，言論の自由，政治参加，環境保護などの脱物質主義的価値観が広まっており，これに合わせて政治システムが変容しつつあると指摘した（『静かなる革命』）。これに対して，人間関係資本（ないし社会関係資本）とは，人間関係の凝集性や高度な社会参加などを総称した概念であり，パットナムによって提唱されたものである。パットナムは，イタリアの事例をもとにして，人間関係資本の充実度が政治システムの実績を左右するとした。

5 × パットナムは，イタリアにおける実証研究により，人間関係資本が政治システムの実績に大きな影響を与えていると主張した。たとえば，北部の水平的・協力的な人間関係が政治システムの円滑な作動を導き，経済発展を実現させたのに対して，南部の垂直的・権威主義的な人間関係は経済発展を妨げているとして，イタリア国内の南北格差を人間関係資本論を用いて説明した。

22 政治過程の理論

必修問題

政策決定過程に関する次の記述のうち，妥当なのはどれか。

【国家専門職・令和元年度】

1 H. サイモンの「**満足モデル**」によると，政策の選択肢の探求は最善策の選択肢を発見するまで続けられることになる。また，結果を評価する際の基準である「要求水準」は，仮に時間的な制約が差し迫ったとしても，変動することはない。

2 G. アリソンの「**組織内政治モデル**」は，組織の決定を役職者たちの間で展開される「駆け引き」の結果とみる。一方で，「**組織過程モデル**」によると，組織は複数の下位組織の緩やかな連合体であるとする。そして，その下位組織は，それぞれ割り当てられた任務を独自に，あらかじめ決められた手順に従い，ルールに基づいて遂行すると考える。

3 「**合理モデル**」の特徴は，選択肢の一部を洗い出し，それぞれの選択肢がもたらすであろうおおよその結果を推測することにある。このモデルでは，評価基準はあらかじめ決められているわけではなく，臨機応変に適切な評価基準を選ぶことが結果を推測する上で最も重要であるとする。

4 「**ゴミ缶モデル**」は，政策決定の前提として，政策決定の参加者の「選好」は明確であること，その参加者の持っている知識や情報は確実であること，その参加は固定的であることを挙げる。そして，この前提により，あたかもゴミが整然と分別され，その分別に従ってリサイクルされるように，秩序ある政策決定やPDCAサイクルが実行されるとする。

5 マスメディアの政策決定への影響については，ナチスのプロパガンダの成功例により，その影響力を絶対視する「**限定効果説**」が有力に唱えられていた。しかし，その後のエリー調査以降，人種や宗教といった社会的属性に比べると弱いが，周囲の人々とのパーソナルコミュニケーションに比べると強いとする「**強力効果説**」が唱えられた。

難易度 ＊

必修問題の解説

本問は政策決定過程の諸理論に関する基本問題である。満足モデル（**1**）は合理モデル（**3**）を批判的に修正して作られたモデルなので，両者の違いは明確にしておきたい。マスメディアの効果（**5**）については，テーマ13を参照のこと。

1× サイモンの満足モデルでは効用の最大化は目指されない。
満足モデルによると，一定の要求水準を満たす選択肢が発見されれば，探求者はそれで満足し，さらなる選択肢の探求は行われなくなる。また，この要求水準は，時間的な制約が差し迫れば低下するなど，状況に応じて変動する。

2◎ 組織内政治モデルでは駆け引き，組織過程モデルでは手順が重視される。
正しい。アリソンは，合理的行為者モデル，組織内政治モデル，組織過程モデルという3つのモデルを用いて，キューバ危機におけるアメリカの対外政策決定過程を分析した。このうち**組織内政治モデルではアクター間の駆け引きが重視され，組織過程モデルでは各下位組織の標準作業手続きが重視されている。**

3× 合理モデルでは効用の最大化が目指される。
合理モデルでは，あらゆる選択肢が検討の対象とされ，その各々がもたらす効用が厳密に推測される。このモデルでは，評価基準が変動することはなく，常に効用の最大化をもたらす選択肢が探求される。

4× ゴミ缶モデルではあいまいな状況における政策決定が説明される。
ゴミ缶モデルは，政策決定の参加者の選好が必ずしも明確ではないこと，その参加者のもっている知識や情報は不確実で限定されていること，その参加は流動的であることが前提とされている。したがって，秩序ある政策決定やＰＤＣＡサイクルの実施は困難であるとされる。

5× エリー調査をきっかけに弾丸理論が限定効果説に取って代わられた。
マスメディアの影響力については，ナチスの例を受けて「弾丸理論」が有力に唱えられていた。しかし，1940年のエリー調査以降，パーソナルコミュニケーションの影響力に注目が集まり，「限定効果説」が唱えられた。

正答 2

FOCUS

政策過程の諸理論については，政策決定の理論および多元主義とネオ・コーポラティズムが頻出である。近年では，国家公務員試験を中心に集合行為論の出題も散見されるので，あわせて注意しよう。

POINT

重要ポイント 1 政治過程論

政治過程論は政治学の下位分野のひとつであり，政治が動いていく過程を現実に即してとらえようとする点に特徴がある。政治過程論の起源は，一般に**ベントレー**に求められる。ベントレーは，20世紀初頭に『統治の過程』を著し，政党や圧力団体などの集団を研究することの意義を主張した。ベントレーの業績は約半世紀にわたって埋もれていたが，トルーマンによって「再発見」され，今日に至っている。

重要ポイント 2 政治的多元論とその批判

政治過程論において，従来，主流派の地位を占めてきたのが政治的多元論（グループ・アプローチ）である。ただし，現在ではこれを批判する見解も唱えられている。

(1) 政治的多元論 政治的多元論とは，**数多くの集団（ないし個人）の競合によって政策決定がなされている**とする考え方のことである。特定の集団が台頭した場合でも，これに対抗する集団が結成されることで，集団間のバランスは常に回復へ向かうとされる。**ベントレー，トルーマン，ダール**などがこの立場をとってきた。

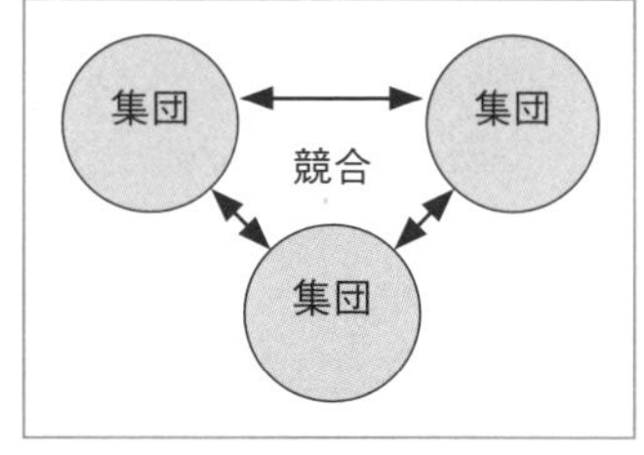

(2) 利益集団自由主義 ローウィは，**少数の特権的団体がアメリカ政治を動かしている**という現実に注意を促し，政治的多元論を批判した（『自由主義の終焉』）。

ローウィによれば，19世紀末以降のアメリカでは積極国家化が進み，政府各部署の権限や予算が大きく拡張されてきた。その結果，有力な利益集団や議会の関連委員会がこれに接近し，三者間で強力な利益連合が形成されるようになった。こうして現在では，一般の利益集団が政治的影響力を行使することは難しくなり，また，政府各部署の自立化によって政策全体の統一性・整合性が失われるようになった。

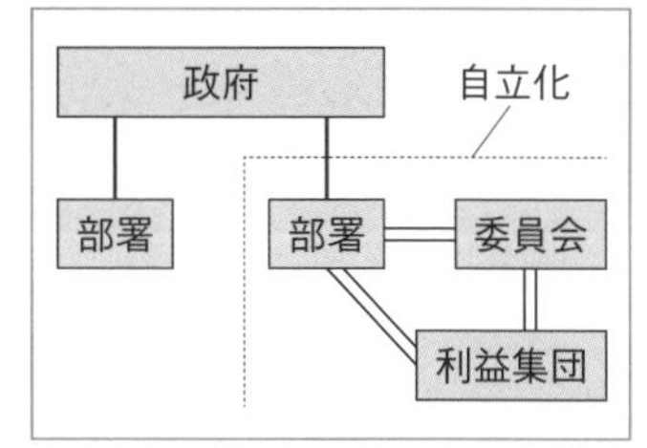

ローウィは，こうした現状を利益集団自由主義と呼んで批判し，これを克服するためには，議会の法律による統制を強化するべきだと主張した（**依法的民主主義**）。

(3) ネオ・コーポラティズム シュミッターとレームブルッフは，ヨーロッパ各国における政策決定のあり方を研究し，**オーストリアやスウェーデン**などでは，**巨大な圧力団体（特に労使の頂上団体）の代表者と官僚の協議で政策が決定されている**ことを見いだした。こうした政策決定様式を，ネオ・コーポラティズムと呼ぶ。ネオ・コーポラティズムは，労使の対立を緩和することで経済成長に寄与しうると考えられているが，議会を政策決定過程から事実上排除している点では，非民主的な面を持つ。

重要ポイント 3 政策決定論

政策決定は，政治過程におけるクライマックスともいうべき重要な行為である。そのため，これまで数多くの学者がこれを研究し，さまざまな学説を提唱してきた。

(1) 合理的選択論 政策決定者が合理的に振る舞い，効用を最大化しようとした場合，どのような政策が選択されるかを考察するのが，合理的選択論である。合理的選択論に基づく**合理モデル**では，**政策決定者はあらゆる選択肢について検討を加え，その各々がもたらす効用を厳密に推測したうえで，最も大きな効用をもたらす選択肢を選択する**と考えられている。

なお，**サイモン**は合理的選択論の修正を図り，①人間は「**限られた合理性**」しか持たないこと，②必ずしも効用の最大化は求められず，実際には一定水準の満足をもたらすような政策が選択されること（「**満足モデル**」），などを主張した。

(2) インクリメンタリズム 現状をとりあえず肯定したうえで，差し迫った必要がある場合にのみ，政策に微小な変更を加えていくという政策決定方式を，インクリメンタリズム（漸増主義）という。インクリメンタリズムの提唱者である**リンドブロム**によれば，現実の政策決定はインクリメンタリズムに立脚して行われており，それによって望ましい結果がもたらされている。すなわち，政策立案者たちがインクリメンタリズムに立脚して政策を立案し，それを互いにぶつけあうことで，各種の対立する利益が自動的にうまく調節されているというのが，リンドブロムの見解である（「多元的相互調節の理論」）。

(3) アリソンの３類型 アリソンは，キューバ危機の分析に際して，３つの政策決定モデルを提示した（『決定の本質』）。

モデル名	説　明
合理的行為者モデル	単一の政策決定者によって最善の政策が決定される。
官僚政治モデル	政府内の部署間の駆け引きを通じて政策が決定される。
組織過程モデル	事前に定められた標準作業手続きに従って政策が決定される。

重要ポイント 4 集合行為論

集団の行動を考察するにあたって，これを諸個人の合理的選択の集積とみなすアプローチを，一般に集合行為論と呼ぶ。集合行為論では，個人レベルの合理性が集団レベルの非合理性を生むという問題が提起されている。

学者名	キーワード	主　張
オルソン	フリーライダー論	大規模集団では，他者の努力にただ乗りするフリーライダーが発生しやすい。これを防ぐには，強制か選択的誘因（＝活動参加者にだけ与えられる利益）の提供が必要である。
ハーディン	共有地の悲劇	牧童たちが自己の利益のみを求め，共有地に放牧する羊を勝手に増やすと，牧草が食べつくされて，全員の利益が失われる。
アロー	一般可能性定理（不可能性定理）	３つ以上の選択肢があるとき，民主的な手続きで個人の選好を集積していっても，集団全体にとって合理的な決定を下すことはできない。

第6章 政治の理論

実戦問題❶ 基本レベル

No.1* **ネオ・コーポラティズムに関する記述として，妥当なのはどれか。**

【地方上級（特別区）・平成19年度】

1 ネオ・コーポラティズムとは，圧力団体から依頼を受けた代理人が，有利な法案の成立や不利な法案の修正・否決のために，議員や官僚に直接働きかける活動をいう。

2 ネオ・コーポラティズムとは，巨大な利益集団が国家の政策決定過程に重要なメンバーの一員として参加し，自己利益を部分的に反映させるとともに，国家の政策に協力しながら集団相互の妥協，調整を図っていく仕組みをいう。

3 ネオ・コーポラティズムとは，経済的利益の増進を主目的とする従来の圧力団体とは異なり，環境保護や政治改革など，より広範な公共的利益を志向する団体の活動をいう。

4 ネオ・コーポラティズムとは，複数の利益集団が互いに競争関係にあり，それぞれの集団が利益を追求することで，公共政策の均衡が図られるという考え方をいう。

5 ネオ・コーポラティズムとは，圧力団体が，議会にその団体の代表を送り込むために，選挙に際して特定の候補者に選挙資金と組織票を提供することをいう。

No.2* **政治過程または政策過程に関する記述として，妥当なのはどれか。**

【地方上級（特別区）・平成30年度】

1 公共政策が形成，決定され，実行，フィードバックされていく一連のプロセスを政策過程というが，一般的な政策過程は，課題設定，政策立案，政策実施，政策評価の４つのステージからなる循環過程と考えられている。

2 トルーマンは，1908年に著した『統治の過程』の中で，従来の制度論的政治学を「死せる政治学」と批判し，政治現象を分析するためには，集団間の対立，抗争から利害調整に至るまでの現実の政治を研究する必要があると主張した。

3 ネオ・コーポラティズムとは，巨大な圧力団体が，国家の政策決定過程における重要なメンバーとなり，政府の政策に協力しながら，自己利益を部分的に反映させ，かつ，集団相互の妥協，調整を図る形態をいう。

4 インクリメンタリズムとは，シュミッターが提唱した政策決定モデルであり，「漸増主義」と訳され，現実の政策決定は，現在の政策の延長線上に位置づけられ，その変化は，過去の政策の修正という小さなものにとどまるとした。

5 ヨーロッパでは，圧力団体の代理人が，その団体にとって有利な法案の成立や不利な法案の修正，否決のために，議員や官僚に直接働きかける活動が活発であるが，これはアメリカではみられない政策決定過程である。

No.3 ＊＊ **政治過程の理論に関する次の記述のうち，妥当なのはどれか。**

【国家一般職・平成20年度】

1 D.トルーマンは，社会的変動の帰結として利益団体が自動的に形成されると主張した。一方，M.オルソンは，個人は合理的に行動するため，大きな力を持ちやすい大規模集団は自動的に形成されるが，小規模集団を形成・維持するためには，団体への強制加入もしくは団体加入と引換えの選別的誘因が必要であるとした。

2 C.リンドブロムは，政策決定の状況は，その政策がもたらす変化の大・小と，決定を下すべき問題の性質に関する決定者による理解の度合いの大・小との組合せで4つの類型に分けることができるとした。そして，現実の政治では変化＝小，理解＝小の状況が一般的であり，この状況に適切な決定戦略として「漸増主義」を提唱した。

3 「漸増主義」とは，検討される選択肢は現在採用されているものより大きく異ならないと提唱する伝統的意思決定モデルである。このモデルの前提である「人間の前例主義」を批判し，これを修正するものとして提唱されたのが，決定者はすべての選択肢を列挙し，それぞれの結果分析後に政策決定を行うとするA.ウィルダフスキーの「合理モデル」である。

4 A.ダウンズは，有権者は，政党や候補者が選挙で提示する政策のデータに基づいて効用所得の期待値を合理的に計算し，比較の論理で候補者を選択するとしたモデルを提唱した。K.アローは，ダウンズのモデルについて個人は合理的に行動することはないため，個人の合理性を前提とした政治分析は有効性を持たないと批判した。

5 P.シュミッターは，国家機関による認可を特に持たない複数の利益団体が各領域内で競合しながら政治のあり方を決めていくシステムを「ネオ・コーポラティズム・システム」と呼び，集団間の階統化が進む「多元主義」と対比した。このようなネオ・コーポラティズム・システムが典型的に見られるのは，オーストリア，スウェーデンなどである。

＊＊
No.4 政治や行政の理論に関する次の記述のうち，妥当なのはどれか。

【国家専門職・令和元年度】

1 わが国の55年体制下においては，野党第一党の民主党をはじめ，共産党など多数の政党が乱立し，連立なしには単独政権の維持は困難であった。このような体制は，G. サルトーリに代表される現代の政治研究では，一党優位政党制ではなく，多党制に分類されるのが通例である。

2 M. デュヴェルジェは，小選挙区制は多党制を促し，比例代表制は二大政党制につながるという「デュヴェルジェの法則」を示した。そして，この選挙制度と政党数の関係は，有権者の意思に着目する心理的要因によっては説明できないものの，制度面に着目する機械的な要因によって説明できるとした。

3 M. ヴェーバーは，官僚制を近代社会に普遍的な組織形成として位置付け，その構成要件として，不明確な権限の配分，職務の水平的構造，規則に縛られない臨機応変な対応が可能な職務遂行を挙げた。そして，これらの特徴により，その職務の予見可能性が低下することを警告した。

4 A. ダウンズの中位投票者モデルによれば，仮に政党が２つしかなく，政策対立軸が一つだけ存在し，そこに有権者の政策上の立場（選好）が単峰型の分布をしているような状況があり，かつ有権者が自分の政策選好と最も近い政党を常に支持して棄権しないと仮定するならば，両政党の最適な政策対立軸上の位置は，有権者の中の中位投票者の政策選好に重なると予測される。

5 官僚制の逆機能論の１つとして，官僚組織が，各部局の権限を明確にして分業体制をとることによって，官僚の恣意的な行動を抑制することになり，官僚の行動に関する予測可能性を高め，市民の官僚制への信頼感を高めることが指摘された。また，このような分業体制が，下位組織間の利害の対立（セクショナリズム）を緩和することも，逆機能の効用とされる。

実戦問題1の解説

No.1の解説　ネオ・コーポラティズム　→問題はP.324　正答2

1× 圧力団体の代理人による働きかけはロビイングと呼ばれる。
ロビイングに関する記述である。アメリカでは，圧力団体から依頼を受けた代理人（＝ロビイスト）が議員や官僚に働きかけ，政策に影響力を行使しようとしている。これをロビイング（ロビー活動）という。

2◎ ネオ・コーポラティズムでは利益集団と国家が協調する。
正しい。**ネオ・コーポラティズムとは，巨大な利益集団を政策決定過程に組み入れ，国家との協調関係を築き上げている政治体制をいう**。オーストリアやスウェーデンなどで定着しており，1970年代に石油危機が発生した際には，労働組合，使用者団体，政府の3者間協調を実現することで，経済パフォーマンスの維持に寄与した。

3× ネオ・コーポラティズムは経済的利益の増進を主目的としている。
環境保護や政治改革など，より広範な公共的利益を志向する団体は，公共利益団体（ないし促進団体）と呼ばれている。その活動は，公益活動とでも呼ばれるべきものである。

4× ネオ・コーポラティズムでは競争よりも協調が求められる。
政治的多元論に関する記述である。政治的多元論では，利益集団間の自由な競合を通じた政策決定こそが重要であると考えられている。したがって，巨大な利益集団と官僚が協議し，政策を決めていくネオ・コーポラティズムは，政治的多元論とは対照的である。

5× 圧力団体の選挙活動とネオ・コーポラティズムは無関係である。
圧力団体の一般的な活動に関する記述である。圧力団体は，選挙への協力，日常的な政治献金，行政機関との交渉，世論への働きかけなどを通じて，幅広く影響力を行使しようとしている。

No.2の解説　政治過程と政策過程　→問題はP.324　正答3

1× 政策立案後に政策決定のステージが続く。
一般的な政策過程は，課題設定，政策立案，政策決定，政策実施，政策評価の5つのステージからなる。政策は立案された後，決定権をもった機関によって正式に決定され，実施に至る。

2× 20世紀初頭に政治過程の動態的研究を主張したのはベントレーである。
ベントレーは，1908年に『統治の過程』を著し，政治過程の動態を研究するべきだと主張した。その業績は長い間埋もれていたが，その意義を約半世紀後に再発見したのがトルーマンである。

3◎ ネオ・コーポラティズムでは，巨大な圧力団体と政府が協調しあう。
正しい。**ネオ・コーポラティズムとは，巨大な圧力団体，とりわけ労使の頂上団体（＝全国団体）と政府が協力関係を築き，委員会や審議会での協議を**

通じて政策を実質的に決定してしまうような形態のことである。

4 × **インクリメンタリズムを提唱したのはリンドブロムである。**
インクリメンタリズム（漸増主義）とは，リンドブロムが提唱した政策決定モデルであり，過去の政策に微小な修正を施していく点を特徴とする。これに対して，シュミッターが提唱したのはネオ・コーポラティズム概念である。

5 × **圧力団体の代理人はアメリカで活発に活動している。**
アメリカでは，圧力団体がロビイストと呼ばれる代理人を雇い，議員や官僚への圧力活動を強力に行っている。ヨーロッパでもロビイストの活動はみられるが，アメリカでの活動のほうが圧倒的に活発である。

No.3の解説　政治過程の理論

→ 問題はP.325　**正答2**

1 × オルソンは，個人は合理的に行動するため，大規模集団においては他者の努力にただ乗りする者が発生しやすいと主張した（フリーライダー問題）。そして，フリーライダーの発生を抑え，集団を形成・維持するためには，団体への強制加入や選別的誘因（＝加入者にのみ与えられる利益）の提供が必要であるとした。

2 ◎ 正しい。**リンドブロムによれば，現実の政治では，政策決定者が問題の性質を十分に理解できるケースは少なく，しかも決定された政策が現状をわずかに変更するにとどまる場合が多い**。こうした状況に適切な決定戦略として提唱されたのが，**漸増主義**である。漸増主義では，微小な変更の積み重ねによって，政策を漸進的に変化させていくことがめざされる。

3 × **ウィルダフスキーは合理モデルを批判して，リンドブロムと同じく漸増主義の立場に立った**。合理モデルは，人間の完全な合理性を前提として組み立てられたモデルであり，ダウンズらが代表的論者とされている。

4 × アローは合理的選択論の論者であり，個人の合理性を前提としたうえで，各人の選好を尊重しつつ民主的な決定に至ることは不可能であるとした。言い換えれば，社会的決定を行う際には独裁が不可避だとするのが，アローの主張である（「アローの一般可能性定理」）。

5 × シュミッターは，国家機関から認可された特定の利益集団が，各領域内で行政部署と強固に結びつき，政治のあり方を決めていくシステムを「ネオ・コーポラティズム・システム」と呼び，集団間の階統化が見られない「多元主義」と対比した。

No.4の解説　政治や行政の理論

→ 問題はP.326　**正答4**

1 × **わが国の55年体制は一党優位政党制に分類される。**
わが国の55年体制下においては，自由民主党がほぼ一貫して過半数の議席を確保し，単独政権を維持しつづけた。そこで，サルトーリはこれを一党優位政党制に分類した。また，当時の野党第一党は日本社会党であった。

2 × **小選挙区制は二大政党制を促し，比例代表制は多党制につながる。**

デュヴェルジェの法則では，「小選挙区制は二大政党制を促し，比例代表制は多党制につながる」とされている。また，デュヴェルジェの法則は，機械的要因と心理的要因という２つの要因によって説明される。小選挙区制についていうと，①大政党に有利な仕組みであるため，第三党以下が当選者を出しにくいという「機械的要因」と，②当選可能性の低い政党から支持者が離れ，第三党以下が淘汰されるという「心理的要因」が，ともに働くとされている。

3 × **ヴェーバーは「明確な権限の配分」などを官僚制の特徴として挙げた。**

ヴェーバーは，近代社会では大規模組織が発達し，効率的な運営が求められるようになったことから，官僚制が普遍的に発達したと主張した。そのうえで，官僚制の構成要件として，明確な権限の配分，職務の垂直的構造，規則に基づく厳格な対応などを挙げた。また，これらの特徴により，官僚制はその職務の予見可能性が高まると指摘した。

4 ◎ **二大政党の政策対立軸は，中位投票者の選好に重なっていく。**

正しい。**ダウンズによると，二大政党制の下で有権者の選好が単峰型の分布をしている場合，両政党は得票を最大化するため，中位投票者（＝左右両端から数えてちょうど真ん中に位置する投票者）の選好に向かって政策的立場をすり寄せていく**。その結果，両政党の最適な政策対立軸（＝両政党の政策の中間的位置）は，中位投票者の政策選好に重なることになる。

5 × **官僚制の逆機能とは，官僚制がもたらす悪影響のことである。**

官僚組織が恣意的な行動を抑制し，予測可能性を高めることは，市民にとって好ましいことなので，官僚制の「（順）機能」に該当する。これに対して，官僚制の逆機能とされているのは，分業体制によって下位組織の自立性が高まり，利害の対立（セクショナリズム）が激化することなどである。

実戦問題❷　応用レベル

＊＊＊
No.5　政策過程に関する次の記述のうち，妥当なのはどれか。

【国家総合職・令和３年度】

1　個人はどのように意思決定を行っているのか，最も伝統的な捉え方は，課題の設定，選択肢の探求，結果の予測，結果の評価，選択という手順を踏む，というモデルである。これをH.スペンサーは「満足モデル」と呼び，選択肢の検討が逐次的に行われる「合理モデル」よりも優れていると評価した。

2　M.ウルストンクラフトは，人はあらゆる可能性を検討するのではなく，既存の政策をまず前提におき，それとは少し違う選択肢と比較検討することによって，あらゆる可能性を評価した上で政策決定を行う手間を省いていると主張した。彼は，このような政策決定の記述モデルを「ビリヤード・モデル」と呼んだ。

3　組織は複数の下位組織の緩やかな連合体であり，下位組織はその他の下位組織にほとんど注意することなく，あらかじめ決められた手順に従い，半ば独立した自組織における裁量に基づいて政策を執行している。このような意思決定の在り方を，G.アリソンは「組織内政治モデル」と呼んだ。

4　組織を役職に就いている人間の集合と捉え，役職者たちがそれぞれに与えられている任務，すなわち，専ら自らが率いる下位組織の予算額を最大化することを目標として，互いに影響力を行使し合う結果として，政策決定が行われる。このような意思決定の在り方を，G.アリソンは「組織化された無秩序モデル」と呼んだ。

5　J.マーチらによれば，ある課題の解決のため特定の政策が採用されるのは，誰が決定に参加したか，どの政策が一般的に支持されているかなど偶然の要素に左右される。様々な参加者が投げ込んだ課題と政策が，何らかの理由により結合して行われる政策決定の在り方を，彼らは「ゴミ缶モデル」と呼んだ。

＊＊＊
No.6 政治の制度と過程に関する次の記述のうち，妥当なのはどれか。

【国家一般職・平成25年度】

1 税制や社会保障制度のように，各国に共通した政策課題を解決するために採用される施策が，国ごとに違うことの理由を説明するにあたっては，それぞれの国の制度に注目したアプローチがなされることが多い。こうしたアプローチのうち，政治的アクターの行動とは切り離されたフォーマルな制度の仕組みに専ら注目したものが歴史的新制度論と呼ばれる。

2 政府の規制緩和によって市場の活性化が進んだ場合，以前からその市場に参加している企業の利益は増大することが多い。この増大した利益は政治的レントと呼ばれるが，企業は政治的レントを獲得するために，政府に対して規制緩和を進めるようさまざまな働きかけを行う。こうした活動はレントシーキングと呼ばれる。

3 与党政治家と官僚の関係を「本人－代理人関係論」（プリンシパル－エージェント理論）で見た場合，与党政治家が「本人」（プリンシパル），官僚が「代理人」（エージェント）となるが，一般的に「本人」は「代理人」を十分に監視しきれないため，「代理人」が自己利益のために「本人」の意向から逸脱した行動をとることが往々にして生ずる。こうした逸脱はエージェンシー・スラックと呼ばれる。

4 一般的に，ある政策領域に関して，それぞれの政党にとってこれ以上は妥協できないという限界点が存在する。こうした限界点の存在により，その政策領域に含まれる法案の審議において，政党間の合意が困難となることがしばしばある。このように合意を困難とするような，それぞれの政党にとっての政策上の限界点をE.イマグートは拒否点（veto points）と呼んだ。

5 今日の多元的社会には，極めて多様な政策的要求が内在している。これらの政策的要求は，政治のアリーナにおいて，さまざまな利益集団によってそれぞれに異なるチャネルを通じて表出されるが，それらが実際にどの程度実現するかは，それが表出されたチャネルの数や特性によって大きく異なってくる。このことは経路依存性と呼ばれる。

実戦問題2の解説

No.5の解説　政策過程

→ 問題はP.330　正答5

1 ×　各選択肢の結果を評価して選択に至るとするのは合理モデルである。

「課題の設定，選択肢の探求，結果の予測，結果の評価，選択」という手順を踏んで意思決定が行われるとするモデルは，合理モデル（合理的意思決定モデル）と呼ばれている。これに対して，満足モデルとは，少数の選択肢を案出して順次検討を加え，一定の満足をもたらす選択肢が見つかった場合に意思決定が行われるとするモデルである。満足モデルはサイモンによって提唱された。なお，スペンサーは，社会進化論を唱えたイギリスの社会学者である。

2 ×　既存の政策に微修正を加えようとするのはインクリメンタリズムである。

既存の政策を前提に置き，必要に迫られた場合，それとは少し違う選択肢を比較検討して意思決定が行われるとするモデルは，インクリメンタリズム（漸増主義）と呼ばれている。インクリメンタリズムを提唱したのはリンドブロムである。これに対して，ビリヤード・モデルとは，国家が衝突し合うことで国際政治は動いているとするモデルである。なお，ウルストンクラフトは，18世紀後半に活躍したイギリスの思想家で，女性の権利を主張したことで有名である。

3 ×　事前に定められた手続きの重要性を指摘したのは組織過程モデルである。

アリソンは，キューバ危機におけるアメリカの対外政策決定過程を分析し，合理的行為者モデル，組織過程モデル，政府内政治（官僚政治）モデルという３つのモデルを提示した。このうち，政府の下位組織があらかじめ定められた手続きに従って意思決定を行っているとしたのは，組織過程モデルである。なお，合理的行為者モデルとは，単一の政策決定者が最善と思われる政策を選択しているとするモデルであり，政府内政治モデルとは，下位組織間の駆け引きを通じて政策は決定されているとするモデルである。

4 ×　予算最大化モデルを提唱したのはニスカネンである。

ニスカネンは，下位組織の役職者たちが予算の最大化を目標として意思決定を行っていると考え，これを予算最大化モデルとして定式化した。これに対して，「組織化された無秩序モデル」とはゴミ缶モデルの別称であり，コーエン，マーチ，オルセンによって提唱された（選択肢**5**参照）。なお，アリソンはキューバ危機を分析して『決定の本質』を著し，合理的行為者モデル，組織過程モデル，政府内政治（官僚政治）モデルという３つの意思決定モデルを提唱したことで有名である。

5 ◎　マーチらはゴミ缶モデルを提唱し，意思決定の偶発性を主張した。

コーエン，マーチ，オルセンは，課題・解決策・参加者（「ゴミ」に例えられる）が政策の選択機会（「ゴミ缶」に例えられる）に投げ込まれ，うまく結合したときに，意思決定が行われると主張した。こうした意思決定理論は**ゴミ缶モデル**と呼ばれている。

No.6 の解説　政治の制度と過程

→ 問題はP.331　**正答3**

1 × 制度に注目したアプローチのうち，政治的アクターの行動とは切り離されたフォーマルな制度の仕組みに専ら注目したものが，合理的選択論的新制度論である。このアプローチでは，フォーマルな制度が政治的アクターに与える影響を演繹的に解明していくことがめざされる。なお，これとは対照的に，フォーマルな制度がどのような経緯で形成され，どのような影響を政治的アクターの行動に与えてきたかを帰納的に解明していくことをめざすのが，歴史的新制度論である。

2 × 政府の規制によって市場への新規参入が制限された場合，以前からその市場に参加している企業の既得権益が守られることになる。**規制の存在によって守られるそうした超過利益を，一般に政治的レントと呼ぶ**。企業は政治的レントを得るために，政府に対して規制の新設・維持・強化を働きかけるが，こうした活動は**レントシーキング**と呼ばれる。

3 ◎ 正しい。一般に「本人」と「代理人」の間には情報の非対称性が存在するため，「本人」は「代理人」を十分に監視しきれない。その結果，**「本人」の期待と「代理人」の実際の行動の間にギャップ（＝エージェンシー・スラック）が生じる**こととなる。そうした**ギャップの発生を防ぐためには，監視コストを引き下げて監視を容易にすることや，期待に応えた場合にのみ提供される報酬（＝選択的誘因）を準備することなどが必要**だとされている。

4 × **イマグートのいう拒否点とは，政策の決定を妨げる際の拠点となるような場のことである**。たとえば，二院制をとる議会では上院と下院，委員会制をとる議会では各委員会と本会議，法案拒否権を伴う大統領制では議会と大統領が，それぞれ拒否点となる。一般に，拒否点が数多く存在するほど，また，拒否点となるアクター間の意見の隔たりが大きいほど，政策の変更が困難となり，現行政策がそのまま継続される。

5 × 本肢の内容は，経路依存性の説明としては不適当である。一般に，歴史上のある時点において一定の政策や制度が選択されると，政治的アクターはそれを受け入れ，自らの行動の前提としてしまう。こうして**ある政策や制度が固定化されると，整合性の観点から，その後の政策や制度のとりうる幅が限定されることになる。こうした事情を指し示すのが，経路依存性という言葉である**。

デモクラシーの理論

必修問題

民主主義に関する次の記述のうち，妥当なのはどれか。

【国家一般職・令和４年度】

1 **アリストテレス**は，人間は私的な決定に参加することで自己の潜在能力を実現できるという思想を持ち，民主政を，貧しい者たちが数の力による主張をすることができる秩序のある政治体制であると捉えた。

2 **A.トクヴィル**は，民主主義という制度には，少数のエリートが多数者の権利を蹂躙（じゅうりん）する「エリートによる暴政」をもたらす危険性が内在しており，個人の自由を破壊しかねないとして，民主主義と自由とが共存することは不可能であると主張した。

3 **J.シュンペーター**は，民主主義を，有権者が選挙を通して意思決定を行う「人民の意志」によるものだとして，政治家による統治を否定し，民主主義とエリート主義が両立することはないと主張した。

4 **R.ダール**は，従来のデモクラシー概念は，現実の状態と理想の状態の双方を指しているため混乱を招くと指摘し，表現の自由や自由な選挙の保障などのリベラル・デモクラシーとして最低限の条件を満たす体制を「**ポリアーキー**」と名付けた。

5 C.モンテスキューに代表される**参加民主主義論**は，民主主義の根幹は，民衆が自分たちで自分たちに関わる事柄を決めるという自己決定にあるとし，選挙による代表の選出こそが民主主義の本質であるという立場を取っている。

難易度　＊

必修問題の解説

本問は，デモクラシーに関する基本問題である。特にトクヴィル（**2**），シュンペーター（**3**），ダール（**4**）の学説は頻出なので，十分に注意したい。なお，モンテスキュー（**5**）については，三権分立論以外が問われることは珍しい。難易度も若干高めなので，解説を読んで概要を理解しておこう。

1 × **アリストテレスは民主政治を逸脱した政治として批判した。**
アリストテレスは，人間は公的な決定に参加することで，自己の潜在能力を実現できると主張した。その一方で，アリストテレスは，貧しい者たちが数の力による主張を行うような政治体制を民主政ととらえ，民主政の下では秩序が失われ，逸脱した政治が展開されると批判した。

2 × **トクヴィルは民主主義と自由の両立可能性を主張した。**
トクヴィルは，民主主義の下では「多数者による専制」が行われ，少数者の自由が奪われかねないと主張した。しかし，その一方で，広範な政治参加の自由（結社の自由など）が保障されていれば，民主主義と自由は両立しうるとして，自由民主主義の成立可能性を指摘した。

3 × **シュンペーターはデモクラシーを一種の手続きとしてとらえた。**
シュンペーターは，デモクラシーを手続き的な観点から定義づけ，デモクラシーとは有権者が選挙を通して意思決定を行う人々を選び出すことであるとした。従って，シュンペーターは政治家による統治を肯定し，民主主義とエリート主義を結合させたと言うことができる。

4 ◎ **ダールはデモクラシーの現実態としてポリアーキー概念を提示した。**
ダールは，公的異議申立て（自由化）と包括性（参加）という2つの指標を設定し，両者において高い水準にある政治体制をポリアーキーと名づけた。ポリアーキーは，ダールの想定するデモクラシーの現実態とされている。

5 × **参加民主主義論では民衆の直接的な政治参加が重視されている。**
参加民主主義論では，代議制だけでは民衆の意見が十分に政治に反映されないとして，民衆の直接的な政治参加による自己決定が重視されている。また，モンテスキューは参加民主主義の論者ではない。

正答 4

FOCUS

デモクラシー理論については，トクヴィル，シュンペーター，ダールが最頻出である。また，国家総合職で始まった討議デモクラシー論や闘技デモクラシー論の出題が，近年では他の試験にも波及しつつあるので，念のため注意しておきたい。

重要ポイント 1 デモクラシーの理論

デモクラシーという言葉は日常的にも用いられるが，それが具体的に何を意味しているのかについては，学者によって見解が異なっている。

(1) アリストテレス　アリストテレスは，政治が共通利益のために行われる（＝正しい政治）か，統治者の利益のために行われる（＝逸脱した政治）かという基準と，統治者の数という基準を組み合わせて，政体の分類を行った。そして，一般多数の市民と富や教養を持った市民とが共同で統治する**ポリテイアを，現実的な最善の政体として高く評価した。**

	1人	少数	多数
正しい政治	王制	貴族制	ポリテイア
逸脱した政治	僭主制	寡頭制	民主制

(2) トクヴィル　トクヴィルは，アメリカ旅行での経験をもとに『**アメリカにおけるデモクラシー**』を著し，平等と自由の関係について考察を加えた。トクヴィルによれば，平等の偏重は，多数決制を通じて**多数者の専制**をもたらす。平等化の浸透したアメリカで画一性が広まっており，自主独立の精神と真の言論の自由が侵されているのは，その現れである。しかし，アメリカでは**広範な政治参加の自由（＝民主主義的な制度）**と政治的偏りのない宗教が確立されているため，概して言えば，平等と自由はうまく調和している。トクヴィルはこう考えて，**平等と自由の両立可能性**を主張し，自由民主主義（リベラル・デモクラシー）への道を切り開いた。

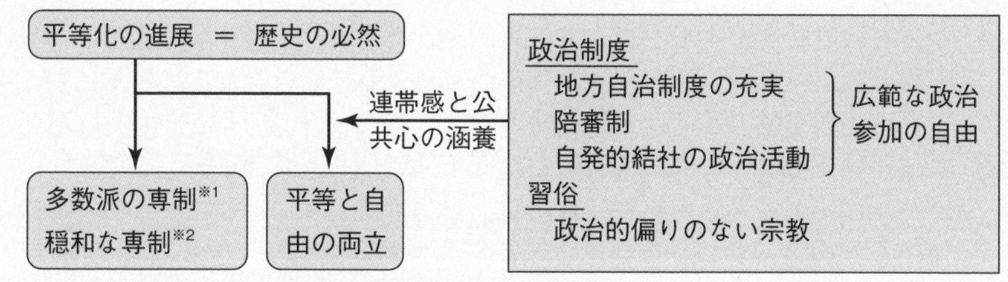

※1 多数派が数の力で少数派を抑圧すること。
※2 個人主義と物質主義によって利己的個人が生み出され，利益誘導を通じた服従がなされること。平等な隷属状態が生まれやすい。

(3) シュンペーター　シュンペーターは，国民の政治的能力を疑い，国民の役割は統治者の選択に限定されるべきだと主張した。そして，デモクラシーとは，「**政治決定に到達するために，個々人が民衆の投票を獲得するための競争的闘争を行うことにより決定力を得るような政治的装置**」であると定義づけた。要するに，選挙の存在こそがデモクラシーの本質であり，**選挙で選ばれたエリートに政治運営を一任することが好ましい**というのが，シュンペーターの考えであった（競争型エリート主義デモクラシー）。また，シュンペーターは，資本主義とデモクラシーの排他的関係を否定し，民主的な選挙を実施している限り，**社会主義の下でもデモクラシーは成立しうる**と主張した（『資本主義・社会主義・民主主義』）。

(4) ダール　ダールは，デモクラシーを支える諸条件のうち，特に次の２つに注目した。それは，①政府に対して公然と反対意見を唱えることが可能であること，②政治に参加できる人々の数が多いこと，という２点である。そして，この「**公的異議申立て（自由化）**」と「**包括性（参加）**」の度合いがともに高い政治体制こそが，デモクラシーの現実形態であるとして，これを**ポリアーキー**と名づけた。

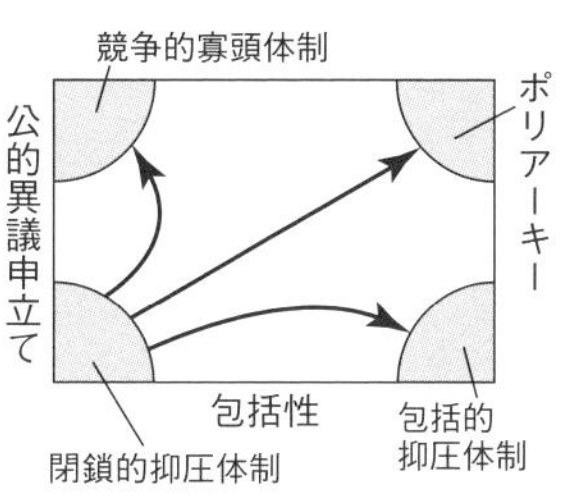

(5) マクファーソン　マクファーソンは，デモクラシーを西欧型の自由民主主義とそれ以外に分類した。西欧型は，さらに次のように分けられている。

類型名	説　明	論　者
防御的民主主義	政府による抑圧から国民を守る民主主義	ベンサムなど
発展的民主主義	個人の人格的発展に寄与する民主主義	ミルなど
均衡的民主主義	行為者間の均衡に基づいて決定を行う民主主義	ダールなど
参加民主主義	国民の政治参加に基づいて決定を行う民主主義	マクファーソン

マクファーソンは，参加デモクラシーを高く評価した。そして，地域社会や職場レベルの直接デモクラシーと，より上位の代議制デモクラシーを組み合わせるなどして，デモクラシーの空洞化を克服していくべきだと主張した。

(6) レイプハルト　レイプハルトは，国内に民族，宗教，言語などを異にする集団が複数存在する中欧諸国（オランダ，ベルギー，スイスなど）を念頭において，**多極共存型デモクラシー（コンソシエーショナル・デモクラシー）**の概念を提示した。その特徴は，**大連合**（＝エリート間の協調），**相互拒否権**（＝全会一致制），**比例制原理**，**下位集団の自律性**などに求められる。

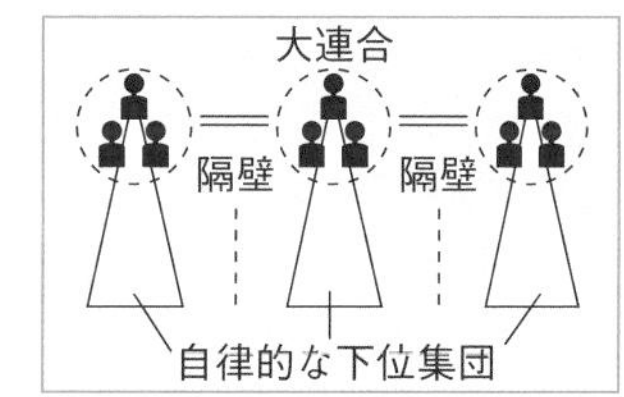

重要ポイント 2　討議デモクラシー

現代政治においては，圧力団体が私的利益を声高に主張し，その集積が政策となって実施されている。その一方で，市民の政治参加を促進し，開かれた政策決定を実現しようとする動きも見られるが，この場合も多数派の意見が幅を利かせ，少数派の意見を抑え込んでしまうことが多い。こうした状況を克服するため，**ガットマン**らによって提唱されているのが，**討議デモクラシー**である。討議デモクラシーでは，市民が**十分な討議**を行って意見を理解し合い，**立場を変えていく**ことが期待されている。

なお，**ムフ**は，討議デモクラシーは合意の強制につながりかねないとして，これを批判的にとらえた。そして，デモクラシーにおいては，少数派による異議申立てを活発化するべきであると主張し，**闘技デモクラシー**を提唱した。

実戦問題❶　基本レベル

No.1＊ **トクヴィルの政治理論に関する記述として，妥当なのはどれか。**

【地方上級（特別区）・平成17年度】

1　トクヴィルは，ジャクソニアン・デモクラシー期のアメリカの視察をもとに著した『自由論』において，アメリカ社会の圧倒的画一性を指摘し，自由主義と民主主義とが両立することはないとした。

2　トクヴィルは，平等がもたらすものには，平等な自由もありうるし，平等な隷属もありうるが，アメリカが平等な隷属に陥ったのは，民主主義的な政治制度が確立されていないからであるとした。

3　トクヴィルは，「諸条件の平等化」は単にアメリカだけに見られるのではなく，ヨーロッパ諸国においても普遍的に見られる傾向であり，あらゆる近代国家の不可避的な傾向であるとした。

4　トクヴィルは，民主主義と社会主義とは異なるが敵対するものではなく，平等の追求としては同じであることを強調し，民主主義と社会主義とを積極的に結びつけようとした。

5　トクヴィルは，平等化の進展において，決定方式としての多数決制の採用は当然であり，これによる少数派の自由が多数派に侵害されるという「多数派の専制」の危険はないとした。

No.2＊ **R.ダールに関する次の記述のうち，空欄に該当する語句の組合せとして妥当なものはどれか。**　【地方上級（全国型）・平成29年度】

ダールは，リベラル・デモクラシーが進展した望ましい状態を（　ア　）と呼んだ。すなわち，ダールは，集会・結社・言論の自由などが認められている程度をリベラリズムの指標（「　イ　」）として縦軸に置き，国民に選挙権・被選挙権などが認められている程度をデモクラシーの指標（「　ウ　」）として横軸に置いたうえで，両者がともに進展した状態を（　ア　）と名づけたのである。ダールの考えでは，まず（　エ　）を促進したうえで，その後に（　ア　）をめざすことが望ましいとされている。

	ア	イ	ウ	エ
1	ポリアーキー	政治的競争性	政治参加	エリート間の競争
2	討議民主主義	政治的競争性	政治参加	大衆動員
3	討議民主主義	政治参加	政治的競争性	大衆の競争
4	ポリアーキー	政治参加	政治的競争性	大衆動員
5	ポリアーキー	政治的競争性	政治参加	大衆の競争

＊ No.3 デモクラシーに関する記述として，妥当なのはどれか。

【地方上級（特別区）・令和元年度】

1 トクヴィルは，「アメリカにおけるデモクラシー」を著し，対立関係にあった自由主義と民主主義を結びつけ，自由民主主義への道をひらいた。

2 マクファーソンは，「資本主義・社会主義・民主主義」を著し，選挙民による問題の決定を第一義的なものとし，決定を行うべき者を選挙することを第二義的なものとした。

3 ボッビオは，「自由民主主義は生き残れるか」を著し，デモクラシーの理念と現実を区別することが必要との認識にたち，公的異議申立てと参加という次元を組み合わせて両方とも高い状態をポリアーキーとした。

4 古代ギリシアにおけるデモクラシーは，小規模な都市国家において，女性や奴隷を含めた全住民による直接民主主義が採られていた。

5 参加デモクラシー論では，政治参加には利益集団や住民運動に加入する等の多様な形態があるが，市民の政治参加は選挙での投票参加に限られるとした。

＊＊ No.4 民主主義に関する次の記述のうち，妥当なものはどれか。

【地方上級（全国型）・平成23年度】

1 プラトンは，哲学の素養を持った国王（＝哲人王）が政治運営に当たるような政体を否定的にとらえ，民衆の政治参加に立脚した民主主義の確立を強く主張した。

2 トクヴィルは，アメリカにおける見聞をもとに，平等化の進展が必然的に「平等な隷属」状態を生むと指摘し，民主主義の将来に警告を発した。

3 J.S.ミルは，民主主義は少数者の自由を抑圧するものであるとして，これを否定的にとらえ，普通選挙制の導入には反対した。

4 シュンペーターは，民主主義のあり方について考察し，単に代議制を確立するにとどまらず，国民投票や圧力活動を通じて国民の意思を政治に反映させることが必要であると主張した。

5 ガットマンは，圧力政治や国民投票による決定を利益集積主義として否定的にとらえ，これを補完するものとして討議デモクラシーを主張した。

＊＊
No.5 民主主義に関する次の記述のうち，妥当なのはどれか。

【国家専門職・令和元年度】

1 J. シュンペーターは，大多数の有権者は，自分の日常からかけ離れた国家レベルの問題について，現実味のない遠い世界のものだと感じているが，一方で，公共の利益を念頭に投票行動を行うことは可能だと述べた。このような投票行動の動機を「作られた意志」と呼び，これは「人民主権」に基づく民主政を理想とする考え方と親和的であるとした。

2 J.J. ルソーは，私的・個別的利益を追求する「特殊意志」の総和である「一般意志」という概念を提示した。そして，この「一般意志」を前提とした場合，国家を運営するためには，その構成員の高い道徳的資質は要求されず，個々の利益の総和である多数決によって運営されれば足りるとした。

3 A. トクヴィルは，「多数の暴政」という概念を提示し，民主主義という制度には，民主的正統性のない少数者が多数者の権利を蹂躙する危険が内在することを警告した。そしてこの危険を減少させるためには，少数者が多数者を脅かす可能性の高い，小さな共同体で運営される分権的な政体よりも，中央集権のほうが優れていることを主張した。

4 J. S.ミルは，政府に国民の集団的利益の管理を全て任せてしまうような状態を「優れた専制政治」と規定し，理想の政体とした。一方，代表制民主主義は，全ての国民が議会という場を通じて自らの利益を追求し，意思決定の集約ができなくなるという点で，無意味で危険な政体であり，その観点から普通参政権，特に女性参政権には反対した。

5 R. ダールは，米国の現実の民主政を「ポリアーキー」と名付けた。そして「ポリアーキー」においては，ばらばらの個人ではなく，利益を共にする者の間で組織された複数の集団が相互に交渉しつつ，議会における最終的な決定に至るまでの様々な過程に影響力を行使することになるとした。

実戦問題1の解説

No.1 の解説　トクヴィルの政治理論　→問題はP.338　正答3

1× トクヴィルは自由主義と民主主義は両立しうると主張した。
トクヴィルは『アメリカにおけるデモクラシー』を著して，アメリカ社会の圧倒的画一性を指摘したが，広範な政治参加の自由などを確保すれば，平等化の圧力の中でも自由を確保することは可能であるとして，自由主義と民主主義の両立可能性を主張した。なお，『自由論』はJ.S.ミルの著作である。

2× トクヴィルはアメリカに「平等な自由」の可能性をみた。
トクヴィルは，アメリカでは平等な隷属へと向かう傾向が見られつつも，おおむね平等な自由が実現されていると主張した。そして，これを可能にした条件として，民主主義的な制度（＝広範な政治参加の自由）が確立されていることを挙げた。

3◎ トクヴィルは「諸条件の平等化」を普遍的傾向ととらえた。
正しい。**トクヴィルは，「諸条件の平等化」（＝民主化）を歴史の趨勢として認めたうえで，そうした状況下でも自由主義を守っていくにはどうすればよいのかを，アメリカの事例をもとに考察した。**

4× トクヴィルは民主主義と社会主義は対立するとした。
トクヴィルは，社会主義の下では個人の自立的な活動の範囲が狭められ，制限と隷属が押しつけられると考え，**民主主義と社会主義は異なるだけでなく，敵対すると主張した。**

5× トクヴィルは「多数派の専制」を懸念した。
トクヴィルは，平等化が進展して多数決制が絶対視されるようになると，少数派の自由が多数派に侵害されるようになり，「多数派の専制」の危険性が増してくると主張した。

No.2 の解説　ダールのポリアーキー論　→問題はP.338　正答1

ア：リベラル・デモクラシーが進展した状態を「ポリアーキー」と呼ぶ。
ダールは，リベラリズム（自由主義）とデモクラシー（民主主義）がともに進展した状態を「ポリアーキー」と呼び，これを高く評価した。討議民主主義は，十分な討議を通じて合意を形成しようとするデモクラシーの一形態であり，ガットマンらがこれを主張した。

イ：ダールが設定したリベラリズムの指標は「政治的競争性」である。
ダールは，集会・結社・言論の自由などが認められ，政府に対する公的異議申立てや政治的競争が激しく行われるとき，リベラリズムが高度に実現していると考えた。

ウ：ダールが設定したデモクラシーの指標は「政治参加」である。
ダールは，国民に選挙権・被選挙権などが広く認められ，多くの国民が政治に参加しているとき，デモクラシーが高度に実現していると考えた。

エ：「エリート間の競争」を政治参加に先行して促すことが望ましいとされた。
ダールは，ポリアーキーに至る経路として，最初にエリート間の競争を促進し，続いて市民の政治参加を促進することが望ましいとした。実際，ポリアーキーへの安定的移行を経験したイギリスでは，制限選挙の導入によって名望家層の競争が促進された後に，選挙権が徐々に貧困層へと拡大された。

以上より，**1** が正しい。

No.3 の解説　デモクラシー

→ 問題はP.339 **正答 1**

1 ◎ トクヴィルは自由主義と民主主義の結合可能性を指摘した。
正しい。トクヴィルは，平等化の進展が多数者の専制を生みかねないとして，その危険性を指摘した。その一方で，**広範な政治参加の自由が保障されれば，平等な自由を実現することも可能である**として，自由民主主義への道をひらいた。

2 × 『資本主義・社会主義・民主主義』の著者はシュンペーターである。
シュンペーターは，『資本主義・社会主義・民主主義』を著し，決定を行なうべき者を選挙することこそが，デモクラシーにとって第一義的であると主張した。逆に，民衆の政治的能力には懐疑的な態度を示し，問題の決定（解決）は統治者に委ねられるべきであるとした。

3 × ポリアーキー概念を提示したのはダールである。
『自由民主主義は生き残れるか』の著者はマクファーソンである。また，公的異議申立てと参加の程度がともに高い状態をポリアーキーとしたのは，ダールである。ボッビオは，イタリアの政治思想史家，法哲学者である。

4 × 古代ギリシアでは成年男子自由民のみが政治に参加した。
古代ギリシアでは，小規模な都市国家（ポリス）において，直接民主主義が採られていた。しかし，そこで政治に参加したのは成年男子自由民に限られ，未成年者や女性，奴隷は政治の場から排除されていた。

5 × 参加デモクラシー論では，多様な形態の政治参加が肯定されている。
参加デモクラシー論では，市民の積極的な政治参加が肯定されている。そして，具体的には，国民・住民投票の実施，小規模なコミュニティにおける意思決定への参加など，多様な参加の形態が提案されている。

No.4 の解説　民主主義

→ 問題はP.339 **正答 5**

1 × プラトンは哲人王を理想とした。
プラトンは，哲学の素養を持った国王（＝哲人王）が政治運営に当たるような政体を理想とした。その一方で，民主主義についてはこれを衆愚政治とみて，批判的にとらえた。

2 × トクヴィルは平等と自由の両立可能性を指摘した。

トクヴィルは，アメリカにおける見聞をもとに，平等化の進展が「平等な隷属」状態を生む危険性を指摘した。しかし，これは平等化の必然的な結末ではなく，地方自治制度をはじめとする民主主義的な政治装置が存在すれば，平等と自由を両立させることも可能になると主張した。

3 × **ミルは普通選挙制の導入を主張した。**
ミルは，民主主義が少数者の自由を抑圧する可能性を指摘した。その一方で，普通選挙については男女ともにこれを認めるべきだと主張し，多数者の専制への歯止めとして，知識人による複数投票制（＝1人が複数票を投じる仕組み）の導入も提唱した。

4 × **シュンペーターはエリート主義的な民主主義を主張した。**
シュンペーターは，国民の政治的能力に信頼をおかず，政治運営は選挙で選出された一部のエリートに一任されるべきだと考えた。そのため，国民投票や圧力活動といった国民の直接的活動には批判的で，選挙に支えられた代議制の確立こそが，民主主義には必要であると主張した。

5 ◎ **ガットマンは討議デモクラシーを主張した。**
正しい。**ガットマンは，人々が他者の意見に耳を傾けながら議論を行い，熟慮を重ねることで当初の選好を変化させていく過程を重視した。そして，ロールズやハーバーマスらの議論を参考に，討議デモクラシーを主張した。**

No.5 の解説　民主主義

→ 問題はP.340 **正答 5**

1 × **シュンペーターは有権者の政治的能力には懐疑的であった。**
シュンペーターは，大多数の有権者は，国家レベルの問題を遠い世界のものと感じており，また，公共の利益を念頭に投票行動を行うことは難しいと述べた。そして，人民の意志はコントロールされた結果としての「作られた意志」にすぎず，人民主権に基づく民主政は実現不可能であるとした。

2 × **ルソーは特殊意志の総和を全体意志と呼び，否定的にとらえた。**
ルソーは，特殊意志（個別意志）の総和である全体意志と，共同体全体の利益を考慮する一般意志を区別した。そして，国家を運営するためには，単なる多数決によるのではなく，その構成員が高い道徳的資質をもって，一般意志の発見と実現に努めなければならないとした。

3 × **トクヴィルは小さな共同体で運営される分権的な政体を高く評価した。**
トクヴィルは，民主主義には「多数の暴政」，すなわち多数者が少数者の権利を蹂躙する危険性が内在すると指摘した。そして，これを防ぐためには，小さな共同体で運営される分権的な政体が望ましいと主張した。それは，積極的な政治参加を通じて，住民が公共利益について学ぶようになると考えたためであった。

4 × **ミルは代表制民主主義を高く評価した。**
ミルは，民衆による政治参加の重要性を指摘しつつも，大規模な国家においてはすべてに直接参加を及ぼすことは不可能であるとして，代表制民主主義（代議制民主主義）を理想の政体とした。また，民衆の政治参加を幅広く認める観点から，普通参政権，特に女性参政権に賛成した。

5 ◎ **ダールはポリアーキー概念と政治的多元論を主張した。**

正しい。**ダールは，公的異議申立て（自由化）と参加（包括性）の度合いがともに高い状態をポリアーキーと呼び，これを高く評価した。また，ポリアーキーにおいては，集団間の圧力によって政策が形成されていくとして，政治的多元論を主張した。**

実戦問題2 応用レベル

＊＊
No.6 政治における多様性・多元性に関する次の記述のうち，最も妥当なのはどれか。 【国家専門職・令和５年度】

1 R.ダールは，多様な意見の存在する社会を前提とした民主政治のモデルを提示し，理想としての完全な民主体制であるポリアーキーについて論じた。ダールは，人民の政治参加の度合いである包括性や政治活動の自由度である競争性など，従来論じられてきた民主体制の基準を否定し，どれだけの集団が政治活動に参加しているかの度合いである複数性こそ重要であると主張した。

2 C.シュミットは，政治とは友と敵の区別に関わるものであると主張した。シュミットによると，民主主義とは，同じ意見を持つ者同士が友として集団を形成し，敵である他の集団と対立する多様性の下で生まれるものである。そのような民主主義体制下では，議会での討論が重要視される。

3 J.シュンペーターは，人民自らが政治的な決定に携わる民主政治モデルを理想としたが，人民は政治について全く無知であり，合理的な判断ができないことから，人民が政治を委ねるべき政治エリートを選ぶ役割を果たせないと考えた。そのため，政治エリートを生み出すための人民への政治教育によって，人民の意志に基づく自己決定をすべきであると主張した。

4 C.テイラーは，「ある人々が誰であるかについての理解」をアイデンティティ（自己同一性）と定義した。アイデンティティは，他人による承認や，その不在，歪んだ承認により形成され，国民国家の同質性から漏れ落ちるアイデンティティを人々は政治の場で承認させようとする。

5 E.ノエル＝ノイマンは，自らの意見が少数派であったとき，少数派は，マスメディアを通じて自らの意見を強く主張して多数派になり，重要な地位を占めようとするプライミング効果について指摘した。プライミング効果は，マスメディアと民衆の意見形成の関係についての理論である「限定理論」の１つである。

＊＊＊
No.7 **現代の政治理論に関する次の記述のうち，妥当なのはどれか。**

【国家総合職・令和元年度】

1 S. ルークスは，多元主義・行動論の立場の権力概念を一次元的権力観，P. バクラックとT. パーソンズの権力概念を二次元的権力観と整理した上で，自らは，当事者が対立や紛争の存在を認識しているにもかかわらず，争点の顕在化を阻むような権力（非決定権力）に注目する権力観を提示し，それを三次元的権力観と名付けた。

2 J. ハーバーマスは，M. ヴェーバーの正統性論が支配の内容についての価値判断を回避していることを批判し，普遍的人権，自然法，神の摂理，進歩史観といった西洋の形而上学的世界観に基づいて正統性を実体的に基礎付けるべきと主張した。そして，この世界観を共有する人々が集まって「理想的発話状況」で形成する合意こそが，支配に正統性を付与すると論じた。

3 C. ギリガンは，女性は男性に比べて，具体的な人間関係を大切とみなし，他者に対する配慮や気遣いを重視する「ケアの倫理」をもつ傾向にあることを明らかにした。その上で彼女は，女性が「ケアの倫理」を脱して，男性と同じように抽象的な「正義の倫理」を習得することこそが，性別の違いによる差別のない，平等な社会を目指すためには不可欠であると主張した。

4 C. ムフは，C. シュミットに示唆を受けて，政治における対立や敵対性に注目して，多様なアイデンティティの活動を積極的に政治の場に表出する「アゴーン（闘技）の多元主義」を主唱した。彼女は，アゴーンにおいては，理性的な討議（熟議）を通じて，多様な利害をもった集団の間に，差異を除去するための安定的な合意が形成されるべきと主張した。

5 J. S. フィシュキンは，十分な情報と熟慮を経ない世論は，しばしば不十分な知識に基づいた不明確な意見であり世論操作されやすい等の問題点を踏まえて，「討議制世論調査」を設計して，実際にその社会実験を実施した。この実験を通じて彼は，同じ質問項目に対する人々の回答が，集中的な討議（熟議）を行う前と後では変化し得ることを明らかにした。

実戦問題2の解説

No.6 の解説　政治における多様性・多元性 →問題はP.345 正答4

1 × ダールは民主政治の現実態としてポリアーキー概念を提示した。

ダールは，民主政治の理想と現実を区別したうえで，民主政治の現実態としてポリアーキー概念を提示した。ポリアーキーとは，包括性と競争性（自由化）という2つの基準において，ともに高い水準にある政治体制である。なお，競争性が高いということは，社会において多様な意見が認められているということを意味するので，民主政治において複数性が重視されているというのは事実である。

2 × シュミットは議会での討論を批判した。

シュミットは，政治の本質を友と敵の区別に求めたうえで，同じ意見を持つ集団は敵と徹底的に対決して，自己の意思を貫徹するべきであると主張した。この点で，政治における複数性は否定され，**多様な意見の間で妥協を作り出そうとする議会での討論は批判された**。

3 × シュンペーターは人民自らが政治的な決定に関わることを批判した。

シュンペーターは，人民は自ら政治的な決定を行うほどの能力を持っていないと考え，人民による自己決定を批判的にとらえた。その一方で，シュンペーターは，人民は政治を委ねるべき政治エリートを選ぶ能力は持っていると考え，政治エリートを選挙で選ぶことこそがデモクラシーの本質であると主張した。

4 ◎ テイラーは「承認の政治」を主張した。

テイラーはカナダの政治哲学者であり，政治の場において人々が互いのアイデンティティ（自己同一性）を承認し合うことを理想として掲げた。テイラーの「承認の政治」論は，**多文化主義**の主張につながるものである。

5 × ノエル=ノイマンは少数派が沈黙に向かう傾向を指摘した。

ノエル=ノイマンは，社会で孤立することを恐れた少数派が，しだいに自分の意見を表出しなくなるという傾向を指摘し，これを「沈黙の螺旋」と名づけた。なお，プライミング効果とは，マスメディアと民衆の意見形成の関係についての理論の1つであり，マスコミの報道が人々の特定の認識枠組みを活性化させ，それが他の事実の認識にも影響を与えるようになるということを意味している。プライミング効果は，マスコミの「強力効果説」の1つに分類されている。

No.7の解説　現代の政治理論

→ 問題はP.346　正答5

1 ×　三次元的権力は当事者に対立や紛争の存在を認識させない。
ルークスは，多元主義・行動論の立場に立ったダールの権力概念を一次元的権力観，バクラックとバラッツの権力概念（非決定権力）を二次元的権力観とした。また，当事者が対立や紛争の存在を認識しているにもかかわらず，争点の顕在化を阻むような権力とは，非決定権力のことである。ルークスの三次元的権力観では，当事者に対立や紛争の存在を認識すらさせないという政治権力の働きが指摘されている。

2 ×　ハーバーマスは手続き的アプローチによって正統性を議論した。
ハーバーマスは，ウェーバーと同様に，支配の内容についての判断を回避する形で支配の正統性を論じた。**ハーバーマスによれば，自由で平等な個人が理想的発話状況において十分に討議を行い，合意を形成するならば，そうした合意に基づく支配には正統性が付与される**。こうした主張は，**手続き的アプローチ**と呼ばれている。

3 ×　ギリガンはケアの倫理を重視した。
ギリガンは，女性的な「ケアの倫理」と男性的な「正義の倫理」を対置した。そして，男性中心社会において主流とされてきた「正義の倫理」に対して，**他者に対する配慮や気遣いを重視する「ケアの倫理」のもつ重要性を指摘した**。女性がケアの倫理を脱却するべきだとしたわけではない。

4 ×　ムフは合意形成への圧力を批判し，闘技デモクラシーを主張した。
ムフは，政治における闘争の重要性を指摘したシュミットに示唆を受けて，「アゴーン（闘技）の多元主義」（闘技デモクラシー）を主唱した。ムフは，討議デモクラシーでは合意形成への圧力が働き，少数者の自由が守られないと考え，多様なアイデンティティを徹底的に主張し合うことが重要であるとした。

5 ◎　フィシュキンは討議制世論調査を提唱した。
正しい。**フィシュキンは，一般的な世論調査では人々の熟慮された意見がとらえられないとして，新たに討議制世論調査を設計した**。討議制世論調査では，無作為に抽出された少数の人々を一個所に集め，特定の問題について情報を与えたうえで十分に討議してもらい，討議の前後で人々の意見がどのように変化したかが測定される。

24 比較政治の理論

必修問題

次の表は，A.レイプハルトによる多数決型民主政治と合意型民主政治を区別したものであるが，多数決型民主政治と合意型民主政治の説明が逆になっている行がある。正しい表を完成するため，左右の記述を入れ替えるべき行の数の合計として妥当なのはどれか。なお，正しい表では左列が多数決型民主政治，右列が合意型民主政治とする。　【国家総合職・令和４年度】

多数決型民主政治	合意型民主政治
単独過半数内閣への執政権の集中	多党連立内閣による執政権の共有
均衡した執政府・議会関係	執政府が圧倒的権力を持つ執政府・議会関係
二大政党制	多党制
非比例型選挙制度	比例代表型選挙制度
コーポラティズム的利益媒介システム	多元主義的利益媒介システム

1　1行
2　2行
3　3行
4　4行
5　5行

難易度　＊＊

必修問題の解説

本問は，比較政治の理論に関する新傾向の問題である。多数決型民主主義と合意型民主主義は対照的な特徴を持っているので，一方の特徴がわかれば，他方の特徴も自然に理解できる。多数決型民主主義の典型国を思い浮かべることができれば，正答を見つけることは意外と容易である。

多数決型民主政治の典型国がイギリスであることを知っていれば，多数決型民主政治の特徴として次の諸点を指摘できる。

1　小選挙区制（→非比例型選挙制度）
2　二大政党制
3　議会で単独過半数を占める与党が内閣を形成し，執政権を集中して持つ
（→単独過半数内閣への執政権の集中）
4　執政府の長が与党の党首として議会をコントロールすることも可能となる
（→執政府が圧倒的権力を持つ執政府・議会関係）
5　社会内の諸利益がぶつかり合うことで政策が形成される
（→多元主義的利益媒介システム）

従って，問題に掲げられた表では，「執政府が圧倒的権力を持つ執政府・議会関係」と「多元主義的利益媒介システム」の位置づけが誤っており，左右を入れ替えるべき行の数の合計は「２行」となる。

以上より，正答は**2**である。

正答 **2**

FOCUS

比較政治の諸理論では，権威主義体制の特徴と民主化の理論が問われやすい。これらは国家総合職を中心に出題されてきたが，近年では他の試験にも出題が広がってきている。特に権威主義体制の特徴については注意しよう。

POINT

重要ポイント 1 政治体制

政治体制は，それがどの程度民主的であるかを基準として，民主主義体制，全体主義体制，権威主義体制に分類される。

(1) 民主主義体制　公職に就くための自由な競争が実現していたり，市民の自由な政治参加が認められるなどして，市民の意見を十分に反映する政治が行われている場合，これを民主主義体制という。

民主主義体制の類型としては，**レイプハルト**による 2 類型が特に有名である。

類型名	説　明
多数決型デモクラシー	二大政党のうち，過半数の議席を獲得した政党が単独で内閣を形成する。単一で集権的な中央政府を持ち，選挙制度は多数決型となっている。イギリスが典型例。ウェストミンスター型デモクラシーとも言う。
合意型デモクラシー	多党制がみられ，政権は大連合の形をとる。連邦制の下で地方分権が進んでおり，選挙制度は比例代表制となっている。スイスやベルギーが典型例。

(2) 全体主義体制と権威主義体制

民主主義体制の対極に位置するのが，全体主義体制である。また，全体主義よりもわずかながら民主主義体制に近いのが，権威主義体制である。権威主義体制の概念は，スペインのフランコ政権などを参考に，**リンス**が作り上げたものである。

名　称	説　明	例
全体主義体制	公的イデオロギーを持ち，国民を集中的かつ広範に動員する。単一政党が支配し，自律的団体は解散される。秘密警察による取り締まりが行われる。	ナチス・ドイツ，ソ連のスターリン体制，イタリアのファシスト政権
権威主義体制	洗練されたイデオロギーはなく，漠然としたメンタリティーに基づいて支配が行われる。一般に国民の政治動員には消極的である。限られた範囲の多元性が認められる。	アタチュルクのトルコ，フランコのスペイン，ナセルのエジプト

なお，全体主義体制では独裁政治の形態がとられるが，これと類似の概念に専制政治がある。両者の違いは，いちおう確認しておく必要がある。

分　類	特　徴			
専制政治	前近代的	農村的	被支配層との身分的隔絶	永続化の傾向
独裁政治	現代的	都市的	被支配層の政治参加と支持	一般に一時的

重要ポイント 2 民主化の理論

非民主的体制が民主主義体制に移行することを民主化という。民主化の研究は，中南米諸国や旧東欧諸国で現実に民主化が進んだことを受けて，大きく進展した。

立場	代表的論者	説明
社会・経済的条件の重視	リプセット	経済成長が進むほど，民主化は進展する。労働者階級が穏健化し，上流階級がこれを敵視しなくなることなどが，その理由である。
アクターの重視	オドンネルとシュミッター	国内におけるさまざまなアクターの戦略的行動が，民主化のあり方を左右する（南ヨーロッパとラテンアメリカの事例）。
	プシェヴォスキ	体制側の強硬派と柔軟派，反体制側の穏健派と急進派という４つのアクターが，民主化ゲームを展開する（東ヨーロッパの事例）。
国際要因の重視	ハンティントン	国境を超えた相互作用などを通じて，民主化は伝播していく。現在進行中の民主化は，1974年に南ヨーロッパで始まった「第３の波」に相当する。

なお，民主化は必ずしも単線的に進行するものではない。オドンネルとシュミッターは，ラテンアメリカで成立した民主主義政権が国内の工業化に失敗し，権威主義体制への逆戻りが起こったという事例を紹介している。

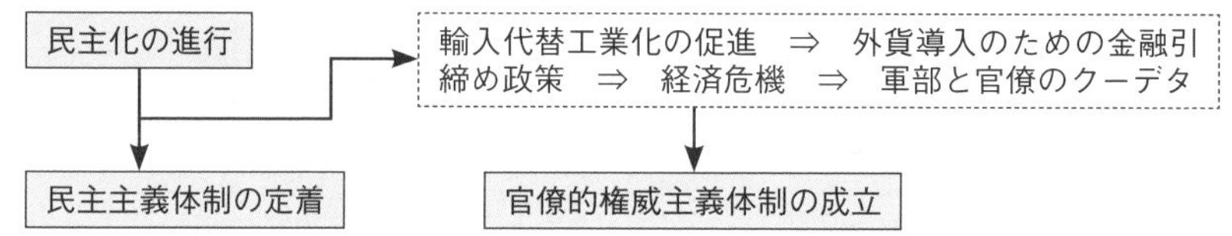

重要ポイント 3 制度論的アプローチ

近年の比較政治学では，各国の政治の違いを制度の違いと関連づけて考察しようとするアプローチが盛んになっている。こうした制度論的アプローチ（新制度論）には，合理的選択制度論と歴史的制度論の2つがある。

(1) 合理的選択制度論 人間や集団は合理的行為者であるとの前提が置かれ，制度がこれらに対して及ぼす影響について考察が加えられる。たとえば，政策の転換を阻む**拒否権プレイヤー**が制度的に存在している場合，その数が多く，相互の意見の違いが大きく，結束が固いほど，政策を転換することは困難になるとされる。

(2) 歴史的制度論 歴史の流れに沿って，制度の形成とその影響が考察される。たとえば，いったん社会保障の基本制度が構築されると，人々はそれを前提として行動するようになり，制度は確立される（**ロックイン効果**）。そして，その後の諸政策は，基本制度に合致した範囲でしか選択されなくなる（**歴史的経路依存性**）。

第6章 政治の理論

実戦問題

◆ **No.1**＊ **リンスの権威主義体制論に関するA～Dの記述のうち，妥当なものを選んだ組合せはどれか。** 【地方上級（特別区）・平成28年度】

A：リンスは，全体主義と民主主義の中間に位置する政治体制を権威主義体制として概念化し，この体制では，高度の政治動員体制がないとした。

B：リンスは，全体主義と民主主義の中間に位置する政治体制を権威主義体制として概念化し，この体制は，発展途上国に一切見られないとした。

C：リンスは，全体主義と民主主義の中間に位置する政治体制を権威主義体制として概念化し，この体制では，体制や指導的理念としてのメンタリティは存在するものの体制を支える体系的なイデオロギーが存在しないとした。

D：リンスは，全体主義と民主主義の中間に位置する政治体制を権威主義体制として概念化し，この体制では，限られた範囲であっても多元主義が認められないとした。

1　A，B
2　A，C
3　A，D
4　B，C
5　B，D

No.2＊＊ **政治体制に関する次の記述のうち，最も妥当なのはどれか。** 【国家一般職・令和５年度】

1　J.リンスは，政治体制として，民主主義体制，自由主義体制，権威主義体制という３類型があることを指摘した。彼によると，権威主義体制の特徴は，一元的支配の存在，公式なイデオロギーの存在，積極的動員の存在にあり，ソ連のスターリン体制はこの類型の典型である。

2　S.ハンティントンは，政治体制の民主化に歴史上三度の「波」があったことを指摘した。彼によれば，「第１の波」は19世紀から20世紀初頭，「第２の波」は第二次世界大戦後の現象である。「第３の波」の事例には，1970年代におけるポルトガル，1980年代における韓国の民主化が挙げられる。

3　A.レイプハルトは，民主主義体制を「多数決型」と「コンセンサス型」に分類し，各国がどちらの類型に近いかを測定した。彼によれば，「コンセンサス型」は，政党間で政策的な違いが小さく，二大政党制になりやすいのが特徴である。また彼の分類によると，「多数決型」は米国のように連邦制を採る。

4　S.リプセットは，経済発展度と政治体制の関係を統計的に分析し，経済発展の遅れた国で民主化が起きやすいことを明らかにした。逆に経済発展の進んだ国では，国民の不満が抑えられるため，非民主主義的な政権でも許容されやすいとされる。彼のこの主張は，政治体制の「凍結仮説」と呼ばれる。

5 石油などの天然資源に恵まれない国では，希少な資源をめぐって内戦が起き，結果として専制的な政治体制が生まれやすいとする議論は「資源の呪い」と呼ばれる。この議論によると，天然資源の豊富な国では，国民所得が高いために社会が安定しやすく，民主主義体制が維持されやすいとされる。

＊＊ No.3 政治体制に関する次の記述のうち，妥当なのはどれか。

【国家一般職・平成30年度】

1 R. ダールは，政治体制を構成する原理として「包摂性」と「自由化」を挙げ，この両者が十分に満たされた体制を「ポリアーキー」と呼んだ。ポリアーキーにおいては，自由かつ公正な選挙によって公職者が定期的に選ばれ，市民には表現の自由や結社の自由，情報へのアクセス権などが十分に保障されている。

2 J.リンスは1960年代，全体主義体制から区別された非民主主義的体制として，「権威主義体制」というタイプが存在すると指摘した。権威主義体制には，限定的多元主義，公式のイデオロギーによる積極的な大衆動員といった特徴がある。権威主義体制の典型的な例としては，ナチス・ドイツやスターリン統治下のソビエト連邦が挙げられる。

3 S.ハンティントンは，歴史上，３度の「民主化の波」があったとする。第一の波は，19世紀から20世紀初頭にかけて欧州や北米で広がった，参政権拡大などの動きを指す。第二の波は第一次世界大戦後に，敗戦国の民主化がなされたことをいう。第三の波は1950年代から1960年代にかけ，植民地の独立に伴って民主主義国が急増した現象を指す。

4 S. リプセットは，政治体制と社会・経済的データの関係について統計的分析を行い，「経済的に豊かな国ほど民主主義体制をとることが少ない」とする知見を得た。彼の説明によれば，経済が発展し教育水準が向上すると，少数派に対する寛容性が失われるなど，市民の権威主義的価値観が強まるため，政治体制の民主化が阻害される。

5 G. オドンネルとP. シュミッターは，国内アクターの選択に注目する従来の議論を批判し，社会経済構造の差異から各国の民主化過程を説明することを試みた。その結果，1970年代から1980年代までの南欧やラテンアメリカにおける多くの事例で，民主化が進展したにもかかわらず政治的自由化が伴っていなかったことを明らかにした。

＊＊＊
No.4　政治体制に関する次の記述のうち，妥当なのはどれか。

【国家総合職・平成29年度】

1　現在でも，特権階級としての王族が国政を担う国は少なくない。特にエネルギー資源の宝庫であり，軍事戦略拠点でもある中東では，サウジアラビア，カタール，クウェート，ヨルダンなど多くの王国が存在している。しかし，世界的に見れば王政は減少しており，1970年代以降になって新たに王政が生まれたり，復古したりした例は存在しない。

2　第二次世界大戦後の東アジアや東南アジアでは強権的な指導者の下で工業化が進められた例があり，そのような体制を総称して開発独裁と呼ぶことがある。開発独裁は，国家主導型の経済開発と強権政治による政治的安定化を目標とする体制であるが，政治体制として安定するとは限らず，経済成長に依拠するために，経済危機が進むと政治的安定が損なわれ，政権崩壊に至ることもある。

3　脆弱な国家が危機に見舞われた際に，統治能力を持つ国家的な組織として，軍が実権を握ることを軍政と呼ぶ。1980年代から1990年代にかけて，ブラジルやアルゼンチンなどにおいて，軍がクーデターによって政権を奪取するなど，軍政が急激に増加した。「民主化の時代」とは逆に，軍政が流行したこの時期を指して，「将軍たちの季節」と呼ぶことがある。

4　J.リンスは，スペインのフランコ体制を捉えるために「権威主義」論を提起した。彼は，フランコ体制が極めて独裁的かつ安定的であり，かつてのナチス・ドイツやスターリン体制と同じように，強いイデオロギーを持つとともに単一の政党とその下で画一的な政策・強制的な動員を実施する力を備えていたとして，このような政治体制を権威主義体制と呼んだ。

5　植民地から独立を遂げた国のうち，その後の過程で国家が弱体化し，統治能力を失って内戦状態となる例が見られるが，このような国家を破綻国家（failed state）と呼ぶ。民族や部族の紛争によって国家が分裂し，国外から武装勢力やテロ組織が侵入して，無秩序な状況に陥ることを回避するために行われる大国や隣国による併合は，国際法的にも認められている。

実戦問題の解説

No.1 の解説　権威主義体制論

→ 問題はP.354　正答2

A○ 権威主義体制では高度の政治動員は行われない。

正しい。**権威主義体制は非民主主義体制の１つであるが，全体主義体制とは異なり，高度の政治動員は行われない**。権威主義体制では，漠然としたメンタリティに基づいて支配が行われ，国民はむしろ政治的無関心の状態に追いやられる。

B× 権威主義体制は発展途上国に多く見られる。

権威主義体制という概念は，フランコ統治下のスペインを念頭において作られたものである。しかし，こうした政治体制は，ラテンアメリカ，アジア，アフリカなどの発展途上国において，現在でも数多く見られる。

C○ 権威主義体制は体系的なイデオロギーを欠いている。

正しい。全体主義体制では，体系的なイデオロギーに基づいて，強力な統治が行われる。これに対して，**権威主義体制では，漠然としたメンタリティに基づいて，妥協的で曖昧な統治が行われる**。

D× 権威主義体制では限られた範囲で多元主義が認められる。

全体主義体制では，多元性が徹底的に抑圧され，支配者による強力な一元的統治が行われる。これに対して，権威主義体制では，限られた範囲の多元性が認められ，政権交代を求めるなどしなければ，形式的な複数政党制や利益団体の限定的な活動も容認される。

以上より，AとCが正しく，正答は**2**である。

No.2 の解説　政治体制

→ 問題はP.354　正答2

1× リンスは民主主義体制，権威主義体制，全体主義体制を区別した。

リンスは，非民主主義的体制の一種として権威主義体制が存在することを指摘した。権威主義体制の特徴としては，限られた範囲の多元性，漠然としたメンタリティに基づく支配，政治動員の消極性などが挙げられている。これに対して，ソ連のスターリン体制を典型として，一元的支配の存在，公式なイデオロギーの存在，積極的動員の存在などを特徴とするのは，全体主義体制である。

2◎ ハンティントンは「民主主義の第３の波」を指摘した。

ハンティントンは，これまで民主化が集中的に進んだ時期が３つあると指摘し，1970年代以降に進んだ世界規模の民主化の動きを「民主化の第３の波」と表現した。

3× 政党間の政策的な違いの小ささや二大政党制は「多数決型」の特徴である。

レイプハルトのいう多数決型デモクラシーは，イギリスを典型国としており，二大政党制や政党間の政策的違いの小ささなどを特徴としている。これに対しては，コンセンサス型（同意型）デモクラシーは，オランダなどを典型国としており，多党制や政党間の政策的違いの大きさなどを特徴としている。

4 × **リプセットは経済発展の進んだ国で民主化が起きやすいと主張した。**
リプセットは，経済発展度と政治体制の関係を統計的に分析し，経済発展の進んだ国で民主化が起きやすいことを明らかにした。なお，「凍結仮説」とは，リプセットとロッカンによって提唱された政党システムに関する学説であり，1960年代における西欧諸国の政党配置は，1920年代までに形成された社会的亀裂を反映したものとなっていると主張された。

5 × **天然資源に恵まれた国で内戦が起こることを「資源の呪い」という。**
天然資源に恵まれた国では，その利権をめぐって内戦が起き，専制的な政治体制が生まれやすい。こうした議論は，「資源の呪い」と呼ばれている。

No.3の解説　政治体制

→問題はP.355　**正答1**

1 ◎ **ダールはポリアーキー概念を提唱した。**
正しい。**ダールは，包摂性（包括性）と自由化が十分に満たされた状態をポリアーキーと呼び，これを高く評価した。**

2 × **権威主義体制では大衆動員は低調である。**
権威主義体制には，限定的多元主義，漠然としたメンタリティによる支配，低調な大衆動員といった特徴がある。公式のイデオロギーによる積極的な大衆動員は，全体主義体制にみられる特徴である。また，ナチス・ドイツやスターリン統治下のソビエト連邦は，全体主義体制に該当する。権威主義体制の典型例は，フランコ統治下のスペインである。

3 × **民主化の第三の波は1970年代中頃に南欧で起こった。**
ハンティントンは，民主化は次々と他国に波及していくと考え，民主化の3つの波を指摘した。第一の波（1828～1926年）は市民革命後に起こり，世界の大半の国に広がった。第二の波（1943～1962年）は第二次世界大戦末期に起こり，西ドイツ，イタリア，日本，トルコ，中南米全域に広がった。第三の波（1974年～）は1970年代中頃に起こり，南欧，中南米，アジア，東欧などに広がっている。

4 × **リプセットは経済が発展するほど民主化が進むとした。**
リプセットは，統計的分析を行い，「経済的に豊かな国ほど民主主義体制をとることが多い」と主張した。リプセットの説明によれば，経済が発展し教育水準が向上すると，下層労働者階級が穏健化し，上流階級が民主化への警戒心を弱めるようになる。さらに，両階級の間にあって緩衝的役割を果たす中産階級が増加することから，政治体制の民主化が進むことになる。

5 × **オドンネルとシュミッターはアクター中心アプローチをとった。**
オドンネルらは，国内アクターの選択に注目しつつ，各国の民主化過程を説明した。こうした立場を，**アクター中心アプローチ**という。なお，オドンネルらは，1970年代から1980年代までの南欧やラテンアメリカ諸国を分析し，多くの事例で，民主化が進展したにも関わらず政治的自由化が伴っていなかったこと，輸入代替工業化を進める過程で軍と官僚勢力が結んでクーデターを起こしたこと，などを明らかにした。

No.4 の解説　政治体制

→ 問題はP.356　正答2

1 × 1970年代になって新たに王政が生まれたり，復古したりした例は，わずかながら存在する。たとえば，スペインは1975年にフランコ独裁から王政に移行しており，1993年には内戦終結後のカンボジアで王政復古が実現した。

2 ◎ 正しい。**開発独裁の例としては，フィリピンのマルコス政権，インドネシアのスハルト政権，韓国の朴正熙（パクジョンヒ）政権，マレーシアのマハティール政権，チリのピノチェト政権などを挙げることができる。**

3 × ブラジルやアルゼンチンをはじめとするラテンアメリカ諸国では，1960年代から70年代にかけて軍政が急激に増加した（「将軍たちの季節」）。これは，国家を社会主義革命から防衛するという目的をもって行われたものであった。しかし，軍事政権による人権抑圧や構造的貧困に対する民衆の不満が高まったことから，1980年代には多くの国で民政移管が進められた（「民主化の時代」）。

4 × リンスは，民主主義と全体主義の中間に位置する政治体制を権威主義体制と呼び，全体主義体制と権威主義体制を区別した。権威主義体制は，スペインのフランコ体制をモデル化したもので，その特徴としては，漠然としたメンタリティに基づく統治や限定的な多元主義の容認などが挙げられている。これに対して，かつてのナチス・ドイツやスターリン体制は，全体主義に該当する。その特徴としては，強いイデオロギーに基づく統治や単一政党の下での画一的な政策・強制的な動員などが挙げられている。

5 × 破綻国家だからといって，大国や隣国がこれを併合することは，国際法上認められない。かつての国際法では，征服による領域取得が正式に認められていたが，現在ではいかなる強制的併合も認められない。

25 国家の理論

必修問題

一元的国家論または多元的国家論に関する記述として，妥当なのはどれか。

【地方上級（特別区）・令和４年度】

1 **一元的国家論**は，個人や社会集団に対する国家の独自性を強調し，国家は絶対的な主権を有するとして，ラスキらにより唱えられたものである。

2 一元的国家論は，国家を資本家階級が労働者階級を抑圧するための搾取機関であるとして，ヘーゲルらにより唱えられたものである。

3 **多元的国家論**は，国家と社会を区別し，国家は社会内の多くの集団と並立する１つの集団にすぎないとして，ホッブスらにより唱えられたものである。

4 **多元的国家論**は，第二次世界大戦後，国家が統制を強め，個人の自由への脅威となる中，国家の権力化に歯止めをかけるために出てきた政治思想である。

5 多元的国家論は，国家の絶対的優位性を認めず，社会を調整する機能としての相対的優位性のみ認めるものである。

難易度 ＊

必修問題の解説

本問は，国家論に関する基本問題である。一元的国家論と多元的国家論は，近年の試験ではあまり出題されていないが，内容は容易なので，出題された場合は得点源とすることができる。多元的国家論の特徴を中心に覚えておこう。

1 × ラスキは多元的国家論の論者である。
一元的国家論は，国家の独自性を強調し，国家は絶対的な主権を持つ優越した存在であるとしている。その代表的論者はヘーゲルである。

2 × 国家は労働者階級を抑圧する搾取機関であるとしたのはマルクスである。
マルクスは，資本家階級が労働者階級を支配していると考え，資本家階級による支配の装置として作られたのが国家であると主張した。

3 × ホッブズは一元的国家論の論者である。
多元的国家論は，国家は他の集団と並立する一つの集団にすぎないとして，国家の絶対的優位性を否定している。その代表的論者はバーカーやラスキ，コールらである。ホッブズは，社会契約によって絶対的な権力をふるう国家が誕生したと考えたため，一元的国家論の論者に位置づけられる。

4 × 多元的国家論は20世紀初頭に提唱され始めた。
多元的国家論は，19世紀末から20世紀初頭にかけて国家の活動が積極化するなかで，国家によって個人の自由が抑圧されるのではないかという懸念から提唱されるようになった。

5 ◎ 多元的国家論は国家の絶対的優位性を否定した。
多元的国家論は，国家は社会において調整機能を営む集団に過ぎないとして，その絶対的優位性を否定している。

正答 5

FOCUS

国家の理論は，近年ではあまり出題されなくなっている。例外は特別区で，一定の間隔を置いて多元的国家論が出題され続けている。なお，関連事項に福祉国家論（テーマ１）があるが，福祉国家論はたびたび出題されている頻出テーマなので，あわせて確認しておきたい。

POINT

重要ポイント 1 国家とは何か

国家とは，一定の領域を基盤として成立し，そこに住む人々を実効的に支配する存在である。したがって，国家を成り立たせているのは，領土，国民，主権（＝最終的な意思決定権）という３つの要素にほかならない。

歴史的に見ると，西欧で絶対王政が誕生した時代に，国家は大きく発達を遂げてきた。各地に有力な君主が登場し，官僚制と常備軍を整えることで絶対的な支配権を確立していったとき，国家は確立されたといえよう。特に，1648年の**ウェストファリア条約**において各国が相互に承認しあったことで，国家の地位は揺るぎないものとなり，**主権国家体制**が完成された。また，後に**フランス革命とナポレオン戦争**が勃発し，フランスと周辺諸国の間で戦いが繰り広げられるようになると，各国の領土に住む人々は国家への帰属意識と忠誠心を強く持つようになり，**ナショナリズム**（国家主義，国民主義）が高揚した。

重要ポイント 2 国家起源論

国家がなぜ，どのようにして発生したのかという点については，従来からさまざまな学説が唱えられている。

（1）征服説　ある部族が他の部族を軍事的に制圧した際に，支配の装置として国家が打ち立てられたとする説である。**グンプロヴィッツ**や**オッペンハイマー**らによって唱えられた。

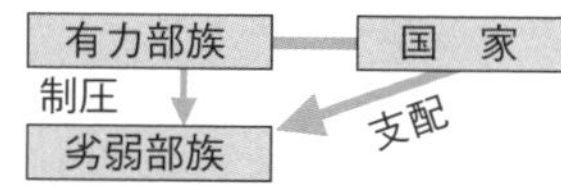

（2）階級説　ある階級が他の階級を経済的に抑圧する際に，支配の装置として国家が打ち立てられたとする説である。征服説における部族間の軍事的対立を，階級間の経済的対立に置き換えると，この階級説になる。**マルクス**や**エンゲルス**らによって唱えられた。

支配階級　国　家　抑圧　支配　被支配階級

なお，階級説では，**国家は最終的に消滅すべきもの**と考えられている。なぜなら，将来においてプロレタリアート革命（＝労働者による革命）が成功すれば，支配階級であった資本家がすべて追放され，労働者による平等な社会が到来し，階級間の闘争が終わりを告げるとされるためである。

（3）神権説　人々を支配する権利が神から君主にゆだねられ，その君主を中心として国家が樹立されたとする説である。王権神授説とも呼ばれ，絶対王政を支える思想的基盤となった。フィルマーらによって唱えられた。

国家　神　授権　君主

(4) 契約説　人民相互の契約によって第三者に支配権がゆだねられ，その第三者を中心として国家が樹立されたとする説である。社会契約説ともいう。**ホッブズ**，**ロック**，**ルソー**らによって唱えられた。

国家
第三者
授権
人民

(5) 家族説　家族関係の連合・拡大として国家が生まれたとする説である。メインや**アリストテレス**らによって唱えられた。

(6) 有機体説　国家を一種の有機体としてとらえる説である。有機体とは端的に言えば生物体のことであり，時が経つにつれてその諸部分を発達させ，さまざまな機能を営むように分化させていく点を特徴とする。**スペンサー**らによって唱えられた。

(7) 法人説　国家は法的な権利や義務を享有する主体として創設されたとする説である。**イエリネック**らによって唱えられた。

重要ポイント 3 多元的国家論

19世紀末から20世紀初頭にかけて国家の活動が積極化し，国家権力が増大するきざしを見せ始めると，これを心配した政治学者たちは，国家権力の無制限な拡大を抑える理論を模索するようになった。その結果生まれたのが，**多元的国家論**である。代表的論者には，**ラスキ**，**バーカー**，**コール**，**マッキーバー**らがいる。

多元的国家論によれば，国家とはそもそも，さまざまな社会集団間の調整を行うために創設された集団である。したがって，教育を行うために創設された学校，宗教を実践するために創設された教会などと同じで，国家は一定の機能を遂行するために結成された１つの社会集団（＝アソシエーション）にすぎない。このように，**国家の絶対性を否定する**のが，多元的国家論の特徴である。

なお，多元的国家論とは対照的に，国家の絶対性を主張する学説が，**一元的国家論**である。その代表的論者である**ヘーゲル**は，国家を人倫（＝歴史の中で善の概念が客観化・具体化されたもの）の最高形態として高く評価し，さまざまな社会集団の上位に立つものと考えた。

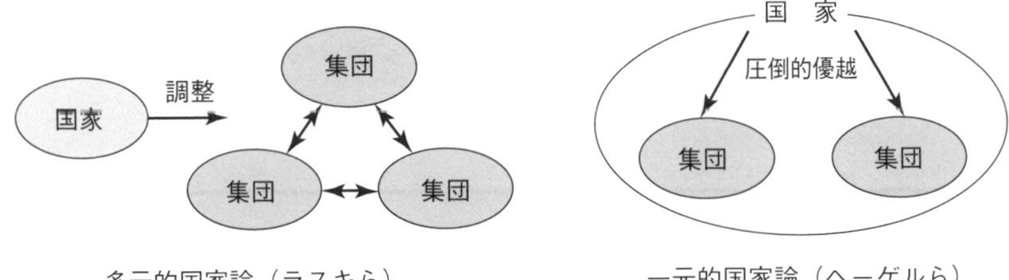

多元的国家論（ラスキら）　　一元的国家論（ヘーゲルら）

実戦問題

＊＊
No.1 **次のA～Cは，３つに大別される国家観について，それぞれ代表的な人物の言葉を引用したものであるが，その人物の組合せとして，妥当なのはどれか。**

【地方上級（東京都）・平成13年度】

A：「人間はそれがもつすべての価値，すべての精神的現実性をただ国家によってのみもつということを知らなければならない。」

B：「生産者の自由で平等な共同関係を基礎にして生産を組織しかえる社会は，国家機関の全体を，そのときそれが当然におかれるべき場所へうつすであろう。すなわち糸車や青銅の斧とならべて，古代博物館へ。」

C：「国家の権力が正当化されるとすれば，それは，国家がなしとげようとしていることを理由にするよりほかないであろう。国家の法は，それが満たそうとしている市民の諸要求を手がかりとして正当化されなければならない。国家は，個人的な，又は団体的な利益，たがいに競合しあい，又は共働しあっている利害，こうしたきわめて錯綜したさまざまな利害を統轄しているのである。」

	A	B	C
1	ヘーゲル	エンゲルス	ラスキ
2	ヘーゲル	スターリン	ボザンケ
3	ボダン	マルクス	ラスキ
4	ボダン	エンゲルス	バーカー
5	カント	マルクス	ボザンケ

No.2 国家と政治権力に関する次の記述のうち，妥当なのはどれか。

【国家一般職・平成6年度】

1 近代国家概念の始まりは，マキァヴェリの『君主論』に見られる。マキァヴェリは，戦乱に明け暮れたルネサンス期のイタリアに平和をもたらすためには，軍事力に訴えずに，キリスト教の教えに従う君主が必要であると考えた。

2 市民革命の思想家は，国家と社会の区別を認めなかった。たとえばJ.ロックは，国家と市民社会を区別すれば，国家の権威は市民社会から与えられた信託の範囲に限定されてしまうから，そのような信託を超えた国家全体の主権を樹立する必要があると論じた。

3 K.マルクスは，国家とはその社会において優位にある階級の支配の道具であると指摘し，市民社会全体の利益に奉仕する政治権力を打ち立てるためには，階級という社会の亀裂を撤廃し，国民意識に基づいた革命を行わなければならないと論じた。

4 M.ウェーバーは，支配の正統性を伝統的支配，カリスマ的支配，合法的支配に分類し，このうち権力者が法に基づいて権力を行使する合法的支配が，近代国家における政治権力の特徴であると考えた。

5 19世紀までの政治学では，国家と他の集団との区別は明確ではなかったが，20世紀に入ると，国家の権威や権力を集団一般のそれと区別し，国家の持つ政治権力に政治学の対象を限定する，H.ラスキの多元的国家論が現れた。

No.3 多元的国家論に関する記述として，妥当なのはどれか。

【地方上級（特別区）・平成29年度】

1 多元的国家論は，国家が個人や社会集団よりも上位に位置する最高の存在であり，国家は絶対的な主権を有するもので，個人の自由を抑制するとした。

2 多元的国家論は，主権は一元的，絶対的なものではなく，多元的，相対的なものであり，ドイツのヘーゲルらによって主張された。

3 多元的国家論は，社会を調整するという機能ゆえに国家の絶対的優位性を認め，国家が集団を抑制し，国家へ権力を集中させるとした。

4 多元的国家論は，市民社会における特殊を媒介しながら，人倫的一体性を回復する存在が国家であるとし，イギリスのラスキやアメリカのマッキーヴァーらによって主張された。

5 多元的国家論は，政治的多元主義とも呼ばれ，国家の絶対的優位性は認めず，国家は宗教的，経済的，職能的な集団と並列的に存在する一集団にすぎないとされた。

No.4 ＊ **ラスキの国家論に関する記述として，妥当なのはどれか。**

【地方上級（東京都）・平成17年度】

1 国家は，生命，自由および財産に関する市民の権利である自然権を保障するために存在し，国家権力は，国家への自然権の移譲を個人と契約することによって成り立つものであるとした。

2 『法の哲学』において，理想の倫理的共同体は，家族，市民社会という段階を経て，理性や精神などの絶対者が自らを具現する最高の形態である国家において完成されるとした。

3 近代国家では，個人が多元的な要求を持っていることから，必然的に多元的利益集団が共存するとし，この状況を「集団の噴出」とよんで，個人対国家よりも集団対国家を論じるべきとした。

4 「政治学大綱」において，国家は他の社会集団と同様に一定の機能を遂行する集団にすぎないとし，複数の集団に所属する個人の忠誠を求めて，各集団は互いに競い合うことになるとした。

5 集団の多元性を分析したうえで，社会を生活共同体としてのコミュニティと目的集団としてのアソシエーションに区別し，国家はコミュニティに分類されるとした。

実戦問題の解説

No.1 の解説　3つの国家観

→ 問題はP.364　正答1

A：「ヘーゲル」の国家観である（『歴史哲学』）。**ヘーゲルは国家の至高性を説き，人間は国家に所属することで初めて完全な存在になりうると主張した。**なお，ボダンは法学的観点から主権概念を明確化し，その絶対性・不可分性を主張した。また，カントは法を維持していくための手段として国家が存在すると考え，さらに永久平和を実現するためには国際連合を創設するなどしなければならないと主張した。

B：「エンゲルス」の国家観である（『家族，私有財産および国家の起源』）。**エンゲルスは国家消滅説を提唱し，労働者革命によって階級対立が消滅すれば，階級支配の装置である国家は自然に消滅すると主張した。**なお，マルクスはエンゲルスとともに社会主義思想を形成したが，エンゲルスの国家消滅説とはやや異なり，国家廃止説の立場に立った。また，スターリンはロシア革命後に独裁政治を行い，ソ連型社会主義体制の基礎を築いた。

C：「ラスキ」の国家観である（『政治学入門』）。**ラスキは国家の絶対性を否定して多元的国家論を説き，労働組合などの社会集団がそれぞれに主権を持っていると主張した。**なお，バーカーもラスキと同じく多元的国家論を説いたが，ラスキほど国家を否定的にはとらえず，国家と社会集団は協力関係にあると主張した。また，ボザンケは理想主義的国家論の立場に立ち，国家は諸個人の自由とその道徳的成長を保障するものであると主張した。

以上より，**1**が正しい。

No.2 の解説　国家と政治権力

→ 問題はP.364　正答4

1×　マキァヴェリは軍事力による国家統一を主張した。

マキァヴェリは，イタリアに平和をもたらすためには，宗教・道徳・法にのみ頼るのでは不十分であり，君主が中心となって軍事力を行使する必要があると考えた。

2×　市民革命の思想家は国家と社会を区別した。

市民革命の思想家の多くは，国家と社会を明確に区別し，国家は社会のために樹立された統治機構であると考えた。特にロックは，国家の権威は社会からの信託の範囲に限られると主張し，国家が社会へ過剰に介入することを戒めた。

3×　マルクスは階級意識に立脚した革命を行うべきだとした。

マルクスは，市民社会において資本家階級が労働者階級を搾取している現実や，国家が資本家階級による支配の装置とされている点を批判した。そして，資本家階級と労働者階級の対立が絶対的なものである以上，労働者は自らの階級意識に目覚め，革命を起こして資本家階級を追放し，市民社会に代えて社会主義社会を樹立するべきであると主張した。

4 ◎　ウェーバーは合法的支配を近代国家の特徴としてとらえた。
正しい。**合法的支配は近代以降の社会で典型的に見られ，その代表例は官僚制による支配だとされている。**

5 ×　多元的国家論は国家とその他の集団を同格の存在ととらえた。
19世紀までの政治学では，国家と他の集団が明確に区別され，政治とは国家に関する現象にほかならないとみなされていた。ところが，19世紀末から20世紀にかけて多元的国家論が台頭すると，国家も社会集団の一つにすぎないと考えられるようになり，政治は諸集団によって動かされると指摘されるようになった。

No.3の解説　多元的国家論

→ 問題はP.365　**正答5**

1 ×　多元的国家論では国家の絶対性が否定された。
国家は個人や社会集団よりも上位にあって，絶対的な主権を有していると考えたのは，一元的国家論の論者たちである。多元的国家論では，国家は社会集団のひとつにすぎず，絶対的な主権は有していないとされた。

2 ×　ヘーゲルは一元的国家論の論者である。
ヘーゲルは国家を人倫の最高形態として高く評価しており，この点で一元的国家論の論者に分類される。

3 ×　多元的国家論では国家への権力集中が批判された。
多元的国家論では，国家はあくまでも社会集団のひとつに過ぎず，社会調整の機能を有している点で相対的優位性を持つにすぎないとされた。そこで，国家の絶対的優位性や国家による集団の抑制，国家への権力集中などは，いずれも否定された。

4 ×　国家による人倫的一体性の回復を主張したのはヘーゲルである。
家族における人倫の直接的一体性が，市民社会における分裂（特殊）を媒介として，国家において回復されるという弁証法的発展過程を主張したのは，ヘーゲルである。ヘーゲルは国家を最高の存在と位置づけており，一元的国家論の論者に分類される。

5 ◎　多元的国家論では国家は社会集団のひとつとされた。
正しい。多元的国家論は，19世紀末から20世紀初頭にかけてイギリスを中心に台頭した理論である。国家活動の積極化によって国民の自由が侵害されかねないという懸念から，**国家の絶対的優位性は否定され，国家は社会集団のひとつにすぎないとされた。**

No.4 の解説　ラスキの国家論

→ 問題はP.366　正答4

1 × 国家の存在目的を生命，自由，財産に関わる自然権の保障に求めたのは，ロックである。ただし，ロックの場合，人民相互の契約（＝社会契約）に基づいて国家が樹立されたと主張しており，本肢にあるような個人と国家の間の契約を想定したわけではない。また，社会契約の内容を自然権の移譲（譲渡）としたのはホッブズである。

2 × ヘーゲルに関する説明である。ヘーゲルは，人倫（＝歴史の中で善の概念が客観化・具体化されたもの）が弁証法的に発展するさまを描き出し，愛を特徴とする家族と利己心を特徴とする市民社会との対立関係の中から，人倫の最高形態である国家が生み出されてくると主張した。

3 × バーカーに関する説明である。バーカーは，19世紀末から20世紀初頭にかけて数多くの利益集団が形成された点に注目し，これを「**集団の噴出**」と呼んだ。こうして集団対国家という新たな政治学上の問題が提起されたことで，その後，多元的国家論や圧力団体研究が興隆することとなった。

4 ◎ 正しい。**ラスキは，多元的国家論の立場から，国家はさまざまな社会集団の一つにすぎないと指摘し，国家の絶対的優位性を否定した**。また，**国家に特徴的な機能として，社会集団間の調整を行う機能を挙げ，国家はこの機能を営む限りにおいて，相対的優位性を持つにすぎないと主張した**。

5 × 社会をコミュニティとアソシエーションに分類したのは，マッキーバーである。ただし，マッキーバーは，国家を他の社会集団と同じくアソシエーションに分類している。こうしたマッキーバーの学説は，ラスキと同じく，多元的国家論に分類されるものである。

第7章
政治の歴史

第７章 政治の歴史

試験別出題傾向と対策

頻出度	試験名	国家総合職					国家一般職					国家専門職（国税専門官）				
	年度	21-23	24-26	27-29	30-2	3-5	21-23	24-26	27-29	30-2	3-5	21-23	24-26	27-29	30-2	3-5
	テーマ ＼ 出題数	6	2	3	3	1	1	0	2	1	1	0	0	1	0	0
C	26 戦前の欧米政治史	1														
C	27 戦後の欧米政治史	2		2												
C	28 戦前の日本政治史	1	2		1		1							1		
B	29 戦後の日本政治史	1		1	2	1			2	1	1					

「政治の歴史」では，欧米と日本の政治史を学ぶ。従来，政治史は国家総合職でのみ出題される変わり種であって，他試験の受験者は面倒な政治史の勉強をする必要はなかった。しかし，国家一般職（旧国家Ⅱ種）で平成10年度から出題が始まったほか，地方上級でも散発的ながら出題がみられるようになったことから，状況は変化した。とはいえ，国家総合職でもかつてほど出題されることはなくなり，他試験へ波及もそれほど進んでいないことから，政治学のなかでもっとも出題頻度の低いテーマという位置づけは変わっていない。

● **国家総合職（政治・国際・人文）**

かつては毎年３問も出題される重要テーマであったが，現在では１年間に１問しか出題されておらず，ときにはまったく出題されない年もみられるようになった。出題対象もほぼ日本政治史に絞られ，戦前・戦中についてはほとんど出題されないようになった。「欧米政治史」については，念のため問題演習を進め，過去の出題ポイントを押さえておけば十分であろう。ただし，石油危機が起こった1970年代およびイギリスで大きな政策転換の起こった1980年代については，現代政治理論（特にネオ・コーポラティズム論）やイギリスの政治を理解する際に役立つので，できれば学習しておくようにしたい。「日本政治史」については，戦後の各政権の業績と55年体制の成立と展開を中心に押さえておきたい。戦前の日本政治史については，基本的には問題演習で対応し，あとは教養科目の日本史の学習で補足しておくと効果的である。

● **国家一般職**

数年間に１問のペースで，日本政治史が出題されている。近年では戦後に出題が集中しており，戦前について出題される可能性は低くなっている。戦後の各政権とその業績が問われやすいので，吉田茂内閣から鳩山由紀夫内閣までの主要内閣

地方上級（全国型）					地方上級（特別区）					市役所（C日程）					
21-23	24-26	27-29	30-2	3-4	21-23	24-26	27-29	30-2	3-5	21-23	24-26	27-29	30-2	3-4	
0	1	0	0	1	0	0	0	0	1	0	0	0	0	0	
															テーマ26
															テーマ27
															テーマ28
	1			1					1						テーマ29

の業績を整理し，覚えておくようにしたい。鳩山内閣以降の内閣については，今後徐々に出題対象になってくると思われる。その他，できれば終戦直後の状況や55年体制の成立と展開についても押さえておくと，安心できる。学習方法は国家総合職と同様で，基本的には問題演習で対応し，あとは教養科目の日本史の学習で補足するようにしよう。

● 国家専門職（国税専門官）

過去20年間に１問程度しか出題がないので，ほぼ出題のない分野と考えてよいだろう。直近の出題は平成26年度で，明治初期のわが国の近代化政策が取り上げられていた。学習効率を考えれば，教養科目の日本史の学習に少し時間を割き，「もし政治学で日本政治史が出題されたら教養の知識で解く」という姿勢で対処するのがベストである。いずれにせよ，今後出題が急増するとは考えられないので，それほど力を注いで学習する必要はないであろう。

● 地方上級

いずれの試験でも，これまでほとんど出題がない分野である。過去には桂園時代，戦後の兄弟首相，戦後アメリカ外交史，イギリス政治史などが問われているが，いずれも日本史や世界史の知識で対応可能な問題であった。したがって，地方上級や市役所レベルの過去問演習を簡単に終えたあとは，教養科目の日本史や世界史の学習に少し時間を割き，知識を広げておくとよいだろう。

● 市役所

学習に時間がかかる割に，ほとんど出題がないので，あまり学習に時間を割くべきではない。他の試験と同様，教養科目の日本史の学習に力を入れるようにして，万が一出題があった場合には教養の知識で解くようにしたほうがよいだろう。

戦前の欧米政治史

必修問題

第一次大戦の終了から1930年代までの間の欧米の政治に関する次の記述のうち，妥当なのはどれか。 【国家総合職・平成23年度】

1　英国では，大戦後の経済不振の影響もあり，1924年，自由党と組んだ労働党が初めて政権に就き，主要国としては最も早くソ連を承認した。世界大恐慌の発生後，第２次労働党政権で大臣を務めたモズレーは，政策を批判して労働党を離脱し，イギリス・ファシスト連合の前身となる新党（New Party）を結成した。**ファシスト連合**は，1931年の総選挙で，全議席の１割近い議席を獲得し，保守党との連立政権を成立させた。

2　フランスでは，戦時体制下で社会進出した女性や移民の発言力が増したことから，1924年，比例代表制や女性参政権が導入されて総選挙が行われた結果，女性議員が全議席の約３割を占め，外相など要職に女性を登用した左派連立政権が成立した。同政権は，不戦条約の調印など世界協調外交を積極的に進めたが，大恐慌をきっかけに，与党内の政策対立が激しくなって崩壊し，1932年，右派の挙党一致内閣に交替した。

3　イタリアでは，パリ講和会議で外交面での成果が挙げられず，経済状態も悪化したことから，国内の不満が高まり，1922年，共産党を中心とする政権が成立した。しかし，大恐慌をきっかけに，農民や労働者の争議が激しくなったため，革命への危機感を抱いた地主や資本家から資金援助を受けたファシスタ党が急速に勢力を伸ばして**ローマ進軍**などの示威行為を続け，1933年，同党のムッソリーニが首相に任命された。

4　ドイツでは，1919年，右翼勢力が**ミュンヘン一揆**を起こしたが鎮圧され，社会民主党のヒンデンブルクが共和党の初代大統領に就任した。米国の資本導入によってようやく経済復興が進み始めた最中，大恐慌が起こり，失業者が急増したことから，1932年の総選挙では共産党が第１党となったが，同時に，ヴェルサイユ条約の破棄を唱えるヒトラーの下，都市中間層や農民の支持を集めた**ナチス**も躍進し，第２党となった。

5　米国では，上院がヴェルサイユ条約の批准を拒否し，1920年の大統領選挙では「**平常への復帰**」を唱えたハーディングが勝利した。その後も続いた共和党政権の下で，移民法の制定，無政府主義者の移民サッコとヴァンゼッティの処刑など，排外主義や反共的風潮が強まった。しかし，大恐慌による経済的混乱の中，大統領に就任した**F.D.ローズヴェルト**は，ドイツ，日本を牽制する意図もあって，1933年，ソ連を承認した。

難易度　＊＊＊

必修問題の解説

本問は，戦間期ヨーロッパ史に関する応用問題である。ワイマール共和国の打倒をめざしたヒトラーのミュンヘン一揆が失敗に終わったこと（**4**），ムッソリーニがローマ進軍で権力を握り，その後，世界恐慌に直面していったこと（**3**）などは，基本知識として覚えておこう。

1 × ファシスト連合は議席を獲得できなかった。

モズレーは，労働党を離党後に新党（New Party）を結成し，1931年総選挙に臨んだが，議席を獲得することはできなかった。その後，同党はいったん解散し，1932年にはイギリス・ファシスト連合が結成されたが，活動の過激さから支持者の拡大には限界が見られ，議席を獲得することはなかった。

2 × フランスの女性参政権は実現が遅かった。

フランスでは，フランス革命期の1792年に世界初の男子普通選挙が実施されたが，女性参政権の導入は1944年と遅かった。比例代表制の導入も，1946年に成立した第四共和制の下で行われた。また，1924年から1933年にかけて，フランスでは頻繁に政権が交代し，政治が不安定化した。

3 × ムッソリーニは大恐慌前にローマ進軍によって首相の座を手に入れた。

1922年には，ローマ進軍によって実力を誇示したファシスタ党のムッソリーニが，国王によって首相に任命された。

4 × ワイマール共和国成立直前にスパルタクス団の乱が起きた。

1919年１月，ワイマール共和国の設立に先立って蜂起したのは，共産党などの左派勢力である（「スパルタクス団の乱」）。ミュンヘン一揆は，ヒトラーを中心とする右派勢力によって1923年11月に引き起こされたもので，ワイマール共和国の打倒をめざしていた。また，ワイマール共和国の初代大統領に就任したのは，エーベルトである。さらに，1932年の総選挙では，ナチスが躍進して第１党となり，共産党も第３党ながら順調に議席を伸ばした。

5 ◎ 第一次世界大戦後に米国は孤立主義へと回帰した。

正しい。**第一次世界大戦後，米国では孤立主義へ回帰しようとする動きが強まり，国際社会への関与を弱めていった。**そうした状況下で，社会全体が内向きの傾向を強め，反共産主義的な「赤狩り」などが行われた。

正答 5

FOCUS

戦前の欧米政治史では，戦間期に関する問題が問われやすい。過去には，イギリス労働党の勢力伸張，ワイマール連合の動向，ムッソリーニのローマ進軍，人民戦線内閣の成立，各国の世界恐慌への対応などが問われている。

POINT

重要ポイント 1 イギリス議会史

(1) イギリス議会の発達 イギリスでは，国王による恣意的な政治を抑制するために，貴族が中心となって議会制度を発達させてきた。当初の議会は，社会的身分を基盤に構成されていたので，**身分制議会**と呼ばれる。身分制議会は，絶対王政期やピューリタン革命後の王政復古期にもたびたび開催され，名誉革命後には近代議会へと脱皮していった。

	事件	年号	説明
身分制議会	マグナ・カルタ（大憲章）	1215	国王ジョンの圧政に貴族が抵抗し，課税に対する貴族の同意，法による支配を明文化した。憲法の起源。
	シモン・ド・モンフォール議会	1265	従来から開催されていた貴族と聖職者の諮問議会に，州騎士と市民代表を加えさせた。議会の起源。
	模範議会	1295	貴族・聖職者に加えて，騎士（各州２名）・市民（各市２名）を議会に召集した。二院制の起源。
	権利の請願	1628	チャールズ１世に，議会の同意のない課税や不法逮捕を行わないことを約束させた。
	短期議会 長期議会	1640 ～53	軍事費の徴収に同意を得るため，チャールズ１世が召集した。議会は絶対主義反対の諸法案を可決した。
ピューリタン革命（1642～49），名誉革命（1688～89）			
近代議会	権利の章典	1689	名誉革命の後，ウィリアム３世が即位し，権利の宣言を明文化した。議会の立法権を承認。
	ウォルポール首相の辞任	1742	議会の信任を失ったことを理由に，ウォルポール首相が辞任した。責任内閣制（＝議院内閣制）の起源。

(2) イギリス議会の黄金期 イギリスは，ヴィクトリア女王（在位1837～1901年）の下で経済的繁栄を謳歌し，議会も黄金期を迎えた。19世紀後半には，保守党のディズレーリと自由党のグラッドストンが交代で内閣を組織した。

ディズレーリ（保守党）	グラッドストン（自由党）
1868，74～80年	1868～74，80～85，86，92～94年
帝国主義を唱え，植民地拡大策をとった。	小英国主義を唱え，植民地の拡大に反対した。
1867年には，ダービー内閣で蔵相を務め，下院を取り仕切りつつ，第２次選挙法改正を実現させた。	1883年には，法定選挙費用の遵守，連座制の厳格な適用などを定めた腐敗防止法を成立させた。

首相ではないが，19世紀末にはチェンバレンも活躍した。チェンバレンは，アイルランド自治法案に反対して自由党を離党し，その後，保守党内閣の下で植民地相に就任してボーア戦争を遂行するなど，帝国主義的政策を追求した。

(3) 選挙権の拡大　イギリスでは，従来，大地主などの富裕層にしか選挙権が与えられていなかった。しかし，19世紀前半以降，選挙法（「国民代表法」）が漸次改正され，選挙権が拡大されていった。

改　正	年　号	説　　明
第１次	1832	選挙権が都市資本家層（＝中産階級）へと拡大された。これは，選挙権の付与を求めて協力関係にあった中産階級と労働者階級の仲を裂き，労働者階級の台頭を抑えるための措置であった。
第２次	1867	1830年代後半には，労働者が普通選挙の実施を求めてチャーティスト運動を展開し，議会への請願を行ったが，指導者間の対立であえなく挫折した。その後，67年になってようやく選挙法が改正され，選挙権が都市労働者層へと拡大された。
第３次	1884	選挙権が地方労働者層（農業労働者など）へと拡大された。
第４次	1918	男子普通選挙が完成し，女性の一部にも参政権が認められた。
第５次	1928	男女普通選挙が実現した。

(4) 政党の発達　イギリスでは，17世紀後半に，チャールズ２世の後継者問題が表面化した。そして，弟のジェームズを王位継承者として認める勢力は**トーリー党**，認めない勢力は**ホイッグ党**として，相互に意見を戦わせた。これが二大政党の起源である。19世紀前半には，**トーリー党は保守党，ホイッグ党は自由党へと発展し**，さらに第２次選挙法改正後には，両党ともに派閥の連合体という状況を脱して，近代的な組織政党へと変化していった。なお，**20世紀になると労働党が台頭し，自由党は次第に衰退した**。

重要ポイント２　戦間期の欧米政治

(1) アメリカ　①〔孤立主義〕1918年に第一次世界大戦が終わると，アメリカは**孤立主義**へと回帰した。上院が国際連盟への加入を否決したことは，その象徴ともされる。②〔世界恐慌〕1929年，ウォール街の株価大暴落から**世界恐慌**が発生したが，当時のフーヴァー大統領（共和党）は自由放任主義者で，有効な対策をとることができなかった。しかし，1932年の大統領選挙で**ルーズヴェルト大統領（民主党）**が誕生すると，政府は社会保障法を制定して社会保障政策を推し進めるとともに，テネシー渓谷開発公社を創設し，公共事業を実施するなどして景気の回復に努めた。これを**ニューディール政策**という。③〔第二次世界大戦〕1939年，第二次世界大戦が勃発した。アメリカは当初，中立の立場を表明してい

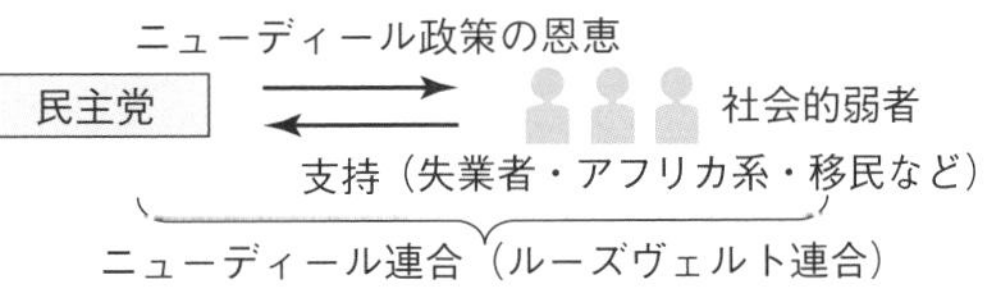

たが，1941年の武器貸与法をきっかけとして，戦争に深く関与するようになり，同年中には部隊をヨーロッパ戦線に派遣した。

(2) イギリス ①〔労働党政権〕イギリスでは，選挙権の拡大を受けて労働党が台頭した。1924年には，第2党の労働党が第3党の自由党と連立して，**マクドナルド内閣**を発足させた。この内閣はわずか10か月で崩壊したが，1929年にはついに労働党が比較第1党となり，第2次マクドナルド内閣が誕生した。②〔挙国一致内閣〕1931年，世界恐慌に対処するため，マクドナルドは労働党・保守党・自由党の議員を集め，**挙国一致内閣**を組閣した。マクドナルドは労働党から除名されたが，2か月後の選挙では国民の圧倒的支持を受け，政権の座を守った。同内閣は，緊縮予算に基づくデフレ政策を進め，1931年には金本位制の停止，翌32年には保護関税の賦課および排他的経済ブロックの形成などを実現し，景気回復に努めた。③〔宥和政策〕ナチスの台頭に対して，イギリスはフランスとともに宥和政策をとり，1938年の**ミュンヘン会談**では，ドイツ人が多く居住していたチェコ領ズデーテン地方のドイツ割譲を認めた。

イギリスにおける主要政党議席数

党名＼年	1922	1923	1924	1929
保守党	344	258	412	260
自由党	115	158	40	59
労働党	142	191	151	287

(3) フランス ①〔ルール侵攻〕フランスは，1923年，ポアンカレ内閣の下で**ルール侵攻**を行った。これは，ドイツからの戦後賠償を現物で取り立てようとする行動であったが，ドイツの抵抗やイギリスなどの反対にあって，撤退を余儀なくされた。②〔ポアンカレ景気〕フランスでは，政府の経済拡大政策が順調にいったことから，1931年まで大恐慌の影響が及ぶことはなかった。③〔**人民戦線内閣**〕1936年，左派の社会党・共産党および中道の急進社会党からなる人民戦線派が選挙で圧勝し，ブルム内閣が誕生した。この**人民戦線内閣**は，ファシスト団体の解散や労働者の保護政策などを積極的に実施したが，スペイン内乱への不干渉政策やフラン（当時の通貨）の平価切下げ政策をめぐって対立が深まり，崩壊した。

(4) ドイツ ①〔戦後賠償〕ドイツは，第一次世界大戦の責任を一方的に追及され，**巨額の賠償金**を背負うとともに，海外植民地や鉄鉱石・石炭の重要な産地を失った。そのため，ドイツ経済は大混乱に陥り，ハイパー・インフレが起こった。賠償金は，その後，アメリカの**ドーズ案**やヤング案によって軽減され，さらに世界恐慌後のローザンヌ会議でも大幅に削減された。②〔国際協調〕1925年，ドイツは英仏

ドイツにおける主要政党議席数

党名＼年		1928	1930	1932	党勢
左翼	共産党	54	77	89	↗
ワイマール連合	社会民主党	153	143	133	↘
	中央党	62	68	75	
	民主党	25	20	4	
右翼	ナチス	12	107	230	↗

など6か国と**ロカルノ条約**を結び，ラインラントの非武装化と国境の現状維持を約束した。こうした国際協調主義の進展を受けて，翌26年，ドイツは国際連盟に加盟した。③〔**ヒトラー政権**〕1923年，ナチス（国家社会主義ドイツ労働者党）はミュンヘンで武装蜂起したが失敗し，党首のヒトラーは投獄された。しかし，世界恐慌への対処として緊縮財政がとられ，社会不安が増大すると，ナチスは党勢を伸張し，1932年選挙では過半数の議席こそ獲得できなかったものの，第1党となった。国民各層の支持を得たナチスは，反共産党の立場に立つヒンデンブルク大統領・軍・資本家層からも後押しされ，1933年，**ヒトラー内閣**を誕生させた。ヒトラーはただちに議会を解散し，選挙運動期間中には，国会放火事件の犯人として共産党に弾圧を加えた。選挙で圧勝したナチスは，**全権委任法**を成立させるとともに，労働組合や諸政党を禁止して，**一党独裁体制**を確立した。

ドイツにおける全体主義の台頭	イタリアにおける全体主義の台頭
ナチスが，選挙という民主的手続きを経て，合法的に権力を手に入れた。	ファシスト党が，1922年にローマ進軍を行い，暴力的に権力を手に入れた。

(5) 周辺国　①〔スペイン〕1936年，社会党や共産党などの**人民戦線派**が，選挙で勝利した。しかし，右翼や軍部はこれに反発し，フランコ将軍が人民戦線政府に対して反乱を起こした。ドイツやイタリアが将軍を支援し，イギリスやフランスが不干渉政策をとったこともあって，1939年には将軍派が完全に勝利し，**フランコ将軍を中心とするファランヘ党の一党独裁**が確立した。②〔スウェーデン〕スウェーデンでは，1917年以降，**社会民主労働党**が第1党の地位を占め続けた。世界恐慌に対しては，1932年に発足したハンソン内閣がスウェーデン・ニューディールを実施し，積極財政によって景気回復に成功した。これによって，1940年には社民党が単独で過半数の得票・議席を得ることとなり，一党優位政党制が確立した。

実戦問題

＊＊
No.1 **戦間期の欧州政治に関する次の記述のうち，妥当なのはどれか。**

【国家総合職・平成15年度】

1 イギリスにおいては，第一次世界大戦終了後，労働党が議席数を伸ばし，第１次マクドナルド内閣の成立に至った。しかし，議会の単独過半数を確保できず，第１次および第２次マクドナルド内閣においても，イングランド銀行国有化を実施することはできなかった。

2 フランスにおいては，第一次世界大戦終了後，ドイツに対する防衛を重視する勢力が政権を握り，賠償金不払いを理由にルール地方を保障占領した。その後の左翼政権においてもこの路線は継承され，ルール撤兵は，マジノ線の完成によりようやく実現した。

3 ドイツにおいては，第一次世界大戦終了直後，コミンテルンの指導を受けたドイツ共産党の活動家による暴動が起き，帝政は崩壊した。その後成立したワイマール共和国において，共産党は，社会民主党とともに連合政権に参加した。

4 イタリアにおいては，第一次世界大戦終了直後，総選挙において社会党が第１党となり，社会主義政権を樹立した。しかし，失業問題等を解決できずに批判を受けて退潮し，総選挙によりファシストが多数を占めたことにより，ムッソリーニ政権に移行した。

5 ソ連においては，レーニンの死後，革命を輸出して世界に同時に革命を起こすべきであると主張するスターリンが実権を握った。そして，一国社会主義論を主張するトロツキーらを追放し，世界各国の社会主義革命運動を指導した。

＊＊
No.2 **ヨーロッパの政治史に関する次の記述のうち，妥当なのはどれか。**

【国家総合職・平成12年度】

1 19世紀半ば，フランスのナポレオン3世による第二帝政下の政治は，政治学上ボナパルティズムと表現される。国民投票や普通選挙による議会制を通じた国民からの支持を得ることなく，社会の有力な諸集団間の調停者として支配する強権的な政治機構であった。

2 第一次世界大戦後イタリアやドイツで見られたファシズム体制は，全体主義と位置づけられ，個人や集団の活動に対する徹底した国家統制が一党独裁の強制的同質化を伴って行われ，高度な動員による参加が組織される体制である。スペインのフランコ体制は，近年の研究によれば，このような全体主義体制ではなく，権威主義体制と見られている。

3 1936年，フランスとスペインにそれぞれ人民戦線政府が樹立されたが，この人民戦線は，ファシズムに反対する人民諸勢力，すなわち，労働者階級を主たる基盤とする社会民主主義政党と共産党のみが結集して生まれた政治運動であり，1920年代にコミンテルン（第3インターナショナル）が呼びかけた統一戦線論に沿うものであった。

4 第二次世界大戦後，チェコスロヴァキア，ハンガリーやユーゴスラヴィアなどの東欧・バルカン諸国では，西欧型の議会制民主主義が再建されたが，国土を占領していたソ連軍の圧力の下，ソ連にならって一党制または実質的な一党独裁の多党制を意味するヘゲモニー政党制が成立し，冷戦が終焉するまで，それに基づいた民主集中制の政治が行われることになった。

5 イギリスにおける「揺りかごから墓場まで」といわれる福祉国家政策は，初の労働党内閣であるアトリー内閣の下で，第二次世界大戦後，初めて打ち出されたものであり，このような福祉国家観に対して，それまで長年にわたって議会で多数を占めてきた保守党や自由党は反対していた。

実戦問題の解説

No.1 の解説　戦間期の欧州政治　→問題はP.380　正答 1

1 ◎ 正しい。イギリスでは，第一次世界大戦後に労働党が勢力を伸張し，1924年には第２党として第１次マクドナルド内閣を，1929年には第１党として第２次マクドナルド内閣を成立させた。**労働党は1945年に初めて過半数の議席を確保し，重要産業の国有化という党是に沿って，アトリー政権の下でイングランド銀行を国有化した。**

2 × フランスでは，1924年に誕生した左翼政権が，ルール地方からの撤退を決定した。その後，独仏国境地帯にはマジノ線と呼ばれる祖国防衛ラインが建設され，強固な要塞として機能することとなった。

3 × ドイツでは，1918年の11月革命によってドイツ帝国が崩壊した。翌19年初頭には，ロシア共産党の指導を受けたドイツ共産党の活動家が暴動（スパルタクス団の乱）を起こしたが，臨時政府は軍部と結んでこれを鎮圧した。その後成立したワイマール共和国は，社会民主党，民主党，中央党のワイマール連合によって支えられ，ヒトラーの台頭まで続いた。

4 × **ムッソリーニは，1922年に黒シャツ隊のローマ進軍で実力を誇示し，国王から首相に任命された。**すなわち，イタリアにおける全体主義政権は，ドイツなどと異なり，選挙を通じて確立されたものではない。

5 × 世界同時革命論を主張したのがトロツキーであり，一国社会主義論を主張したのがスターリンである。スターリンは，右派のブハーリンと結んで勢力を伸ばし，1929年にはトロツキーをロシアから追放した。また，1930年代後半には大粛清を行い，絶対的権力を手中に収めた。

No.2 の解説　ヨーロッパの政治史

→ 問題はP.381　**正答2**

1 × ボナパルティズムとは，社会において諸階級・諸勢力が激しく対立し，一種の均衡状態にある場合，独裁者が紛争の調停者となって強権的支配を行うことを意味している。その特徴の一つは，国民投票や普通選挙を実施しつつ，大衆から強い支持を引き出す点にあるとされている。なお，ボナパルティズムという名称は，マルクスがナポレオン３世の名前（＝ナポレオン・ボナパルト）をもとに命名したものである。

2 ◎ 正しい。**フランコ体制では，強力なイデオロギーを用いて国民を積極的に動員し，支配者を熱狂的に支持させるというよりも，むしろ国民を政治から遠ざけ，支配者に統治を委ねるように仕向けられていた**。リンスは，こうした統治スタイルを**権威主義体制**と呼んで，ファシズムなどの全体主義体制と区別した。

3 × 人民戦線は反ファシズムの諸勢力を結集しようとする政治運動であり，共産主義者や社会民主主義者のみならず，自由主義者なども広くこれに参加した。また，この人民戦線という戦術は，1935年のコミンテルン（第３インターナショナル）第７回大会で打ち出されたものであった。なお，コミンテルンとは，1919年にソ連を中心として結成された共産党の国際組織のことである。

4 × 第二次世界大戦後，西欧型の議会制民主主義を経て一党制ないしヘゲモニー政党制へ移行していったのは，チェコスロヴァキアやハンガリーなどの場合である。これに対して，ユーゴスラヴィアでは当初から人民戦線に諸勢力が結集していたため，第二次世界大戦後も西欧型の議会制民主主義は再建されず，共産党以外の政党はできなかった。また，ユーゴスラビアは他の東欧諸国とは異なり，ソ連の力を借りずにファシズム勢力から国土を解放したため，ソ連からの圧力に抵抗することが可能であった。そこで，ソ連型の民主集中制ではなく，独自の社会主義路線（＝自主管理路線）を歩むこととなった。

5 × **イギリスでは，第二次世界大戦中の1942年にベヴァリッジ報告が発表され，その中で「揺りかごから墓場まで」といわれる福祉国家政策が打ち出された**。労働党や自由党はただちにこれを支持し，保守党もやがてこれに賛同したことから，その後，福祉国家政策はイギリスの国民的合意となっていった。なお，こうした**「合意の政治」は，1970年代末にサッチャー内閣が誕生するまで継続した**。

戦後の欧米政治史

必修問題

欧米各国の政党の状況に関する次の記述のうち，妥当なのはどれか。

【国家総合職・平成21年度】

1 アメリカ合衆国では，1860年にリンカーンが大統領に当選して以降，共和党が大統領職を占め連邦議会でも優位となることが多く，共和党優位の時代が続いた。しかしながら，大恐慌への有効な対策を打ち出せなかった共和党は，1932年の選挙で政権党および連邦議会多数党の地位を民主党に奪われた。その後は，特に連邦議会下院で1954年の選挙から長期にわたり民主党が多数派を占めるなど，民主党優位の時代が続いたが，クリントン大統領在任中の1994年の選挙により久しぶりに共和党が多数派を占めるに至った。

2 英国では，第二次世界大戦後２回目の総選挙（1950年）で労働党が初めて過半数を占め，チャーチルに代わりアトリーが首相に就いたが，アトリー内閣の下で福祉国家体制が構築され，基幹産業の国有化が進んだ。1979年の総選挙の結果を受けて誕生し，18年間にわたり保守党政権を維持したサッチャー内閣は，国有企業の民営化等，「小さな政府」を志向する政策を推し進めたが，ブレア党首の下で党改革に成功した労働党が1997年の総選挙で圧勝し，政権交代を実現させた。

3 ドイツ（統一前は西ドイツ）では，第二次世界大戦後，「穏健な多党制」の下，連立の組替えによる政権交代が続いていたが，1998年の連邦議会選挙の結果を受けて，与野党が完全に入れ替わる政権交代が実現し，16年間にわたったコールを首相とするキリスト教民主同盟・キリスト教社会同盟と自由民主党の連立政権に替わり，シュレーダーを首相とする社会民主党と緑の党・「同盟90」の連立政権が成立し，メルケル首相がこの連立政権を引き継いだ。

4 フランスの第五共和制の下では，ド・ゴール，ポンピドゥ，ジスカール・デスタンとド・ゴール派の大統領が３代続いたが，1981年の大統領選挙の結果，社会党のミッテランが大統領に就き，14年間にわたり政権を維持した。1995年の大統領選挙で選出されたド・ゴール派のシラクは，保守・中道勢力を結集させた国民運動連合を結成させたが，2002年の国民議会選挙の結果，社会党が勝利し，第五共和制下で３度目の**保革共存政権**が出現した。

5 イタリアでは，第二次世界大戦後，比例代表制の下で多くの政党が存在する中，二大政党であったキリスト教民主党と社会党との間のイデオロギ一的な距離が大きかったことから，本格的な政権交代を欠き，キリスト教民主党を軸とする連立政権が一貫して続いていたが，1993年に小選挙区制を主とする選挙制度に改正され，1994年の総選挙でキリスト教民主党が惨敗したことを承けて，企業家であるベルルスコーニがフォルツァ・イタリアを結党し，中道右派勢力の中心となった。

難易度 ＊＊＊

必修問題の解説

本問は，第二次世界大戦後の欧米政治史に関する応用問題である。英国で労働党の単独政権が成立した時期（**2**），ドイツの第1次メルケル政権を支えた与党（**3**），フランスにおける保革共存政権の歴史（**4**）などが問題とされているが，いずれも重要なポイントなので，覚えておくようにしたい。なお，イタリアでかつてキリスト教民主党を中心に連立の組み替えが行われていた点（**5**）も問われているが，これは政党システム論の問題としても過去に出題例がある。

1 ◎ 米国では大恐慌後に民主党優位の時代が訪れた。

正しい。アメリカ合衆国では，これまで二大政党が交互に党勢を伸張させてきた。その境目となる大統領選挙を，一般に**決定的選挙**という。決定的選挙として有名なのは，①1800年選挙（民主党の前身であるリパブリカン党のジェファソンが当選），②1828年選挙（民主党のジャクソンが当選），③1860年選挙（共和党のリンカーンが当選），④1896年選挙（共和党のマッキンリーが当選），⑤**1932年選挙（民主党のF.ルーズヴェルトが当選）**，などである。

2 × 英国では第二次世界大戦の終了直前に労働党の単独内閣が誕生した。

英国では，1945年7月の総選挙において，労働党が初めて過半数の議席を獲得した。この総選挙は，第二次世界大戦の終了直前に実施されたものであった。これによって，チャーチル挙国一致内閣は退陣し，労働党のアトリー内閣が誕生することとなった。第二次世界大戦後最初の総選挙は1950年に実施されたが，この際も労働党が勝利し，アトリー内閣が継続した。

3 × ドイツでは大連合によって第1次メルケル政権が誕生した。

ドイツでは，1998年の連邦議会（下院）選挙を受けて，中道保守連合（キリスト教民主・社会同盟と自由民主党）のコール内閣が退陣し，中道左派連合（社会民主党と緑の党・同盟90）のシュレーダー内閣が誕生した。その後，2005年の選挙では，いずれの陣営も過半数の議席を獲得することができなかったため，複雑な連立交渉が行われた。その結果，キリスト教民主・社会同盟（第1党）と社会民主党（第2党）の大連立によって，メルケル政権が誕生することとなった。

4 × フランスでは21世紀になって成立した保革共存政権はない。

フランスでは，2002年の国民議会（下院）選挙に際して，シラク大統領の支持者が結集し，大統領多数派連合を形成した。選挙の結果，この大統領多数派連合が６割以上の議席を得て圧勝したことから，それまで続いていた保革共存政権（コアビタシオン）は解消され，大統領と同じ保守系の人物が首相に任命された。大統領多数派連合は，まもなく国民運動連合へと改称され，１つの政党として本格的に活動を開始した。なお，本肢で言及されている第３代大統領のジスカール・デスタンは，ド・ゴール派ではなく，同じ保守系のフランス民主連合に所属していた。

5 × イタリアではキリスト教民主党と共産党の勢力が強かった。

第二次世界大戦後のイタリアで勢力を競い合っていたのは，保守系のキリスト教民主党と革新系の共産党である。ただし，両者のイデオロギー的な距離が大きかったことから，政権は常にキリスト教民主党を中心に形成され，共産党が政権に加わることはなかった。また，1990年代前半には大規模な汚職事件が発覚し，有力政治家が大量に逮捕されたことから，キリスト教民主党を含む多くの政党が解散に追い込まれる一方，フォルツァ・イタリアなどの諸政党が新たに結成された。その後実施された1994年総選挙では，フォルツァ・イタリアを中心とする中道右派勢力が勝利し，ベルルスコーニが首相に就任した。

正答 1

FOCUS

戦後の欧米政治史では，イギリスとドイツの動向が問われている。もちろん，東西冷戦という時代背景も深くかかわってくるので，国際関係史やアメリカの戦後史の知識も役立てたいところである。

POINT

重要ポイント 1 イギリスの戦後政治史

首相	在任	政党	政治
アトリー	1945~51	労働党	アトリーは，鉄鋼業やイングランド銀行などの重要産業を国有化するとともに，医療費の無料化などの福祉国家化政策を推進した。
チャーチル	1951~55	保守党	チャーチルは，混合経済と福祉国家化の政策を引き続き推進した（バツケリズム）。
イーデン マクミラン ダグラス・ヒューム	1955~57 1957~63 1963~64	保守党	イーデンは，フランスやイスラエルとともに，スエズ運河の国有化を宣言したエジプトに侵攻した。しかし，アメリカの反対にあって，撤退を余儀なくされた（第２次中東戦争）。
ウィルソン	1964~70	労働党	ウィルソンは，経済再建のため物価と賃金の凍結に踏み切り，労働者の反発を買った。
ヒース	1970~74	保守党	ヒースは当初，経済介入に慎重であったが，後には政府支出を増加させた（Uターン）。
ウィルソン キャラハン	1974~76 1976~79	労働党	ウィルソンは，経済回復のため，労働組合と賃金抑制の契約を結んだ（社会契約）。
サッチャー メージャー	1979~90 1990~97	保守党	サッチャーは，国有企業の民営化，社会保障費の切り詰め，減税政策などを推進した。
ブレア ブラウン	1997~07 2007~10	労働党	ブレアは，市場経済の活性化と社会的セーフティネットの整備に努めた（「第三の道」）。
キャメロン	2010~16	保守党	キャメロンは，自由民主党と連立を組んでいたが，2015年の総選挙後は単独政権に移行した。

イギリスでは，2016年の国民投票でEU離脱（ブレグジット）の方針が決まった後，離脱推進をめぐって政治的混乱が生じ，首相はキャメロンからメイ，ジョンソンへと交代した。2020年１月末には，ようやくイギリスのEU離脱が実現したが，その後，相次ぐスキャンダルでジョンソン首相は辞任を余儀なくされ，トラス，スナクへと首相職は受け継がれた（いずれも保守党政権）。

重要ポイント 2 フランスの戦後政治史

（1）第四共和制 1946年，新憲法が制定され，第四共和制が樹立された。政治制度の根幹は，比例代表制と議院内閣制に置かれたが，これによって小党分立状況が生まれ，政権は不安定となった。1954年，マンデス・フランスが首相に就任し，旧植民地の切り捨てや経済の近代化など，過去の清算に努めた。インドシナ戦争において停戦協定を締結し，ヴェトナムからの撤退を実現したのも，その業績の一つである。しかし，**アルジェリアの独立問題**だけは，その後の政権でも解決されず，1958年には，現地のフランス軍が独立に反対してクーデタを起こした。フランス政府はこれに対処しきれず，ド・ゴールに全権を委譲して，第四共和制は崩壊した。

（2）第五共和制 1958年，国民投票によって新憲法が承認され，第五共和制が樹立された。新制度では大統領の権限がいちじるしく強化され，議会の地位は低下した。

大統領	在任	政　党	業　　績
ド・ゴール	1965 〜69	ド・ゴール派	第五共和制の創設者であり，対米追従外交を批判して，独自の核武装などを行った。
ジスカール・デスタン	1974 〜81	フランス民主連合	1973年の石油危機による景気悪化を克服するため，サミットを提案するなどした。
ミッテラン	1981 〜95	社会党	国際的にはヨーロッパ統合を後押しし，国内的には地方分権化を推進した。
シラク	1995 〜07	ド・ゴール派	ヨーロッパ統合を積極的に推進したが，国民投票でEU憲法条約の批准に失敗した。
サルコジ	2007 〜12	ド・ゴール派	ド・ゴール主義の自立路線から転換し，対米関係の改善やNATOの軍事機構への復帰などを実現した。
オランド	2012 〜17	社会党	失業率の高止まりに苦しむとともに，パリ同時多発テロへの対応に追われるなどした。

フランスでは，2017年および2022年の大統領選挙で，中道のマクロンと急進右派のルペンという同じ顔ぶれが激突したが，いずれもマクロンの勝利に終わった。

重要ポイント 3 ドイツの戦後政治史

(1) 東西ドイツの誕生　ドイツは，第二次世界大戦後，アメリカ・イギリス・フランスおよびソ連によって分割統治された。1949年，西側諸国の占領地域を基盤としてドイツ連邦共和国（＝西ドイツ）が建国されると，これに対抗して，ソ連占領地域でもドイツ民主共和国（＝東ドイツ）が建国された。

(2) 西ドイツ期以降の主な政権

首　相	在任	政　党	業　　績
アデナウアー	1949 〜63	CDU／CSU	1955年，西ドイツの独立を達成した。市場経済を徹底させ，経済成長を導いた（「経済の奇跡」）。
ブラント	1969 〜74	SPD	1972年，東西ドイツ基本条約を締結するなど，東側諸国とも積極的に接触した（「東方政策」）。
シュミット	1974 〜82	SPD	1973年の石油危機による不況を克服した。また，社会保障政策を積極的に推進した。
コール	1982 〜98	CDU／CSU	1990年，東ドイツ諸州を西ドイツに編入するという形で，ドイツを再統一した。
シュレーダー	1998 〜05	SPD	90年連合・緑の党との連立政権を発足させた。
メルケル	2005 〜21	CDU／CSU	SPD（第１次・第３次・第４次）や自由民主党（第２次）と連立を組みながら，政権を維持した。親EU派の中心的存在ともなっていた。

＊1990年までは，西ドイツ（ドイツ連邦共和国）についての記述である。
＊CDU／CSU＝キリスト教民主・社会同盟，SPD＝ドイツ社会民主党

ドイツでは，2021年の総選挙後に，第１党となったドイツ社会民主党が第３党の90年連合・緑の党や第４党の自由民主党と連立を組み，ショルツ首相を誕生させた。

実戦問題

＊＊
No.1 第二次世界大戦後の各国の政治情勢に関する次の記述のうち，妥当なのはどれか。
【国家一般職・平成16年度】

1 イギリスでは，大戦中に引き続いてチャーチルを党首とする保守党が政権の座にあった。保守党政権は，支持基盤を拡大するため，労働党が従来から主張してきた福祉の充実や重要産業の国有化といった政策を先取りし，医療費の無料化や鉄鋼業の国有化を行った。

2 フランスでは，大戦終了直後にド・ゴールが大統領となった。ド・ゴールは，北大西洋条約機構（NATO）の軍事力強化とイギリスを含めた欧州統合とを積極的に進めたが，東側諸国との協調を重視する左翼を中心とする議会が第五共和制憲法を制定し，ド・ゴールを失脚させた。

3 ドイツでは，米英仏ソの連合国4か国の分割占領下において，独立に向けて連邦議会選挙が行われた。この結果，自由民主党が過半数の議席を獲得した一方で，共産党は一桁の議席数にとどまったため，ソ連は，自国の占領地域に軍事侵攻し，同地域を東ドイツとして分離独立させた。

4 ソ連では，大戦終了直後にスターリンが死去し，ブレジネフが共産党書記長となった。ブレジネフは連合国の一員として米英と協調してきたスターリンを批判し，西側諸国と対立するようになった。これが冷戦の始まりであるが，キューバ危機後にブレジネフ自らが渡米し，デタントが行われた。

5 アメリカ合衆国では，終戦時の大統領である民主党のトルーマンの政権時に，ソ連の原爆実験成功や中華人民共和国成立などを背景に，共産主義勢力との対立を深めていった。その後，マッカーシズムと呼ばれる反共運動が起こり，多くの公職者が容共的として追放された。

＊＊
No.2 20世紀のヨーロッパ諸国の政治に関する次の記述のうち，妥当なのはどれか。
【国家総合職・平成10年度】

1 東ドイツでは，ベルリンの壁の崩壊の後，1990年3月に自由な選挙が行われ，結果は，当時の西ドイツで与党であったキリスト教民主同盟の敗北に終わった。このため，ドイツ統一はボン基本法第23条による各州の自主的加盟でなく，基本法第146条による新憲法制定により行われることとなった。

2 ソ連では，スターリンの死後，集団指導体制がとられた。その後，コスイギン第一書記は，いわゆる「スターリン批判」を行った。これに呼応してチェコスロヴァキアでは，1956年に自由化への改革が進められ，この運動は「プラハの春」と呼ばれた。

3 イギリスは，1956年，エジプトがスエズ運河会社を国有化したことに反発し，アメリカの支持を受けエジプトに出兵した。しかし，スエズ運河会社の共同出資者であったフランスの社会党政権の反対を受け，イギリスは撤兵を余儀なくされた。

4 フランスは，1954年，ヴェトナム北部のディエン・ビエン・フーでヴェトナム民族解放戦線に敗北を喫した。フランス本国はヴェトナムからの撤退を決意したが，これに反対する現地のフランス軍は反乱を起こし第四共和制は崩壊した。跡を継いだド・ゴールは，ヴェトナム派遣軍の反乱を収拾し，第五共和制を樹立した。

5 イタリアでは，ファシストの「ローマ進軍」を鎮圧する戒厳令に国王が同意しなかったばかりか，後に，ファシストの統領であるムッソリーニに全権を授与した。このため，第二次世界大戦後，国王の戦争責任を追及する動きが高まり，国民投票の結果，王室は廃止され，共和制となった。

＊＊＊
No.3 **1970年代のヨーロッパ各国の政治経済情勢に関する次の記述のうち，妥当なのはどれか。** 【国家総合職・平成21年度】

1 1971年８月の金ドル交換停止の後，ヨーロッパ主要国の通貨は変動相場制に移行したが，1972年には，西ドイツおよびフランスの提唱の下に，欧州通貨単位ECUを導入することを柱とする欧州通貨制度が発足し，紙幣および硬貨としてのECUが流通し始めた。

2 1973年秋以降の第一次石油危機によって見込まれた需要の減退に対して，英国，フランスおよび西ドイツの３か国の政府は，財政出動による需要創出策を講じた。西ドイツの中央銀行は，インフレの抑制と通貨の安定を優先する傾向があったにもかかわらず，英国およびフランスの中央銀行と協調して，政府の意向に沿った金融緩和措置を講じた。

3 1973年秋以降の第一次石油危機により，ヨーロッパ各国は原油価格の高騰による不況に喘(あえ)ぐこととなった。このような状況を打開するため，EC未加盟国においてはECに加入しようという動きが強まり，1973年には，英国，アイルランド，ポルトガル，スペインおよびスウェーデンがECに加盟した。

4 スウェーデン，西ドイツおよび英国の３か国について，1974年から1979年の５年間の平均のインフレ率および失業率をみてみると，英国は，これら３か国の中でインフレ率および失業率の両者とも最も高かった。賃金上昇に歯止めをかけるため労働党のキャラハン政権が提案した所得政策は，労働組合の反対に遭い，大規模なストライキが発生した。

5 スウェーデン，西ドイツおよび英国の３か国について，1970年代の政権政党を比較すると，スウェーデンおよび英国においては一貫して社会民主主義政党が政権を担っていたのに対して，西ドイツにおいては一貫して保守党が政権を担っていた。1970年代半ばに成立したコール政権は，「国家から市場へ」とのスローガンの下に規制緩和を進めた。

実戦問題の解説

No.1 の解説　第二次世界大戦後の各国の政治情勢　→ 問題はP.389　正答5

1 × **イギリスでは，1945年の総選挙で労働党が過半数の議席を獲得し，アトリー政権が誕生した**。アトリー政権は，医療費の無料化などの福祉国家化政策を推進したほか，重要産業の国有化という党是に沿って鉄鋼業等の国有化を行った。

2 × **ド・ゴール**は，当初，臨時政府で首相を務めていたが，1946年に第四共和制が成立すると，一時，政界から離れた。しかし，アルジェリア独立問題で大混乱が生じると政界に復帰し，1958年には**第五共和制の初代大統領となった**。その後，ド・ゴールは，**アメリカに頼らない独自路線を追求**し，1966年にNATOの軍事機構から脱退したほか，アメリカと関係の深いイギリスが欧州統合に加わることを拒否し続けた。

3 × **ドイツでは，西側占領地域で強行された通貨改革にソ連が反発し，米英仏の支配下にあった西ベルリンを1949年に封鎖した（ベルリン危機）**。翌50年に封鎖は解除されたが，東西両占領地域の分裂は決定的となり，同年中には東西両ドイツが建国された。

4 × **ソ連では，スターリン亡き後，フルシチョフが共産党第一書記に就任し，冷戦路線から米ソ共存路線への転換を図った**（「雪解け」）。特に1962年のキューバ危機後は，デタント（緊張緩和）が推進された。

5 ◎ 正しい。アメリカでは，**トルーマン大統領が封じ込め政策を推進し，ソ連周辺諸国への援助が強化された**。また，1950年代前半には，マッカーシー上院議員を中心に過激な反共運動が展開された。

No.2 の解説　20世紀のヨーロッパ諸国の政治

→ 問題はP.389　正答5

1 × 1990年の東ドイツ自由選挙では，キリスト教民主同盟を中心とする「ドイツのための連合」が勝利した。この結果，東西ドイツで与党となったキリスト教民主同盟の主張に基づいて，「ボン基本法23条に基づく各州の自主的加盟」という方式で，東西ドイツの再統一がなされることとなった。これは端的に言えば，**東ドイツの各州が西ドイツに編入されるという形での再統一**であった。

2 × コスイギンはフルシチョフの誤りである。コスイギンは，フルシチョフの失脚後に共産党第一書記となったブレジネフの下で，十数年間にわたって首相を務めた人物である。

3 × 第2次中東戦争に関する記述であるが，イギリスはフランスやイスラエルとともに出兵した。フランスは，スエズ運河の国有化によって利権が奪われ，しかも中東石油の供給が不安定化することを恐れて派兵したといわれている。また，イスラエルは，エジプトをはじめとするアラブ諸国と対立していたことから，イギリスに同調したといわれている。なお，当初イギリスは，アメリカがエジプト侵攻を支持するものと考えていたが，実際にはその反対を受け，撤兵を余儀なくされた。

4 × フランス第四共和制が崩壊するきっかけとなったのは，アルジェリアの独立問題である。1954年，ヴェトナム北部のディエン・ビエン・フーで，フランスからの独立を求める北ヴェトナム軍がフランス軍に勝利すると，これをきっかけにして，同じくフランスの植民地とされていたアルジェリアでも，独立運動が活発化した。フランス政府が独立承認に傾くと，これに反発した現地軍および植民者は，1958年にクーデタを起こしたが，フランス政府は反乱を沈静化することができず，第四共和制は崩壊した。その後，ド・ゴールを初代大統領とする第五共和制が成立し，アルジェリアの独立は承認された。

5 ◎ 正しい。イタリアは，1861年，サルデーニャ王国のヴィットーリオ・エマヌエーレ2世によって統一されて以来，長らく君主制を維持していた。しかし，**第二次世界大戦後は，かつて国王の示した親ファシズム的姿勢が批判の的となり，1946年の国民投票で君主制は廃止された。**

No.3 の解説 1970年代のヨーロッパの政治経済情勢 →問題はP.390 正答4

1 × 1971年の金ドル交換停止後，西ドイツとフランスの提唱の下に，欧州通貨制度（EMU）が発足した。同制度では，各国通貨を混合して仮想のバスケット通貨（ECU）が創り出され，主に中央銀行間の決済手段として用いられることとなった。ただし，ECUの紙幣や硬貨は発行されていない。

2 × 1973年秋以降の第一次石油危機に際して，各国はインフレの発生を懸念し，金融・財政の引締め政策をとった。財政出動による需要創出策が講じられるようになったのは，不況が本格的に悪化した後のことであった。その際，経済状況が比較的良好であった西ドイツは，英国やフランスに先駆けて，引締め政策の弾力化を進めていった。

3 × 第一次石油危機は1973年秋に勃発したが，英国，アイルランド，デンマークは同年１月にEC加盟を果たしており，第一次石油危機による不況を克服するためにECへ加盟したわけではない。また，ポルトガル，スペインは1986年１月，スウェーデンは1995年１月にECへ加盟しており，やはり第一次石油危機とは無関係である。EC加盟の理由は国によって異なるが，たとえば英国の場合は，英国病とも呼ばれた深刻な経済停滞の克服が加盟の動機であった。

4 ◎ 正しい。**第一次石油危機後の経済状況をみると，スウェーデンや西ドイツなどの労使協調体制を敷いている国では，賃金の抑制と雇用の保障がある程度実現したことから，経済状況は比較的良好であった**。これに対して，イギリスでは，労働党のキャラハン政権が示した賃金抑制政策に対して労働組合が反発するなどして，社会的合意が形成されず，経済状況はいっこうに好転しなかった。

5 × 1970年代にはスウェーデンと英国で政権交代が起こった。スウェーデンでは，経済問題や原発問題をきっかけとして，1976年，44年にわたって政権を担ってきた社会民主労働党が下野した。英国では，ストライキへの強硬姿勢が嫌われて，1974年総選挙で保守党が敗北し，労働党政権が誕生した。これに対して，西ドイツでは，1970年代を通じてドイツ社会民主党の政権（自由民主党との連立政権）が続き，ブラント，シュミットが相次いで首相に就任した。なお，本肢で言及されているコール政権は，1982年から98年にかけて成立していたキリスト教民主・社会同盟と自由民主党の連立政権である。

戦前の日本政治史

必修問題

明治初期のわが国の近代化政策に関する次の記述のうち，妥当なのはどれか。

【国税専門官・平成26年度】

1　1869年，薩摩・長州・土佐・肥前の藩主は，4藩の土地と人民を天皇に返還する上奏書を提出し，政府はこれを認めた。以後，他の藩も続々とこれにならい，各藩主は知藩事に任ぜられた。この**版籍奉還**により中央政府が年貢徴収権を独占するようになり，中央集権化が進んだ。

2　軍事力の近代化を進めようとした大村益次郎や山縣有朋らの方針の下，1873年に徴兵令が公布された。その直前に勃発していた普仏戦争でフランス軍が圧勝していたことから，我が国の徴兵制にも国民皆兵的なフランス方式が取り入れられることとなった。

3　政府の歳入を確保するため，1873年，**地租改正**条例が公布された。これは，収穫高を基礎として土地の価格を定め，その3％を地租として金納させるものであった。地租の導入により税収は安定するようになった一方，大規模な農民一揆(き)も招いた。

4　1871年，岩倉具視，大久保利通，木戸孝允らを中心とする使節団が欧米に派遣された。この使節団の帰国後に**殖産興業政策**が本格化したが，それを主導したのは木戸であった。木戸は内務省から権限を削って工部省を設立し，官営模範工場等を建設させた。

5　1872年，学制が発布された。学制では，全国を8大学区に区分してそれぞれに大学校を置くこと等が定められていた。その特徴は高等教育が重視されたことであり，国民すべてが小学校に就学すべきとする国民皆学の方針は，1879年の教育令を待たなくてはならなかった。

難易度　＊＊＊

必修問題の解説

本問は，明治初期の日本政治史に関する応用問題である。版籍奉還（**1**）と地租改正（**3**）は高校の日本史でも学ぶ基本事項であるが，軍制（**2**），官制（**4**），学制（**5**）に関する問題は難易度がやや高い。学習しにくい部分ではあるので，本問の解説をしっかりと頭に入れておくようにしよう。

1 × **中央集権化は廃藩置県によって成し遂げられた。**

版籍奉還後も旧藩主（＝知藩事）の実質的な支配権は維持され，年貢徴収権も旧藩主が持ち続けた。年貢徴収権を中央政府が独占するようになったのは，1871年の廃藩置県以降のことである。

2 × **普仏戦争ではドイツ側が勝利した。**

普仏戦争（1870～71年）ではドイツ側が勝利し，プロイセンを中心にドイツ帝国が成立した。しかし，敗れたとは言え，大軍を前に健闘したフランス軍の実力を評価し，明治期に導入されたわが国の徴兵制も国民皆兵的なフランス方式を採用した。

3 ◎ **地租改正によって明治政府の財政は安定した。**

正しい。**地租改正によって現物納（＝年貢米）が金納に改められたことで，明治政府の税収は米価の変動に左右されないようになった。**その反面，不作や米価の下落などで収入が減少しても，土地所有者は一定の税金を納めなければならなくなったため，負担が農民にも転嫁され，これを不満とする農民たちは大規模な一揆を引き起こした。

4 × **殖産興業政策を主導したのは大久保利通であった。**

岩倉使節団（1871～73年）の帰国後に殖産興業政策を主導したのは，大久保利通であった。大久保は1873年に内務省を新設して初代内務卿に就任し，民間事業の育成に努めるなど，政府主導の殖産興業政策を推し進めた。なお，工部省はこれに先立つ1870年に創設されており，富岡製糸場等の官営模範工場を開設するなどして，初期の殖産興業政策を牽引した。

5 × **国民皆学の方針は学制において打ち出された。**

1872年に発布された学制では，全国を８大学区に区分し，それをさらに中学区，小学区に区分するものとされた。これにより，全国に大学校，中学校，小学校が置かれることとなり，同時に国民皆学の方針が導入された。1879年の教育令は，学制に代えて制定されたものであり，学区制を廃止して町村に小学校を設置することを定めたほか，就学義務についてはこれを緩和した。

正答 3

FOCUS

政治史の問題では，細かな年号までいちいち暗記しておく必要はないが，２つの事件の前後関係が問われることはある。個々の事件を暗記するだけでなく，歴史の大まかな流れも把握しておこう。

POINT

重要ポイント 1 大日本帝国憲法成立までの動き

(1) 明治維新 1867年12月，王政復古の大号令によって，天皇を中心とする新政府が発足した。そして，翌68年には，五箇条の御誓文，五榜の掲示，政体書が相次いで発せられ，政府の基礎固めが進んだ。

五箇条の御誓文	五榜の掲示	政体書
公議世論（諸藩代表の会議）の尊重や開国進取などを，天皇が神に誓った。	五倫の道を説き，キリスト教を禁止するなど，儒教道徳に基づく政策を掲げた。	形式的な三権分立を取り入れ，議政官，行政官，刑法官を置いた。

さらに，新政府は版籍奉還と廃藩置県を断行して，直接統治体制を確立するとともに，地租改正によって財政を安定化させた。

版籍奉還（1869年）	廃藩置県（1871年）	地租改正（1873年）
諸藩主の領地・領民を天皇に返上させ，藩主を知藩事に任命した。	藩を廃止して県を置き，知藩事に代えて，政府の官吏を知事として派遣した。	地価を定めて地券を交付し，土地所有者に地価の3％を現金納付させた。

廃藩置県の後，官制の整備が進み，正院（太政大臣・左右大臣・参議），左院，右院の三院制が完成された。ここでは，薩長の下級武士出身者たちが実権を握ることとなり，藩閥政府が確立された。

(2) 自由民権運動 職を失い没落した士族たちは，一部が過激化して佐賀の乱や西南戦争を引き起こした。しかし，それらが鎮圧された後は，自由民権運動へと活動が一本化し，やがて豪農層もこれに加わっていった。

年号	おもな事件	説　明
1874	民撰議院設立建白書	板垣退助らが国会開設案を提出
1875	立憲政体樹立の詔	元老院（立法の諮問機関）と大審院の設置
1880	国会期成同盟の結成	民権派結社の連合体を結成し，国会開設を請願
1881	開拓使官有物払下げ事件，明治十四年の政変	政府と政商の癒着問題。民権派の大隈重信の政府追放と，国会開設の詔の発表
	自由党の結成	板垣総理。士族・豪農商・貧農が中心。急進的
1882	立憲改進党の結成	大隈総理。有産者・知識人が中心。穏健的
1884	自由党の解党	不況で困窮した下層農民が蜂起し，豪農層が離脱
1885	内閣制度の発足	伊藤博文を首相とする藩閥政府の発足
1888	市制・町村制の公布	市町村を政府の統制下におき，自治を制限
1889	大日本帝国憲法の発布	プロイセン憲法を手本とした欽定憲法の導入
1890	府県制・郡制の公布	市制・町村制に続く官治的地方制度の導入
	第1回帝国議会の開催	天皇の「協賛機関」。貴族院と衆議院の二院制

重要ポイント2 政党政治の発達

帝国議会の発足後，政党が台頭して政権を組織するようになり，やがて政党間の政権交代が「**憲政の常道**」とみなされるようになった（**加藤内閣～犬養内閣**）。

(1) 戦前のおもな政権と事件（丸数字は第何代内閣かを表す）

政権	事件
②黒田清隆	政府は議会に左右されないとして，超然主義を唱えた。
⑤伊藤博文	日清戦争で，台湾・澎湖諸島・遼東半島の割譲，賠償金などを得た。
⑧大隈重信	板垣とともに初の政党内閣（憲政党）を組織した。
⑨山県有朋	文官任用令を改正し，政党員の官吏就任を制限した。また，軍部大臣現役武官制を導入し，軍部大臣を現役の大将・中将に限った。
⑪桂太郎	日露戦争で，韓国における権益の承認や南樺太の割譲などを得た。
⑪桂太郎～⑭西園寺公望	藩閥・官僚を後ろ盾とする桂と，立憲政友会の西園寺が，交代で組閣し，安定した政治が営まれた（桂園時代）。
⑮桂太郎	第一次護憲運動を受けて，退陣を余儀なくされた（大正政変）。
⑰大隈重信	第一次世界大戦に際して，中国に二十一カ条の要求を認めさせた。
⑱寺内正毅	ロシア革命に対してシベリア出兵を行った。米騒動で退陣した。
⑲原　敬	陸軍大臣・海軍大臣・外務大臣を除く全閣僚に立憲政友会員を登用し，初の本格的政党内閣を樹立した。選挙人の納税資格を緩和した。
⑳高橋是清	ワシントン海軍軍縮条約で，主力艦保有量の制限に同意した。
㉔加藤高明	第二次護憲運動を受けて，護憲三派内閣を樹立した。男子普通選挙を実現したが，社会主義運動の台頭を恐れ，治安維持法を制定した。
㉕若槻礼次郎	枢密院の反対によって，巨額の不良債権を抱えた台湾銀行の救済に失敗し，総辞職後，金融恐慌が広がった。
㉖田中義一	高橋是清を蔵相に任命し，モラトリアム（支払猶予令）で金融恐慌を沈静化させた。また，山東出兵などの強硬外交を展開した。
㉗浜口雄幸	ロンドン海軍軍縮条約で，補助艦保有量の制限に同意したことから，統帥権干犯問題を引き起こした。また，金輸出を解禁した。
㉙犬養毅	世界恐慌のため，金輸出を再禁止した。満州事変の後，満州国の建国を宣言した。五・一五事件で，海軍青年将校によって射殺された。
㉚斎藤実	満州国の建国を非難されたことから，国際連盟を脱退した。
㉛岡田啓介	陸軍の皇道派が蜂起し，二・二六事件が起こった。

戦前の政党（概略）

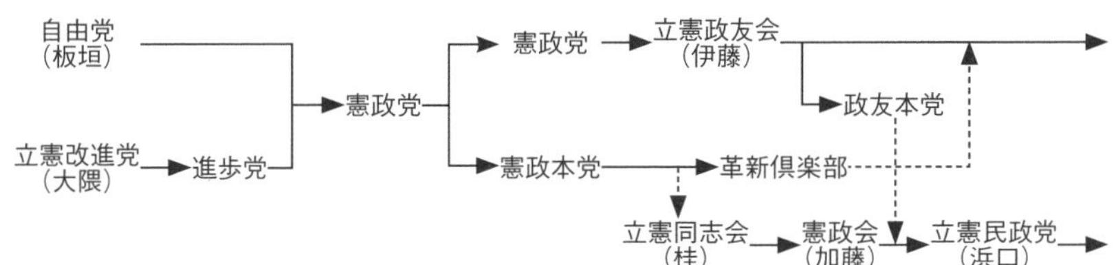

第7章 政治の歴史

(2) デモクラシーの進展　戦前期を通じて，わが国でもデモクラシーへと向かう動きが見られた。

①選挙権の拡大　選挙人の資格は，次のように緩和されてきた。

公布年	実施年	首　相	直接国税	選挙人		
				性別年齢	総　数	全人口比
1889	1890	黒田　清隆	15円以上	男25歳	45万人	1.1%
1900	1902	山県　有朋	10円以上		98万人	2.2%
1919	1920	原　　敬	3円以上		306万人	5.5%
1925	1928	加藤　高明	制限なし		1240万人	20.8%
1945	1946	幣原喜重郎		男女20歳	3688万人	50.4%

②大正デモクラシー　大正時代には，デモクラシーの思想が徐々に浸透し，政府の専制に対するさまざまな抵抗運動が起こった。

第一次護憲運動（1913年）	第二次護憲運動（1924年）
西園寺内閣は，陸軍２個師団増設を拒否して軍部の反発を買い，桂内閣と交代した。これに対して，民衆は「閥族打破・憲政擁護」を訴え，倒閣に成功した。	清浦内閣が貴族院・官僚勢力を重視したため，憲政会・立憲政友会・革新倶楽部が倒閣運動を行った。これにより，加藤内閣（護憲三派内閣）が誕生した。

大正デモクラシー期の思想としては，**民本主義（吉野作造）**と**天皇機関説（美濃部達吉）**が有名である。民本主義とは，一般民衆のための政治を実現するべきであるとする思想であり，民主主義と同様の内容を持っていたが，主権の所在を深く追求しない点に特徴があった。また，天皇機関説とは，主権を持つのは国家であり，天皇は国家の最高機関として統治権を行使する存在にすぎないとする思想であった。後者は天皇の地位をないがしろにするものとして，後に弾圧を受けた。

重要ポイント３　戦前の外交問題

(1) 不平等条約の改正　幕末に諸外国と結ばれた条約は，わが国の関税自主権および外国人に対する裁判権を認めない不平等なものであった。そこで，この税権および法権の回復が，明治政府にとっての一大懸案であった。

明治政府は，条約改正のために，さまざまな努力を重ねた。岩倉使節団の訪欧，寺島宗則の日米交渉，井上馨の欧化政策，大隈重信の大審院への外国人判事任用案，青木周蔵の日英交渉などがそれである。そして，1890年代半ば以降，ようやく両権の回復が実現した。

陸奥宗光	小村寿太郎
日英通商航海条約（1894年）以降，法権回復が進んだ。	日米新条約（1911年）以降，税権回復が進んだ。

(2) 対中国関係

年号	事　件	説　明
1871	日清修好条規の締結	わが国に有利な平等条約を結んだ。
1894	日清戦争の勃発 →下関条約の締結(1895)	朝鮮半島の権益をめぐり，清と衝突した。台湾・澎湖諸島・遼東半島の割譲，賠償金などを得た。
1895	三国干渉	ロシア，ドイツ，フランスが日本に圧力をかけ，遼東半島を清に返還させた。
1900	北清事変（義和団事変）	排外的な義和団の乱を清国政府が支援したため，列国は賠償金支払いと守備兵派遣を認めさせた。
1919	パリ講和会議	第一次世界大戦後，山東省のドイツ権益を継承した。
1928	張作霖爆殺事件	関東軍が満州の実権者の張を暗殺し，中国の仕業とした。
1931	満州事変	柳条湖での満鉄爆破を口実に，満州を占領した。翌32年には満州国を独立させた。
1937	盧溝橋事件	盧溝橋付近で日中両軍が衝突し日中戦争が始まった。近衛内閣は不拡大方針を打ち出したが，守られることなく，やがて「国民政府を対手（あいて）とせず」との近衛声明で日中間の交渉は打ち切られた。

(3) 対朝鮮関係

年号	事　件	説　明
1873	明治六年の政変	西郷隆盛ら征韓派がいっせいに辞職した。
1876	日朝修好条規の締結	不平等条約を朝鮮に押しつけた。
1882	壬午軍乱（壬午事変）の勃発	親日改革派の閔妃と保守的な大院君の争いを，清が出兵して鎮圧した。日本も守備兵駐留を認めさせた。
1884	甲申事変の勃発	親日改革派の金玉均らのクーデタを，清が出兵して鎮圧した。後に，日清両国の撤兵を決定。
1910	韓国併合	韓国を日本の領土とした。

(4) 対ロシア関係

年号	事　件	説　明
1875	樺太・千島交換条約	樺太をロシア領，千島全島を日本領とした。
1902	日英同盟の締結	満州に進出したロシアを，日英が協力して牽制した。
1904	日露戦争の勃発 →ポーツマス条約（1905）	ロシアに対して，韓国における日本の権益，南満州鉄道の権利譲渡，南樺太の割譲などを認めさせた。
1907	第1次日露協約の締結	満州における日本とロシアの権益を定めた。
1918	シベリア出兵	ロシア革命に干渉するため，シベリアに派兵した。
1925	日ソ基本条約の締結	日ソの国交を樹立した。

実戦問題

＊＊＊
No.1 明治期のわが国の政治に関する次の記述のうち，妥当なのはどれか。

【国家総合職・平成９年度】

1 1868年，明治新政府は，民選議会の開設等，当時としては進歩的な政治を示す五箇条の御誓文を発するとともに，新政府の組織を定める政体書を発布し，イギリス憲法を模倣して立法（議政官），司法（刑法官），行政（行政官）等の三権分立の体制を整えた。

2 1871年，政府は財政基盤を強化する必要に迫られ，廃藩置県の詔を発して一挙に藩を廃止し県を設置したが，諸藩の多くが財政的危機にひんしていたことや，県知事に旧来の藩主が政府の官吏として任命されたこと等から，諸藩の抵抗は少なかった。

3 1875年，自由民権運動に対処するため，政府は大阪会議を開き，板垣退助および木戸孝允と妥協して彼らを参議に加え，政権の強化を図るとともに，「漸次ニ国家立憲ノ政体ヲ立テ」ることを約束する詔書を発布し，立法機関である元老院を新たに設置して，翌年から憲法草案の起草を行った。

4 1881年，大隈重信，板垣退助の両参議は，イギリス流の国会を開設すべきとの意見書を上奏し，大久保利通らと対立した。その直後に，「開拓使払い下げ事件」が起こり，政府批判が強まったため，政府は民権派の機先を制するため大隈重信を罷免する一方，勅諭を発し，1890年を期して国会を開設することとした。

5 1888年，市制・町村制および府県制・郡制がそれぞれ公布され，市会・町村会議員の選挙はそれまでの大地主による互選の制度から，住民による直接選挙によることとされたが，新たに設けられた府県会・郡会議員の選挙は市会・町村会議員による間接選挙によることとされた。

＊＊
No.2 戦前のわが国の政治に関する次の記述のうち，妥当なのはどれか。

【国家総合職・平成24年度】

1 西南戦争において薩摩武士団が敗北するなど，明治政府に対する武力反乱が沈静化する中，明治政府批判のエネルギーは自由民権運動に集約されていった。1870年代以降高揚した自由民権運動は，当初は士族がその中核を担ったが，その後豪農層へも拡大した。豪農層の政府支持を引き出し，地方政治を安定させる狙いで設置された府県会も，自由民権運動への参加を促した。また，当時成長しつつあったジャーナリズムも自由民権運動の拡大に影響を与えた。

2 自由民権運動が勢いを増すにつれ，明治政府側も対応を迫られた。これに対して大隈重信は英国型の議院内閣制を提案するとともに，福沢諭吉に近いジャーナリストの支持も動員した。大隈案は民権運動に政権を譲るようなものではなかったものの，危機感を募らせた伊藤博文らは1881年，いわゆる明治14年政変において大隈の追放を決定する。しかし，大隈の提唱した英国型の議院内閣制の提案は概ね受け入れられ，1890年の国会開設に繋がった。

3 明治14年政変は，わが国において本格的な政党の結成を促す契機となった。1881年に結成された自由党は当初は土佐の立志社が中心であり，その後も党の中枢は土佐派で占められたが，党全体としては徐々に関東へも支持を拡大した。これに対して伊藤博文をはじめ元官僚やジャーナリストなど，都市職業人を中心に1882年に結成されたのが改進党である。自由党が地方から中央へと支持を拡大したのに対して，改進党は中央から地方へと支持を広めたのが特徴である。

4 わが国初の衆議院選挙では，有権者は国民の１％ほどであり，そのほとんどが有産階級であったことから，議会でも穏健な勢力が支配的となると予想されていた。実際に，民党の自由党・改進党は合わせても過半数に届かなかったことから，両党が掲げていた政府の歳出削減に対する実際の発言力は乏しかった。このため，この時期の政府は，さほど民党に譲歩することなく政策を実現することができた。民党が議席の過半数を得るようになるのは1910年代後半以降である。

5 星亨の下，自由党はとりわけ伊藤内閣に接近し，与党色を強めた。その後憲政党に改組されたのちも地租増徴に賛成したり，山県内閣とも協力するなど，野党色を強めた改進党とは対照的な道を選んだ。政府批判よりも政権に参加して自らの政策を実行することが政党の使命だとの考えから1900年，星は憲政党を率いて山県有朋・伊藤博文とともに政友会を結成した。

＊ No.3 桂園時代に関する次の記述のうち，妥当なものはどれか。

【地方上級（全国型）・平成17年度】

1 長州閥であった桂太郎が憲政本党総裁に就任し，政友会総裁の西園寺公望と交互に政権を担うことで，二大政党制が確立された。

2 長州閥と政友会の二大勢力が交互に政権を担ったが，陸軍２個師団増設問題を契機に勃発した第一次護憲運動により崩壊した。

3 衆議院が頻繁に解散され，そのたびごとに長州閥の桂太郎と政友会総裁の西園寺公望が交代で政権の座に就いた。

4 当時の政友会総裁は原敬であったが，これに代わって副総裁の西園寺公望が総理大臣となり，陸軍出身の桂太郎と交代で政権を担った。

5 長州閥とその他の藩閥勢力との力の差は歴然としており，薩摩閥の山県有朋に代わって陸軍出身の桂太郎が権力を振るうようになった。

＊＊
No.4 **わが国の昭和前期における政治事件などに関する次の記述のうち，妥当なのはどれか。** 【国家一般職・平成22年度】

1 昭和5（1930）年，浜口雄幸内閣は，前年のニューヨーク株式市場の暴落後，昭和恐慌とも呼ばれた経済不況を打開するため，金本位制から離脱して管理通貨体制に移行することとし，日本円と金の兌換を停止するとともに，金の輸出を解禁した。

2 昭和8（1933）年，斎藤実内閣は，国際連盟がリットン調査団の報告に基づいて「満州国の主権は認めるが，同国内の鉄道事業などに対する日本の権益は制限すべきである」とする趣旨の勧告を採択したので，わが国の国際連盟からの脱退を通告した。

3 昭和10（1935）年，美濃部達吉の「天皇機関説」が国会で取り上げられ，野党立憲政友会がこの問題で岡田啓介内閣を追及し，在郷軍人会などの同説排撃の全国運動もあって，岡田内閣は，同説が国体の本義に反するとする趣旨の国体明徴声明を発した。

4 昭和11（1936）年，広田弘毅内閣は，2.26事件を起こした軍部への国民の批判の高まりを背景に，明治憲法の制定以来一貫して組閣の原則とされてきた「軍部大臣現役武官制」を廃止した。

5 昭和17（1942）年，前年の日米開戦を受けて，必要に応じ機動的に兵力不足を補うことを目的とする国家総動員法が制定され，その後，戦局が悪化する中で昭和18（1943）年，東条英機内閣は，「学徒出陣」に初めてこの法律を適用した。

実戦問題の解説

No.1 の解説　明治期の日本政治史　→問題はP.400　正答3

1 × 五箇条の御誓文では，「広ク会議ヲ興シ万機公論ニ決スヘシ」とうたわれたが，これは民選議会の開設を宣言したものではなく，列侯会議（＝旧藩主などを集めた会議）の開催について述べたものであった。したがって，御誓文は，進歩的な政治の実現をめざしたというよりも，天皇中心の新政権に旧勢力を結集させようとしたとみるのが妥当である。また，政体書が三権分立の体制を定めたのは事実であるが，その範とされたのはイギリス憲法ではなく，アメリカ憲法であった。イギリスでは議院内閣制が採用されているため，三権の分離は不完全である。

2 × 明治政府が財政強化策として実施したのは，1873（明治６）年の地租改正であった。地租改正後は，地価の100分の３が地租と定められ，土地所有者はこれを貨幣で政府に納入することとなったため，政府の税収は作物の豊凶に左右されず，安定するようになった。廃藩置県では，旧藩を廃止するに当たって政府がその負債を肩代わりしたため，政府の財政はむしろ悪化することとなった。また，旧来の藩主が政府の官吏（＝知藩事）に任命されたのは，1869（明治２）年の版籍奉還に際してであった。1871（明治４）年の廃藩置県においては，知藩事を罷免して東京に住まわせ，新たに政府の官吏を県知事として派遣する制度が導入された。

3 ◎ 正しい。1874（明治７）年，板垣退助らが**愛国公党**を結成し，**民撰議院設立建白書**を提出したことから，自由民権運動が沸き起こった。そのため，**政府は翌75（明治８）年に大阪会議を開き，板垣退助と木戸孝允の政府復帰を決定するとともに，立憲政体樹立の詔を発布し，議会設立の前提となる憲法制定の準備に着手した**。ただし，この際に作成された元老院の憲法案は，日本の国柄に合わないなどの理由から，後に廃案とされた。

4 × 1881（明治14）年に意見書を提出し，国会の即時開設とイギリス流の議院内閣制の採用を求めたのは，大隈重信である。板垣退助は，この意見書にはかかわっていない。大隈の主張は，漸進的な国会開設を主張する伊藤博文らの反発を買い，大隈は同年中に辞職を余儀なくされた。なお，選択肢で触れられている大久保利通は，1878（明治11）年に亡くなっており，この事件とは無関係である。

5 × 市制・町村制では，25歳以上の男性で，直接国税２円以上の納入者が「公民」とされ，選挙権・被選挙権を与えられた。これに該当しない者が「住民」で，住民には選挙権・被選挙権が与えられなかった。つまり，市会・町村会は，公民（その多くは地主）による直接選挙とされていた。府県制・郡制については，ほぼ選択肢の記述のとおりであって，府県会・郡会議員の選挙は，おもに市会・町村会議員による間接選挙とされていた。ただし，府県制・郡制が公布されたのは，1890（明治23）年のことであった。

No.2 の解説　戦前の日本政治史

→ 問題はP.401　**正答 1**

1 ◎ 正しい。明治維新以降，旧武士階級は没落し，とりわけ秩禄処分や廃刀令（ともに1876年）によって不満を強めていった。これと並行して，佐賀の乱（1874年），神風連の乱・秋月の乱・萩の乱（1876年）などの士族の反乱が相次いで起こり，そうした動きは西南戦争（1877年）で最高潮に達した。しかし，**西南戦争の鎮圧後は，明治政府批判のエネルギーが自由民権運動に集約され**，国会期成同盟の結成（1880年），国会開設の勅諭（1881年）などに結実していった。

2 × 明治14年の政変とともに国会開設の勅諭（1881年）が発せられ，1890年の国会開設が約束された。しかし，国会開設に先立って整備された内閣制度では，議院内閣制を主張した大隈案は採用されず，議会を基盤としない**超然内閣**が成立することとなった。

3 × 自由党に対抗して改進党を結成した中心的勢力は，大隈重信と大隈周辺の元官僚，代言人やジャーナリストなどの都市職業人であった。**伊藤博文は，日清戦争後に憲政党（旧自由党）などの民党勢力に接近し，1900年に立憲政友会を結成して，その初代総裁に就任した。**

4 × **帝国議会が開かれた当初から，自由党や改進党などの民党勢力は過半数の議席を獲得していた**。そこで，民党は政府の歳出削減と国民の負担軽減（「民力休養・経費節減」）を強く求め，政府と激しく対立した。こうした政府と民党の対立関係は，日清戦争直前まで続いた。

5 × 自由党と進歩党（旧改進党）は1898年に合同し，憲政党を結成した。しかし，内部対立が止まず，まもなく憲政党（旧自由党系）と憲政本党（旧進歩党系）に分裂した。第２次山県内閣に協力して地租増徴に賛成したのは，このうち憲政党である。その後，憲政党は山県内閣と袂を分かち，伊藤博文に接近していった。そして，1900年には星亨の指導の下で組織を解散し，伊藤博文を初代総裁として立憲政友会を結成した。その直後，伊藤は組閣を命じられ，初の政友会内閣が成立した。

No.3の解説　桂園時代

→ 問題はP.402　正答2

1 ×　桂園時代の桂は政党に所属していなかった。

桂太郎は，第３次桂内閣を率いて第一次護憲運動と対立しているさなかに**立憲同志会**を立ち上げ，初めて政党の党首となった。それ以前の桂は，政党に所属しないまま，西園寺公望と交互に政権を担っていた。なお，憲政本党とは，第１次大隈内閣の与党であった憲政党が分裂して結成された政党の一つであり，当時はすでに他党と合同して，立憲国民党となっていた。

2 ◎　桂園時代は第一次護憲運動によって終焉を迎えた。

正しい。**1905年から1912年にかけて，陸軍出身の桂太郎と立憲政友会総裁の西園寺公望が交代で組閣した。この時代を，両者の名前を１字ずつ組み合わせて「桂園時代」という**。桂園時代末期には，陸軍の２個師団増設要求を第２次西園寺内閣が拒否したことから，上原陸相がこれを不満として帷幄上奏（いあくじょうそう）（＝軍部が意見を天皇に述べること）のうえ辞任し，陸軍が後任大臣を送り出さないという事件が起こった。これを受けて西園寺内閣は総辞職し，第３次桂内閣が誕生したが，「閥族打破・憲政擁護」を掲げる国民運動によって政権は瓦解し，桂園時代は終焉した（**第一次護憲運動**）。

3 ×　桂園時代には衆議院を解散せずに政権交代が行われた。

桂園時代には，桂太郎と西園寺公望（立憲政友会）の「情意投合」（＝互いの気持ちが通じ合うこと）によって政治が安定し，衆議院の解散は行われなかった。この間に実施された２回の総選挙は，いずれも任期満了総選挙であった。

4 ×　桂園時代には西園寺公望が政友会総裁を務めていた。

立憲政友会の初代総裁は伊藤博文であり，これを継いで第２代総裁となったのが西園寺公望であった。原敬は，第３次桂内閣が憲政擁護運動で倒れ，桂園時代が終焉した後に，第３代立憲政友会総裁に就任した。

5 ×　山県有朋も桂太郎も長州閥に属していた。

山県有朋は，長州閥（＝長州出身者の派閥）の中心的人物であった。山県は特に陸軍と内務省に影響力を持ち，彼を中心に山県閥が形成されていたが，桂もその一員であった。

No.4 の解説　昭和前期の政治事件

→ 問題はP.403　**正答3**

1 × 1930年，浜口雄幸内閣は金輸出を解禁するとともに，日本円と金の兌換（＝交換）を再開した。金本位制への復帰である。しかし，前年のニューヨーク株式市場の暴落をきっかけに，世界恐慌が起こっていたことから，輸出は伸び悩み，金が大量に海外へ流出する結果を招いた。これによって，日本経済は打撃を受け，昭和恐慌が発生した。

2 × 1933年に採択された国際連盟の勧告では，満州国内の鉄道事業などに対する日本の権益について，中国側は配慮すべきであるとされた。しかし，**満州国の独立は住民の自発的な意志によるものではなく，その主権は認められないと結論づけられたため，斎藤実内閣は国際連盟からの脱退を通告した**。

3 ◎ 正しい。**美濃部達吉の天皇機関説は，保守勢力から激しい攻撃を受け，国会でも政争の具として用いられた**。そこで，岡田啓介内閣は国体明徴声明を発して，天皇機関説を否定するとともに，美濃部の著書を発禁処分とした。なお，こうした騒動を受けて，美濃部は貴族院議員を辞職した。

4 × 二・二六事件後，陸軍で軍部内の統制を回復しようとする動きが強まったことを受けて，1936年には広田弘毅内閣の下で軍部大臣現役武官制が復活した。軍部大臣現役武官制とは，軍部大臣を現役の大将・中将に限定する仕組みで，軍の発言力を強めるものであった。同制度は，1900年に山県有朋内閣の下で導入されたが，1912年に陸軍２個師団増設問題をめぐって陸軍大臣が辞任し，陸軍が後継大臣を送らないという事件が起こったことから，1913年には山本権兵衛内閣の下で廃止されていた。

5 × 国家総動員法は，日中戦争の激化を背景として，1938年に制定された。同法は，さまざまな法令を通じて，国民の勤労奉仕や賃金・物価等の統制を可能にするものであった。兵力不足を補うために学徒出陣を認めたのは，1943年に発せられた在学徴収延期臨時特例という勅令であり，国家総動員法が根拠法となったわけではない。

戦後の日本政治史

必修問題

第二次世界大戦後のわが国の内閣に関する次の記述のうち，妥当なのはどれか。

【国家一般職・令和４年度】

1 **吉田茂内閣**は，昭和26（1951）年に米国，英国，中華民国等との間で平和条約を締結し，連合国による日本の占領統治を終わらせた。また，吉田内閣は，昭和29（1954）年，平和条約に調印していなかったソビエト連邦とも日ソ共同宣言によって国交を回復し，同年中に国際連合への加盟を果たした。

2 **池田勇人内閣**は，昭和35（1960）年に「国民所得倍増計画」を国会で法制化した。この計画に基づき，政府は太平洋ベルト地帯等の工業開発を進めた結果，各地で公害が深刻な問題となった。これに対応するため，池田内閣は，昭和39（1964）年に公害対策基本法を成立させ，環境庁を設置した。

3 **田中角栄内閣**は，石油危機後のインフレーションを抑制し，景気を回復させるため，公共事業を拡大するなど「日本列島改造論」に基づく積極財政政策を採った。田中内閣は，外交面では昭和47（1972）年に，中華人民共和国との間で日中平和友好条約を締結し，国交回復を果たした。

4 **中曽根康弘内閣**は，財政再建のため，第二次臨時行政調査会の答申に基づいて行政改革を推進し，日本国有鉄道（国鉄）など三公社の民営化を行った。また，中曽根内閣は，昭和62（1987）年に売上税の導入を柱とする税制改革関連法案を国会に提出したが，野党等の反対が強く，同法案は不成立に終わった。

5 **細川護熙内閣**は，平成６（1994）年に政治改革関連法を成立させた。これにより，衆議院の選挙では小選挙区比例代表並立制が新たに採用され，参議院の選挙では全国区が廃止された。また，細川内閣は，GATT（関税および貿易に関する一般協定）ウルグアイ・ラウンドにおいて，コメの輸入の完全自由化を決定した。

難易度　＊＊

必修問題の解説

本問は，戦後の日本政治史に関する基本問題である。日ソ共同宣言が鳩山内閣の業績であること（**1**），日中共同声明と日中平和友好条約の違い（**3**），中曽根行革における三公社の民営化（**4**）などは，繰り返し出題されている重要事項である。

1 × 日ソ共同宣言を実現したのは鳩山一郎内閣である。
1951年のサンフランシスコ平和条約に中華民国やソ連は加わらなかった。そこで，鳩山一郎内閣は1956年に日ソ共同宣言に調印して日ソ間の国交回復を成し遂げ，国際連合への加盟に道を開いた。なお，中華民国との関係では，吉田茂内閣が1952年に日華平和条約を締結している。

2 × 公害対策を本格化させたのは佐藤栄作内閣である。
池田勇人内閣は，1960年に「国民所得倍増計画」を閣議決定したが，国会での法制化がなされたわけではない。また，工業開発の陰で公害が深刻な問題となったことから，佐藤栄作内閣は公害対策に取り組み，1967年には公害対策基本法を制定し，1971年には環境庁を設置した。

3 × 田中角栄内閣は日中共同声明によって日中間の国交を正常化した。
田中角栄内閣は，自民党総裁選挙に際して「日本列島改造論」を発表したが，これは石油危機発生前の1972年のことであった。また，田中内閣は，1972年に中華人民共和国との間で日中共同声明を発表し，国交正常化を成し遂げた。日中平和友好条約は，福田武夫内閣の下で1978年に締結されている。

4 ◎ 三公社の民営化を行ったのは中曽根康弘内閣である。
中曽根康弘内閣は，第二次臨時行政調査会の答申を活用して行政改革を行い，三公社の民営化などを実現した。また，間接税の一種である売上税の導入を試みたが，野党や国民の反対にあって実現することはできなかった。

5 × ウルグアイ・ラウンドではコメに対する輸入関税が維持された。
参議院選挙で全国区に代えて比例代表制が導入されたのは1973年のことであり，当時の内閣は鈴木善幸内閣であった。また，ウルグアイ・ラウンドのコメに関する合意では，わが国は毎年一定量を関税なしで輸入する代わりに，コメの関税措置を維持することが認められた。

正答 4

FOCUS

戦後の日本政治については，徐々に新しい時代についても問われるようになっている。現在のところ，小泉内閣の業績あたりまでは出題されるようになっているので，チェックを怠らないようにしたい。

POINT

重要ポイント 1 独立回復までの道のり

第二次世界大戦での敗北によって，わが国はアメリカの占領下に入った。

(1) GHQの民主化政策 連合国軍総司令部（GHQ）は，占領直後から次々と民主化政策を打ち出していった。しかし，それらの政策は，日本国政府を通じた**間接統治**によって実施されたため，戦前からの官僚機構は解体を免れ，温存された。

経済	財閥解体・独占禁止	持株会社整理委員会を通じて財閥を解体した。独占禁止法・過度経済力集中排除法を制定した。
	農地改革（第1次，第2次）	不在地主の全貸付地と，在村地主の1町歩（北海道は4町歩）を超える貸付地を小作農に売却した。
	労働組合の育成	労働三法を制定し，労働組合の結成と活動を促進した。
政治	女性参政権	公職選挙法を制定し，20歳以上の男女に選挙権を付与した。
	公職追放	軍国主義の協力者を公職から追放した。
教育	教職追放	軍国主義の協力者を教職から追放した。
	法律の整備	教育基本法・学校教育法を制定し，民主的教育を推進した。

(2) 対日政策の転換 東西冷戦の激化に伴い，アメリカは日本を共産主義の防波堤にしようと考えるようになった。そこで，1948年頃から，日本の経済復興と治安の強化が促進されはじめた。

経済	ドッジ・ライン	ドッジの提言に基づき，超均衡予算を策定した。単一為替レート（1ドル=360円）を設定した。
	シャウプ勧告	直接税中心の累進課税制度や平衡交付金制度を提言した。
治安	警察予備隊の創設	朝鮮戦争に伴う在日米軍の不在を補うため，警察予備隊（後に保安隊→自衛隊）を創設した。
	レッド・パージ	官公庁などから共産主義者を追放した。

(3) サンフランシスコ講和会議 1951年，サンフランシスコ講和会議が開催され，**サンフランシスコ講和条約**への調印が行われた。しかし，ソ連はこれに参加したものの，反対意見を表明して調印を行わず，中国はそもそもこの会議に招かれなかった。そのため，同条約は**西側諸国との単独講和**となった。

日本はその後，アジア諸国と個別に平和条約を締結していったが，しばしば賠償金支払いは免除され，経済協力という形で開発資金を援助することとなった。

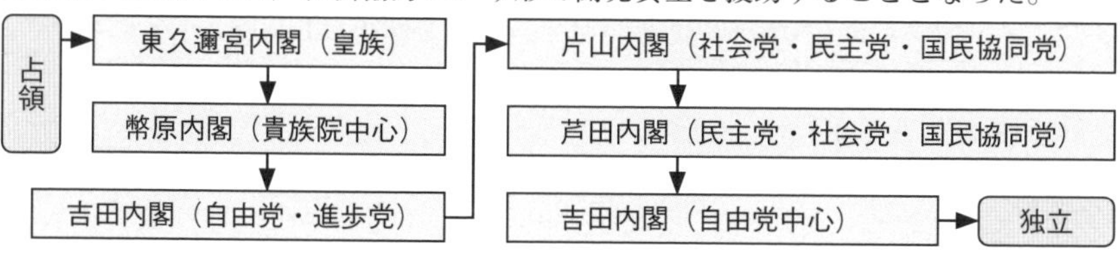

重要ポイント 2 独立回復以降のおもな政権とその業績

首相	業績
吉田　茂	サンフランシスコ講和会議で，西側諸国と講和を結んだ（＝単独講和）。日米安全保障条約を締結して，軍事はアメリカに依存することとし，通商国家路線を打ち出した。
鳩山一郎	日ソ関係の重視と再軍備のための憲法改正を方針とした。日ソ共同宣言で国交を回復し，国連加盟を実現した。
岸　信介	日米安保条約を改定し，アメリカの日本防衛義務，軍事行動の際の事前協議制などを盛り込んだ。安保反対闘争で辞任した。
池田勇人	所得倍増計画を打ち出し，高度成長の基礎を築いた。OECD（経済協力開発機構）に加盟し，先進国の仲間入りをした。
佐藤栄作	日韓基本条約を締結し，韓国との外交関係を樹立した。沖縄をアメリカから返還してもらうと同時に，日米繊維摩擦で繊維輸出の自主規制を進めた（「糸で縄を買う」）。ノーベル平和賞受賞。
田中角栄	日中共同声明で，日中関係を正常化した。
福田赳夫	日中平和友好条約で正式に国交を開き，台湾とは国交断絶した。
中曽根康弘	行政改革・財政改革・教育改革を積極的に進めた。
竹下　登	大型間接税として，消費税（税率３%）を導入した。
宮沢喜一	PKO協力法を成立させ，自衛隊の海外派遣に道を開いた。
細川護熙	政治改革関連４法を成立させ，小選挙区比例代表並立制（衆議院選挙）や政党交付金制度を導入した。

重要ポイント 3 戦後の政党の変遷

(1) 55年体制の成立　1955年，それまで左派と右派に分裂していた**社会党（現在の社会民主党）**が，**再統一を果たした**。これを受け，保守政党の間でも統一の機運が高まり，**自由党と日本民主党が合同して自由民主党が誕生した**。その後，社会党は自民党の約半分の議席しか獲得できなかったことから，これを**１と２分の１政党制（１か２分の１政党制）**と呼ぶこともある。

(2) 野党の多党化　55年体制の成立後，自民党は国会で単独過半数の議席を占め続けた。これとは対照的に，野党勢力では社会党から民主社会党（後の**民社党**）が分裂し，また**公明党**が創設されるなど，多党化が進んでいった。

(3) 55年体制の崩壊　1990年代に入ると，汚職事件が相次いで発覚する一方，政治改革が遅々として進まなかったことから，国民の間に反自民の雰囲気が広がった。その結果，**1993年には自民党が初めて政権を失い，細川連立内閣が誕生した**。その後，政党は離合集散を繰り返し，さまざまな連立政権が誕生するようになった。

実戦問題1　基本レベル

No.1 ＊ **次の記述に当てはまる兄弟政治家はだれとだれか。**

【地方上級・平成10・17年度】

兄は，東京帝国大学法学部を卒業した後，農商務省に入省し，革新官僚として活躍した。また，第二次世界大戦時には商工大臣を務めた。戦後は一時戦犯に指定され逮捕されたが，その後釈放され，1953年，自由党から衆議院議員に当選して政界に復帰した。54年11月，鳩山一郎らと日本民主党を結成して幹事長となり，翌年保守合同を推進して結成された自由民主党幹事長となった。

弟は鉄道省に入省し，大阪鉄道局長として敗戦を迎えた。第２次吉田茂内閣で，議席がないにもかかわらず，官房長官に抜てきされるという異例な処遇を受けたのが直接のきっかけで，政界に転出する。それから16年後に首相に就任し，「いざなぎ景気」や沖縄返還を実現するという外交交渉の成果にも恵まれ，７年８か月に及ぶ首相在任記録を立てた。「待ちの政治」といわれる政治姿勢や，巧妙な人事操作がマスコミの評判となった。

1　岸信介と池田勇人
2　池田勇人と大平正芳
3　岸信介と佐藤栄作
4　佐藤栄作と福田赳夫
5　大平正芳と福田赳夫

No.2 ＊ **第二次世界大戦後のわが国の政党システムに関する記述として，妥当なのはどれか。**

【地方上級（特別区）・令和３年度】

1　1955年に，講和条約や安全保障条約の締結を巡る対立で分裂していた左派社会党と右派社会党が統一し，民主社会党が誕生したが，1960年に右派の一部が再分裂して日本社会党（社会党）を結成した。

2　1955年に，自由党と国民民主党とが保守合同し，自由民主党（自民党）が結成され，1993年までの38年間一貫して政権を担当してきたが，こうした政党政治の体制は「55年体制」と呼ばれた。

3　1993年に，自民党は政治改革関連法案を巡って分裂し，８党派の非自民非共産連立政権の細川護煕内閣が発足して，「55年体制」は崩壊した。

4　1994年に，非自民連立政権を離脱した社会党の委員長である村山富市を首相に，自民党，社会党，新進党の連立政権が成立し，自民党は政権に復帰した。

5　1996年に，民主党が結成され，新進党の議員の多くが合流し，2009年の政権交代で民主党単独政権の鳩山由紀夫内閣が発足したが，2012年の総選挙の結果，自民党政権が成立した。

No.3 ＊＊ **戦後のわが国の政権に関する次の記述のうち，妥当なのはどれか。**

【国家一般職・平成27年度】

1 池田勇人内閣は，「寛容と忍耐」をスローガンに，所得倍増計画を提示して国民生活水準の顕著な向上と完全雇用の達成のために経済の安定的成長の極大化を目指した。また，外交面では，国際通貨基金（IMF）8条国へ移行して通商・金融面での自由化を果たすとともに，経済協力開発機構（OECD）への加盟を実現した。

2 佐藤栄作内閣は，対米協調路線を基本とし，対米貿易黒字が恒常化するなど深刻となっていた日米経済摩擦問題を解決するため，繊維輸出の自主規制を実施した。また，沖縄返還を目指したが，昭和45（1970）年の日米安全保障条約改定に対する国民的規模の反対運動を受け，返還交渉の合意に至ることなく同年，退陣した。

3 田中角栄内閣は，過密過疎を解消し，全国土に効果を及ぼすネットワークを形成するために鉄道，高速道路，情報通信網，港湾などの整備を図ることを主な内容とする「新全国総合開発計画（新全総）」を閣議決定した。また，昭和47（1972）年には田中首相が日中国交正常化を図るため中華人民共和国を訪問し，同年，日中平和友好条約が締結された。

4 福田赳夫内閣は，高まる政治不信に対して選挙制度改革で対応すべく小選挙区比例代表並立制を導入するための政治改革関連法案を提案した。また，不況脱出のための国際協力の重要性を主張し，日米独3国が高い成長率を達成することで積極的な役割を果たすという「機関車理論」を受け入れ，年7％成長の達成を国際公約とした。

5 大平正芳内閣は，高度経済成長を背景に衆議院，参議院同日選挙で自由民主党が圧勝した後誕生し，法案，予算などについて安定した国会運営を行った。また，外交面では，政府開発援助（ODA）倍増政策を打ち出すとともに地域の相互依存の深まりを重視して，アジア諸国に加え，米国，オセアニア諸国も含めた環太平洋連帯構想を提唱した。

＊＊
No.4 **戦後の日本政治に関する次の記述のうち，妥当なのはどれか。**

【国家一般職・平成29年度】

1 池田勇人内閣が打ち出した所得倍増計画は，日本経済の高度成長をもたらしたが，この高度成長は第一次石油危機によって終焉を迎え，経済は停滞期に入った。こうした状況を受けて登場したのが，日本列島改造論を掲げた田中角栄内閣である。

2 田中角栄内閣は社会保障制度の大幅な拡充を行ったが，それはその後の我が国の財政に大きな負担を与え続けることとなった。こうした状況の中で，大平正芳内閣は財政再建のために間接税の一種である「売上税」の導入を目指して法案を国会に提出したが，審議が進まず廃案となった。

3 大平正芳内閣における間接税導入の挫折は，その後の自由民主党政権に「増税なき財政再建」を課題として突き付けた。この課題に対して，中曽根康弘内閣は，経済的自由主義を背景として行財政改革を推進し，民間活力の導入等の政策によって対応する姿勢を打ち出した。

4 中曽根康弘内閣の経済的自由主義に基づいた政策は，その後，いわゆるバブル経済を引き起こすこととなった。このバブル経済の崩壊と景気の急激な停滞に直面した竹下登内閣は，景気対策の財源確保のため間接税の導入を試み，「消費税」の導入を実現した。

5 竹下登内閣がリクルート事件をきっかけに退陣したことを受け，我が国においては政治改革が喫緊の課題となった。こうした状況の中で，非自民の連立内閣である羽田孜内閣の下で選挙制度改革を含む政治改革関連 4 法案が成立した。

実戦問題1の解説

No.1の解説　兄弟政治家

→問題はP.412　正答3

本文にある兄とは「岸信介」，弟とは「佐藤栄作」をさすので**3**が正しい。両者の姓が異なるのは，兄が幼くして養子に出されたためである。岸は，戦犯追放によって一時政界から遠ざかっていたが，その後衆議院議員に復帰して，1957（昭和32）年には首相の座に就いた。**岸内閣は日米安保条約の改定に努めたが，これに国民が強く反発し，いわゆる安保闘争が沸き起こったことから，1960（昭和35）年，改定の実現とともに，混乱の責任をとって内閣は総辞職した**。佐藤は，1964（昭和39）年に首相となり，7年8か月にわたって政権を運営した。これは，戦前，戦後を通じて当時の最長記録であった。**佐藤内閣は，1965（昭和40）年に日韓基本条約を締結して，日韓の国交を正常化したほか，1972（昭和47）年には沖縄返還を実現するなど，数多くの業績を上げた**。そのため，佐藤は後にノーベル平和賞を受賞した。

No.2の解説　第二次世界大戦後の日本の内閣

→問題はP.412　正答3

1 ×　**1955年には日本社会党が再結成された。**

日本社会党（社会党）は，サンフランシスコ平和条約への対応をめぐり，左派（急進派）と右派（穏健派）に分裂していたが，1955年には両者が歩み寄り，日本社会党を再結成した。しかし，再び党内対立が激化したことから，1960年には右派の一部が再分裂して，民主社会党を結成した。

2 ×　**1955年には自由党と日本民主党が合同して自由民主党が結成された。**

1955年には，日本社会党の再結成に刺激されて，保守合同の動きが強まった。そこで，自由党と日本民主党（民主党）が合同して，現在の自由民主党が結成された。

3 ◎　**1993年に細川護熙内閣が発足し，55年体制は崩壊した。**

1955年以降，「自民党対社会党」という対立図式のなかで，わが国の政治は動いてきた。これを55年体制という。しかし，**1993年の総選挙では，分裂した自民党の議席数が過半数を下回ったことから，非自民非共産連立政権の細川護熙内閣が誕生し，55年体制は崩壊することとなった**。

4 ×　**村山富市内閣は社会党，自民党，新党さきがけの3党連立内閣であった。**

1993年以降，細川護熙内閣，羽田孜内閣と非自民非共産連立政権が続いた。しかし，1994年に社会党が離脱したことで非自民政権は崩壊し，新たに社会党，自民党，新党さきがけの3党連立によって村山富市内閣が誕生した。なお，新進党とは，自民党に対抗する勢力を集めて1994年に結成された政党であり，自社さきがけの連立政権期には野党の座にあった。

5 ×　**鳩山由紀夫内閣は民主党を中心とする連立政権であった。**

2009年総選挙で民主党は過半数を大幅に上回る議席を獲得したが，参議院での議席数は過半数を下回っていた。そこで，総選挙後に誕生した鳩山由紀夫内閣は，民主党を中心としつつも，社会民主党（旧社会党）および国民新党との連立政権となった。なお，鳩山内閣の後，菅直人内閣，野田佳彦内閣と民主党中心の連立政権が続いたが，2012年の総選挙では自民党が勝利したことから，自民党と公明党の連立によって安倍晋三内閣が誕生した。

No.3 の解説　戦後の日本の政権　→問題はP.413　正答 1

1 ◎ 池田勇人内閣は所得倍増計画を示した。
正しい。**池田勇人内閣**は，日米安保改定をめぐる混乱を収束させるため，「寛容と忍耐」をスローガンに政権を運営した。また，**所得倍増計画によって高度経済成長を実現し，我が国の国際的な地位を向上させた**。

2 × 佐藤栄作内閣は沖縄返還を実現した。
佐藤栄作内閣は，アメリカのニクソン政権と交渉し，1972年に沖縄返還を実現した。その際，日本側が繊維輸出の自主規制について約束したと言われている（「糸で縄を買った」）。また，日米安全保障条約改定に対する国民的規模の反対運動は，1960年に岸信介内閣の下で起こったものである。

3 × 田中角栄内閣が提唱したのは「日本列島改造論」である。
「新全国総合開発計画（新全総）」は，1969年に佐藤栄作内閣の下で閣議決定された行政計画である。また，田中首相は日中共同声明（1972年）で日中間の国交を正常化したが，日中平和友好条約の締結については準備に手間取り，1978年に福田赳夫内閣の下で実現した。

4 × 小選挙区比例代表並立制の導入を進めたのは細川護熙内閣である。
小選挙区比例代表並立制を導入するための政治改革関連法は，1993年に誕生した細川護熙内閣によって準備され，1994年に国会で成立した。

5 × 大平正芳首相は衆参同日選挙の最中に急逝した。
1980年には自由民主党が派閥争いで分裂し，衆議院で大平正芳内閣に対する不信任案が可決されたことから，解散総選挙が実施されることとなった（ハプニング解散）。この選挙は史上初の衆参同日選挙という形で実施されたが，選挙戦の最中に大平首相は急逝した。また，高度経済成長は1970年代初頭に終焉を迎えており，大平正芳内閣の時代にはすでに安定成長に移行していた。

No.4 の解説　戦後の日本政治　→問題はP.414　正答 3

1 × 第一次石油危機は田中角栄内閣の下で勃発した。
1972年７月，日本列島改造論を掲げた田中角栄が内閣総理大臣に就任した。その後，1973年にはアラブ諸国の石油戦略によって第一次石油危機が起こり，わが国の経済は停滞期に入った。

2 × 「売上税」の導入を図ったのは中曽根康弘内閣である。

中曽根康弘内閣は，財政赤字の解消を目指して，間接税の一種である「売上税」の導入を企図した。しかし，直前の総選挙では大型間接税の導入を否定していたことから，国民の反発が強まり，売上税法案は国会で審議未了のまま廃案となった。

3 ◎ 中曽根康弘内閣は民間活力の導入を図った。

正しい。**大平正芳内閣は，間接税の一種である「一般消費税」の導入を図ったが**，総選挙への影響を懸念する自民党議員から反対論が続出し，導入断念に追い込まれた。その後，中曽根康弘内閣は新自由主義的改革を推し進め，行政改革の断行や民間活力の導入などを通じて，「増税なき財政再建」を実現しようとした。

4 × 竹下登内閣はバブル経済期に消費税を導入した。

1986年から1991年にかけてわが国はバブル経済に沸いていたが，その最中の1988年に竹下登内閣は消費税法案を成立させ，翌89年にはこれを実施に移した（税率３％）。なお，バブル経済のきっかけとされているのは，1985年のプラザ合意である。円高・ドル安へと為替相場を誘導するなかで，円高不況の発生を恐れた日本銀行は金融緩和策を推進し，余剰資金が株式市場や不動産投資などに流れ込んだとみられている。

5 × 政治改革関連４法案を成立させたのは細川護熙内閣である。

1993年の総選挙では，汚職事件で揺れた自由民主党の獲得議席数が過半数を下回った。これを受けて，非自民の連立政権として細川護熙内閣が誕生し，政治改革に取り組むこととなった。その成果が政治改革関連４法案の成立であり，小選挙区比例代表並立制の導入や政党交付金制度の創設などが決まった。

＊＊
No.5 **第二次世界大戦後のわが国の内閣に関する次の記述のうち，妥当なのはどれか。** 【国家総合職・令和３年度】

1 ポツダム宣言受諾後に総辞職した鈴木貫太郎内閣に替わり，東久邇宮稔彦王が皇族を離脱した上で内閣総理大臣に就任した。東久邇内閣は，D.マッカーサー連合国最高司令官から提示された五大改革指令に基づき，治安維持法の廃止や女性参政権の付与，労働組合法の制定などの民主化を行った。

2 幣原喜重郎内閣では，明治憲法の改正が課題となった。ところが，連合国最高司令官総司令部（GHQ）は日本政府の憲法問題調査委員会がまとめた憲法改正案に不満を持ち，独自に憲法改正草案を完成させた。これに対して幣原内閣は，天皇の地位と戦争の放棄をめぐりGHQ案の受諾を拒否し，総辞職した。

3 第二次世界大戦後初めて行われた1946年総選挙の結果，日本社会党（社会党）が第一党となり，社会党・民主党・国民協同党を連立与党とする片山哲内閣が成立した。社会党首相の登場に力を得て，労働運動は過激化し，1947年２月１日にゼネストが予定されたが，GHQの指令で中止させられ，片山内閣は最大の危機をしのいだ。

4 社会党内の対立から片山首相が辞任したのを受けて，片山内閣と同じ三党を基礎とし，民主党総裁の芦田均を首班とする連立内閣が発足した。しかし，内閣成立後ほどなく，統制経済に伴う贈収賄事件である昭和電工疑獄が発覚し，閣僚が逮捕されるなどしたため，芦田内閣は約77か月で総辞職に追い込まれた。

5 1949年総選挙では日本自由党が圧勝し，鳩山一郎総裁が後継首相に擬せられたが，GHQが鳩山を公職追放したため，代わりに元外務大臣の吉田茂が内閣を組織した。これ以降，吉田は1954年まで四次にわたって内閣を組織し，サンフランシスコ平和条約と日米安全保障条約への調印や自衛隊の設置を行った。

＊＊
No.6 戦後日本の政党政治に関する次の記述のうち，妥当なのはどれか。

【国家一般職・令和元年度】

1 1955年に，それまで左派と右派に分裂していた日本社会党が統一された。この動きに対抗して，同年に，保守政党の側でも日本民主党と自由党が合併し，自由民主党が結成された。国会における自由民主党と日本社会党の議席数の割合から，当時の政党システムは「1か2分の1政党制」と称された。

2 1960年代になると，自由民主党が国会における議席数を漸減させた一方，民主社会党（後に民社党と改称）や公明党といった中道政党が進出したことで，与党陣営の多党化が進んだ。他方この時期，日本社会党に対する支持は高まる傾向にあり，1970年代には，国会における野党の議席数が，全体として与党の議席数と伯仲するようになった。

3 1960年代から1970年代にかけて，農村部の地方自治体を中心に，日本社会党や日本共産党に支援された革新系首長が次々に誕生した。こうした地方自治体は「革新自治体」と呼ばれる。多くの革新自治体では，老人医療費への補助が減額されるなど福祉政策の見直しが進められ，自治体財政の再建が実現された。

4 1980年代には，バブル崩壊後の深刻な経済的停滞を背景として，多くの有権者が安定政権を志向するようになり，自由民主党の支持率が回復した。この現象を「保守回帰」という。1986年の衆議院議員総選挙及び1989年の参議院議員通常選挙に大勝した結果，自由民主党は衆参両院で総議席数の3分の2以上を占めるに至った。

5 1993年に，消費税導入の是非を巡って，自由民主党が分裂し，新党が結成された。その直後に行われた衆議院議員総選挙の結果，自由民主党は衆議院の過半数の議席を確保できなかったため，自由民主党・日本新党・新党さきがけ三党の連立政権が組まれることとなった。新政権の首班には，新党さきがけ党首の細川護熙が就いた。

実戦問題❷の解説

No.5の解説　第二次世界大戦後の日本の内閣

→ 問題はP.418　正答3

1×　五大改革指令を実施に移したのは幣原内閣である。

幣原喜重郎内閣は，マッカーサーから五大改革指令を受け，治安維持法や治安警察法の廃止，女性参政権の付与，財閥解体，労働組合法の制定などを実現していった。

2×　幣原内閣はGHQの憲法改正草案を受託した。

憲法改正については，当初，日本政府の憲法問題調査委員会が改正案を作成したが，その内容は「国体の護持」を基調とする保守的なものであった。そこで，連合国最高司令官総司令部（GHQ）はこれを不服として，独自の憲法改正草案を逆提示した。幣原内閣は，このGHQ案を受諾し，国会に提出する憲法改正草案をまとめた。

3◎　1946年総選挙では日本自由党が第一党となり，吉田内閣が誕生した。

第二次世界大戦後初めて行われた1946年総選挙では，日本自由党（自由党）が過半数の議席こそ獲得できなかったものの，第一党の地位を確保した。その後，自由党総裁の鳩山一郎が公職追放にあったことから，吉田茂がその後継者となり，自由党と進歩党（日本進歩党）の連立政権を発足させた。２・１ゼネストの中止も，吉田内閣の下で起こった事件である。なお，**片山哲内閣が誕生したのは，戦後第2回となる1947年総選挙後のことであった。**

4×　片山内閣は党内分裂，芦田内閣は昭電疑獄で崩壊した。

1947年総選挙後，日本社会党（社会党），民主党，国民協同党を連立与党とする内閣が続けざまに成立した。最初の片山哲内閣は，社会党委員長を首班とする内閣であったが，社会党の党内対立で崩壊した。続く芦田均内閣は，民主党総裁を首班とする内閣であったが，昭和電工疑獄（昭電疑獄）で閣僚や政府高官が逮捕されたため総辞職を余儀なくされた。

5×　鳩山一郎は戦後初の1946年総選挙後に公職追放にあった。

鳩山一郎は自由党の総裁であったが，戦後初の1946年総選挙後に公職追放にあい，吉田茂にその地位を譲った。戦後３回目の1949年総選挙では，当時の与党であった民主自由党が圧勝し，吉田内閣が継続することとなった。なお，吉田内閣は通算で５次を数えるに至り，1954年まで続いた。

No.6 の解説　戦後日本の政党政治

→ 問題はP.419 正答 1

1 ◎ 1955年に自民党対社会党という対立図式ができあがった。

正しい。**1955年。日本社会党の統一に対抗して，保守合同により自由民主党が誕生した**。これ以降，自民党の単独政権が長期にわたって続くこととなり，**55年体制**と呼ばれるようになった。

2 × 1960年代には野党の多党化が進んだ。

1960年代には，民主社会党（民社党）や公明党が国会に進出したことで，野党の多党化が進んだ。また，これに伴い，日本社会党に対する支持は減少傾向で推移した。なお，この間，自由民主党の議席数も減少傾向で推移し，1970年代には与野党伯仲状況がみられるようになった。

3 × 革新自治体は都市部で成立し，福祉政策を充実させた。

1960年代から1970年代にかけて，公害問題をはじめとする高度経済成長のひずみが明らかになってきたことから，都市部の地方自治体を中心に，革新系首長が次々に誕生した。多くの革新自治体では，老人医療費への補助が増額されるなど福祉政策の充実が図られ，自治体財政が悪化することとなった。

4 × バブル経済の崩壊は1990年代初頭に起こった。

1980年代には，ロッキード事件の衝撃が和らぐとともに，生活中心主義の台頭で安定政権が求められたことから，自由民主党の支持率は回復した（「保守回帰」）。これに対して，バブル経済の崩壊は1990年代初頭に起こった出来事なので，保守回帰とは無関係である。

5 × 1993年には非自民・非共産の細川連立内閣が誕生した。

1993年に，政治汚職への対応をめぐって自由民主党が分裂し，その直後の解散総選挙では同党が過半数の議席を失った。これを受けて，日本新党の細川護熙を首班とする非自民・非共産の連立内閣が誕生し，55年体制は崩壊することとなった。なお，細川内閣を構成していたのは，日本新党，日本社会党，新生党，公明党，民社党，新党さきがけなどの８党・会派であった。

索引

索引

●本書の内容に関するお問合せについて

『新スーパー過去問ゼミ』シリーズに関するお知らせ，また追補・訂正情報がある場合は，小社ブックスサイト（jitsumu.hondana.jp）に掲載します。サイト中の本書ページに正誤表・訂正表がない場合や訂正表に該当箇所が掲載されていない場合は，書名，発行年月日，お客様の名前・連絡先，該当箇所のページ番号と具体的な誤りの内容・理由等をご記入のうえ，郵便，FAX，メールにてお問合せください。

〒163-8671　東京都新宿区新宿 1-1-12　実務教育出版　第二編集部問合せ窓口

FAX：03-5369-2237　　E-mail：jitsumu_2hen@jitsumu.co.jp

【ご注意】

※電話でのお問合せは，一切受け付けておりません。

※内容の正誤以外のお問合せ（詳しい解説・受験指導のご要望等）には対応できません。

公務員試験
新スーパー過去問ゼミ 7　**政治学**

2023年10月31日　初版第 1 刷発行　〈検印省略〉

編　者　資格試験研究会
発行者　小山隆之

発行所　株式会社 実務教育出版
〒163-8671　東京都新宿区新宿 1 - 1 -12
☎ 編集　03-3355-1812　　販売　03-3355-1951
振替　00160-0-78270

印　刷　精興社
製　本　ブックアート

ISBN 978-4-7889-3753-6 C0030　Printed in Japan